राम

जानत तुम्हहि तुम्हइ होइ जाई

राम

जानत तुम्हहि तुम्हइ होइ जाई

सम्पादक

निरंजन कुमार

वाणी प्रकाशन

प्रकाशन के उत्कृष्टतम 61 वर्ष

vaniprakashan.com

सजिल्द पहला संस्करण : 2024

वाणी प्रकाशन

4695, 21-ए, दरियागंज, नयी दिल्ली-110 002

फ़ोन : +91 11 23273167, 23275710

शाखाएँ

अशोक राजपथ, पटना-800 004, बिहार

कॉफ़ी हाउस कैम्पस, महात्मा गांधी मार्ग, प्रयागराज-211 001, उत्तर प्रदेश

महात्मा गांधी अन्तरराष्ट्रीय हिन्दी विश्वविद्यालय, वर्धा-442 001, महाराष्ट्र

sales@vaniprakashan.in
vaniprakashan@gmail.com

Ram : Janat Tumhahi Tumhai hoi jai
Edited by Niranjan Kumar

ISBN : 978-93-6287-610-2
Religion/Culture

मूल्य : ₹ 625

जी.एस. ऑफ़सेट, दिल्ली-110 095 में मुद्रित

वाणी प्रकाशन का लोगो मक़बूल फ़िदा हुसेन की कूची से

आमुख

हमारी पीढ़ी का परम सौभाग्य है कि जिस कार्य के लिए हमसे पहले की 25 पीढ़ियों ने अपना सम्पूर्ण जीवन समर्पित कर दिया, उसकी सफलता का क्षण 22 जनवरी 2024 को हमारे जीवनकाल में आया। सफलता के इस शिखर तक पहुँचने के लिए ईश्वर ने भी हमें सहभाग दिया। पिछले कितने शताब्दियों से हम लोग अयोध्या में वह ढाँचा देखते रहे, उसके फ़र्श और सीढ़ियों पर अपने देवी-देवताओं की मूर्तियों के तोड़े गये टुकड़े थे। श्रीराम के चबूतरे पर जाने के लिए भी हमें हमारे पूजनीय देवी-देवताओं की टूटी हुई मूर्तियों के ऊपर चलना पड़ता था। यह संघर्ष न मुग़लों के ख़िलाफ़ था, न अंग्रेज़ों के ख़िलाफ़ था बल्कि अत्याचारी निर्दयी सत्ता के ख़िलाफ़ था। इस संघर्ष के कारण एक चेतना का निर्माण हुआ जो हिन्दुओं में एक संकल्प एवं उस संकल्प को पूरा करने के लिए संघर्ष के रूप में परिणत हुआ। संघर्ष की सफलता के लिए तर्क, तथ्य और साक्ष्य जुटाना; यह सब प्रभु राम की कृपा से सम्भव हो पाया।

रामलला की प्राण-प्रतिष्ठा ने समस्त हिन्दू जनमानस को एक साथ लाकर खड़ा किया। भारतीय मानस में एकता का भाव आदि से रहा है। यह एकता एकरूप नहीं है बल्कि इसका मूल चरित्र विविधतामूलक है। यहाँ राम की बात सभी को एक करती है तो राम के चरित्र को अलग-अलग ढंग से ग्रहण करना इस एकत्व की विविधता को परिलक्षित करता है। आसेतु हिमाचल पग-पग पर पानी और बानी में बदलाव हो जाता है लेकिन कभी भी एकत्व का भाव खण्डित नहीं होता। एकत्व के साथ-साथ पानी और बानी संस्कृति को अपने तरीक़े से समृद्ध करती है। ठीक वैसे ही सम्पूर्ण भारतवर्ष में रामचरित्र की अनेक कथाएँ हमें मिलती हैं लेकिन उनका मूल एक ही है। वास्तव में हमारी प्राचीनतम संस्कृति जहाँ वैदिक श्लोक "संगच्छध्वं संवदध्वं सं वो मनांसि जानताम्। देवा भागं यथा पूर्वे सञ्जानाना उपासते।।" के माध्यम से किसी भी कार्य को मिलकर करने की प्रेरणा देती है, प्राण-प्रतिष्ठा के इस ऐतिहासिक क्षण ने भी यह कार्य किया है।

श्रीराम अनादि काल से ही भारतीय अस्मिता के एक प्रतिनिधि के रूप में रहे हैं, किन्तु फिर भी इस सन्दर्भ में यदि किसी के मानस में कोई प्रश्न उठता है तो इस प्रश्न का उत्तर मन से भी, बुद्धि से भी दिया जा सकता है। सहस्राब्दियों से भारतीय मानस के निर्माण में राम के चरित्र की महत्त्वपूर्ण भूमिका रही है। भारतवंशी राम के उदात्त चरित्र एवं रामकथा के विविधवर्णी मानवीय एवं नैतिक आयामों से प्रेरणा लेकर जीवन को समृद्ध करता रहा है। रामकथा की जड़ में धर्म के अनेक स्तर परिलक्षित होते हैं; यथा शील, मर्यादा, त्याग, शक्ति-प्रयोग, विवेक आदि। इसीलिए कहा गया है रामो विग्रहवान धर्मः। भारत के संस्कार में मर्यादा एवं लोकहित निहित है। अतः उक्त वर्णित गुणों के कारण प्रत्येक युग राम के चरित्र को अपने अनुकूल पाता है। निश्चित रूप से राम भारतीय अस्मिता के प्रतिनिधि के रूप में हमारे समक्ष आते हैं।

राम का चरित्र इतना सहज है कि जब वे इस देश के जनजातीय समाज से मिलने के लिए चौदह साल के लिए गये तो यह मिलना किसी राजभवन में नहीं हुआ था, यह राजा का प्रजा से मिलना नहीं था, यह उस तापस का मिलना था जिसने राजकीय वस्त्र छोड़ दिये थे, जिसने पादुकाएं भी धारण नहीं की थीं, जंगल में उन्हीं की तरह विचरते थे। इस कारण से ऐसा अभेद्य संगठन निर्माण हुआ कि रावण से लड़ने के लिए न अयोध्या की सेना बुलानी पड़ी, न जनकपुर की। उस स्थानीय समाज ने ही समुद्र पर पुल बाँध दिया और रावण की सेना को परास्त कर दिया। इस सब में जो जीवन-मूल्य रहे, वे आज भी प्रेरणा-स्रोत हैं। आज के भौतिकता वादी दौर में पारिवारिक मूल्यों का लगातार विघटन होता जा रहा है, ऐसे में श्रीराम का चरित्र एक आदर्श है जो पिता के वचन के सम्मान में वन गये। यहाँ बात मर्यादा की थी, उसे राम कैसे तोड़ते, वे जंगल सोद्‌देश्य गये। अधर्म का नाश कर अपने संकल्प को सफल किया तथा समरसता स्थापित की, सम्पूर्ण समाज शीलवान और धार्मिक जीवन जिए, इसको अपने आचरण से प्रसारित किया। राम हमारे राष्ट्र का, हमारी संस्कृति का अहम हिस्सा हैं। आज के समय में जब हम राष्ट्र को परम वैभव तक ले जाने की बात करते हैं तब निःसन्देह हमें राम याद आते हैं।

यह समझना अत्यन्त आवश्यक हो जाता है कि राम सिर्फ़ हिन्दुओं के नहीं हैं, अपितु प्राणिमात्र के हैं। कई बार दूसरे पन्थ या फिर रिलीजन कह लीजिए, जहाँ राम पर ही सवाल उठाया जाता है वहाँ यह स्पष्ट होना चाहिए कि राम भगवान हैं। यदि भगवान के रूप में न भी मानें तो इस बात को झुठलाया नहीं जा सकता कि वे

भारत के पुरखा हैं। इसलिए जो भी भारत-भूमि में जन्मा है, उन सभी के संस्कारों में राम हैं। राम सभी के हैं और सबको साथ जोड़ते हुए एक लोककल्याणकारी राज्य का आदर्श हमारे समक्ष रखते हैं। आज हम विकसित भारत की बात करते हुए सुशासन आदि अनेक तत्त्वों को साथ लेकर चलते हैं, जो हमें राम के राज्य में भी मिलते हैं। इसे श्रीराम की ही कृपा कहनी चाहिए कि इस समय पूरा भारत एक ही दिशा में काम कर रहा है और सरकार को भी महाकाल का विकास करने में या काशी में मन्दिर के सौन्दर्यीकरण और विकास में संकोच नहीं हो रहा है। पिछली सरकारें हिन्दुत्व से बचती थीं। हिंदू विचारधारा से कई बार ऐसा प्रतिकूल व्यवहार किया जाता था, जो अपनी सीमा पार कर देता था। वर्तमान सरकार में इस बात पर स्पष्टता है। समुत्कर्ष भी है नि:श्रेयस भी है। शिक्षा और रोज़गार समेत रोटी, कपड़े, मकान की सब आवश्यकताएँ पूर्ण हों। अभी सरकार ने व्यवस्था की है कि हर घर में नल, बिजली, रियायती दामों पर गैस, पक्का घर, शौचालय आदि होना चाहिए। भौतिक जीवन में आवश्यकताओं की पूर्ति और मोक्ष की साधना करना, साथ ही अपने अन्दर के ईश्वरत्व का साक्षात्कार करना; वर्तमान सरकार इन सबमें सहायक हो रही है, जो रामराज्य की दिशा है।

2047 का जो भारत होगा, वहाँ कंज्यूमरिस्ट सोसाइटी नहीं होगी। वह कैपिटलिज़्म के दोषों से मुक्त होगी। वह एक ऐसी कल्याणकारी अवस्था होगी जिसमें सब लोग स्वत: अपने स्वधर्म का भी पालन करेंगे और अपने जीवन को सुखपूर्वक जियेंगे। इस प्रकार के दृष्टिकोण को देखें तो यह कहना झूठ नहीं होगा कि आज जो विकसित भारत 2047 का संकल्प है, वह रामराज्य की परिकल्पना पर ही आधारित है। एक बार पुन: भारत में रामराज्य अर्थात् एक मूल्यपरक एवं एक समदर्शी राज्य होगा। तुलसीदास जी कहते हैं कि रामराज्य में सरयू का जल स्वच्छ था। घाट बड़े और पक्के एवं स्वच्छ रहते थे। आज भी पर्यावरण की बात होती है, वृक्षों से, लताओं से वन्य जीवन की सुरक्षा और उससे मित्रता करने की बात होती है। अत: आज हम जिन मूल्यों की बात करते हैं, उनके लिए शब्द भले ही बदल गये हों किन्तु उन मूल्यों का आधार वस्तुत: रामराज्य ही है। समाज ने जिसको अपमानित करके पत्थर जैसा कर दिया था, उसको स्पर्श करके उसकी गरिमा वापस करते हैं। आज की समरसता हमें दिखाई देती है। दरअसल मौलिक बातें तो वही हैं। राम राजा थे, किन्तु जैसा 'हनुमान चालीसा' में आता है 'सब पर राम तपस्वी राजा', यक़ीनन वे एक तपस्वी राजा थे। राज कार्य उनके लिए तप था।

राम के जीवन के दो प्रसंग, जो ध्यातव्य हैं, इस प्रकार हैं–राम लंका में पहुँच गये हैं। पहली रात्रि है, अगले दिन युद्ध होना है। सुमेरु पर्वत पर रामजी अपने साथियों के साथ बैठे अपना तीर ठीक कर रहे हैं। वे अपने सहयोगियों से प्रश्न करते हैं, ये चन्द्रमा में दाग क्यों है? यदि ग़ौर किया जाये तो इस प्रश्न का युद्ध से क्या सम्बन्ध था, इसका रणनीति से क्या सम्बन्ध था, इसकी प्रासंगिकता क्या थी? प्रकारान्तर से यह एक सन्देश है कि नेता केवल आदेश नहीं देता, वह सबसे दूरी बनाकर नहीं रखता, वह चर्चा भी करता है, उस गपशप में सबको शामिल करता है। अब सबने अपनी-अपनी राय बतायी। उसके बाद जो भगवान ने कहा, वह बहुत अद्‌भुत था। भगवान ने कहा मेरा ऐसा ख़याल है कि यह विष का भाई है। यह अपने हृदय में विष रखता है और अपनी चांदनी से विष भेजकर विरही लोगों को सताता रहता है। किसको विरही कह रहे हैं, नि:सन्देह स्वयं को। अपने मन की वेदना को अपने साथियों में बाँट देना, उन्हें लोक से जोड़ता है। दूसरा, राम जी किसी भी निर्णय पर जाने से पूर्व सभी से सलाह करते हैं। सुग्रीव कहते हैं–रावण का भाई आ रहा है। राम जी पूछते हैं, क्या करना चाहिए, सलाह करते हैं। सुग्रीव ने कहा–राक्षस मायावी होते हैं, इसको बाँधकर रखो। राम यह नहीं कहते कि तुम तो बुद्धू हो। राम कहते हैं–बहुत अच्छी सलाह है, मित्र। पर लोग तो मुझे कहते हैं कि मैं शरणागत वत्सल हूँ, शरणागत की रक्षा करता हूँ। सबकी सम्मति हो गयी कि उसका स्वागत किया जाये। समुद्र के किनारे पहुँचते हैं, तो विभीषण से पूछते हैं कि भैया, इसको कैसे पार करें? विभीषण कहते हैं–प्रार्थना कीजिए। तीन दिन वहाँ बैठकर प्रार्थना करते हैं, तो साथियों से राय करते हैं। उनको विनम्रता से काम बताते हैं, जैसे–अंगद से कहते हैं कि हमारा एक काम है, तुम ही कर सकते हो। एक अन्य दृष्टान्त देखें–जब लंका में जाने के लिए सेना बुलायी गयी, तो इस प्रसंग में तुलसीदास जी ने लिखा–'आये जूथप जूथ।' अर्थात् उनकी गिनती नहीं हो सकती है। फिर जो पंक्ति आती है, उसमें राम जी ने उन असंख्य वानरों में से प्रत्येक का कुशलक्षेम पूछा। यह लिखने के बाद भी तुलसीदास रुके नहीं। उन्होंने कहा–एक भी वानर ऐसा नहीं होगा जिससे स्वयं राम जी ने उसका कुशलक्षेम न जाना हो।

सन्देश है कि ऊपर का व्यक्ति इतना ऊपर न हो जाये कि दूसरों को गले न लगा सके। ऊपर का व्यक्ति अपना हो, अपने मन को पूछने वाला हो, अपना जानने वाला हो, उसके कन्धे पर सिर रखकर लोग रो सकें। श्रीराम के ये जो गुण थे–टोली निर्माण का, गपशप का, अपनी व्यथा बाँट लेने का, सलाह लेने का, उस सलाह

पर चर्चा करके विचार करने का, वाक़ई ये चीज़ें आज और भी ज़्यादा प्रासंगिक हैं।

इन सन्दर्भों-प्रसंगों से कुछ सन्देश, कुछ बातें हमें मिलती हैं, किन्तु यथार्थ तो यह है कि राम से जुड़ी प्रत्येक बात, उनका आचरण अपने आप में एक मशाल है, जिसे लेकर धीरे-धीरे हमें आगे बढ़ते जाना है।

प्रस्तुत पुस्तक का अवलोकन करने के बाद मुझे इस बात का संतोष हो रहा है कि प्रो. निरंजन कुमार के संपादकत्व में राम के जीवन के विविध पक्षों को समेटती एक पुस्तक हमारे सामने है। राम के चरित्र की ही भाँति यह पुस्तक समाज के विविध वर्गों को एक साथ लेकर चलती है; उत्तर से दक्षिण और पूरब से पश्चिम को एक साथ लेकर चलती है। यह इस पुस्तक को विशिष्ट बनाती है। पुस्तक नये भारत की नयी चेतना का प्रतीक है।

इस पुस्तक का शीर्षक 'राम : जानत तुम्हहि तुम्हइ होइ जाई' स्वयमेव अनेक अर्थछवियाँ प्रकट करता है। लोगों ने राम को जिस भावना से देखा, राम उनके लिए वैसे हो गये। पुस्तक के लेखों की विविधता, लेखकों की राम को देखने की दृष्टि के साथ-साथ उन्हें प्राप्त राम के स्वरूप का भी दर्शन कराती है। यह पुस्तक लोगों के घर में पहुँचे, लोगों के हाथों में पहुँचे, और उससे भी आगे लोगों के हृदय में पहुँचे, ऐसी मेरी कामना है।

अस्तु!

–आलोक कुमार

अध्यक्ष, विश्व हिन्दू परिषद् व वरिष्ठ अधिवक्ता

सम्पादकीय

जानत तुम्हहि तुम्हइ होइ जाई

भारत अपनी सुदीर्घ सांस्कृतिक यात्रा के स्वर्णिम पड़ाव पर है। शताब्दियों-सहस्राब्दियों से अनगिनत झंझावातों को झेलते हुए भारतीय संस्कृति अपने आदर्श श्रीराम की भाँति ही संघर्षरत रहते हुए विभिन्न कालशिखरों पर अपनी उत्तुंग पताका लहराती रही। आज हमारी संस्कृति पुनः अपने पूर्ण वैभव के साथ विश्व का मार्गदर्शन करने के लिए उसके सम्मुख उपस्थित है। अन्य सभ्यताओं से सर्वथा भिन्न भारतीय संस्कृति अपना नैरन्तर्य और सातत्य इसीलिए सुनिश्चित कर पा रही है क्योंकि इसके पीछे एक अमृत प्रेरणा कार्य करती आ रही है; और वह अमृत प्रेरणा हैं स्वयं रघुकुलनन्दन आनन्दकन्द भगवान श्रीराम।

ब्रिटिश समाचारपत्र 'दी गार्जियन' के 18 मई 2014 के संपादकीय में बेट्सी रीड लिखती हैं कि आज 18 मई 2014 का दिन भारत के इतिहास में उस दिवस के रूप में अंकित किया जा सकता है जब ब्रिटेन ने अन्ततः भारत छोड़ दिया। यह दिन था 2014 के लोकसभा चुनाव में नरेन्द्र मोदी के नेतृत्व की जीत का। आगे वह कहती हैं कि यह उस लम्बे युग के अन्त का प्रतीक है जिसमें सत्तातन्त्र उन तन्त्रों से बहुत, बहुत भिन्न नहीं था जिनके माध्यम से ब्रिटेन ने इस उपमहाद्वीप पर शासन किया था। रीड बताती हैं कि कई मायनों में कांग्रेस पार्टी का शासनकाल भारत में ब्रिटिश राज की निरन्तरता ही थी। भारत में अभी भी (स्वाधीनता पश्चात् भी) ऐसे छोटे-से अभिजात वर्ग का शासन था, जो अपने पूर्ववर्तियों, यानी अंग्रेज़ों की तरह ही केन्द्रीकृत, अपने में सिमटा हुआ, सांस्कृतिक रूप से संकुचित और अपेक्षाकृत अंग्रेज़ी बोलने वाला था। आभिजात्य वर्गीय मानसिकता से ग्रस्त इस वर्ग का जनता के प्रति रवैया कभी भी समावेशी नहीं रहा।

बात सही जान पड़ती है। सदियों की ग़ुलामी के बाद 15 अगस्त 1947 को हमें स्वाधीनता प्राप्त हुई। लेकिन वह स्वाधीनता राजनीतिक थी। सांस्कृतिक राष्ट्र भारत को सांस्कृतिक स्वाधीनता पाने के लिए और भी लम्बा इन्तज़ार करना

पड़ा। सन् 2014 में मोदी सरकार के आने के बाद सांस्कृतिक पुनर्स्थापना की जो प्रक्रिया आरम्भ हुई, वह प्रकारान्तर से 22 जनवरी 2024 को साकार होनी शुरू हुई। सांस्कृतिक नगरी अयोध्या में भगवान श्रीराम की प्राण-प्रतिष्ठा और नवनिर्मित मन्दिर के उत्सव को लेकर भारत ही नहीं, संसार के अलग-अलग हिस्सों में रहने वाले भारत से जुड़े लोगों में उल्लास का वातावरण था। रामलला की प्राण-प्रतिष्ठा सर्व-समावेशी भारत के सांस्कृतिक पुनर्जागरण का प्रस्थान-बिन्दु है और इस सांस्कृतिक पुनर्जागरण की पृष्ठभूमि में हैं, भारत के संस्कृति-पुरुष श्रीराम।

कुछ लोगों के मन में प्रश्न उठ सकता है कि श्रीराम मन्दिर उत्सव और प्राण-प्रतिष्ठा भारतीय सांस्कृतिक पुनर्जागरण का प्रस्थान-बिन्दु कैसे है? क्यों राम को लेकर देश और दुनिया गुंजायमान है? क्या राम सिर्फ़ हिन्दुओं के आराध्य देव हैं? या क्या श्रीराम केवल उत्तर भारत के देव हैं? निहित स्वार्थों के चलते गाहे-ब-गाहे कुछ लोग एक वितण्डा खड़ा करते हैं। अकादमिक और राजनीतिक विमर्शों में श्रीराम को लेकर तरह-तरह से विवाद खड़े किये गये जाते रहे हैं। जब कि राम तो 'सकल सुमंगल मंगलदायक' हैं। राम इस कलिकाल में कामतरु (अभीष्टदाता कल्पवृक्ष के समान) हैं। राम 'सकल सुमंगल कन्द' हैं अर्थात् समस्त श्रेष्ठ मंगलों का मूल हैं।

यदि रामकथा को देखें, तो अयोध्या के श्रीराम 'मंगल भवन अमंगल हारी' ईश्वर तो हैं ही, लेकिन इसके अतिरिक्त वे एक विराट संस्कृति-पुरुष भी हैं जिनसे पूरा भारतवर्ष ही नहीं, संसार के विभिन्न क्षेत्र युगों-युगों से प्रभावित हुए हैं। राम न केवल सर्वमंगलकारी हैं, बल्कि इसके साथ-साथ सार्वदेशिक और सार्वकालिक, सार्वपन्थिक और सर्वसमावेशी भी हैं। यह अनायास नहीं है कि सभी क्षेत्रों, भाषाओं, जातियों और धर्मों के लोगों ने देशकाल से परे अपने-अपने तरीक़े से रामकथा कही है।

रामचरित ने 'हिन्दू' समाज ही नहीं बल्कि जैन, बौद्ध, सिख आदि भारतीय पन्थों के साथ-साथ मुसलमान और ईसाइयों तक को प्रभावित किया है। संस्कृत में वाल्मीकि की आदि 'रामायण' तो है ही। बौद्धमत में श्रीराम से सम्बन्धित 'दशरथ जातक', 'अनामक जातक' तथा 'दशरथ कथानक' जैसी जातक कथाएँ भी उपलब्ध हैं। जैन साहित्य में विमलसूरि कृत 'पउमचरियं', स्वयंभू कृत 'पउमचरिउ', 'रामचन्द्र चरित्र पुराण' इत्यादि रामकथा सम्बन्धी प्रमुख ग्रन्थ हैं। सिख धर्म में भी राम का महत्त्वपूर्ण स्थान है, जिन्हें राम अवतार या राजा राम कहा जाता है। स्वयं 'गुरुग्रन्थ साहिब' में 'राम' शब्द का ढाई हज़ार बार से अधिक प्रयोग हुआ है। गुरु गोविन्द सिंह द्वारा रचित दशम ग्रन्थ के अन्तर्गत 'चौबीस अवतार' में राम

का उल्लेख भगवान विष्णु के 24 दिव्य अवतारों में से एक के रूप में किया गया है। मुस्लिम रचनाकारों ने भी राम नाम की महिमा गायी है। तुलसी के समकालीन मुस्लिम कवि रहीम राम की महानता का बखान करते हुए कहते हैं–

रामचरित मानस विमल, संतन जीवन प्राण।
हिन्दुआन को वेद सम, जवनहिं प्रकट कुरान।।

इक़बाल जैसे शायर, अपने आरम्भिक जीवनकाल में वे जब उदारमना थे, ने भी श्रीराम की शान में कसीदे लिखे। उन्होंने श्रीराम को केवल हिन्दू धर्म का प्रतीक न मानकर भारत की सांस्कृतिक धरोहर के प्रतीक के रूप में पहचाना। शायर इक़बाल ने यहाँ तक कहा है कि हिन्द का प्याला सत्य से भरा हुआ है और जितने भी दार्शनिक मग़रिब (पश्चिम) में हुए हैं, वे भारत के श्रीराम का विस्तार हैं। बेल्जियम से ईसाई मत के प्रचारक बनकर भारत आये फ़ादर कामिल बुल्के को तो 'रामचरितमानस' ने इतना ज़्यादा प्रभावित किया कि वे राम में ही रम गये। फ़ादर कामिल बुल्के रामकथा के प्रामाणिक शोधकर्ता माने जाते हैं। कामिल बुल्के के अनुसार श्रीराम भारतीय जीवन-संस्कृति में गहरे रचे-बसे हैं। वे आगे कहते हैं कि श्रीराम हर देश-काल में पूज्य हैं। कहने की ज़रूरत नहीं कि श्रीराम सभी पन्थों से परे एक ऐसे विराट सांस्कृतिक चरित्र हैं जो भारतीय संविधान की प्रस्तावना में प्रयुक्त 'पन्थनिरपेक्ष' शब्दावली के सच्चे प्रतीक के रूप में दिखाई पड़ते हैं।

भौगोलिक दृष्टि से पूर्व से पश्चिम और उत्तर से दक्षिण, रामकथा सर्वत्र विद्यमान है। पूरब के बंगाल में 'कृत्तिवास रामायण' और पूर्वोत्तर के विभिन्न रामायण हैं, तो महाराष्ट्र में 'भावार्थ रामायण' है। उत्तर में 'वाल्मीकि रामायण' और 'रामचरितमानस' इत्यादि हैं, तो दक्षिण में कम्ब और 'रंगनाथ रामायण' आदि हैं। अन्य भारतीय भाषाओं में हिन्दी में 11, मराठी में 8, बांग्ला में 25, तमिल में 12, तेलुगु में 12 तथा ओड़िया में 6 रामायण मिलते हैं। इसके अतिरिक्त गुजराती, मलयालम, कन्नड़, असमिया, कश्मीरी, उर्दू, अरबी, फ़ारसी, सन्थाली और पूर्वोत्तर की अनेक भाषाओं में भी रामकथा रची गयी। यही नहीं, भारत के बाहर संसार के अनेक देशों भी में रामचरित्र पर आधारित साहित्य मिलता है। इंडोनेशिया की 'ककबिनरामायण', जावा का 'सेरतराम', 'सैरीराम', 'रामकेलिंग', 'पातानीरामकथा', थाईलैंड की 'रामकियेन', तिब्बत की 'तिब्बती रामायण', तुर्किस्तान की 'खोतानीरामायण', इण्डोचाइना की 'रामकेर्ति', 'खमैररामायण'; म्यांमार की 'यूतोकी रामयागन' आदि श्रीराम के सार्वभौमिकता की जीती-जागती बानगी हैं।

सबके मंगलकारी श्रीराम सर्वसमावेशी भी हैं, और सामाजिक समरसता के सच्चे प्रतीक भी। तथाकथित सवर्ण जातियों के अतिरिक्त पिछड़े-दलित तथा आदिवासी समाज के लोगों को भी राम भाते हैं। जुलाहा जाति के कबीर "हम घर आये राजा राम भरतार" का आनन्द मनाते हैं तो चर्मकार जाति के रैदास "जब मन मिलो राम-सागर सों" की धुन लगाते हैं। दर्ज़ी नामदेव "दहदिसि राम रह्या भरपूरि" भजते हैं, तो नाई जाति के सन्त कवि सेन "राम नाम भज लेय" की टेक लगाते हैं। सामाजिक समरसता के प्रतीक श्रीराम राजपुरुष होते हुए भी सभी समुदायों, सभी जातियों, सभी वर्गों और समुदायों के प्रति समदर्शी हैं। एक तरफ़ उनका आत्मीय सम्बन्ध केवट और निषादराज आदि ओबीसी समाज के प्रतिनिधियों के साथ है, तो दूसरी तरफ़ राम कोल, किरात, भील आदि जनजाति समाज को भी अपने हृदय में स्थान देते हैं। प्रेम के वशीभूत राम को भीलनी माता शबरी के जूठे बेर खाने में भी कोई संकोच नहीं है। वर्तमान में जाति के नाम पर हिन्दू समाज को बाँटने वालों के लिए राम का चरित्र एक स्पष्ट सन्देश है।

मानवमात्र से प्रेम करने वाले राम को मानवेतर जीव-जगत् से भी उतना ही लगाव है। पशु-पक्षियों और वृक्षों-पादपों से भी उनका वैसा ही प्रगाढ़ सम्बन्ध है। एक ओर वह पक्षीराज जटायु के प्रति करुणा व्यक्त करते हैं तो दूसरी ओर कपिश्रेष्ठ श्री हनुमान उनके अन्तरंग हैं, इसी तरह भल्लूकराज जामवन्त और वानरराज सुग्रीव उनके मित्र हैं। आज के भौतिक युग में सामाजिक विघटन और पारिवारिक मूल्यों के क्षरण के दौर में जिस तरह से सारे सामाजिक और पारिवारिक सम्बन्ध टूट रहे हैं, भाई अपने भाई से, पिता अपने पुत्र से, अथवा मित्रता के सम्बन्ध जब क्षणभंगुर हो रहे हैं, ऐसे में राम का उदात्त चरित्र प्रेरणादायी और मन में उत्साह जगाने वाला दिखाई पड़ता है। राम का चरित्र एक तरफ़ करुणा सम्पन्न है तो दूसरी तरफ़ वीर और पराक्रमी भी। अपने पराक्रमी रूप में वे पृथ्वी को राक्षसविहीन करने की शपथ लेते हैं। आज जब संसार आतंकवाद की विभीषिका झेल रहा है, ऐसे में भी श्रीराम का यह रूप पूरे संसार को एक वैश्विक सन्देश दे सकता है।

ऐसे सर्वप्रिय व सार्वजनीन चरित्र श्रीराम का प्राचीन ऋषि-मुनियों, भक्तों-सन्तों और कवियों आदि ने महिमा-मण्डन तो किया ही, आधुनिक काल में विभिन्न मनीषी और चिन्तक जैसे विवेकानन्द, महर्षि अरविन्दो, बाल गंगाधर तिलक, रवीन्द्रनाथ ठाकुर, महात्मा गाँधी, विनोबा भावे और राम मनोहर लोहिया आदि भी राम-चरित्र से बहुत प्रभावित थे, और उन्होंने राम को अपने लेखन का विषय बनाया।

हमारे प्रभु राम, सबके प्रभु राम लोकमानस के हृदयस्थल पर विराजमान हैं, जन-जन के प्राणाधार हैं। यह प्रभु श्रीराम की कथा की व्यापकता और सौन्दर्य ही है कि संयुक्त राष्ट्र संघ की शैक्षणिक एवं सांस्कृतिक परिषद् द्वारा वर्ष 2001 में रामकथा को विश्व मानव समुदाय के अमूर्त बोधगम्य सम्पदा के रूप में घोषित किया गया है। कारण, राम न केवल उदात्त मानवीय गुणों से युक्त और पूरी मानवता के लिए अनुकरणीय चरित्र हैं बल्कि उनके द्वारा किया गया सुशासन आज विश्व शासन व्यवस्था में लोककल्याणकारी राज्यों के लिए भी प्रेरणास्रोत बना हुआ है। राम का राज्य लोकमंगलकारी, लोकतान्त्रिक व आदर्श राज्य है, जिसमें दैहिक, दैविक और भौतिक कष्ट नहीं हैं। राम के प्रताप से, उनके कुशल प्रशासन से समाज में विषमता की कोई जगह नहीं बची है। किसी भी तरह का कोई भेदभाव नहीं है, सभी निरोगी और स्वस्थ शरीरवाले हैं। अल्पायु में किसी की भी मृत्यु नहीं होती। रामराज्य में दरिद्रता और दुःख अपना अस्तित्व खो चुके हैं–

अल्पमृत्यु नहिं कवनिउ पीरा। सब सुन्दर सब बिरुज सरीरा॥
नहिं दरिद्र कोउ दुखी न दीना। नहिं कोउ अबुध न लच्छन हीना॥

आज मानवीय जीवन की गरिमा के लिए जिस मानव विकास सूचकांक (एचडीआई) की चर्चा होती है, उसके आधार मर्यादा पुरुषोत्तम राम के राज में विद्यमान रहे हैं। आज भी किसी राष्ट्र के लिए राजा राम का शासन सपने की तरह है। हर्ष का विषय है कि हमारे यशस्वी प्रधानमन्त्री नरेन्द्र मोदी जी भी रामराज्य के स्वप्न को साकार करने की दिशा में प्रतिबद्ध और सक्रिय हैं। राष्ट्र को न केवल भौतिक संसाधनों से युक्त करते हुए विकसित भारत का निर्माण किया जा रहा है बल्कि राष्ट्रीय शिक्षा नीति 2020 के माध्यम से नैतिकता और मूल्यों से युक्त ऐसे समाज के निर्माण का भी प्रयास है जहाँ प्रत्येक व्यक्ति राम के चरित्र को, भाव को, उनके गुणों को आत्मसात् करने के लिए तत्पर हो। राम का व्यक्तित्व तप, त्याग, क्षमा, दया, करुणा, बंधुत्व, मित्रता, दृढ़ता, सदाचार, कर्तव्यनिष्ठा, धर्मनिष्ठा, मर्यादा, धैर्य, वीरता और पराक्रम से युक्त है। इन गुणों से युक्त व्यक्ति ऐसे राष्ट्र का निर्माण कर सकेगा जो सशक्त तो होगा ही, आत्मबल से युक्त भी होगा; जहाँ बाह्य सांसारिक विकास के साथ प्रत्येक व्यक्ति आन्तरिक विकास कर सकेगा, अपने अन्दर के रामत्व को जागृत कर सकेगा। वाल्मीकि रामायण में ब्रह्मा-नारद संवाद में मर्यादा पुरुषोत्तम राम के सन्दर्भ में उद्धृत है–

श्रुत्वा चैतत् त्रिलोकज्ञो वाल्मीकेर्नारदो वचः।
श्रूयतामिति चामन्त्र्य प्रहृष्टो वाक्यमब्रवीत्॥
बहवो दुर्लभाश्चैव ये त्वया कीर्तिता गुणाः।
मुने वक्ष्याम्यहं बुद्ध्वा तैर्युक्तः श्रूयतां नरः॥
इक्ष्वाकुवंशप्रभवो रामो नाम जनैः श्रुतः।
नियतात्मा महावीर्यो द्युतिमान् धृतिमान् वशी॥
बुद्धिमान् नीतिमान् वाग्मी श्रीमाञ्शत्रुनिबर्हणः।
विपुलांसो महाबाहुः कम्बुग्रीवो महाहनुः॥
महोरस्को महेष्वासो गूढजत्रुररिंदमः।
आजानुबाहुः सुशिराः सुललाटः सुविक्रमः॥

ये गुण हर भारतीय के लिए ही नहीं वरन् मानवमात्र के आदर्श हैं, मानव समाज के लिए प्रेरणादायक हैं, किसी भी सुसंस्कृत, सभ्य समाज के लिए अनुकरणीय हैं। राम मर्यादा पुरुषोत्तम हैं। शक्ति, शील व सौन्दर्य से युक्त धर्मज्ञ, सत्यप्रतिज्ञ, शीलवान्, अदोषदर्शी, शान्त, दीन-दुखियों को सान्त्वना प्रदान करने वाले, मृदुभाषी, कृतज्ञ, जितेन्द्रिय, कोमल स्वभाववाले, स्थिरबुद्धि, सदा कल्याणकारी, असूयारहित, समस्त प्राणियों के प्रति प्रिय वचन बोलने वाले और सत्यवादी हैं–

धर्मज्ञः सत्यसन्धश्च शीलवाननसूयकः।
क्षान्तः सान्त्वयिता श्लक्ष्णः कृतज्ञो विजितेन्द्रियः॥
मृदुश्च स्थिरचित्तश्च सदा भव्योऽनसूयकः।
प्रियवादी च भूतानां सत्यवादी च राघवः॥

–वाल्मीकि रामायण, 'अयोध्याकाण्ड', 2.31-32

इन्हीं गुणों से युक्त होना रामत्व को धारण करना है। रामत्व को धारण करने का अर्थ है, धर्म को धारण करना। धर्म से युक्त व्यक्ति, समाज व राष्ट्र सुदृढ़ और नैतिकताओं से युक्त होगा और मानवता का पोषक होगा। भारतवर्ष के प्रत्येक हिस्से में, कण-कण में राम हैं। राम वह आधार हैं, जिनके सहारे हमारे समाज ने अनेक विपरीत परिस्थितियों का सामना किया है और अँधेरे से लड़कर रावणत्व पर विजय भी प्राप्त की है। इसलिए प्रभु श्रीराम की अयोध्या में प्राण-प्रतिष्ठा जन-मन के लिए आह्लादकारी है।

लेकिन दुखद है कि देश-काल-पंथ-जाति से परे भारतीयों के आराध्य संस्कृति पुरुषोत्तम श्रीराम के लिए भव्य मन्दिर के निर्माण और प्राण-प्रतिष्ठा में संकीर्ण

राजनीति करने वाले नेताओं, राजनीतिक दलों और धर्मनिरपेक्षता का छद्म आवरण ओढ़े तथाकथित बुद्धिजीवियों ने लगातार रोड़े अटकाये। कभी जाति-मज़हब के नाम पर, कभी मुहूर्त-तिथि या स्थान के नाम पर, कभी विधि-विधान के आधार पर, तो कभी शंकराचार्य आदि के बहाने प्राण-प्रतिष्ठा का बहिष्कार किया गया। ध्यातव्य है कि मन्दिर-निर्माण से पूर्व कुछ लोगों ने सभी सीमाओं को लाँघते हुए श्रीराम के अस्तित्व पर ही प्रश्नचिह्न खड़े कर दिये थे।

ऐसे लोगों को समझ लेना चाहिए कि भारत के जन-गण-मन में राम विराजमान हैं, और उनका ऐसा व्यवहार जन-गण के मन को ठेस पहुँचाने वाला है। राम मन्दिर के सपने को साकार करने वाले हर व्यक्ति, संगठन, राजनेता और दलों के प्रति यह देश सदा ऋणी रहेगा क्योंकि यह केवल राम मन्दिर ही नहीं, हर भारतीय के स्वाभिमान का मन्दिर भी है। और, सबसे ऊपर सांस्कृतिक पुनर्जागरण का राष्ट्र मन्दिर है।

इस सांस्कृतिक पुनर्जागरण के पवित्र और महा अभियान में हम सभी के द्वारा एक छोटा-सा यत्न, एक गिलहरी प्रयास विराट संस्कृति-पुरुष एवं मर्यादा पुरुषोत्तम प्रभु श्रीराम के चरित्र, उनकी कथा के वैविध्य में डुबकी लगाते हुए कुछ मोतियों को जनमानस तक पहुँचाने का है। प्रभु श्रीराम के धवलवर्णीय उज्ज्वल चरित्र पर बहुत-से दार्शनिकों, महापुरुषों, सन्तों और साहित्यकारों ने लिखा-गुना है, जिन्हें इस पुस्तक में संकलित किया गया है। साथ ही राम मन्दिर के निर्माण के महान कार्य में अपनी श्रम-श्रद्धा अर्पित करने वाले ऋषितुल्य महानुभावों और देवियों से भी मर्यादा पुरुषोत्तम राम की जीवनकथा से सम्बन्धित कुछ अमूल्य लेख संगृहीत करने का प्रयास किया गया है।

इस पुस्तक में स्वामी विवेकानन्द, महात्मा गाँधी, रवीन्द्रनाथ टैगोर, भारतेन्दु हरिश्चन्द्र, मुंशी प्रेमचन्द, वासुदेवशरण अग्रवाल, विद्यानिवास मिश्र जैसे प्रबुद्ध व्यक्तियों, महापुरुषों, साहित्यकारों का लेख है, तो वहीं गोविन्द देव गिरि जी महाराज, डॉ. कृष्ण गोपाल जी, आलोक कुमार जी, साध्वी ऋतम्भरा जी, अतुल कोठारी जी, सुरेश जैन जी, मुकुल कानिटकर जी, कपिल खन्ना जी आदि महानुभावों के प्रभु श्रीराम के प्रति जो श्रद्धाजनित भाव हैं, उनको क़लमबद्ध करके उनके द्वारा जो पुष्प अर्पित किये गये हैं, उनको भी इस पुस्तक के माध्यम से आपके समक्ष प्रस्तुत किया जा रहा है। इसके अतिरिक्त प्रबंधन, मेडिकल साइंस, मीडिया, साहित्य, संस्कृति, दर्शनशास्त्र, राजनीतिशास्त्र आदि विभिन्न क्षेत्रों के विशेषज्ञों द्वारा भी प्रभु श्रीराम के जीवन, चरित्र और गुणों के विविध पक्षों पर अपने श्रद्धा-सुमन

अर्पित किये गये हैं, जिन्हें इस पुस्तक में स्थान दिया गया है। जिस-जिस ने भी राम के जिस भी स्वरूप को देखा, वह वैसा ही हो गया–"जानत तुम्हहि तुम्हइ होइ जाई"। मैं सभी के प्रति हृदय से आभार प्रकट करता हूँ। पुस्तक में कुछ आलेख 'कल्याण' पत्रिका, गीता प्रेस, गोरखपुर एवं 'कल्याण भारती' पत्रिका, कोलकाता से साभार लिए गये हैं।

मेरे शोधार्थियों, जिनमें से कुछ शिक्षक भी हो चुके हैं, यथा–ऋतु वार्ष्णेय, मंजू सरकार, दीपक जायसवाल, सतीश तिवारी, गोविन्द यादव, अमन सिंह, संगीता, अंकित यादव, अर्चित सिंह, संक्षेप बरनवाल आदि का हार्दिक आभार जिनके सहयोग से ही यह पुनीत कार्य संपन्न हो सका है। इस संदर्भ में मैं विशेष रूप से ध्रुव कुमार का नाम लेना चाहूँगा। प्रभु राम सबका मंगल करें!

वाणी प्रकाशन के मुखिया अरुण माहेश्वरी जी का आभार जिन्होंने इतने कम समय में पुस्तक के रूप में आप सभी के हाथों तक इन लेखों को पहुँचाया।

अन्त में, प्रभु श्रीराम के श्रीचरणों में नमन, जिनकी कृपा के बिना 'पत्ता तक हिलता नहीं, खिले न कोई फूल' और जिनके अनुग्रह से ही यह कार्य संभव हो सका है।

राम राम रामेति, रमे रामे मनोरमे।
सहस्रनाम तत्तुल्यं, रामनाम वरानने॥

–निरंजन कुमार
रामनवमी, विक्रम सं. 2081

अनुक्रम

रामायण

स्वामी विवेकानन्द

यह है भारत का महान आदिकाव्य। राम और सीता भारतीय राष्ट्र के आदर्श हैं। सभी बालक-बालिकाएँ विशेषत: कुमारियाँ सीता की पूजा करती हैं। भारतीय नारी की उच्चतम महत्त्वाकांक्षा यही होती है कि वह सीता के समान शुद्ध, पतिपरायण और सर्वसहिष्णु-सर्वसहा बने। इन महान पुरुषों के चरित्र का अध्ययन करने पर आपको सहज ही प्रतीत होने लगता है कि भारतीय और पाश्चात्य आदर्शों में कितना महान अन्तर है। भारतीय राष्ट्र और समाज के लिए सीता सहिष्णुता के उच्चतम आदर्श के रूप में हैं। पश्चिम कहता है, "कर्म करो, कर्म द्वारा अपनी शक्ति दिखाओ।" भारत कहता है, "सहिष्णुता द्वारा अपनी शक्ति दिखाओ, दु:ख-कष्टों को सहन करना सीखो।" मनुष्य कितने अधिक भौतिक पदार्थों-विषयों का स्वामी बन सकता है, इस समस्या की पूर्ति पश्चिम ने की है। किन्तु मनुष्य में कितना त्याग करने की क्षमता है, इस प्रश्न का उत्तर भारत ने दिया है। आप देखते हैं, दोनों आदर्श ही परस्पर-विरोधी भावों की चरम सीमा हैं। सीता भारतीय आदर्श, भारतीय भाव की प्रतिनिधि हैं; मूर्तिमती भारतमाता हैं। सीता वास्तव में जन्मी थीं या नहीं, रामायण की कथा किसी ऐतिहासिक तथ्य पर आधारित है या कपोल कल्पित, इन प्रश्नों पर हमें विचार नहीं करना है। किन्तु कम से कम इतना तो सत्य है कि सहस्त्रों वर्षों से सीता का चरित्र भारतीय राष्ट्र का आदर्श रहा है। ऐसी अन्य कोई पौराणिक कथा नहीं है जिसने सीता के चरित्र की भाँति पूरे भारतीय राष्ट्र को आच्छादित और प्रभावित किया हो—उसके जीवन में इतनी गहराई तक प्रवेश किया हो—जाति की नस-नस में उसके रक्त की एक-एक बूँद में इतनी प्रवाहित हुई हो। भारतवर्ष में जो कुछ पवित्र है, विशुद्ध है, जो कुछ पावन है, उस सब का सीता शब्द से बोध हो जाता है। नारी में जो नारीजनोचित गुण माने गये हैं, सीता शब्द उन सबका परिचायक है। इसीलिए जब ब्राह्मण किसी कुल-वधू को आशीर्वाद देते हैं तो कहते हैं—सीता बनो। जब किसी बालिका को आशीर्वाद देते हैं तो कहते हैं—सीता बनो। वे सब सीता की

सन्तान हैं–जीवन में उनका एकमेव ध्येय, एकमेव प्रयत्न यही होता है कि वे सीता बनें–सीता-सी शुद्ध, धीर और सर्वसहा, सीता सी पतिपरायणा और पतिव्रता बनें। जीवन में सीता ने इतने कष्ट सहे, इतनी वेदनाएँ सहीं किन्तु राम के विरुद्ध उनके मुँह से एक कठोर शब्द तक न निकला, हृदय से एक आह तक न निकली। वह उसे अपना कर्तव्य जानकर सहती जाती हैं–अपने जीवन के करुण नाटक में धैर्यपूर्वक अभिनय करती रहती हैं। सीता का अरण्य-निर्वासन! ज़रा सोचिए तो कि कितना घोर अन्यायपूर्ण, अविचारपूर्ण कार्य था यह! पर सीता ने यह भी सह लिया। उनके हृदय में लेशमात्र भी कटुता उत्पन्न नहीं हुई। यह तितिक्षा ही भारतीय आदर्श है। भगवान बुद्ध ने कहा है, "यदि कोई तुम्हें आहत करता है, और तुम उसे प्रतिकार में आहत करने के लिए अपना हाथ उठाते हो, तो इससे तुम्हारे घाव को तो आराम नहीं होगा; हाँ, संसार के पापों में एक और पाप की वृद्धि अवश्य हो जायेगी। सीता इस भारतीय आदर्श की सच्ची प्रतिनिधि हैं। अत्याचारों के प्रतिशोध का विचार तक उनके हृदय में नहीं आया।"

कौन जानता है–इन दोनों आदर्शों में कौन सत्य और उच्च है, पाश्चात्यों की यह आपात प्रतीयमान शक्ति और चमक-दमक या पौर्वात्यों की कष्ट-सहिष्णुता, क्षमा और तितिक्षा?

पश्चिम कहता है, "हम दुःखों का प्रतिकार कर अपनी शक्ति से उन्हें विजित कर उनका नाश करते हैं।" भारत कहता है, "हम भी दुःखों का नाश करते हैं, किन्तु उनके प्रतिकार से नहीं, उन्हें सहन करने की क्षमता उत्पन्न करने से; और धीरे-धीरे यही दुःख और कष्ट हमारे लिए आनन्द की वस्तु बन जाते हैं।" शायद दोनों ही आदर्श महान हैं, पर कौन जानता है, अन्ततोगत्वा कौन सा आदर्श जीवित रह सकेगा। किस आदर्श की जय होगी? कौन जानता है, किस आदर्श से मानव जाति का अधिकतर यथार्थ कल्याण सम्पादित हो सकेगा? किसे ज्ञात है कौन सा आदर्श मनुष्य की पाशविकता को निर्वीर्य कर उस पर विजय पा सकेगा? सहिष्णुता, क्षमा और तितिक्षा अथवा क्रियाशीलता, शक्ति एवं प्रतिकार?

और इसलिए हमें परस्पर के आदर्श को नष्ट करने की ये घृणित चेष्टाएँ तो छोड़ देनी चाहिए। हम दोनों का लक्ष्य एक ही है–मानव-दुःख-निवारण, दुःखों का क्षय और नाश। मैं पश्चिम से यह नहीं कह रहा हूँ कि तुम हमारा मार्ग अपना लो। कभी नहीं। लक्ष्य एक है–किन्तु साधन-मार्ग सदैव ही भिन्न रहेंगे और इसलिए भारतीयों के आदर्श तथा संस्कृति का यह ज्ञान प्राप्त करने पर, मुझे आशा है, आप भारत को सम्बोधित कर कहेंगे, "हम जानते हैं–हम दोनों का ध्येय, आदर्श और लक्ष्य एक ही है, और लक्ष्य तक पहुँचने के हमारे मार्ग भी समान रूप से उपयोगी

हैं; इसलिए बन्धुओं, तुम अपने आदर्श का अनुसरण करो, अपने लक्ष्य पर चलो। तुम अपने साधन-पथ पर प्रस्थान करो, ईश्वर तुम्हारा कल्याण करें।" इस जीवन में पूर्व और पश्चिम दोनों को मेरा यही सन्देश है कि विभिन्न आदर्शों पर वृथा विवाद न करो–तुम्हारे आदर्श केवल भिन्न प्रतीयमान मात्र होते हैं–वास्तव में तो वे एक ही हैं। और इसलिए जीवन के इन ऊँचे-नीचे, टेढ़े-मेढ़े रास्तों, जीवन की इस चक्करदार भूलभुलैया में मार्ग क्रमण करते हुए–परस्पर की मंगल कामना करते हुए–परस्पर का अभिवादन कर कहें, "ईश्वर तुम्हारी लक्ष्यसिद्धि में सहायक हो!"

रामनाम जैसा कोई जादू नहीं

महात्मा गाँधी

आज की प्रार्थना सभा में गाँधी जी ने कहा रामनाम सिर्फ़ कुछ ख़ास आदमियों के लिए ही नहीं है, वह सबके लिए है। जो राम का नाम लेता है, वह अपने लिए एक भारी ख़ज़ाना जमा करता जाता है। यह तो एक ऐसा ख़ज़ाना है, जो कभी लुटता ही नहीं। जितना इसमें से निकालो, उतना बढ़ता ही जाता है। जिसका अन्त ही नहीं है। जैसा कि उपनिषद् कहता है–पूर्ण में से पूर्ण निकालो तो पूर्ण ही बाक़ी रहता है, वैसे ही राम नाम तमाम बीमारियों का शर्तिया इलाज है, फिर चाहे वे शारीरिक हों, मानसिक हों, या आध्यात्मिक हों।

"लेकिन शर्त यह है कि रामनाम दिल से निकले। क्या बुरे विचार आपके मन में आते हैं? क्या काम या लोभ आपको सताते हैं? अगर ऐसा है तो रामनाम जैसा कोई जादू नही।" उन्होंने अपना मतलब एक मिसाल देकर समझाया, "फ़र्ज़ कीजिए कि आपके मन में यह लालच पैदा होता है कि बग़ैर मेहनत किये, बेईमानी के तरीक़े से, आप लाखों रुपये कमा लें। अगर आपको राम नाम पर श्रद्धा है, तो आप सोचेंगे कि अपने बीवी-बच्चों के लिए पाप जैसी दौलत क्यों इकट्ठी करें, जिसे वे शायद लुटा दें? अच्छे चाल-चलन और अच्छी तालीम और ट्रेनिंग के रूप में उनके लिए ऐसी विरासत क्यों न छोड़ जायें, जिससे वे ईमानदारी और मेहनत के साथ अपनी रोटी कमा सकें। आप यह सब सोचते तो हैं, लेकिन कर नहीं पाते। राम नाम का निरन्तर जप चलता रहे, तो एक दिन वह आपके कण्ठ से हृदय तक उतर जायेगा और रामबाण उपाय साबित होगा। वह आपके सब भ्रम मिटा देगा, आपके झूठे मोह और अज्ञान को छुड़ा देगा। तब आप समझ जायेंगे कि आप कितने पागल थे। अपने बाल-बच्चों के लिए करोड़ों की इच्छा करते थे, बजाय इसके कि उन्हें राम नाम का वह ख़ज़ाना देते, जिसकी क़ीमत कोई नहीं पा सकता, जो हमें भटकने नहीं देता, जो मुक्तिदाता है। आप ख़ुशी से फूले नहीं समायेंगे। आप अपने बाल-बच्चों से और अपनी पत्नी से कहेंगे, ''मैं करोड़ों कमाने गया था, मगर वह कमाना तो भूल

गया। दूसरे करोड़ लाया हूँ।'' वे पूछेंगे, ''कहाँ है वह हीरा, ज़रा देखें तो।'' जवाब में आपकी आँखें हँसेंगी, मुँह हँसेगा और धीरे-से आप जवाब देंगे, ''जो करोड़ों का पति है, उसे हृदय में रखकर लाया हूँ।'' तुम भी चैन से रहोगे, मैं भी चैन से रहूँगा।

शाम की प्रार्थना के बाद के अपने भाषण में गाँधी जी ने कहा, ''मैं आशा करता हूँ कि आप अपने घरों में सुबह-शाम नियम से प्रार्थना करेंगे। अगर आप न चाहें तो आपके लिए संस्कृत श्लोक सीखना कोई ज़रूरी नहीं। रामधुन ही काफ़ी है। सारी प्रार्थनाओं का सार यही है कि आप अपने दिलों में भी ईश्वर को बसा लें। अगर आप इसमें सफल हो जायें तो आपका, समाज का और सारी दुनिया का भला होगा।''

(मसूरी; 8-6-46, 'रामनाम' : गाँधी जी से साभार)

रामेर मोहिमा

रवीन्द्रनाथ टैगोर

'रामायण' के शब्दों में एक ओर कर्तव्य की कठिन कठिनाई और दूसरी ओर अभिव्यक्ति की अपार माधुर्य एक साथ समाहित है। इसमें मानव-हृदय के सभी उच्च वृत्ति, जैसे–विवाह, भाईचारा, देशभक्ति, ईश्वर-भक्ति आदि के सर्वोत्तम आदर्श विकसित हुए हैं। इसने महान् धार्मिक नियमों द्वारा क़दम-दर-क़दम सभी प्रकार के हृदयों की वृत्ति को नियन्त्रित करने का सख़्त शासन प्रचार किया।"

(रवीन्द्रनाथ टैगोर, 'भारत में भारत का इतिहास', 'रवीन्द्र रचनावली' का इलेक्ट्रॉनिक संस्करण; भाषा प्रौद्योगिकी अनुसन्धान परिषद, एसएनएलटीआर द्वारा प्रकाशित, पृ. 8.)

"रत्नाकर पहले एक डाकू था, फिर उसने दस्यु वृत्ति छोड़ दी और राम का भक्त बन गया। अर्थात्, जब उसने बलात्कार विद्या के प्रभाव से बचकर कर्षण विद्या में दीक्षा ली, तभी सुन्दर के आशीर्वाद से उसकी वीणा बज उठी...अचानक ऐसा लग सकता है कि रामायण एक रूपक है, ख़ासकर जब हम देखते हैं कि राम और रावण नाम अर्थ में विपरीत हैं। राम का अर्थ है आराम, शान्ति; रावण का अर्थ है चिल्लाना, उथल-पुथल।"

('रक्तकरवि', 'रवीन्द्र रचनावली', खण्ड 25, पृष्ठ 545-546; रक्तकरवि, 'रवीन्द्र रचनावली', खण्ड 06, पृष्ठ 194-195.)

भगवान त्रिभुवन, आपकी उपस्थिति में
अमर वीणा की लय में किसका नाम बजता है?
जिसका वीर्य मुझसे अधिक क्षमा नहीं करता,
जिसका चरित्र कठोर धार्मिक नियमों से घिरा हुआ है
माणिक्य के अंगों के समान सुन्दर प्रकाश धारण करता है,
जो महानता में विनम्र है, जो धन से डरता है, जो ख़तरे में निडर है,
किसने अधिक पाया, किसने अधिक दिया,
जिसने राजमुकुट अपने सिर पर ले लिया है

वैभव के बीच दु:ख सबसे बड़ा है।
हे देवर्षि, सर्वज्ञ कहो, उनका पवित्र नाम।
नारद कहिला धीरे, अयोध्या के रघुपति राम।

(रवीन्द्रनाथ टैगोर, 'कहिनी' –भाषा और लय, खण्ड 3, परिशिष्ट-4, पृष्ठ 1288)

"यदि महानता के लिए आत्म-बलिदान को पागलपन कहा जाता है, तो वह पागलपन एक समय में प्रचुर मात्रा में था। यही सच्ची वीरता है। यही वीरता है कि राम कर्तव्य के अनुरोध पर राज्य छोड़कर वन में चले गये, और सीता और लक्ष्मण ने उनका अनुसरण किया। वह वीरता जो भरत राम को वापस लाने के लिए गये, और वह वीरता जो हनुमान ने पूरे मन से राम की सेवा की। काव्य और ग्रन्थ हमें बताते हैं कि क्षमा हिंसा से अधिक साहसी है, ग्रहण से अधिक त्याग स्वीकार करने में वीरता है...इसलिए वाल्मीकि के राम ने रावण को हराना नहीं छोड़ा, उन्होंने रावण को माफ़ कर दिया।"

(रवीन्द्रनाथ टैगोर का पाँचवाँ पत्र 1892 में 'बालक' पत्रिका में प्रकाशित हुआ।)

"रामायण के कवि ने युद्ध प्रकरण तक छह खण्डों वाले महाकाव्य को रामचन्द्र की पितृभक्ति, सत्यपालन, सौव्रत, दाम्पत्य प्रेम, भक्तवात्सल्य आदि की अनेक स्तुतियाँ गाकर समाप्त किया; लेकिन फिर भी उत्तर अनुभाग नये सिरे से लिखना पड़ा। अकेले उनके व्यक्तिगत और पारिवारिक गुण ही पर्याप्त नहीं थे, लेकिन आम लोगों के प्रति उनकी कर्तव्यनिष्ठा उनके पिछले सभी गुणों पर इतनी प्रबलता से स्थापित हो गयी कि उन्हें उनकी कृति का ताज पहनाया गया।"

(रवीन्द्रनाथ टैगोर 'स्वदेशी समाज' निबन्ध का परिशिष्ट, 'रवीन्द्र रचनावली' का इलेक्ट्रॉनिक संस्करण; भाषा प्रौद्योगिकी अनुसन्धान परिषद्, एसएनएलटीआर में प्रस्तुत, पृष्ठ 4)

बाद में समाज रक्षकों ने रामचन्द्र पर यह लांछन लगाकर कि उन्होंने शूद्र संन्यासी को मार डाला था, रामचरित का उदाहरण अपने पक्ष में लाने का प्रयास किया है। जिस सीता के सुख-दु:ख में रामचन्द्र ने रक्षा की और शत्रु के हाथ से बचाया, समाज के प्रति अपने कर्तव्य के कारण वे उसे बिना किसी अपराध के त्यागने को विवश हुए, यह उत्तरकाण्ड की इस कथा की रचना से स्पष्ट रूप से समझा जा सकता है। पूज्य रामचन्द्र के जीवन को आर्य जाति के सर्वोत्तम आदर्श चरित्र के रूप में सामाजिक शिष्टाचार के अनुकूल बताने का एक विशेष प्रयास हुआ।

रामचरित में एक सामाजिक क्रान्ति का इतिहास बाद में यथासम्भव मिटा दिया गया और इसे आधुनिक युग के सामाजिक आदर्शों के अनुरूप बना दिया गया। यही

वह समय था जब राम के चरित्र को गृह-धर्म और समाज-धर्म के आश्रय के रूप में प्रचारित करने का प्रयास किया गया। और जो रामचन्द्र एक समय अपने राष्ट्र को घृणा की संकीर्णता से प्रेम के विस्तार की ओर ले गये और उस सिद्धान्त के द्वारा एक विरोधाभासी समस्या का समाधान करके सभी राष्ट्रों के लिए सर्वदा के लिए स्वीकार्य बन गये, वे अब खिसक गये हैं और धीरे-धीरे रक्षक के रूप में खड़े हो गये हैं–शास्त्रीय घरेलुता और लोकप्रिय संस्कारों की रक्षक। इसमें विचित्र बात यह है कि जिस रामचन्द्र ने कभी धर्म और कृषि को नये ढंग से चलाया, बाद में उनके चरित्र का उपयोग समाज ने पुराने नियमों के पक्ष में किया। एक दिन समाज ने गति के पक्ष में वीरता दिखाई और एक दिन समाज ने रुतबे के पक्ष में उन्हें नायक के रूप में प्रचारित कर दिया। वस्तुतः रामचन्द्र के जीवन-क्रम में इस गति के संरेखण के कारण ही यह सम्भव हो सका है।

फिर भी, "भारत यह नहीं भूल सकता कि वह चाण्डालों का मीता, वानर देवता, विभीषण का मित्र था। उसने शत्रु का नाश किया, यह उसकी महिमा नहीं है।"

उन्होंने शत्रु को गले लगाया। उन्होंने कर्मकाण्ड की वर्जनाओं, सामाजिक घृणा की बाधाओं पर विजय प्राप्त की, उन्होंने आर्य और ग़ैर-आर्य के बीच प्रेम का पुल बनाया।

(रवीन्द्रनाथ टैगोर, 'भारत में भारत का इतिहास', 'रवीन्द्र रचनावली' का इलेक्ट्रॉनिक संस्करण; भाषा प्रौद्योगिकी अनुसन्धान परिषद्, एसएनएलटीआर द्वारा प्रकाशित, पृष्ठ 8.)

"रामचन्द्र ने इन वानरों को राजनीति से नहीं बल्कि भक्ति से वश में किया। इस प्रकार उन्हें हनुमान की भक्ति प्राप्त हुई और वे भगवान बन गये। संसार में सर्वत्र यह देखा जाता है कि जो भी महात्मा बाह्य धर्म के स्थान पर भक्ति धर्म की अलख जगाता है, वह स्वयं ही पूजा प्राप्त कर लेता है।"

उनके कई उदाहरण हैं जैसे कृष्ण, क्राइस्ट, मोहम्मद, चैतन्य आदि। सिक्ख, सूफ़ी, कबीरपन्थी आदि सर्वत्र देखे जाते हैं, जिनकी भक्ति प्रकट होती है उनके अनुयायियों को देवत्व प्राप्त होता है।

भगवान के साथ भक्त के अन्तरतम सम्बन्ध को प्रकट करके, उन्होंने मानवता और दिव्यता के बीच की सीमा को भी पार कर लिया। इस प्रकार हनुमान और विभीषण को वैष्णव, रामचन्द्र के उपासक और भक्त के रूप में जाना जाता है।

रामचन्द्र ने धर्म के द्वारा कुलीनों का सम्मान जीता और उनकी भक्ति जीती। उन्होंने उन्हें हथियारों से हराकर राज्य का विस्तार नहीं किया। उन्होंने दक्षिण में कृषि सभ्यता और भक्तिपूर्ण एकेश्वरवाद का प्रचार किया। सदियों बाद भी, भारत को उनका फल मिला। इस दक्षिणात्य ने धीरे-धीरे महान् शैव-धर्म और भक्ति-धर्म का

रूप ले लिया। इस दक्षिणात्य के ब्रह्मविद्या की धारा से एक ओर भक्ति-स्रोत और दूसरी धारा से अद्वैत ज्ञान ने पूरे भारत को उत्साहित कर दिया।"

(रवीन्द्रनाथ टैगोर, 'भारतवर्षे ऐतिहासिक धारा'-1, 'रवीन्द्र रचनावली' का इलेक्ट्रॉनिक संस्करण; भाषा प्रौद्योगिकी अनुसन्धान परिषद् की कार्यवाही, एसएनएलटीआर, पृष्ठ 8-9.)

"भक्त राम सभी नीच पापियों को बचाते हैं। वह गुहकचांडाल को अपने सहयोगी के रूप में गले लगाते हैं...भगवान जो अशास्त्रीय डाकू के मित्र हैं, जो गिलहरी की थोड़ी-सी भी सेवा स्वीकार करते हैं, और जो पापी राक्षस को भी हरा देते हैं उचित दण्ड के साथ, यही वह भावना है जो प्रबल हुई और भारत में रामायण की धारा को गंगा की शाखाओं की तरह पथ-पथ ले गयी।"

(रवीन्द्रनाथ टैगोर, 'रवीन्द्र रचनावली', खण्ड 4, 'साहित्य' पृष्ठ 663.)

रवीन्द्रनाथ जी अपने कविता एवं संगीत में भी रामायण का चित्रण किये हैं–सं.1

माँ, मुझे/एक छोटा भाई दो–/हम दोनों जंगल में जाते हैं।

(रवीन्द्रनाथ, 'बनवास', 'शिशु', 'रवीन्द्र रचनावली', खण्ड II, पृष्ठ 33-35)

माँ तालाब किनारे/जियल वृक्ष की दीवार के पास/वहाँ होंगे बनवासी–/नहीं कोई कहीं भी।

(सहज पाठ-2, रवीन्द्रनाथ, विश्व भारती ग्रन्थ विभाग, कलकत्ता, पृष्ठ 16.)

बालों को उड़ाना, फूलों को इकट्ठा करना,/इन्द्रधनुष से रँगा हुआ पंखा उड़ाना,/सूरज की किरणों में बिखेर देंगे प्यारी मुस्कान।

('निर्झर स्वप्नभोग' रवीन्द्रनाथ, पृष्ठ 16, संचयिता, रिफ़्लेक्ट प्रकाशन, 2002, 24 परगना, पश्चिम बंगाल।)

एक ही पेड़ मेरा है/वो छोटा-सा कोना,/चित्रकूट की तलहटी में/वो मेरा जंगल है।

(रवीन्द्रनाथ, 'चित्रकूट', 'विचित्र', 'चित्रचित्र', 'बालक', 'रवीन्द्र रचनावली', खण्ड IV, पृष्ठ 956.)

'वाल्मीकि प्रतिभा' नाटक को रामायण की पृष्ठभूमि कहा जाता है और 'कालमृगया' राम के जन्म की पूर्वसूचना है। 'वाल्मीकि प्रतिभा' (1287/1881) और 'कालमृगया' (1289) संस्कृत रामायण से प्रभावित हैं। 'आदिकाण्ड' और 'अयोध्याकाण्ड' के श्लोक हैं–

माँ निषाद प्रतिष्ठां त्वमगमः शाश्वती समाः।
यत् क्रौंचमिथुनादेकमवधीः काममोहितम्।

(रवीन्द्रनाथ, 'कालमृगया', 'रवीन्द्र रचनावली', खण्ड IV, *पृष्ठ 507.)*

एवं *"पुत्रब्यासंजुंग दुचांग जदेतनमं संगप्रताम्' और 'थांग पुत्रशोकेन राजन करियासी।*

[रवीन्द्रनाथ, कालमृगया; रवीन्द्र रचनावली, खण्ड IV, पृष्ठ 492.]

रवीन्द्रनाथ ज़ी के संगीत में भी रामायण है–"कुछ भी कहो भाई/मुझे सोने का मृग चाहिए।"

अन्त में कवि कहते हैं, "जिन्होंने युद्ध के मैदान और कार्यस्थल में राम को नरदेवता का आदर्श माना है, उनके पुरुषार्थ, कर्तव्य परायणता और धर्म परायणता के आदर्श हमसे श्रेष्ठ हैं।"

[रवीन्द्रनाथ, 'लोकसाहित्य', पृष्ठ 120]

संकलन : डॉ. मंजू सरकार

रामायण का समय

भारतेन्दु हरिश्चन्द्र

('रामायण' बनने के समय की कौन-कौन बातें विचार करने के योग्य हैं।)

पुराने समय की बातों को जब सोचिए और विचार कीजिए तो उनका ठीक-ठीक पता एक ही बेर नहीं लगता। जितने नये-नये ग्रन्थ देखते जाइए, उतनी ही नयी-नयी बातें प्रकट होती जाती हैं। इस विद्या के विषय में बुद्धिमानों के आजकल दो मत हैं। एक तो वह, जो बिना अच्छी तरह सोचे-विचारे, पुराने अंग्रेज़ी विद्वानों की चाल पर चलते हैं, उसी के अनुसार लिखते-पढ़ते भी हैं। दूसरे वे लोग जिनको किसी बात का हठ नहीं है, जो बातें नयी ज़ाहिर होती गयीं, उनको मानते गये। दूसरा मत बहुत दुरुस्त और ठीक तो है, पर पहला मत मानने वालों को ऐंटिक्वेरियन बनने का बड़ा सुभीता रहता है। दो-चार ऐसी बँधी बातें हैं जिन्हें कहने ही से वे ऐंटिक्वेरियन हो जाते हैं। जैसे जो मूर्तियाँ मिलीं वह जैनों की हैं, हिन्दू लोग तातार से और कहीं पश्चिम से आये होंगे, आगे यहाँ मूर्तिपूजा नहीं होती थी इत्यादि कई बातें बहुत मामूली हैं। जिनके कहने ही से आदमी ऐंटिक्वेरियन हो सकता है। जो कुछ हो, इस बात को लेकर हम इस समय हुज्जत नहीं करते, हम सिर्फ़ यहाँ वाल्मीकीय रामायण में से ऐसी थोड़ी-सी बातें चुनकर दिखाते हैं जो बहुत-से विद्वानों की जानकारी में आज तक नहीं आयी हैं।

रामायण बनने का समय बहुत पुराना है, यह सब मानते हैं। इससे उसमें जो बातें मिलती हैं, वह उस ज़माने में हिन्दुस्तान में बरती जाती थीं, यह निश्चय हुआ। इससे यहाँ वे ही बातें दिखाई जाती हैं जो वास्तव में पुरानी हैं पर अब तक नयी मानी जाती हैं और विदेशी लोग जिनको अपनी कहकर अभिमान करते हैं। रामायण कैसा सुन्दर ग्रन्थ है और इसकी कविता कैसी सहज और मीठी है, इसे जिन लोगों ने इसकी सैर की है, वे अच्छी तरह जानते हैं, कहने की आवश्यकता नहीं। इसमें धर्मनीति कैसी चाल पर कही है। इससे हम यहाँ पर और बातों को छोड़कर केवल वही बातें दिखाना चाहते हैं जो प्राचीन विद्या (ऐंटीक्वेटी) से सम्बन्ध रखती हैं।

बालकाण्ड

अयोध्या के वर्णन में क़िले की छत पर यन्त्र रखना लिखा है। यन्त्र का अर्थ कल है। इससे यह स्पष्ट होता है कि उस ज़माने में क़िले की बचावट के हेतु किसी तरह की कल अवश्य काम में लायी जाती थी, चाहे वे तोप हों या और किसी तरह की चीज़ (या यन्त्र से दूरबीन का मतलब हो)।

शतघ्नी–यह उस चीज़ को कहते हैं जिससे सैकड़ों आदमी एक साथ मारे जा सकें। कोशों में इस शब्द के अर्थ यह दिये हैं कि शतघ्नी उस प्रकार की कल का नाम है जिससे पत्थर और लोहे के टुकड़े छूटकर बहुत-से आदमियों के प्राण लेते हैं और इसी का दूसरा नाम वृश्चिकाली है। (सर राजा राधाकान्त देव का शब्दकल्पद्रुम देखो) इससे मालूम होता है कि उस समय में तोप या ठीक उसी प्रकार का कोई दूसरा शस्त्र अवश्य था। अयोध्या के वर्णन में उसकी गलियों में जैन फ़क़ीरों का फिरना लिखा है, इससे प्रकट है कि रामायण के बनने से पहिले जैनियों का मत था। जिस समय राजा दशरथ ने अश्वमेध यज्ञ किया, उस समय का वर्णन है कि रानी कौशल्या ने अपने हाथ से घोड़े को तलवार से काटा। इस बात से प्रगट होता है कि स्त्रियों को इतनी शिक्षा दी जाती थी कि वह शस्त्रविद्या में भी अति निपुणता रखती थीं।

अभी एशियाटिक सोसाइटी के जरनल में पण्डित प्राणनाथ एम.ए. ने इसका खण्डन किया है कि वराहमिहिर के काल में श्रीकृष्ण की पूजा ईश्वर समझ के नहीं करते थे और वराहमिहिर के श्लोकों ही से श्रीकृष्ण की पूजा और देवतापन का सबूत भी दिया है। बहुत-से विद्वान इस बात में झगड़ा करते हैं। योरोप के विद्वानों में बहुतों का यह मत है कि श्रीकृष्ण की पूजा चले थोड़े ही दिन हुए, पर 40 वें सर्ग के दूसरे श्लोक में नारायण के वास्ते दूसरा शब्द वासुदेव लिखा है और फिर पच्चीसवें श्लोक में कपिलदेव जी को वासुदेव का अवतार लिखा है, इससे स्पष्ट प्रगट है कि उस काल से श्रीकृष्ण को लोग नारायण कर के जानते और मानते हैं।

अयोध्याकाण्ड

20वें सर्ग के 29 श्लोकों में रानी कैकेयी ने राम जी को वन जाते समय आज्ञा दी कि मुनियों की तरह तुम भी मांस न खाना, केवल कन्दमूल पर अपना गुज़ारा करना। इससे प्रकट होता है कि उस समय मुनि लोग मांस नहीं खाते थे। 30वें सर्ग के 37 श्लोक में गोलोक का वर्णन है। प्राय: नये विद्वानों का मत है कि गोलोक इत्यादि पुराणों के बनने के समय के पीछे निकाले गये हैं और इसी से सब पुराणों में इनका वर्णन नहीं मिलता। इस वर्णन से यह बात बहुत स्पष्ट हो गयी कि गोलोक का

होना हिन्दू लोग उस काल से मानते हैं जब कि रामायण बनी। 32वें सर्ग में तैत्तिरीय शाखा और कठकलाप शाखा का नाम है। इससे प्रकट होता है कि वेद उस काल तक बहुत-से हिस्सों में बँट चुके थे।

राम जी के वन जाने की राह इस तरह बयान की गयी है। अयोध्या से चलकर तमस अर्थात् टोंस नदी के पार उतरे। फिर वेदश्रुति, गोमती, स्यदिका और गंगा पार होते हुए प्रयाग आये और वहाँ से चित्रकूट (जो रामायण के अनुसार 10 कोस है) गये। यह सफ़र उन्होंने पाँच दिन में किया। और सुमन्त उनको पहुँचाकर शृंगवेरपुर अर्थात् सिंगरामऊ से दो दिन में अयोध्या पहुँचा। पहली बात से प्रकट हुआ कि पुराने ज़माने के कोस बड़े होते थे। दूसरी बात से विदित हुआ कि सड़क उस समय भी बनायी जाती थी, नहीं तो इतनी दूर की यात्रा का पाँच दिन में तै करना कठिन था। भरत जी जब अपने नाना के पास से जो कि कैकय अर्थात् गक्कर देश का राजा था, आने लगे तो उसने कई बहुत बड़े और बलवान कुत्ते दिये और तेज़ दौड़ने वाले गदहों (खच्चर) के रथ पर उनको बिठा किया। वे सिन्धु और पंजाब होते हुए इश्रुमती को पारकर अयोध्या आये। इससे दो बात प्रकट हुईं, एक तो यह कि उस काल में कैकय देश के गदहे और कुत्ते अच्छे होते थे, दूसरे यह कि वहाँ की हिन्दुस्तान से राह सिन्धु होकर थी।

71वें सर्ग में मूर्तियों का वर्णन है, इससे दयानन्द सरस्वती इत्यादि का यह कहना कि रामायण में कहीं मूर्ति पूजन का नाम नहीं है। अप्रमाण होता है। इसी स्थान में निषाद का लड़ाई की नौकाओं के तैयार करने का वर्णन है, जिससे यह बात प्रमाणित होती है कि उस काल के लोग स्थल की भाँति पानी पर भी लड़ सकते थे। दक्षिण के लोगों की सिर में फूल गूँथने की बड़ी प्रशंसा लिखी है। इससे यह बात झलकती है कि उत्तर के देश में फूल गूँथने का विशेष रिवाज़ नहीं था। 108 सर्ग में जाबालि मुनि ने चार्वाक का मत वर्णन किया है। फिर 109 सर्ग में बुध का नाम और उनके मत का वर्णन है। इससे प्रगट है कि ये दोनों वेद के विरुद्ध मत उस समय में भी हिन्दुस्तान में फैले हुए थे। अभी हम ऊपर बालकाण्ड में जैनियों के उस काल में रहने का ज़िक्र कर चुके हैं तो अब ये सब बातें रामायण के बनने के समय, बुद्ध के जन्म का और बौद्ध और जैन मत अलग होने के समय की विवेचना में कितनी हलचल डालेंगी प्रगट है।

अरण्यकाण्ड

चौथे सर्ग के 223 श्लोक में लिखा है कि असुरों की यह पुरानी चाल है कि वे अपने मुर्दे गाड़ते हैं। इससे प्रगट है कि वेद के विरुद्ध मत मानने वालों में यह रीति सदा से चली आती है।

किष्किन्धाकाण्ड

13वें सर्ग के 16 श्लोक में कलम अर्थात् जोंधरी के खेत का बयान है और कोश में 'लेखनी कलमित्यपि' लिखा है। इस वाक्य से प्रगट होता है कि कलम लिखने की चीज़ का नाम संस्कृत में भी है वह और चीज़ों के साथ जोंधरी का भी होता था। इसी से यह भी साफ़ हो जाता है कि सिवा ताड़ के पत्र के काग़ज़ पर भी आगे के लोग लिखते थे, क्योंकि ताड़ पर मिटने के डर से सिर्फ़ लोहे की कलम से लिखा जा सकता है जैसा कि अब तक बंगाल और ओड़ीसे में रिवाज़ है। 62वें सर्ग के तीन श्लोक में पुराणों का वर्णन है, जिससे नयी तबीयत और नयी तलाश (लाइट) के लोगों का यह कहना कि पुराण सब बहुत नये हैं कहाँ तक ठीक है, आप लोगों पर आप से आप विदित होगा। इस काण्ड में और बातों की भाँति यह भी ध्यान करने के योग्य है कि राम जी ने बालि से मनु के श्लोक कहे हैं और यह भी कहा है कि मनु भी इसको प्रमाण मानते हैं। इससे प्रगट हुआ कि मनु की संहिता उस काल में भी बड़ी प्रामाणिक और प्रतिष्ठित समझी जाती थी।

सुन्दरकाण्ड

तीसरे सर्ग के 18 श्लोक में क़िले के शस्त्रालय (सिलहगाह) के वर्णन में लिखा है कि जिस तरह से स्त्री गहनों से सजी रहती है, वैसे ही बुर्ज यन्त्रों से सजे हुए थे। इससे स्पष्ट प्रगट होता है कि तोप या और किसी प्रकार का ऐसा हथियार जिससे कि दूर से गोले की भाँति कोई वस्तु छूटकर जान ले, उस समय में अवश्य था। 9वें सर्ग के 13 श्लोक में लिखा है कि पुष्पक विमान के चारों ओर सोने के हुंडार बने थे और खाने-पीने की सब वस्तु उसमें रखी रहती थीं और वह बहुत-से लोगों को बिठलाकर एक स्थान से दूसरे स्थान पर ले जाता था। इससे सोचा जाता है कि यह विमान निस्सन्देह कोई बेलून की भाँति की वस्तु होगी और हुंडार उसमें पहचान के हेतु लगाये गये होंगे।

9वें सर्ग के 25 और 26 श्लोकों में वर्णन है कि लंका में जो गलीचे बिछे थे, उनमें घर, नदी, जंगल इत्यादि बने हुए थे। अब यदि विलायत का कोई गलीचा आता है जिसमें मकान, उद्यान इत्यादि बने रहते हैं तो देखकर हम लोग कैसा आश्चर्य करते हैं। कैसे सोच की बात है कि हम लोग नहीं जानते कि हमारे हिन्दुस्तान में भी इस प्रकार की चीज़ें पहले बनती थीं। यहीं पर जब हनुमान जी ने रावण के मन्दिरों को जाकर देखा है तो उसमें भोजन के, अनेक प्रकार के धातुओं के, मणियों के और काँच के पात्रों को भी देखा है। चिमटा, काँटा आदि भी उस समय होता था।

बड़ी शोभा से खाना चुना जाता था और भी अंग्रेज़ी चाल के पात्र और गहने भुवनेश्वर के मन्दिर में भी बहुत प्राचीन काल के बने हैं। वाहू राजेन्द्रलाल मित्र का उड़ीसा प्रथम भाग देखो। इसी स्थान में अशोक-वन में जानकी जी के शिंशिपा के दरख़्त के नीचे रहने का वर्णन है। हिन्दुस्तान के बहुत से पण्डितों का निश्चय है कि शिंशिपा शीशम वृक्ष को कहते हैं। किन्तु हमारी बुद्धि में शिंशिपा सीताफल अर्थात् शरीफा के वृक्ष को कहते हैं। इसके दो बड़े भारी सबूत हैं। प्रथम तो यह कि यदि जानकी जी का शरीफे से कुछ सम्बन्ध नहीं तो सारा हिन्दुस्तान उनको सीताफल क्यों कहता है। दूसरे यह कि 'महाभारत' के 'आदि पर्व' में राजा जनमेजय के सर्पयज्ञ की कथा में एक श्लोक है जिसका अर्थ है कि आस्तिक की दोहाई सुनकर जो साँप न जायेगा, उस का सिर शिंश वृक्ष के फल की तरह सौ टुकड़े हो जायेगा। शिंश और शिंपा दोनों एक ही वृक्ष के नाम हैं। यह कोशों से और नामों के सम्बन्ध से स्पष्ट है। शीशम के वृक्ष में ऐसा कोई फल नहीं होता जिसमें बहुत-से टुकड़े हों। और शरीफे का फल ठीक ऐसा ही होता है जैसा श्लोक में लिखा है। इससे लोग निश्चय करें कि सीता जी शरीफे ही के वृक्ष के नीचे थीं।

18वें सर्ग के 12 श्लोक में गुलाब पाश का वर्णन है। इसलिए हमारे भाई लोग यह न समझें कि यह निधि हमको मुसलमानों से मिली है, यह हिन्दुस्तान ही की पुरानी वस्तु है। 30वें सर्ग के 18-19 श्लोक में लिखा है कि ब्राह्मण, क्षत्रिय, वैश्य प्राय: संस्कृत बोलते थे, किन्तु जब छोटे लोगों से बात करते थे तो यह संस्कृत से नीच भाषा में बोलते थे। इससे बहुत लोगों का यह कहना कि संस्कृत कभी बोली ही नहीं जाती थी, खण्डित होता है। हाँ, इसमें कोई सन्देह नहीं सब इसको काम में नहीं लाते थे। 64वें सर्ग के 24 श्लोक में लिखा है कि हनुमान जी राक्षसों के सिर इस तरह से तोड़-तोड़कर फेंकते थे जैसे यन्त्र से ढेले छूटें। इससे ऊपर जहाँ हम यन्त्रों का वर्णन कर आये हैं, उससे लोग समझें कि वह निस्सन्देह कोई ऐसी वस्तु थी, जिससे गोली या कंकड़-पत्थर छोड़े जाते थे।

लंकाकाण्ड

(3 सर्ग 12 श्लोक) (3 सर्ग 13 श्लोक) (3 सर्ग 16 श्लोक) (3 सर्ग 17 श्लोक) (4 सर्ग 23 श्लोक) (21 सर्ग श्लोक अन्त का) (39 सर्ग 26 श्लोक) (60 सर्ग 54 श्लोक) (61 सर्ग 32 श्लोक) (76 सर्ग 68 श्लोक) (86 सर्ग 22 श्लोक)। इन श्लोकों में यन्त्र और शतघ्नी का वर्णन है। यन्त्र और शतघ्नी ये 'रामायण' में किस-किस प्रकार से वर्णन की गयी है, यह ऊपर के श्लोकों के देखने से प्रगट होगा। इन दोनों के विषय में हमें कुछ विशेष कहना नहीं है, क्योंकि हमारे पाठकों पर आप से

आप यह प्रगट होगा कि यन्त्र और शतघ्नी का कोई रूप 'रामायण' से हम ठीक नहीं कर सकते। पत्थर ढोने की कला किसी चाल की वाल्मीकि जी के समय में अवश्य रही होगी और किवाड़ भी किसी चाल की कल से बन्द किये जाते होंगे।

यन्त्र बहुत ऊँचे-ऊँचे भी होते थे, जैसा कि कुम्भकर्ण की उपमा में कहा गया है। शतघ्नी फ़ौलाद की बनती थी और वृक्षों की तरह लम्बी होती थी और केवल क़िले ही पर नहीं रहती थी परन्तु लड़ाई में भी लायी जाती थी। इन बातों से हमारा यह कहना तो ठीक ज्ञात होता है कि आगे कल अवश्य थी पर शतघ्नी किस चाल का हथियार था, यह हम नहीं कह सकते।

113 सर्ग 42 श्लोक में राजा भोज के बेटे के नाम से जो सिंह और रीछ की कहानी प्रसिद्ध है, वह ठीक-ठीक यहाँ कही गयी है। (110 सर्ग 27 श्लोक) राम जी से ब्रह्मा ने कहा कि सीता लक्ष्मी हैं और आप कृष्ण हैं। इससे हमारा वासुदेव शब्द वाला पहिला प्रमाण और भी दृढ़ होता है। (127 सर्ग 3 श्लोक) पुराणों का वर्णन है। (128 सर्ग) जब राजा लोग राज पर बैठते थे, तब नज़र खिलअत इत्यादि आगे ली और दी जाती थी। इसी सर्ग में लिखा है कि 'रामायण' वाल्मीकि जी ने जो पहले से बनाया है, वह जो सुनता है सो सब पापों से छूट जाता है। इसमें (पुरांकृत) पद से जैसे मनु का शास्त्र भृगु ने एकत्र किया है, वैसे ही वाल्मीकि जी की कविता भी किसी ने एकत्र किया है, यह सन्देह होता है। इसी सर्ग के 120 श्लोक में लिखा है कि जो 'रामायण' लिखते हैं, उनको भी पुण्य होता है। इससे उस काल में पोथियाँ लिखी जाती थीं, यह भी स्पष्ट है।

उत्तरकाण्ड

उत्तरकाण्ड में बहुत-सी बातें अपूर्व और कहने-सुनने के योग्य हैं पर अंग्रेज़ विद्वानों ने उसके बनाने का काल 'रामायण' से पीछे माना है, इससे हमारा उन बातों के लिखने का उत्साह जाता रहा। तब भी जो बातें विशेष दृष्टि देने के योग्य हैं, यहाँ लिखी जाती हैं। (31 सर्ग श्लोक 42/43) रावण शिव जी की पूजा करता था, इससे दयानन्द स्वामी का यह कहना कि 'रामायण' में मूर्तिपूजा नहीं है, खण्डित होता है। हाँ, यदि वे भी कह दें कि यह काण्ड क्षेपक है या नया बना है तो इसका उत्तर नहीं। (53 सर्ग श्लोक 20, 21, 22) श्रीकृष्णावतार का वर्णन है। विदित हो कि तीसरे सर्ग के 12 श्लोक में भी एक जगह विष्णु का नाम गोविन्द कहा है। 'गोविन्द कर निस्मृता' और गोविन्द श्रीकृष्ण का नाम तब पड़ा है जब गोवर्द्धन उठाया है, यह विष्णुपुराणादिक से सिद्ध है, यथा 'गोविन्द इतिचाभ्यधात्' तो इससे भी हमारी बालकाण्ड वाली युक्ति सिद्ध हुई।

94 सर्ग श्लोक छन्दोविद: पुराणज्ञान इस वाक्य में पुराणों का वर्णन किया है। पुराणज्ञैश्च महात्मभि: इत्यादि वाक्यों में और भी कई स्थानों पर पुराणों का वर्णन है और पुराणों की अनेक कथा भी इस काण्ड में मिलती हैं। इससे यह निश्चय होता है कि उत्तरकाण्ड के बनने के पहले पुराण सब बन चुके थे। पुराण विषय की बहुत-सी शंकाएँ कालक्रम से मिट गयीं। जिन पुराणों को विलायती विद्वानों ने चार-पाँच सौ बरस का बना बतलाया था, उनकी सात-सात सौ बरस की प्राचीन पुस्तकें मिलीं। लोग 'भागवत' ही को बोपदेव का बनाया कहते थे, किन्तु चन्द की राय से में 'भागवत' का वर्णन मिलने से और प्राचीन पुस्तकों से यह सब बातें खण्डित हो गयीं। 'उत्तरकाण्ड' से मालूम होता है कि अयोध्या, काशी और प्रयाग ये तीनों राज्य उस समय अलग थे और उस समय हिन्दुस्तान में तीन सौ राज्य अलग-अलग थे। इसी काण्ड के चौरानवे सर्ग में यह लिखा है कि 'उत्तरकाण्ड' भार्गव ऋषि ने बनाया है। यह भी एक आश्चर्य की बात है। इस वाक्य से तो अंग्रेज़ी विद्वानों का सन्देह सिद्ध होता है।

('भारतेन्दु हरिश्चन्द्र प्रतिनिधि संकलन', प्रधान संपादक : नामवर सिंह,
संपादक : कमला प्रसाद, पृष्ठ 52-58 से साभार.)

वाल्मीकि के राम

वासुदेवशरण अग्रवाल

भारतवर्ष की पुण्यभूमि के लिए महर्षि वाल्मीकि का काव्य गंगा के पवित्र जल की तरह अनेक लोकोपकारी मंगलों का करने वाला है। भारत के भौतिक रूप को देवयुग में प्रजापति ने रचकर तैयार किया। इसमें पृथ्वी को धारण करने वाला जहाँ एक ओर गिरिराज हिमालय है, वहीं दूसरी ओर अगाध गाम्भीर्यवाले समुद्र हैं। इसके वक्षस्थल पर गंगा और यमुना की वारि धाराओं के उज्ज्वल कण्ठहार हैं। मध्य में गहन दण्डकवन का अगम्य विस्तार है। सर्वांग-सुन्दर इस भूप्रदेश में अनेक रत्नों की समृद्धि, दिव्य ओषधि-वनस्पतियों के भण्डार और उपयोगी पशु-पक्षियों की सम्पत्ति को विधाता ने चारों ओर से भरपूर कर प्रस्तुत किया है। उसमें रहने योग्य मानव की जब हम कल्पना करने लगते हैं तो हमें महर्षि वाल्मीकि का ध्यान आता है। उपर्युक्त प्रकार से देवों से पूजी गयी पुण्यभूमि में रहने योग्य देवकल्प मानव का निर्माण किसने किया? इस देश में मानव के मस्तक को ऊँचा रखने वाले हिमालय के समान उन्नत आदर्शों की स्थापना किसने की? गम्भीर सागर के सामने त्रिकाल में भी मर्यादाओं का उल्लंघन न करने वाले पूर्ण पुरुष का निर्माण किसने किया? पुण्यसलिला भागीरथी के समान सब लोगों से वन्दनीय चरित्र की कल्पना यहाँ किसके द्वारा हुई? किसने सबसे पहले जीवन के अगम्य, अज्ञात दण्डकवन में चारित्र्य की सुलभ पगडण्डियों का निर्माण किया? इन प्रश्नों के उत्तर के लिए हमें महर्षि वाल्मीकि की शरण में जाना पड़ता है। वाल्मीकि हमारे राष्ट्रीय आदर्शों के आदि विधाता हैं। धर्म और सत्य रूपी महावृक्षों के जो अमर बीज वाल्मीकि ने बोये, वे आज भी फूल-फल रहे हैं। 'रामायण' के प्रारम्भ में ही महाकवि ने दृढ़ता के साथ प्रश्न किया है–'चारित्र्येण च को युक्तः' अर्थात् 'जीवन में चरित्र से युक्त कौन है?' वाल्मीकि का सम्पूर्ण दृष्टिकोण चरित्रयोग की जिज्ञासा है। चरित्रवान् व्यक्ति को ढूँढ़ने के लिए ही आदि-काव्य 'रामायण' का जन्म हुआ। जितने भी अन्य गुण हैं, सब चरित्र की व्याख्या के अन्तर्गत आ जाते हैं। वाल्मीकि के लिए चरित्र और धर्म

पर्यायवाची हैं। अतएव उनकी दृष्टि में राम धर्म की प्रकट मूर्ति हैं–'रामो विग्रहवान् धर्मः' (अरण्य, 38/13) राम शरीरधारी धर्म हैं। वाल्मीकि राम की प्रशंसा में उन्हें धर्म धर्मिष्ठ, धर्मभृताम्वर आदि विशेषण देते हुए नहीं थकते। मन, कर्म और वाणी से राम जो भी चरित्र करते हैं, उससे हमें धर्म की नयी-नयी व्याख्याएँ प्राप्त होती हैं। राम सनातन धर्मवृक्ष के बीज हैं। अन्य सब मनुष्य उस वृक्ष के पत्र, पुष्प और फल हैं। वाल्मीकि की दृष्टि में संसार में दो ही प्रकार के मनुष्य बसते हैं–एक अल्पसत्व या हीन पराक्रम वाले साधारण मनुष्य, जिन्हें 'रामायण' में प्राकृत नर कहा है, दूसरे धीर या चरित्रवान् व्यक्ति, जो धर्म और सत्य आदर्शों को कर्म के मार्ग से अपने जीवन में प्रत्यक्ष कर दिखाते हैं। दूसरा मार्ग ही जीवन के लिए बहुमूल्य है। हमारे चारों ओर साधारण जीवन व्यतीत करने वाले मनुष्य ढेरों दिखाई पड़ते हैं। परन्तु जीवन की मर्यादाओं में पूरा उतरने वाले सत्यसन्ध और दृढ़व्रत मनुष्य विरले ही होते हैं। वाल्मीकि ने जिस चरित्रयोग का वर्णन किया है, धीरपुरुष उसके केन्द्र हैं। कवि और उसका काव्यादर्श दोनों एक-दूसरे से पृथक् नहीं किये जा सकते। इसीलिए, वाल्मीकि और उनके आदर्श राम भी एक-दूसरे से अभिन्न हैं।

चरित्र-योग

मानव क्या है? इस प्रश्न का उत्तर दार्शनिक लोग कई प्रकार से देते हैं। किसी के मत में मनुष्य मनन करने वाला प्राणी है। किसी की दृष्टि में वह केवल बाह्य साधनों और औज़ारों से काम लेने वाला जन्तु है। कोई इसे हँसने और बोलने वाला पशु समझकर इसकी एक साधारण-सी परिभाषा करते हैं। वाल्मीकि की परिभाषा इन सबसे विलक्षण है। उनकी दृष्टि में मनुष्य एक चरित्रवान् प्राणी है। चरित्र से युक्त मनुष्य ही जीवन को मूल्यवान् और आकर्षण की वस्तु बनाता है। चरित्र ही धर्म है। चरित्र में जो मोहन-मन्त्र है, वह अन्यत्र कहीं नहीं। चरित्र के आदर्श में शरीर और मन दोनों का समावेश है। वाल्मीकि के मत से चरित्रवान् पुरुष वह है, जिसमें शारीरिक विकास और नैतिक विकास रथ के दो पहियों की तरह साथ-साथ चलते हैं। राम के वर्णन में वाल्मीकि ने जिन विशेषणों का प्रयोग किया है, उनके अध्ययन से राम का शारीरिक सौन्दर्य और गठन हमारे सामने मूर्तिमान् हो उठता है। राम के शरीर में कन्धे चौड़े व उठे हुए, भुजाएँ लम्बी, ग्रीवा शंख की तरह और ठोड़ी दोहरी थी। छाती चौड़ी, लम्बा धनुष सँभालने वाले घुटनों तक लम्बे हाथ, गले की हड्डी मांस से दबी हुई, उत्तम मस्तिष्क, सुन्दर ललाट, बड़ी-बड़ी आँखें, चमकीला रंग, सब अंग बराबर बँटे हुए, सब प्रकार शुभ लक्षणों से युक्त देह–इस प्रकार राम का क्षत्रिय स्वरूप था। सप्तसिन्धु और गंगा की अन्तर्वेदी में दृढ़ता के साथ जिन आर्यों

ने सभ्यता का विकास किया, मालूम होता है कि राम उनके मूर्तिमान प्रतीक हैं। हमें स्मरण है कि महाकवि कालिदास ने भी रघुवंशी राजाओं के भौतिक स्वरूप की ऐसी ही उदात्त कल्पना की है–

व्यूढोरस्को वृषस्कन्धः शालप्राशुर्महाभुजः।
आत्मकर्मक्षमं देहं क्षात्रों धर्म इवाश्रितः।।

अर्थात् राजा दिलीप की छाती चौड़ी, कन्धे बैल के समान, लम्बाई शाल वृक्ष का स्मरण दिलाने वाली और भुजाएँ बड़ी-बड़ी थीं। वे क्षत्रिय थे। क्षत्रियों का कर्म रक्षा करना है; उस कर्म के अनुरूप ही मानो स्वयं क्षात्रधर्म में शरीर धारण किया था। राम पूर्ण रूप से दिलीप आदि राजर्षियों की परम्परा के प्रतिनिधि हैं। आर्य-सभ्यता का जो युगान्त तक फैला हुआ इतिहास है, इक्ष्वाकुवंशी राजा उसके मेरुदण्ड कहे जा सकते हैं। राम को उस शृंखला का सुमेरु ही समझना चाहिए। आरम्भ में ही तपस्वी वाल्मीकि नारद जी से प्रश्न करते हैं कि इस समय लोक में गुणवान, वीर्यवान, धर्मज्ञ, कृतज्ञ, सत्य बोलने वाला, दृढ़वतो, चरित्र से युक्त, सब भूतों का हित करने वाला, विद्वान्, सुन्दर, जितेन्द्रिय और क्रोध को जीतने वाला कौन हैं? उत्तर में नारद जी राम के अनेक गुणों की तालिका प्रस्तुत करते हैं। नारद जी का उत्तर भारतीय चरित्र की विशेषताओं को बताने के लिए आज भी एक मानदण्ड है। अपने राष्ट्रीय चरित्र की गुणगरिमा का अनुसन्धान करने के लिए जब हम परिषद् का संगठन करेंगे, तब हमें नारद के उत्तर का मूल्य ठीक-ठीक आँकने का दृष्टिकोण प्राप्त होगा। मनु ने राष्ट्र के मस्तक को गर्व से ऊँचा रखने के लिए लिखा है कि इस देश में जन्म लेने वाले अग्रणी पुरुषों का चरित्र पृथ्वी के दूसरे देशों के लिए शिक्षा की वस्तु है। मनु की प्रतिज्ञा का पूरा महत्त्व हमारी आँखों से ओझल हो गया है। हमारी अन्तरात्मा का सुवर्ण दैन्य के लोहे से छूकर निस्तेज बन गया है। परन्तु नारद के उत्तर से चरित्र की उस ऊँचाई का कुछ आभास हमें अब भी प्राप्त होता है।

राम नियतात्मा हैं। उन्होंने इन्द्रियों का जय किया है। ये महावीर्य हैं। संग्राम में पैर पीछे नहीं रखते। धृति और बुद्धि दोनों का उनमें विकास है। वे नीतिमान और वाग्मी, कुशल वक्ता हैं। वे देवकल्प, ऋतु और दाँत हैं, वे धर्म के तत्त्व को जानते हैं। सत्य-सन्ध अर्थात् मनु कर्म, और वचन से सत्य का पालन करने वाले हैं। राम क्षत्रिय के पद से सदा प्रजा का हित करते हैं। यशस्वी, ज्ञानसम्पन्न, शुचिवश्य और समाधिमान या चित्त की एकाग्रता से युक्त हैं : जीवों के रक्षक, धर्म के रक्षक, स्वधर्म और स्वजनों के पालन करने वाले हैं। वेद-वेदांग में पारंगत व धनुर्वेद में निष्ठित हैं। राम आर्य हैं। सदा हँसकर बोलते हैं, उनका दर्शन ही सुन्दर है। वे सब शास्त्रों

के मर्म को जानने वाले, स्मृतिवान हैं। उनकी बुद्धि में नवीन कल्पनाओं या विचारों का स्फुरण होता रहता है। पराक्रम में विष्णु, कान्ति में चन्द्रमा, क्रोध में कालाग्नि, क्षमा-गुण में पृथ्वी, त्याग में कुबेर और सत्य गुण में साक्षात् धर्म के समान हैं।

प्राचीन ऋषियों ने जिस बुद्धियोग का विकास किया था, राम उसके उदाहरण है। सुख-दु:ख, हानि-लाभ, जीवन-मरण में एक समान अविचल रहने वाली बुद्धि ही प्रज्ञा है। गीता में भी इस प्रज्ञायोग का वर्णन है। राम के लिए प्रसिद्ध है कि राज्याभिषेक के समाचार के तुरन्त बाद वारदानिक वनवास के समाचार से उनके मुख पर कोई परिवर्तन नहीं देखा गया। राज्य के नाश से उनके मुख की लक्ष्मी में कोई अन्तर नहीं पड़ा। वन को जाते हुए और पृथ्वी को छोड़ते हुए उनके चित्त में ज़रा-सा विकार नहीं आया। राम ने स्वयं कैकेयी से कहा, "हे देवि! मैं अर्थपरा़यण बनकर जगत् में जीना नहीं चाहता। मुझे आप ऋषियों के समान निर्मल धर्म का अनुगामी समझें।"

वाल्मीकि की दृष्टि में भरत भी धार्मिक हैं और राम भी। चित्रकूट में मन्दाकिनी के तट पर भरत ने राम को पूर्वोक्त्ता प्रज्ञा का वर्णन करते हुए कहा है–

नाहमर्थपरो देवि लोकमावस्तुमुत्सहे।
विद्ध मामृषिभिस्तुल्यं विमलं धर्ममास्थितम्॥

(अयो., 16/20)

अर्थात् "हे राम! लोक में ऐसा कौन है, जैसे आप हो। दु:ख से आपको व्यथा नहीं पहुँची, कल्याण से आप हर्षित नहीं हुए। आपके लिए मृत्यु व जीवन, होना और न होना, दोनों समान हैं। ऐसी बुद्धि जिसकी हो, उसको परिताप कहाँ से हो सकता है?"

यथा मृतस्तथा जीवन् यथासति तक्षा सति।
यस्यैष बुद्धिलाभ: स्यात्परितप्येत केन स:॥"

(अयो. 106/4)

वाल्मीकि की दृष्टि में चरित्र जीवन का सक्रिय मार्ग है। अपने केन्द्र में आप समाकर निस्तेज स्वार्थी जीवन बिताते हुए जो सदाचार रचा जाता है, वह हेय है। उससे जीवन का गहन दण्डकवन पार नहीं किया जा सकता। वाल्मीकि हमें बार-बार याद दिलाते हैं कि राम प्रजाओं के हित में रत रहने वाले हैं, वे स्वजन और धर्म के रक्षक हैं। सघन दण्डकारण्य में मुनि राम के पास आकर कहते हैं, "हे राम। तुम धर्मवत्सल हो। कुछ याचकभाव से नहीं, धर्म के भाव से हम तुमसे कहते हैं।

राजा को पुत्र के समान प्रजा का पालन करना चाहिए। वन में फल-मूल खाने वाले मुनि, जो तप करते हैं, उसका एक-चौथाई भाग धर्म से प्रजारक्षण करने वाले राजा को प्राप्त होता है। पम्पा, मन्दाकिनी और चित्रकूट आदि स्थानों में रहने वाले मुनियों को राक्षस लोग अनेक प्रकार से सताते हैं।" यह सुनकर राम अपने धनुष की ओर देखते हुए प्रतिज्ञा करते हैं, "मेरा वन में आना बड़ा फलदायक हुआ। मैं आपके शत्रु राक्षसों का अवश्य वध करूँगा।"

इस प्रकार की प्रतिज्ञा से पति का कल्याण चाहने वाली सीता को भय हुआ। वे बोलीं, "हे राघव! मिथ्या वाक्य न आपका कभी हुआ है, न होगा। पर बिना वैर के रुद्रभाव धारण करना भी तो उचित नहीं। स्नेह से और आदर से मैं आपको स्मरणमात्र दिलाती हूँ, शिक्षा नहीं दे रही। हम वन में आये हुए हैं, कहाँ वन का वास और कहाँ शस्त्र उठाना, कहाँ तप की कृति और कहाँ क्षात्रधर्म? दोनों में मेल नहीं है। यहाँ हमको देशधर्म का ही पालन करना उचित है। शस्त्र के सेवन से बुद्धि मलिन हो जाती है। अयोध्या लौटने पर फिर क्षत्रिय धर्म को ग्रहण कीजिएगा। यदि राज्य त्यागकर और संन्यास लेकर आप वन में नियमों का पालन करते रहें तो और अधिक धर्म व प्रसन्नता की बात होगी। धर्म से ही सब कुछ बनता है, धर्म ही जगत् का सार है। हे सौम्य, तपोवन में रहकर धर्म का आचरण करें।" सीता एक उपाख्यान के द्वारा तलवार की उत्पत्ति बताती हैं। इन्द्र ने एक मुनि को तपभ्रष्ट करने के लिए उसके आश्रम में आकर उसे तलवार रखने के लिए दे दी। बस हर समय तलवार पास में रखने से उस मुनि की बुद्धि प्रचण्ड बन गयी और वह मुनि शस्त्र से नरक को चला गया। "दण्डकवन के राक्षसों ने आपका क्या बिगाड़ा है, बिना अपराध आप उन्हें क्यों मारने चले हैं?"

परन्तु राम का निर्माण दूसरे प्रकार की मिट्टी से हुआ था। उनके रोम-रोम में क्षात्रधर्म फड़कता था। सीता के धर्मवाद की युक्ति का उन पर कुछ असर न हुआ। उन्होंने कहा–"हे देवि, मैं क्या कहूँ, तुम स्वयं समझती हो। क्षत्रिय लोग इसीलिए धनुष बाँधते हैं कि राष्ट्र में आर्त-शब्द सुनाई न पड़ें"–क्षत्रियैधार्यते चापो नार्तशब्दो भवेदिति। (अरण्य. 10/3)

दु:खी होकर दण्डकवन में मुनि लोग मेरे पास आये। मैंने उनके दु:ख की कथा सुनकर उनसे कहा कि मेरे लिए तो यही बड़ी लज्जा की बात है, जो आप जैसे विप्रों को मेरे पास तक आने का कष्ट उठाना पड़ा। क्यों नहीं मैंने स्वयं ही आपका कष्ट दूर कर दिया। यह कहकर मैंने उन मुनियों के सामने राक्षसों को मारने की प्रतिज्ञा की। उस प्रतिज्ञा का पूरी तरह पालन करना मेरा धर्म है। जब तक मेरा जीवन है, उस व्रत से मैं नहीं फिर सकता। हे सीते, चाहे मेरे प्राण चले जायें, चाहे उस प्रतिज्ञा

की पूर्ति में लक्ष्मण के साथ तुमको भी मुझे छोड़ना पड़े, पर उस व्रत का पालन मैं अवश्य करूँगा। बिना कहे भी मुझे वह कार्य करना चाहिए था, प्रतिज्ञा करके तो बात ही दूसरी है।

इस प्रकार का कर्मण्य धर्म, सत्य और चरित्र वाल्मीकि को इष्ट था, जिसकी व्याख्या के लिए उन्होंने रामकथा का आश्रय लिया। वाल्मीकि अपने युग के असाधारण व्यक्ति थे। वह जनक के प्रिय सखा और दशरथ के बालपन में साथ खेले हुए मित्र थे। अपने युग के आदर्शों को, ब्राह्म-धर्म और क्षात्र-धर्म के समन्वय को उन्होंने सुन्दरता के साथ प्रतिपादित किया है।

वाल्मीकि का लोकागम धर्म

वाल्मीकि के धर्म का आदर्श मनु और व्यास के धर्म की तरह प्रजाओं के पालन और राष्ट्र के धारण के लिए है। उन्होंने अनेक स्थलों पर अपने दृष्टिकोण का व्याख्यान किया है। धर्म के द्वारा सब वर्णों का पालन राजा का श्रेष्ठ कर्म है। भरत जी राम से कहते हैं–धर्म धर्मज्ञ। चारों आश्रमों में गृहस्थ आश्रम श्रेष्ठ है, उसको त्यागना उचित नहीं–

चतुर्णाश्रमाणां हि गार्हस्थ्य श्रेष्ठमुत्तमम्।
आहुर्धर्मज्ञ धर्मज्ञास्तं कथं त्यक्तु मिच्छसि॥

क्षत्रियों का यही प्रथम धर्म है कि राज्याभिषिक्त होकर प्रजाओं की रक्षा करें। प्रत्यक्ष को त्यागकर अनिश्चित मार्ग की उपासना क्षात्रबन्धुओं का काम है। तीन ऋणों का परिशोध यही जीवन का ध्येय है।

भरत के इस आदर्श से राम का मतभेद नहीं है। परन्तु वह पिता की सत्य-प्रतिज्ञा के पालन को श्रेष्ठ मानते हैं। सत्य धर्म का मूल है। सत्य के छोड़ देने से जीवन और लोक दोनों में संकट हो जाता है। राम स्वयं अपने चरित्र से लोकदूषण या लोकसंकर नहीं कर सकते। दशरथ के मन्त्री जाबालि लोकायत पक्ष के मानने वाले थे। "परलोक कुछ नहीं, धर्मबन्धन कुछ नहीं, प्रत्यक्ष ही सब कुछ है, इसलिए हे राम, राज्य पर अधिकार कर लो, फिर अब तो भरत भी कह रहे हैं।" जाबालि की इस युक्ति का राम ने ओजपूर्ण खण्डन किया। "आर्य होकर मैं अनार्यों जैसा काम नहीं करूँगा, कुलीन होकर अकुलीनों का आचार नहीं करूँगा, काम के वशीभूत होकर सब लोकों को डुबाने वाला आचरण मुझसे न होगा। राजा जैसा आचरण करते हैं, प्रजाएँ भी वैसे ही बरतती हैं"–'यद्वृत्ताः सन्ति राजास्तद्वृत्ताः सन्ति हि प्रजाः।' (अयो., 109/9) भीष्म पितामह के शब्दों में राजा समय का बनाने वाला है।

'सत्य ही सनातन राजवृत्त है, इसलिए राज्य की नींव सत्य पर है, सत्य से ही लोक प्रतिष्ठित हैं। ऋषि और देव सत्य को ही श्रेष्ठ मानते हैं। अनृतवादी मनुष्य से लोग ऐसे डरते हैं जैसे साँप से। सत्यपरायण धर्म ही सबका मूल है। सत्य ही लोक का ईश्वर है, धर्म सत्य के ही आश्रित है। सत्य से परे और कुछ नहीं है। दान, यज्ञ, अग्निहोत्र और तप सत्य के बल पर टिके हुए हैं। वेद भी सत्य पर प्रतिष्ठित हैं, इसलिए सत्यपरक होना चाहिए। अकेला सत्य ही लोक का पालन करता है, वही कुलों की रक्षा करता है। मैं अवश्य पिता के सत्य की रक्षा करूँगा। मेरे लिए यह असम्भव है कि लोभ से, मोह से, अज्ञान से किसी भी प्रकार मैं सत्य की मर्यादा का उल्लंघन करूँ–

नैव लोभात्र मोहाद्वा न चाज्ञानात्तमोऽन्वित:।
सेतं सत्यस्यस्य भेत्स्यामि गुरो: सत्य प्रतिश्रव:॥

(अयोध्या, 109/17)

यह सत्य प्रत्येक के भीतर रहने वाला (प्रत्यंगात्मा) धर्म मुझे जान पड़ता है। यदि मैं असत्य का आचरण करूँगा तो क्षात्रधर्म से पतित हो जाऊँगा। यह भूमि, कीर्ति, यश और लक्ष्मी सब सत्यवादी के लिए हैं। मैं कार्य-अकार्य को जानता हुआ श्रद्धा के लिए लोकयात्रा का निर्वाह करूँगा। यह लोक कर्मभूमि है। यहाँ आकर शुभ कर्म करना चाहिए। अग्नि, वायु, सोमादि देव भी कर्म का ही फल भोग पाते हैं। सत्य, धर्म, पराक्रम, भूतानुकम्पा और प्रिय वचन, यही 'एकोदय' धर्म है, लोकागम की इच्छा रखने-वाले पुरुष जिसका आचरण करते आये हैं। धर्म का ऊपर कहा हुआ आदर्श जीवन के भीतर से पनपता है। इस मार्ग का अनुयायी जीवन में भागता नहीं, वह उनको कर्म के जल से सींचता है और उसकी छाया में शान्ति और विश्राम प्राप्त करता है।

धर्मबन्ध

वाल्मीकि ने ऋतु जीवन की जो कल्पना की है, उसमें हर एक पात्र धर्म के बन्धन में बँधा हुआ है। हम अपने जीवन में जिस जगह भी हैं। अनेक प्रकार के सत्य बन्धनों में हम उस स्थान पर स्थिर हैं। विद्यार्थी के लिए अपना धर्म है, गुरु के लिए अपना धर्म है। माता और पिता, भाई-बन्धु, राजा-प्रजा सभी धर्म के बन्धन से बँधे हैं। जिस प्रकार आकाश में प्रत्येक नक्षत्र-ग्रह अपने मार्ग में स्थिर है, न वहाँ भय है, न स्खलन। इसी प्रकार जीवन में अपने धर्म पर ध्रुव रहते हुए हम दूसरों से बिना टकराये प्रगति कर सकते हैं। क्षण भर के लिए कल्पना कीजिए कि जीवन में नीति और अनीति

के बन्धन टूट जायें, उस समय समाज और मानव की कैसी शोचनीय दशा होगी। यही लोकसंकर है, जिसके स्मरणमात्र से भारतीय समाजशास्त्री काँप उठते थे।

वाल्मीकि ने बड़ी सुन्दरता से कई स्थानों पर हमें इसका परिचय दिया है कि यदि धर्म की मर्यादाएँ टूट जातीं, सत्य के बाँध ढीले पड़ जाते, तो राम और भरत-जैसे धीर पात्र भी किस प्रकार आचरण कर बैठते। आख़िर मनुष्य के भीतर क्षमा भी है, क्रोध भी धर्म भी है, अधर्म भी सत्य भी है, असत्य भी। एक ही जगह ये द्वन्द्व रहते हैं। धीर मनुष्य वही है जो इनके दिव्य भाव को ग्रहण करता है। श्रुति का ज्ञान रखने वाले पुरुष भी जब रजोगुण में सन जाते हैं, तभी महान् अनर्थ उपस्थित होता है। राम धर्म-बन्धन से च्युत होकर क्या करते? "हे लक्ष्मण, मैं अकेला ही क्रुद्ध होकर इस अयोध्या को और सारी पृथ्वी को अपने बाणों से नष्ट कर अपना अभिषेक कर सकता हूँ, पर अधर्म से डरता हूँ।" (अयोध्या, 53/125-26) कल्पना कीजिए उस अयोध्या की, जिसमें राज्य लेने के लिए, राम बाणों का प्रयोग करते। क्या फिर हमें वहाँ स्वर्ग का वह सौरभ मिल सकता जो आज तक फैला हुआ है? भरत को यदि धर्म का बन्धन बाँधकर न रखता तो वह क्या करते, इसका उत्तर उन्हीं के मुँह से सुनने योग्य है–

धर्मबन्धन बद्धोऽस्मि तेनेमां नेह मातरम्।
हन्मि तीव्रेण दण्डेन दण्छार्हां पापकारिणीम्॥

(अयो., 106/9)

"मैं धर्मबन्धन से बँधा हुआ हूँ, इसीलिए पापकारिणी दण्ड के योग्य माता को तीव्र दण्ड से मारे बिना छोड़ता हूँ।" भरत क्रोध में भरकर कैकेयी को मार डालते और फिर उस पाप के दुःख से सम्भवतः अपनी भी हत्या कर लेते। धर्मबन्धों के टूटने का कैसा घातक परिणाम होता, इसकी कल्पनामात्र से रोंगटे खड़े हो जाते हैं। ये वे भरत हैं, जिनके लिए गोस्वामी जी ने यथार्थ ही लिखा है–

जो न जनम जरा होत भरत को।
सकल धरम धुरि धरणि धरत को?

ठीक ही है, राम ने, सीता ने, लक्ष्मण ने एक-एक धर्म का पालन किया। यदि वे बैसा न करते तो उनकी गणना प्राकृत जीवों में होती। पर यह भरत ही हैं जिन्होंने सब पात्रों के धर्म की धुरी अपने कन्धों पर रखकर पूरी उतारी। भरत अड़ जाते तो राम का धर्म, दशरथ का धर्म, लक्ष्मण और सीता का धर्म सभी संकट में पड़ जाते। धर्म से स्खलित होकर दशरथ क्या करते? "हे राम, कैकेयी ने मुझे मोहित करके

वरदान ले लिया है : तुम मुझे क़ैद करके अयोध्या के राजा बनो।" परन्तु जिन राम से दशरथ ने यह प्रस्ताव किया, उनके लिए वाल्मीकि सबसे पहले 'धर्मभृतां वर' विशेषण रखते हैं। (अयो., 24/27) राम ने उत्तर में यह गीत गाया–

इयं सराष्ट्रा सजना धनधान्यसमाकुला।
मया विसृष्टा वसुधा भरताय प्रदीयताम्॥

"धन, धान्य, राष्ट्र और जनों से भरी हुई यह पृथ्वी भरत को दी। सोच-विचार का स्थान नहीं है, मुझे राज्य नहीं चाहिए।"

इसमें राम की माता, दशरथ की अग्रमहिषी कौशल्या धर्म को भूलकर क्या करतीं? "हे राम, मैं बड़ी मन्दभाग्या हूँ। न जाने मुझे सपत्नियों के कौन-कौन से वाग्बाण सुनने पड़ेंगे? मेरे व्रत, दान और संयम सब ऊसर में बोये हुए बीज की तरह व्यर्थ चले गये। हे पुत्र, माता तुम्हारे लिए वैसे ही हैं, वैसे पिता हैं : वैसे ही माता का कहना मान्य है। मैं तुम्हें वन जाने की आज्ञा नहीं देती।"

कोई भी साधारण माता और क्या कहती। परन्तु धर्मज्ञ राम माता को स्मरण दिलाते हैं–"हे देवि, राजा दशरथ, हमारे तुम्हारे दोनों के गुरु हैं, उनकी आज्ञा ही गति और धर्म है।" लक्ष्मण तो धर्म-बन्ध के अभाव में साक्षात् ज्वालामुखी ही थे। कौशल्या के विलाप को सुनते ही उनका अवरुद्ध हृदय फट पड़ता है, वे कौशल्या से राम के सामने ही कहते हैं–"हे देवि, राम का वन जाना मुझे तो कुछ नहीं जँचता। बूढ़े राजा विषयान्ध थे। नहीं तो कौन राम जैसे देवकल्प पुत्र को वनवास दे देगा। जब तक यह ख़बर फैलने न पावे तभी तक राज्य अपने हाथ में कर लेना चाहिए। किसकी शक्ति है जो मेरे सामने आवे? आज अयोध्या को मैं सुनसान बना दूँगा, यदि भरत का कोई साथी मेरे सामने युद्ध के लिए आवेगा। यदि पिता कैकेयी के साथ हों तो उनका भी बन्ध या वध कर देना चाहिए। उत्पथ में गये हुए का शासन करना ही पड़ता है।" (अयो., सर्ग, 21/1-13)। कौशल्या ने राम से कहा–"हे तात, तुमने लक्ष्मण की बात सुनी। जो धर्मानुकूल जान पड़े, करो। परन्तु धर्मज्ञ राम को लक्ष्मण के झटपट राजहरण का यह प्रस्ताव बिल्कुल पसन्द न आया। उन्होंने समझाया–"हे लक्ष्मण, तुम्हारे स्नेह को मैं जानता हूँ। इस अनार्य बुद्धि को दूर करो।"

वशिष्ठ जैसे शान्त और सदा एकरस रहने वाले व्यक्ति भी, कैकेयी जब औचित्य भुलाकर सीता को वल्कल पहनाने लगती है, रो पड़ते हैं। वे कहते हैं–"हे कुलपांसिनी, दुर्बुद्धि, राजा को ठगकर तुम मर्यादा भूल गयी हो। सीता वन को नहीं जायेंगी, केवल राम के लिए ही तो वनवास हुआ है। गृहस्थ-आश्रम स्वीकार करने

वालों के लिए स्त्री उनकी प्रतिनिधि और साक्षात् अपना आपा है। इसलिए सीता राम की जगह गद्दी पर बैठेंगी।" (अयो., 37/22-44)

वशिष्ठ ने बात तो धर्मशास्त्र के अनुकूल कही। मनु ने भी कहा है–"यो भर्ता सा स्मृतांगना", जो पति है वही पत्नी है। पर जीवन का जो सत्य है, वह क़ानून की बारीकियों का मुँह नहीं जोहता। धर्मबन्ध की दृष्टि से वशिष्ठ का प्रस्ताव राम को और स्वयं सीता को भी मान्य नहीं हो सका।

वाल्मीकि मनुष्य को मनुष्य करके जानते हैं। मनुष्य कैसा ही पूर्ण क्यों न हो, उसमें निर्बलता के क्षण आ ही जाते हैं। सीता के अपहरण के बाद राम के धैर्य का बाँध टूट जाता है। वह क्रोध के वशीभूत होकर अपनी सुध-बुध भूल जाते हैं। "हे लक्ष्मण, यदि सीता कुशलपूर्वक मुझे न मिली, तो त्रिलोकी को मृत्यु के मुख में पहुँचा दूँगा। मेरे बाणों से आज सारा जगत् मर्यादा के बिना अस्त-व्यस्त हो जायेगा। हे लक्ष्मण, जिस प्रकार जरा और मृत्यु, काल और विधाता, टाले नहीं टलते, उसी प्रकार मेरा क्रोध अनिवार्य है।" राम के अदृष्टपूर्व क्रोध को देखकर लक्ष्मण उन्हें शान्त करते हैं। "राजाओं को युक्तदण्ड अर्थात् अपराध के अनुसार दण्ड देने वाला होना चाहिए। पहले मृदु और शान्त होकर अब क्रोध के कारण अपनी प्रकृति को छोड़ देना आपको शोभा नहीं देता। यदि आप जैसे धीर पुरुष भी इस दुःख को न सह सकेंगे, तो क्या सामान्य और अल्प सत्यवाले व्यक्ति सह सकेंगे? संसार में किसको आपत्तियाँ नहीं आतीं? यह लोक का स्वभाव ही है। पर आपके जैसी बुद्धि रखने वाले प्रज्ञावान् पुरुष देव के सामने शोक नहीं करते। जगत् की माता सर्वलोकनमनस्कृता जो भूमि है, वह भी कम्प से विचलित हो सकती है, पर धीर पुरुष धर्म से विचलित नहीं होते।" वस्तुतः सत्य ही, जिसका दूसरा नाम है, ऐसा धर्म पृथ्वी और आकाश का आधार है। 'सत्येनोत्तभिता भूमिः सत्येनोत्तभिता द्यौः।' (अथर्व.) धर्म की कल्पना को यहाँ के विचारकों ने उसी शाश्वत मूल पर प्रतिष्ठापित करने का प्रयत्न किया है। जिस प्रकार पर्वत, नदियाँ, आकाश और नक्षत्र प्रकृति में ध्रुव हैं, उसी प्रकार सत्य भी ध्रुव है। इस विषय में वाल्मीकि का दृष्टिकोण शुद्ध भारतीय है।

वाल्मीकि और राष्ट्र

वाल्मीकि के अनुसार राजा की गद्दी राष्ट्र के कल्याण का हेतु है। प्रजाओं का न्याय और धर्म से परिपालन यही राजा का प्रधान कर्तव्य है। राजा ही साधु और असाधुओं को अलग-अलग रखता है। राष्ट्र और लोकपक्ष के समर्थन में वाल्मीकि का मत ऊपर लिखा जा चुका है। वाल्मीकि अराजक राष्ट्र को एक क्षण के लिए भी नहीं सह सकते। अराजक राष्ट्र घोर जंगलीपन है, जिसमें सब प्रकार की मर्यादाओं का लोप

हो जाता है। अराजक राष्ट्र के वर्णन में वाल्मीकि ने एक गीत दिया है, वह संस्कृत साहित्य में अद्भुत है, उसी से उनके राष्ट्रीय आदर्श का सम्यक् परिचय मिलता है–

"अराजक राष्ट्र विनाश को प्राप्त हो जाता है। अराजक जनपद में मेघ दिव्य जल से पृथ्वी को नहीं सींचते। अराजक जनपद में बीज की मूठें खेतों में नहीं बिखेरी जातीं। अराजक देश में पुत्र पिता के और स्त्री पति के वशीभूत नहीं रहती। अराजक राष्ट्र में न धन रहता है, न स्त्री। सत्य अराजक स्थान में रह सकता है? अराजक देश में मनुष्य सभा नहीं कर पाते, प्रसन्न होकर उद्यान और घर नहीं बनवा सकते। अराजक देश में यज्ञ करने वाले ब्राह्मण व्रत ग्रहण करके सत्रों में नहीं बैठ पाते। अराजक देश में यज्ञशील धनी ब्राह्मण भी महायज्ञों में रत्नों में पूर्ण पूरी दक्षिणा नहीं देते। अराजक देश में राष्ट्र की वृद्धि करने वाले भट और नर्तकों से युक्त समाज और उत्सव नहीं हो पाते। अराजक देश में व्यवहार करने वालों के मनोरथ पूरे नहीं होते। कथाप्रिय लोग कथा कहने वालों के साथ प्रेम नहीं रखते।

अराजक देश में सायंकाल के समय कुमारियाँ स्वर्ण के अलंकार पहनकर उद्यानों में क्रीड़ा के लिए नहीं जा पातीं। अराजक देश में धनी लोग, जो कृषि और गोरक्षा से जीविका करते हैं, सुरक्षित रहकर घर के किवाड़ खोलकर नहीं सो सकते। अराजक देश में शीघ्रगामी वाहन और यानों पर स्त्री-पुरुष वन में घूमने नहीं जा सकते। अराजक देश में साठ वर्ष के जवान हाथी घण्टे बाँधकर राजमार्गों पर झूमते हुए नहीं निकलते।

अराजक देश में बाण चलाने का अभ्यास करने वाले योद्धाओं का टंकारघोष नहीं सुनाई पड़ता। अराजक देश में दूर की यात्रा करने वाले वणिक बहुत-सी पण्य-सामग्री लेकर कुशलतापूर्वक मार्गों में नहीं चल सकते। अराजक देश में आत्मा से आत्मा का ध्यान करने वाले, अकेले विचरने वाले, जहाँ साँझ हो, वहीं बसेरा करने वाले मुनि सकुशल से नहीं रह पाते। अराजक देश में योग और क्षेम का नाश हो जाता है। अराजक राष्ट्र की सेना शत्रुओं से युद्ध नहीं करती। अराजक देश में अलंकृत मनुष्य प्रसन्न अश्वों और रथों पर चढ़कर नहीं चल सकते। अराजक देश में शास्त्रविशारद मनुष्य वनों और उपवनों में शास्त्र की चिन्ता करते हुए एक-दूसरे से नहीं मिलते। अराजक देश में जितेन्द्रिय पुरुष माला, मिष्ठान्न और दक्षिणा से देवताओं की पूजा नहीं कर सकते। अराजक देश में राजकुमार लोग चन्दन और अगरु से देह सजाकर वसन्त में धान की तरह सुशोभित नहीं होते। जैसे बिना जल के नदी, बिना घास के वन और बिना गोपाल के गौएँ होती हैं, वैसे ही बिना राजा का राष्ट्र होता है। अराजक देश में मनुष्य का कुछ भी अपना नहीं होता। जल में

मछलियों के समान मनुष्य एक-दूसरे को हड़पने लगते हैं। वर्णाश्रम की मर्यादाएँ जिन्होंने तोड़ दी हैं, जिन्हें पहले राजदण्ड दिया जाता था, वे नास्तिक लोग निडर होकर अराजक राष्ट्र में प्रभावशाली बन जाते हैं। जिस प्रकार शरीर के हित-अहित की प्रवर्तक आँख है, उसी प्रकार राष्ट्र में जो सत्य और धर्म हैं, उनका प्रवर्तक राजा है। राजा सत्य और धर्म है, राजा कुलीनों का कुली है। राजा माता-पिता और राजा ही हितकारी है।'

अन्त में महाकवि राष्ट्र और राजा की महिमा और कर्तव्य को सर्वोच्च पद पर पहुँचा देते हैं–"यदि साधु-असाधुओं का पृथक् विभाग करने वाला राजा इस लोक में न होता, तो जैसे दिन अन्धकार में विलीन हो जाता है, वैसे ही सब कुछ तम में डूब जाता।"

रामचर्चा

मुंशी प्रेमचन्द

प्रेमचन्द का कथा-साहित्य न केवल हिन्दी भाषा क्षेत्र में अपितु पूरे भारतीय जन-मन में रचा बसा साहित्य है। भारतीयता अपनी समग्रता के साथ उनकी कहानियों में साँस लेती है। उनका साहित्य भारतीय संस्कृति व परम्परा का न केवल सच्चा इतिहास है, अपितु राजनीति के आगे मशाल दिखाती हुई चलने वाली सच्चाई भी है। प्रेमचन्द के पात्र, उनकी कहानियों आम जनमानस की चेतना को जाग्रत करते हुए राष्ट्रीय स्वतन्त्रता आन्दोलन से जोड़ने में बड़ी भूमिका निभायी। यदि कोई भी भारतीय जनमानस व संस्कृति को जानने की इच्छा रखता है तो निश्चित रूप से तुलसीदास के बाद प्रेमचन्द ही दूसरा नाम होगा जिनके साहित्य से गुज़रते हुए वह हमारी संस्कृतियों की जड़ों तक पहुँच सकता है। तुलसीदास का 'रामचरितमानस' रामभक्ति की वह दिव्य ज्योति है जिसके आलोक में भारतीय समाज ने अपने को गढ़ा। उन्होंने संस्कृत से अवधी में राम के चरित्र को पुन:सृजित कर घर-घर, मन-मन, अनन्त हृदयों तक पहुँचाया। यही काम 'रामचर्चा' के माध्यम से प्रेमचन्द भी बीसवीं सदी में कर रहे थे। राम की रावण पर विजय, सत्य की असत्य पर, उजाले की अँधेरे पर, न्याय की अन्याय पर, अच्छाई की बुराई पर विजय थी, यह पराधीन भारत की जनता के लिए प्रेरणास्रोत की तरह था यह विश्वास कि सत्य कभी हारता नहीं है। रावण पर जयी होंगे राम, अंग्रेज़ों की ग़ुलामी सदा नहीं रहेगी। आक्रान्ताओं का अत्याचार ख़त्म होगा, देश आज़ाद होगा और रामराज्य लौटेगा। उनका उपन्यास 'रामचर्चा' बेहद सरल सहज भाषा में लिखा गया राम की कथा ही है जो बालमन में राम-चरित्र के संस्कार को रोपने के लिए है, जनमन के लिए आश्वासन है कि राम उनके साथ हैं और सत्य के साथ वह हर युग में जयी होंगे। 22 जनवरी, 2024 को अयोध्या के राममन्दिर में राम फिर से लौट रहे हैं। प्रत्येक

भारतवासी का हृदय आह्लादित है। इस अवसर पर प्रस्तुत है प्रेमचन्द के बाल उपन्यास 'रामचर्चा' का अंश 'अयोध्या की वापसी' जिसे पढ़ते हुए हम सभी इस वक़्त सम्भवत: इतिहास, वर्तमान और भविष्य को एक साथ महसूस कर सकते हैं।

—संपादक

रामचन्द्र ने लंका पर जिस आशय से आक्रमण किया था, वह पूरा हो गया। सीता जी छुड़ा ली गयीं, रावण को दण्ड दिया जा चुका। अब लंका में रहने की आवश्यकता न थी। रामचन्द्र ने चलने की तैयारी करने का आदेश दिया। विभीषण ने जब सुना कि रामचन्द्र जा रहे हैं तो आकर बोला—महाराज! मुझसे ऐसा कौन-सा अपराध हुआ है, जो आपने इतने शीघ्र चलने की ठान ली? भला दस-पाँच दिन तो मुझे सेवा करने का अवसर दीजिए। अभी तो मैं आपका कुछ आतिथ्य कर ही न सका।

रामचन्द्र ने कहा—विभीषण! मेरे लिए इससे अधिक प्रसन्नता की और कौन सी बात हो सकती थी कि कुछ दिन तुम्हारे संसर्ग का आनन्द उठाऊँ। तुम-जैसे निर्मल हृदय पुरुष बड़े भाग्य से मिलते हैं। किन्तु बात यह है कि मैंने भरत से चौदहवें वर्ष के पूरे होते ही लौट जाने का प्रण किया था। अब चौदह वर्ष पूरे होने में दो-चार दिन का विलम्ब है। यदि मुझे एक दिन की भी देर हो गयी, तो भरत को बड़ा दुःख होगा। यदि जीवित रहा तो फिर कभी भेंट होगी। अभी तो अयोध्या तक पहुँचने में महीनों लगेंगे।

विभीषण—महाराज! अयोध्या तो आप दो दिन में पहुँच जायेंगे।

रामचन्द्र—केवल दो दिन में? यह कैसे सम्भव है?

विभाषण—मेरे भाई रावण ने अपने लिए एक वायुयान बनवाया था। उसे पुष्पक विमान कहते हैं। उसकी चाल एक हज़ार मील प्रतिदिन है। बड़े आराम की चीज़ है। दस-बारह आदमी आसानी से बैठ सकते हैं। ईश्वर ने चाहा तो आज के तीसरे दिन आप अयोध्या में होंगे। किन्तु मेरी इतनी प्रार्थना आपको स्वीकार करनी पड़ेगी। मैं भी आपके साथ चलूँगा। जहाँ आपके हज़ारों चाकर हैं, वहाँ मुझे भी एक चाकर समझिए।

उसी दिन पुस्पक विमान आ गया। विचित्र और आश्चर्यजनक चीज़ थी। कल घुमाते ही हवा में उठकर उड़ने लगती थी। बैटने की जगह अलग, सोने की जगह अलग, हीरे-जवाहरात जड़े हुए। ऐसा मालूम होता था कि कोई उड़ने वाला महल है। रामचन्द्र इसे देखकर बहुत प्रसन्न हुए। किन्तु जब चलने को तैयार हुए तो हनुमान, सुग्रीव, अंगद, नील, जामवन्त, सभी नायकों ने कहा—महाराज! आपकी सेवा में इतने

दिनों से रहने के बाद अब यह वियोग नहीं सहा जाता। यदि आप यहाँ नहीं रहते हैं तो हम लोगों को ही साथ लेते चलिए। वहाँ आपके राज्याभिषेक का उत्सव मनायेंगे, कौशल्या माता के दर्शन करेंगे, गुरु वशिष्ठ, विश्वामित्र, भरद्वाज इत्यादि के उपदेश सुनेंगे और आपकी सेवा करेंगे।

रामचन्द्र ने पहले तो उन्हें समझाया कि आप लोगों ने मेरे ऊपर जो उपकार किये हैं, वही काफ़ी हैं, अब और अधिक उपकारों के बोझ से न दबाइए। किन्तु जब उन लोगों ने बहुत आग्रह किया तो विवश होकर उन लोगों को भी साथ ले लिया। सब के सब विमान में बैठे और विमान हवा में उड़ चला। रामचन्द्र और सीता में बातें होने लगीं। दोनों ने अपने-अपने वृत्तान्त वर्णन किये। विमान हवा में उड़ता चला जाता था। जिस रास्ते से आये थे, उसी रास्ते से जा रहे थे। रास्ते में जो प्रसिद्ध स्थान आते थे, उन्हें रामचन्द्र जी सीता जी को दिखा देते थे। पहले समुद्र दिखाई दिया। उस पर बँधा हुआ पुल देखकर सीताजी को बड़ा आश्चर्य हुआ। फिर वह स्थान आया, जहाँ रामचन्द्र ने बालि को मारा था। इसके बाद किष्किन्धापुरी दिखाई दी। रामचन्द्र ने कहा–जिस राजा सुग्रीव की सहायता से हमने लंका विजय की, उनका मकान यहीं है। सीता जी ने सुग्रीव की रानी से भेंट करने की इच्छा प्रकट की, इसलिए विमान रोक दिया गया, और लोग सुग्रीव के घर उतरे। तारा ने सीता जी के गले में फूलों की माला पहनायी और अपने साथ महल में ले गयी। सुग्रीव ने अपने प्रतिष्ठित अतिथियों की अभ्यर्थना की और उन्हें दो-चार दिन रोकना चाहा, किन्तु रामचन्द्र कैसे रुक सकते थे। दूसरे दिन फिर विमान रवाना हुआ। सुग्रीव इत्यादि भी उस पर बैठकर चले। रामचन्द्र जी से उन लोगों को इतना प्रेम हो गया था कि उनको छोड़ते हुए इन लोगों को दुःख होता था।

रामचन्द्र ने फिर सीता जी को मुख्य-मुख्य स्थान दिखाना प्रारम्भ किया। देखो, यह वह वन है जहाँ हम तुम्हें तलाश करते फिरते थे। अहा, देखो, यह छोटी-सी झोंपड़ी जो दिखाई दे रही है, वही शबरी का घर है। यहाँ रात भर हमने जो आराम पाया, उतना कभी अपने घर पर भी न पाया था। यह लो, वह स्थान आ गया जहाँ पवित्र जटायु से हमारी भेंट हुई थी। यह उसकी कुटी है। केवल दीवारें शेष रह गयी हैं। जटायु ने हमें तुम्हारा पता न बताया होता, तो ज्ञात नहीं कहाँ-कहाँ भटकते फिरते। वह देखो पंचवटी है। वह हमारी कुटी है। कितना जी चाहता है कि चलकर एक बार उस कुटी के दर्शन कर लूँ। सीता जी इस कुटी को देखकर रोने लगीं। आह! यहीं से उन्हें रावण दूर ले गया था। वह दिन, वह घड़ी कितनी अशुभ थी कि इतने दिनों तक उन्हें एक अत्याचारी की क़ैद में रहना पड़ा। रावण का वह साधुओं का-सा वेश उनकी आँखों में फिर गया। आँसू किसी प्रकार न थमते थे। कठिनता से रामचन्द्र ने

उन्हें समझाकर चुप किया। विमान और आगे बढ़ा। अगस्त्य मुनि का आश्रम दिखाई दिया। रामचन्द्र ने उनके दर्शन किये, किन्तु रुकने का अवकाश न था, इसलिए थोड़ी देर के बाद फिर विमान रवाना हुआ। चित्रकूट दिखाई दिया। सीता जी अपनी कुटी देखकर बहुत प्रसन्न हुईं। कुछ देर बाद प्रयाग दिखाई दिया। यहीं भरद्वाज मुनि का आश्रम था। रामचन्द्र ने विमान को उतारने का आदेश दिया और मुनि जी की सेवा में उपस्थित हुए। मुनि जी उनसे मिलकर बहुत प्रसन्न हुए। बड़ी देर तक रामचन्द्र उन्हें अपने वृत्तान्त सुनाते रहे। फिर और बातें होने लगीं। रामचन्द्र ने कहा–महाराज! मुझे तो आशा न थी कि फिर आपके दर्शन होंगे। किन्तु आपके आशीर्वाद से आज फिर आपके चरण-स्पर्श का अवसर मिल गया। भरद्वाज बोले–बेटा! जब तुम यहाँ से जा रहे थे, उस समय मुझे जितना दुःख हुआ था, उससे कहीं अधिक प्रसन्नता आज तुम्हारी वापसी पर हो रही है।

राम–आपको अयोध्या के समाचार तो मिलते होंगे?

भरद्वाज–हाँ बेटा, वहाँ के समाचार बराबर मिलते रहते हैं। भरत तो अयोध्या से दूर एक गाँव में कुटी बनाकर रहते हैं किन्तु शत्रुघ्न की सहायता से उन्होंने बहुत अच्छी तरह राज्य का कार्य सँभाला है। प्रजा प्रसन्न है। अत्याचार का नाम भी नहीं है। किन्तु सब लोग तुम्हारे लिए अधीर हो रहे हैं। भरत तो इतने अधीर हैं कि यदि तुम्हें एक दिन की भी देर हो गयी तो शायद तुम उन्हें जीवित न पाओ।

रामचन्द्र ने उसी समय हनुमान को बुलाकर कहा–तुम अभी भरत के पास जाओ, और उन्हें मेरे आने की सूचना दो। वह बहुत घबरा रहे होंगे। मैं कल सवेरे यहाँ से चलूँगा। यह आज्ञा पाते ही हनुमान अयोध्या की ओर रवाना हुए और भरत का पता पूछते हुए नन्दिग्राम पहुँचे। भरत ने ज्यों ही यह शुभ समाचार सुना, उन्हें मारे हर्ष के मूर्च्छा आ गयी। उसी समय एक आदमी को भेजकर शत्रुघ्न को बुलवाया और कहा–भाई, आज का दिन बड़ा शुभ है कि हमारे भाई साहब चौदह वर्ष के देश निकाले के बाद अयोध्या आ रहे हैं। नगर में ढिंढोरा पिटवा दो कि लोग अपने-अपने घर दीप जलायें और इस प्रसन्नता में उत्सव मनायें। सवेरे तुम उनके उत्सव का प्रबन्ध करके यहाँ आना। हम सब लोग भाई साहब की अगवानी करने चलेंगे।

दूसरे दिन सबेरे रामचन्द्र जी भरद्वाज मुनि के आश्रम से रवाना हुए। जिस अयोध्या की गोद में पले और खेले, उस अयोध्या के आज फिर दर्शन हुए। जब अयोध्या के बड़े-बड़े ऐश्वर्यशाली प्रासाद दिखाई देने लगे, तो रामचन्द्र का मुख मारे प्रसन्नता के चमक उठा। उसके साथ ही आँखों से आँसू भी बहने लगे। हनुमान से बोले–मित्र, मुझे संसार में कोई स्थान अपनी अयोध्या से अधिक प्रिय नहीं। मुझे यहाँ के काँटे भी दूसरी जगह के फूलों से अधिक सुन्दर मालूम होते हैं। वह देखो, सरयू

नदी नगर को अपनी गोद में लिये कैसे बच्चों की तरह खिला रही है। यदि मुझे भिक्षुक बनकर भी यहाँ रहना पड़े तो दूसरी जगह राज्य करने से अधिक प्रसन्न रहूँगा। अभी वह यही बातें कर रहे थे कि नीचे हाथी, घोड़ों, रथों का जुलूस दिखाई दिया। सबके आगे भरत गेरुवे रंग की चादर ओढ़े, जटा बढ़ाये, नंगे पाँव एक हाथ में रामचन्द्र की खड़ाऊँ लिये चले आ रहे थे। उनके पीछे शत्रुघ्न थे। पालकियों में कौशल्या, सुमित्रा ओर कैकेयी थीं। जुलूस के पीछे अयोध्या के लाखों आदमी अच्छे-अच्छे कपड़े पहने चले आ रहे थे। जुलूस को देखते ही रामचन्द्र ने विमान को नीचे उतारा। नीचे के आदमियों को ऐसा मालूम हुआ कि कोई बड़ा पक्षी पर जोड़े उतर रहा है। कभी ऐसा विमान उनकी दृष्टि के सामने न आया था। किन्तु जब विमान नीचे उतर आया, तो लोगों ने बड़े आश्चर्य से देखा कि उस पर रामचन्द्र, सीता और लक्ष्मण और उनके नायक बैठे हुए हैं। जय-जय की हर्ष-ध्वनि से आकाश हिल उठा।

ज्यों ही रामचन्द्र विमान से उतरे, भरत दौड़कर उनके चरणों से लिपट गये। उनके मुँह से शब्द न निकलता था। बस, आँखों से आँसू बह रहे थे। रामचन्द्र उन्हें उठाकर छाती से लगाना चाहते थे, किन्तु भरत उनके पैरों को न छोड़ते थे। कितना पवित्र दृश्य था! रामचन्द्र ने तो पिता की आज्ञा को मानकर वनवास लिया था, किन्तु भरत ने राज्य मिलने पर भी स्वीकार न किया, इसलिए कि वह समझते थे कि रामचन्द्र के रहते राज्य पर मेरा कोई अधिकार नहीं है। उन्होंने राज्य ही नहीं छोड़ा, साधुओं का-सा जीवन व्यतीत किया, क्योंकि कैकेयी ने उन्हीं के लिए रामचन्द्र को वनवास दिया था। वह साधुओं की तरह रहकर अपनी माता के अन्याय का बदला चुकाना चाहते थे। रामचन्द्र ने बड़ी कठिनाई से उन्हें उठाया और छाती से लगा लिया। फिर लक्ष्मण भी भरत से गले मिले। उधर सीता जी ने जाकर कौशल्या और दूसरी माताओं के चरणों पर सिर झुकाया। कैकेयी रानी भी वहाँ उपस्थित थीं। तीनों सासों ने सीता को आशीर्वाद दिया। कैकेयी तब अपने किये पर लज्जित थीं, अब उनका हृदय रामचन्द्र और कौशल्या की ओर से साफ़ हो गया था।

(रामचर्चा : पुस्तक से साभार।)

'रामायण' के कुछ राजनीतिक सिद्धान्त और शासन-संस्थाएँ

बी.आर. रामचन्द्र दीक्षितार एम.ए.

प्राचीन हिन्दू शासन के भावों और शासन-संस्थाओं के पुनर्निर्माण के लिए महाकाव्य 'महाभारत' के समान 'रामायण' भी ज्ञातव्य विषयों की एक खान है। यद्यपि इस दृष्टि से 'रामायण' का अध्ययन स्वतन्त्र रूप से किया जाना आवश्यक था। तथापि अब तक इस विषय में, इधर-उधर कुछ भावों के और संस्थाओं के साधारण संकेत किये जाने के अतिरिक्त किसी ने कोई विशेष प्रयत्न नहीं किया। प्रोफ़ेसर जैकोबी तथा प्रोफ़ेसर एस. लेवी सदृश प्रसिद्ध विद्वानों ने 'रामायण' पर दो उत्तम निबन्ध लिखे हैं। जिनका उल्लेख करना अप्रासंगिक न होगा। जैकोबी महाशय का 'DAS RAMAYAN' (Bon-1893), और लेवी महाशय का Pour l'histoireon du 'Ramayana' (journal asiatique-1918), इन दोनों निबन्धों में भी 'रामायण'कालीन राजनीतिक तथा शासन सम्बन्धी विधानों के विषय में कुछ भी प्रकाश नहीं डाला गया है। जैकोबी महाशय को पुस्तक-संचयन करते समय तक जो कुछ भी सामग्री प्राप्त हुई, उससे उन्होंने वर्तमान 'रामायण' का निकटतम काल निर्णय किया है। उन्होंने 'रामायण' का काल अधिक से अधिक ईसा से पूर्व पाँचवीं शताब्दी और कम से कम ईसा से पूर्व दूसरी शताब्दी निर्धारित किया है। प्रो. ए.ए. मैकडोनेल की सम्मति में 'रामायण' का मुख्य भाग ईसा से पूर्व पाँचवीं शताब्दी के पूर्व प्रतीत हो चुका था। 'दशरथजातक' नामक बौद्ध ग्रन्थ से यह स्पष्ट हो जाता है कि 'रामायणीय कथा के कुछ भाग से जातक का लेखक परिचित था। वेबर की यह धारणा थी कि इस कथा में यूनानी संस्कृति का प्रभाव है, बिल्कुल निर्मूल है। ऐसी दशा में यह कल्पना युक्तिसंगत है कि जातकों की रचना के पूर्व भी भारतीय जनता इस महाकाव्य के अधिकांश भागों से परिचित थी। यह तो सर्वसम्मत है कि 'रामायण' का संकलन भी ईसा से दूसरी शताब्दी के लगभग या उसके पूर्व ही हो चुका था। यदि हम इस धारणा को भी स्वीकार कर लें तो 'रामायण' ईस्वी सन् के बहुत ही पहले की रचना

सिद्ध होती है। अत: इसमें वर्णित विधान प्राचीन हैं इसलिए वे प्राच्य-विद्या विशारदों के लिए अत्यन्त उपयोगी हैं। 'रामायण' धर्म, अर्थ और काम इस त्रिवर्ग की प्राप्ति का उपदेश देती है। (वा.रा.6/83/32-39)

इसमें सामाजिक पद्धति वर्णाश्रम धर्म के अनुसार स्वीकृत की गयी है। इस पद्धति का सार स्वधर्म पर स्थिर रहना है और यही सभी प्राचीन ग्रन्थों का प्रधान विषय रहा है। स्वधर्म का अभिप्राय है कि प्रत्येक पुरुष-स्त्री अपने कर्तव्य का पालन करें। यद्यपि 'महाभारत' ने राजधर्म को सब धर्मों में श्रेष्ठ बतलाया है, किन्तु 'रामायण' इस पर इतना ज़ोर नहीं देती। यह धर्म और अधर्म का भेद निश्चित करती है–

स्वयं श्रीरामचन्द्र जी कहते हैं–

राजधर्म अहं त्यक्ष्ये अधर्मं धर्मसंहितम्। (वा.रा. 3/109/20)

इससे यह स्पष्ट हो जाता है कि 'रामायण' के प्रणेता राजधर्म के मौलिक सिद्धान्त को मानने के लिए तैयार हैं, पर वे इसी को प्रधान धर्म के रूप में नहीं मानते। 'रामायण' में राजधर्म वही बतलाया गया है जिसका पालन राजर्षि लोग करते हैं। इस दृष्टि से 'रामायण' में एक महान् नैतिक और सदाचार सम्बन्धी सिद्धान्त निहित है।

'रामायण' में वर्णित राजनीतिक परिस्थितियों से यह स्पष्ट जान पड़ता है कि उस समय वस्तुत: सम्पूर्ण भारत अयोध्या-सम्राट के आधिपत्य में था। श्रीरामचन्द्र जी की गति दक्षिण में कन्याकुमारी तक निर्बाध थी। दूसरे राज्यों के शासक और सामन्तगण या तो इक्ष्वाकुवंशीय राजा के सहकारी थे या उनके अधीनस्थ थे। जहाँ कहीं रामचन्द्र जी गये, वहीं उनका स्वागत किया गया। उनका आतिथ्य करते हुए अगस्त्य ऋषि कहते हैं–

राजा सर्वस्य लोकस्य धर्मचारी महारथ:।
पूजनीयश्च मान्यश्च मवान्प्राप्त: प्रियातिथि:।।

पुन: जब श्रीरामचन्द्र जी ने सुग्रीव से मैत्री करके उसके भाई बालि का वध किया, और जब बालि ने उनके कर्म को अन्याय युक्त बतलाया, तब रामचन्द्र जी बालि से बोल उठे–

इक्ष्वाकुनां इयं भूमि: सशैलजनकानना:। (वा. रा. 4/18/6)

'किष्किंधाप्रदेश, इक्ष्वाकु साम्राज्य का एक भाग है और उस साम्राज्य के प्रतिनिधि की हैसियत से मुझे दुराचारियों और अधर्मियों का नाश करने का अधिकार प्राप्त है।' इससे यह स्पष्ट हो जाता है कि दक्षिण भारत का सारा प्रदेश अयोध्या-सम्राट के आधिपत्य में था।

शासन-प्रणाली का स्वरूप राजतन्त्र (Monarchy) था। शासन-तन्त्र के प्रति प्रजा में पैतृक भावना का प्रसार था। अर्थात् राजा प्रजा को अपनी सन्तान की तरह मानता था और इसी रूप में वह लोकप्रिय था एवं इसके बदले में प्रजा भी पूर्ण राजभक्त होती थी। इतने पर भी राज्यप्रणाली निरंकुश नहीं थी, यह नियन्त्रित राजतन्त्रात्मक प्रणाली थी। नियन्त्रण 'मन्त्रिपरिषद्' के द्वारा होता था, जिसका प्रधान सदस्य पुरोहित होता था।

साथ ही 'पौर' और 'जनपद' आदि समितियां भी होती थीं। इन सबसे बढ़कर कुछ ऐसे लौकिक नियम थे, जिनका सत्कार करना राजा का नैतिक धर्म होता था।

तत्कालीन राजनीतिक सिद्धान्त के अनुसार नियम-भंग करने पर राजा को अराजकता (Anarchy) और विरोध (Revolution) का सामना करना पड़ता था।

'श्रेणी' और 'मैगम' सदृश कुछ अर्द्धराजनीतिक संस्थाएँ भी थीं, जिनके प्रतिनिधि देश के शासन में मुख्य भाग लेते थे। (वा. रा. 2/81/12,83/10)। दशरथ जी की मृत्यु के पश्चात् पुरोहित महर्षि वशिष्ठ जी ने ही भरत को शीघ्र बुलाने के लिए दूत भेजे थे। 'रामायण' में आदि से अन्त तक पुरोहित का स्थान बड़े महत्त्व का है और यह कौटिल्य के इस कथन को स्पष्ट प्रभावित करता है कि जो राज्य एक पुरोहित के अनुभव द्वारा रक्षित होता है, वह सदा उन्नत होता है, उसकी कभी अवनति नहीं होती। युवराज-निर्वाचन के प्रश्न पर विचार स्थिर करने वाले लोगों में 'पौर' और 'जनपद' के प्रतिनिधि भी सम्मिलित थे। (वा.रा.2/2/19-20) इस प्रकार इन संस्थाओं को महत्त्व के अधिकार प्राप्त थे और ये राजनीतिक कार्य किया करती थीं।

एक राजतन्त्र-शासन प्राय: पैतृकाधिकार के रूप में था। पुत्र ही पिता का उत्तराधिकारी होता था। अभिषेकोत्सव में राजकुमार को 'युवराज' की पदवी दी जाती थी। (2/3/6) राजकुमारों को प्रान्तीय शासक (provincial governers) बनाकर भेजने की प्रथा थी। भरत जी के दो पुत्र तक्षशिला के शासक बनाये गये थे। शत्रुघ्न के दो पुत्र मथुरा और विदिशा के शासक बने थे। लक्ष्मण के दोनों पुत्रों को उत्तर और दक्षिण कोशल पर शासन का अधिकार प्राप्त था। (वा.रा. 7/101/11; 108/6-11; 103/9; 107/17)। यहाँ हमें प्रान्तीय शासन-प्रणाली का पता मिलता है। प्रान्तीय शासन-प्रणाली का हेतु यही था कि श्रीरामचन्द्र जी का साम्राज्य बहुत दूर तक फैला हुआ था।

क्षत्रिय राजाओं द्वारा किये जाने वाले राजसूय और अश्वमेध आदि यज्ञों का वृत्तान्त भी 'रामायण' में वर्णित है। राजा दशरथ ने पुत्र लाभ के लिए और रामचन्द्र

जी ने विश्वविजय के लिए अश्वमेध का अनुष्ठान किया था। (वा.रा. 7/84/2)। 'रामायण' में हमें तत्कालीन प्रचलित सिद्धान्तों का पता लगता है। दो श्लोकों में आय और व्यय घटाने-बढ़ाने के सम्बन्ध में उल्लेख मिलता है। व्यय की सूची में मन्दिर, संस्कार, ब्राह्मण, योग्य अतिथि, योद्धा तथा मित्रादि सम्बन्धी व्यय का समावेश पाया जाता है।

'रामायण' में सैनिक संगठन और शासन-सम्बन्धी प्रचुर सामग्री प्राप्त होती है। उस समय एक विशेष रक्षामन्त्री (war minister) होता था, जिसका काम अपना और शत्रु के शस्त्रबल का ज्ञान रखना तथा तदनुसार राजा को सम्मति प्रदान करना होता था। (6/14/22)। रक्षा-परिषदें (war-councils) भी होती थीं जो युद्ध छिड़ने के पूर्व बुलायी जाती थीं, जिनमें कार्यक्रम बनाये जाते थे। रावण ने जब सुना कि रामचन्द्र जी समुद्र पारकर लंका आ गये हैं तब उसने अपने रक्षा-परिषद् की सभा बुलायी थी। राजदूतों का संघ (institution of ambassadors) सैनिक नीति का एक प्रधान अंग था। धर्मशास्त्र का विधान इन सबमें प्रधान दिखता है। रावण से कहा जाता है कि दूत का वध नहीं किया जा सकता, इस बात से पता चलता है कि सदाचार ही सब कार्यों का आधार था। (5/52/13-15)। रथ, हाथी, घोड़े और पैदलों की चतुरंगिणी सेना होती थी। सैन्य-संचालन तथा शिविर-स्थापन वैज्ञानिक ढंग से होते थे। यहाँ रक्षा-शस्त्रों के प्रयोग तथा रक्षा-नीति के विषय में विचार नहीं करना है। एक उल्लेखनीय बात यह होती थी कि शत्रु पर विजय प्राप्त करने के बाद उसी को वहाँ के सिंहासन पर राजा के रूप में प्रतिष्ठित कर देते थे। और यदि शत्रु राजा युद्ध में मारा जाता तो उसी प्रकार उसके यथार्थ उत्तराधिकारी को सिंहासनारूढ़ किया जाता था। उदाहरणार्थ लंका विजय के पश्चात् विभीषण का राजतिलक किया गया था। 'रामायण' में राजनीतिक संस्थाओं का जो वर्णन मिलता है, उसका यह संक्षिप्त सार है। आशा है कि कोई विद्वान् सज्जन 'रामायण' का विशेष और विस्तृत अध्ययन कर तर्कसंगत उपयोगी सामग्रियों को प्रकाश में लाने का प्रयत्न करेंगे।

लोक-मानस में राम

विद्यानिवास मिश्र

रामकथा का प्रसार भारत और एशिया के अन्य देशों में जिन कारणों से हुआ, उनमें दो बहुत प्रमुख लगते हैं। एक तो रामचरित की उदात्त मानवीयता, जिसके अन्तर्गत एक साथ कई बातें आती हैं–पिता की प्रतिज्ञा की रक्षा के लिए कठिन वनवास का अंगीकार, एकपत्नीव्रत, ऋषियों के प्रति आदर और श्रद्धा की भावना, उनकी रक्षा के लिए अपने बूते पर घोर संकल्प लेने की क्षमता, स्नेह-भरा भायप (भाई का प्रेम) निषाद-कोल-किरातों के साथ घनी आत्मीयता, जंगली ऋक्ष और वानर जातियों में आत्मविश्वास पैदा करके उनकी सहायता से आसुरी शक्तियों को पराजित करने वाला पराक्रम, शरणागत के लिए दया के स्थान पर मैत्री की भावना, वीरता के साथ-साथ अत्यधिक सौम्यता और निरभिमानता तथा कर्तव्य की कठोरता के साथ-साथ अद्भुत मृदुता। इन गुणों के प्रतिमान के रूप में राम का चरित्र बड़ा ही आकर्षक बन गया है। उनसे सम्बद्ध कथा के मूल ढाँचे को रखते हुए अनेक रूपान्तर हो गये हैं। जैनों और बौद्धों ने रामकथा का एक रूप लिया, जिसमें उनके विवेक और धैर्य पर अधिक बल है। प्रत्येक प्रदेश और क्षेत्र में रामकथा में नयी-नयी रंगतें आयीं; पर एक बात सब जगह एक-सी है–राम ने पिता के सत्य का निर्वाह करने के लिए वनवास स्वीकारा और भरत के लाख मनाने पर भी चौदह वर्ष की अवधि तक अयोध्या आने के लिए सहमत नहीं हुए। एक प्रकार से वनवासी राम ही अपने लोकरंजक और लोकरक्षक रूप से जनभावना के आराध्य बने।

राम से पहले जटाजूट बाँधने वाले तपस्वी तो बहुत हुए और किसी विशेष उद्देश्य के लिए तप करने वाले राजा भी बहुत हुए। उनको भी भारतीय जनता ने सम्मान दिया; क्योंकि सुख का त्याग करना भारतीय जीवन में एक महनीय जीवन-मूल्य रहा है। और दूसरों को सुख देने के लिए कष्टपूर्ण साधना के जीवन का वरण तो और बड़ा जीवन-मूल्य माना जाता रहा है; एक प्रकार से वही सबसे बड़ा पुरुषार्थ, मानव-जीवन का चरम लक्ष्य माना जाता है। परन्तु वनवासी राम की एक

अलग धज है। वे जटाजूट बाँधकर भी, वन का अभावों और कष्टों से भरा जीवन जीकर भी धनुर्धर हैं। वे कोलों-किरातों के बराबर होकर भी असहाय और निरुपाय नहीं हैं, असहायों और निरुपायों के रक्षक हैं। वे छोटे-से भूखण्ड के राजा नहीं, एक विशाल मनोराज्य के राजा हैं। पिता के सत्य के लिए तप का वरण और दुर्बलों की रक्षा के लिए शस्त्र का वरण–ये दोनों बातें एक साथ पहले किसी एक व्यक्ति में नहीं दिखीं–ये सबसे पहले राम में ही दिखीं। उनके बाद युधिष्ठिर में।

सत्य के धुरन्धर होते हुए भी युधिष्ठिर राम न हो सके, क्योंकि वन में रहते हुए उन्होंने कोई रावण नहीं मारा या उन्हें मारने को कोई रावण नहीं मिला। वनवासी राम ने धर्म के रथ पर सवार होकर विजय-यात्रा की, यही बात लोक-चेतना में ऐसी बसी कि वह देवताओं से बड़े हो गये। देवता असुरों से डरते थे, पर राम नहीं। राम दूसरे आदमियों से भिन्न सिर्फ़–इस मायने में थे कि दूसरे आदमी विपत्ति में देवता की गुहार लगाते हैं और राम की गुहार देवता लगाते हैं। हाँ, राम स्वयं अपने साथ लेते हैं ऐसे मनुष्यों को, जो अपने को दीन और हीन माने बैठे हैं। इसीलिए राम से साधारण आदमी का इतना गहरा और इतने लम्बे अरसे का लगाव है।

अकेले राम के साथ जुड़ी हुई इतनी लोककथाएँ, इतने लोकगीत हैं कि केवल हिन्दी क्षेत्र की जनपदीय भाषाओं की ही पूरी सामग्री का संकलन किया जाये तो वह कम से कम दस-बारह खण्डों में छपे। प्राय: सभी संस्कार गीतों में जन्म से लेकर विवाह तक, राम ही नवजात शिशु के रूप में, राम ही वटु या बरुआ के रूप में, राम ही वर के रूप में और वधू या विवाह के लिए प्रस्तुत हो रही कन्या सीता के रूप में लोक-दृष्टि से निरखे जाते हैं। मेले के गीतों में और तीर्थयात्रा के गीतों में तो राम की वनयात्रा ही मुख्य वर्ण्य विषय है। स्त्री के शोकगीत विरल हैं; पर उनमें भी भाव यही है–"मेरे राम मुझे अकेले छोड़ गये, मैं कैसे जिऊँ? इनके बिना 'अजोधिया' सूनी है।" मृत्यु के समय तो राम नाम से अधिक काम्य कोई नाम नहीं है। जीवन का समग्र सत्य राम नाम में ही सिमटा रहता है। ऋतु गीतों–बारहमासों, कजरियों, होलियों और चैतों में भी राम बसे हुए हैं। राम लोक-जीवन के पूरे वृत्त बने हुए हैं। साहित्य में रामकथा के नायक हों, इतिहासपुरुष हों, अवतार हों, साक्षात् परब्रह्म हों, जो भी हों; पर लोक-साहित्य में राम कभी भी असाधारण, कभी भी व्यतीत नहीं होते। वे ऋतुचक्र के साथ-साथ एक अवस्था से दूसरी अवस्था में संचरण करते रहते हैं। यह आवश्यक नहीं कि लोक-मानस में यह क्रम वाल्मीकि 'रामायण' से या किसी और 'रामायण' से मेल खाये ही, लोक-मानस में राम को अपने बीच निरन्तर पाते रहने की अतृप्त आकांक्षा रहती है; वही उसकी सहज कण्ठध्वनि में भी मुखरित होती रहती है। बारहमासे का एक गीत है, जो मामूली हेर-फेर के साथ

अवधी, भोजपुरी और बघेली–कई जनपदीय भाषाओं में गाया जाता है। इस रूप में अवधारणा की गयी है कि–

चैत से ही वर्ष शुरू होता है और चैत में अयोध्या में राम जन्म लेते हैं। कौशल्या सारा घर चन्दन से लिपवाती हैं, मोतियों से चौक पुराती हैं। बैसाख में यह ऋतु ज़हर हो जाती है और जैसे पानी के बिना मछली तड़पती है वैसे ही कैकेयी, कौशल्या की गति कर देती हैं–अर्थात् राम को वन भेजने का वर माँगती हैं। जेठ में लू चलने लगती है और राम, लखन एवं सीता वन में तपते हैं। असाढ़ में घटा छाती है। पपीहा पुकारता है। अयोध्या में कौशल्या बिलखती हैं–लक्ष्मण, सीता और राम भीग रहे हैं। सावन-भादों की झड़ी में यही चिन्ता लगी रहती है कि मेरे बच्चे कहाँ होंगे। कुआर में चिन्ता लगी रहती है कि राम घर होते तो मैं भी दान-दक्षिणा देती, धर्म का उत्साह होता। कातिक आते ही लगता है, घर-घर दीप जल रहा है, पर हमारी अयोध्या ही अँधियारी हो गयी है। अगहन का महीना आता है। इसी महीने में सीता का विवाह हुआ था। सोने के तारों की साड़ी सीता ने पहनी थी। पूस की रात तलवार की धार की तरह तीखी हो जाती है और याद आती–कुश के आसन पर राम कैसे सोये होंगे। माघ में राम के बिना जीना कठिन लगता है। भरत पादुका पर चँवर डुलाते रहते हैं, फागुन में अबीर घोलते हैं और चिन्ता करते हैं कि राम घर नहीं हैं। अबीर किस पर छोड़ी जाये?

चैत अयोध्या में जनमें राम। चन्दन सो लिपवायउँ धाम।
सुवरन कलस धरे भरवाए। धरे घटमण्डल पठाए।
अरी बन कैकेयी। बन बालक मेरे।। 1।।
बैसाखे कत भीषम घाम। पवन चलत जैसे बरसत आग।
जैसे जल बिनु तड़पत मीन। पियासे होइहैं लछमन राम।
कौन बिरिछ तरै। ये ही दुःख दीने कैकेयी। पठाए...।।2।।
जेठ मास लू लागत अंग। राम लखन अरु सीता संग।
हरि के चरण जैसे कमल समान। धधकै धरती औ असमान।
चलैं पगु कैसे। पठाए...।। 3।।
असाढ़ मास घन गरजै घोर। चहक विहंगम कूकत मोर।
कलपै कौसिल्या अवधपुर धाम। बन भीजैं मोरे लछमन राम।
काऊ बिरिछ तरे। पठाए...।। 4।।
सावन में सर साधै तीर। मोरन गूँजत फिरत भुजंग।
ठाढ़ी कौसिल्या अवधपुर धाम। बन भीजैं मोरे लछमन राम।।

झमकि झरि लागै। पठाए... ।। 5 ।।
बड़ी-बड़ी बुँदिया बरसत नीर। भीजत ह्वैहैं श्रीरघुवीर।
रैनि अँधियारी। पठाए... ।। 6 ।।
आइल ए सखि मास कुआर। धरम करै सगरो संसार।
आज जो होते अयोध्या में लछमन राम। न्यौतती बाम्हन देती दान।
थार भर मोती। पठाए... ।।7 ।।
कातिक मास सखि आई दिवारी। घर दिवला लेसहिं नर-नारी।
मेरी अयोध्या पड़ी अँधियारी। सब सखियाँ मिलि गंगा नहावैं।।
करौ मैं कैसे। पठाए... ।। 8 ।।
अगहन कुआरी करती सिंगार। खियाती बरसत सोने के तार।
पाट पटम्बर कुलही के मान। माथे वीरा चड़े कलीदार।
गले वैजन्ती। पठाए... ।। 9 ।।
जिन ओढ़ना मोरे लछमन राम। कलपै कौसिल्या अवधपुर धाम।
कैसे करैं मो जनम जरी के। पठाए।। 10 ।।
माघ मास रितु होत वसन्त। सुत विदेस तन तज गये कन्त।
बैठे भरतजी ढारैं चौर। आजु जो होते मोरे लछमन राम।
जनम के जोड़ी। पठाए.... ।। 11 ।।
फागुन रंग चले सब कोई। ऐसी रितु में गवायौं रोई।
बैठे भरतजी घोरैं अबीर। केहि पर छिरकौं बिन रघुवीर।
दीन्ह दुःख कैकेयी। पढ़ाए... ।। 12 ।।

एक दूसरे बारहमासे में क्रम दूसरे प्रकार का है। चैत में वनवास, बैसाख में कठिन घाम, जेठ में लक्ष्मण को शक्ति लगना, असाढ़ में हनुमान का धौलागिरि को प्रस्थान, सावन में पहुँचना, भादों में अँधेरे में दिखाई न देना, कुआर में राम का लक्ष्मण को गोद में लेकर विलाप करना, कातिक में आशा लगाकर शिव को पूजना, अगहन में हनुमान का लौटना, पूस में लक्ष्मण का जी उठना, माघ में सीता के लिए उदास होना और फागुन में रावण को मारकर सीता का उद्धार–

चइत मास घर छूट रघुपति के, वन में विपति परी।
काली नदिया पार उतर गइले, तपसी भेस धरी।। 1 ।।
घाम लूक बइसाख में लागत, देह से नीर चली।
सीता हरन भइल, पिता मरन भइल, विपति पे विपति परी।। 2 ।।
जेठ बान लागल लछुमन के, मुरछित भुँइयाँ परी।

बैदा सुखेन बतउलें सजीवन, तब लछुमन उबरी।। 3।।
राम सुमिर हनुमानजी गइले, धवलागिरि कइले पयान।
तब तक चढ़ले मास असाढ़ा, साम घटा घिर आन।। 4।।
सावन मास सुहावन सजनी, रजनी सूझि ना परी।
बादर गरजै बिजुरी चमकै, महाबीरजी कौंध भरी।। 5।।
भादों रैन भयावन सजनी, तनिकौ ना सूझ परी।
चहुँ अँधियारी दिसा नाहीं सूझे, राम सुमिर के वीर चली।। 6।।
कुआर हाल-बेहाल लछुमन के, गोद में ले के बिलखाई।
बानर–भालू के कवन ठेकाना, फल पर गइले लोभाई।। 7।।
मास कातिक में आसा लागल, संजीवन अइहें ततकाल।
राम रमेसर पूजेले पूजेली विरहिन बात।। 8।।
अगहन मास अति गहन बाटे, जानत सकल संसार।
ओही समय लवट अइलें वीरजी, अपना सिखा पर ले के पहार।। 9।।
पूस मास जठमर पड़त बा, जस कुठार के छाई।
पीसि के बूटी दिहले लछिमन के, उठले बीर अँगिड़ाई।। 10।।
माघ मास में लागेला पंचमी, सखी लोग करेला सिंगार।
आपन बदनियाँ निहारेले रामजी, सीता बिना भइले उदास।। 11।।
फागुन में रंग होरी मचेला, उड़ेला गुलाल अबीर।
रावन मारि के सीता उबारे, पार उतरि गइले रामजी बीर।। 12।।

इस प्रकार पहले वाले बारहमासे में कौशल्या की राम के लिए निरन्तर चिन्ता और दूसरे वाले बारहमासे में राम के वनवास को एक ऋतुचक्र के रूप में देखने का प्रयत्न वर्णित है। इन दोनों में राम आदमी की माया-ममता के केन्द्र में हैं और इसीलिए राम के लिए चिन्ता अपने सगे के लिए चिन्ता है। राम के वनवास का दुःख अपने ही वनवास का दुःख है। इस प्रकार का भाव लोक-मानस में झंकृत होता रहे, तभी वहाँ ऋतु का मंगल भी मन सकता है। राम के दुःख में सहभागी बनकर ही आदमी राम के लोक-मंगलमय राज्य का अपने को नागरिक बना सकता है। यह भाव लोक-मानस में यहाँ तक व्याप्त है कि जहाँ राम निराकार हो गये हैं, वहाँ भी राम के 'सुमिरन' के बिना और राम की 'टेक' के बिना कोई गीत आगे नहीं बढ़ता।

जन्म के समय गाये जाने वाले गीतों में राम से सम्बद्ध कई कथानक आते हैं–एक तो सीधे-सादे राम के जन्म के पहले कौशल्या और दशरथ के तप का

वर्णन, योगी की भभूत से राम का जन्म लेना और जन्म लेने पर चारों ओर बधावा बजना। यह कथानक प्रायः सभी क्षेत्रों में सोहर गीतों में उतारकर गाया जाता है और पुत्र के जन्म का मंगल तभी चरितार्थ माना जाता है, जब उसके जन्म के साथ-साथ राम के प्रादुर्भाव की सम्भावना भी जगायी जाये। जोगी के भभूत से जन्म लेने वाले व्यक्ति की नियति ही वन-वन जोगी बनकर घूमने की होती है। शायद इसीलिए, राम सम्बन्धी कुछ दूसरे गीतों में राम के वनवास के ही चित्र हैं–

बहुते सुघरी राम जनमे त रोहिनी नखत में,
राजा बारह बरिस कै होइहैं त बन के सिधरिहैं।
बभना के पूत जो न होतेउ ते जियरा मरवउतेउँ,
मोर एतनी तपसिया कै राम त बन के सुनायवउ।
बाउर हो रानी कोसिला किन बउराई,
रानी धीरे-धीरे पटना लुटावउ राम बन जइहैं।
बाउर हो राजा दशरथ किन बौरावा,
राजा छुटल बँझिनिया कै नाम भले बन जइहैं।।

इस गीत में ज्योतिषी ने कहा, राम बारह बरस के होंगे तो वन चले जायेंगे। दशरथ को बुरा लगता है और कहते हैं कि तुम ब्राह्मण न होते तो ज़िन्दा गड़वा देता। इतनी तपस्या के राम–और वन जाने को कहते हो! दशरथ कहते हैं–कौशल्या, पागल मत बनो। धीरे-धीरे धन पटना लुटाओ, राम वन चले जायेंगे। कौशल्या कहती हैं–पागल हो, यह नहीं कहते, बाँझिन बनने का नाम छूटा, राम भले ही वन चले जायेंगे।

कुछ और गीत हैं, जिनमें पुत्र के जन्म के समय वनयात्रा का ही स्मरण किया जाता है। मानो साधारण आदमी अपने पुत्र से उसी पौरुष की आकांक्षा कर रहा हो, मनुष्य की उसी नियति को सबसे बड़ी नियति मान रहा हो, जब वह निर्वासित होकर, बेघर होकर विश्व को अपना घर बना लेता है और विश्व का अधिपति बन जाता है। हाँ, यह आवश्यक है कि उसके साथ उसकी शक्ति भी हो। राम बड़े कौशल से सीता को अपने साथ ले जाते हैं–माँ, हम तो मधुवन चले, सीता को कैसे रखोगी? माँ कहती हैं–आँगन में कुआँ खोदवाऊँगी। सीता को आँगन में ही नहवाऊँगी, खाँड़ एवं चिरौंजी खिलाऊँगी और हृदय के बीच रखूँगी। राम सीता से कहते हैं–तुम हमारे साथ मत चलो, बहुत कष्ट पाओगी। लेकिन सीता कहती हैं–भूख-प्यास सह लूँगी, जेठ की दुपहरी भी सह लूँगी, हे राम! तुम्हें देखकर मैं सब सुख पाऊँगी।

राम जे चलेनि मधुबन के माई से अरज करइँ।
माई हम तो जाबइँ मधुबन के सितै कइसे रखबिउ।। 1।।
आँगन कुइयाँ खनइबइ सितहिं नहवइबइ।
बेटा खाँड़ चिरौंजी खिअइबइ हिरदइया बीच रखबइ।। 2।।
राम जे चले मधुबन के सीता जे गोहन लागी।
सीता हमरे संग जनि चलहू बहुत दुःख पउबिउ।। 3।।
सहबइ मैं भुखिया पियसिया जेठ दुपहरिया।
पिया देखि हम तोहरी सुरतिया सकल सुख पउबइ।। 4।।

एक दूसरे गीत में कैकेयी ने कभी दशरथ के पाँव में गड़े काँटे को निकालकर उनकी वेदना हरी है और उसके लिए एक पुरस्कार माँग रखा है। समय पाकर जब वह पुरस्कार माँगती हैं कि राम-लक्ष्मण वन ज़ाये और भरत राज्य विलसें, तो दशरथ कहते हैं–तुमने पुरस्कार तो माँगा, पर तुम्हें माँगना नहीं आया। तुमने मेरे प्राण का आधार माँग लिया और कौशल्या का सहारा माँग लिया। जो राम चित्त से नहीं बिसरे, पलक से नहीं उतरे, वे राम वन चले जायेंगे तो मन को कैसे समझाऊँगा।

राजा गइले कदलिया के वन में त काँट गड़ि गइलिनि,
ककही जे कँटवा निकारि बेदन हरि लिहलीं।
राजा जवन मँगन हम मँगली तवन रउरे देहीं,
राजा राम लछमन बन जाएँ भरत राज बिलसैं।
मँगही के ककही तूँ मेंगलू माँगन नहीं जनलू,
ककही माँगेलू मोरे प्रान अधार कोसिल्ला के ओठगन।
जे राम चित्त से न उतरें पलक से न बिसरें,
से राम बने चलि जइहैं त कइसे जिय बोधब।।

इस गीत के काँटे का अभिप्राय एक नयी उद्‌भावना है–एक काँटा निकालकर बदले में दूसरा काँटा चुभोना; ऐसा काँटा जो निकल न सके, एक बड़ी ही मर्मस्पर्शी अभिव्यंजना है। इस गीत का उद्‌देश्य राम की उपस्थिति की तीव्र आकांक्षा जगाना ही लगता है।

तीसरे प्रकार के जन्म-गीत और भी करुण हैं। उनमें भी एक तो वे हैं, जो हरिणीवाली कथा से सम्बद्ध हैं और दूसरे हैं, जो सीता के वनवास और सीता के पुत्रों के वन में जन्म से सम्बन्धित हैं। हरिणीवाले गीतों के कथानक अधिकांश करुणान्त हैं। शिकारी हरिण का शिकार खेलने जाते हैं। हरिणी कौशल्या से आकर विनती करती है कि हरिण को छोड़ दो, मुझे मार डालो। रानी कहती हैं कि हरिण

का मास अधिक स्वादिष्ट होता है। अपने घर जाओ, हरिण मारा ही जायेगा। हरिणी विनती करती–उसे मारती हो तो मारो, कम से कम उसका चमड़ा ही मुझे दे दो। मैं वही लेकर सन्तोष करूँगी। पर रानी कहती हैं–मैं उससे खँजड़ी मढ़वाऊँगी। राम उससे खेलेंगे। जब-जब खँजड़ी बजती है तो उसकी आवाज़ सुनकर उसी पलाश के नीचे हरिण की याद में हरिणी आँसू बहाती है। इसी गीत के कुछ संस्करणों में हरिणी कौशल्या को शाप देती है कि तुम्हें भी ऐसा ही दु:सह पति-वियोग होगा। दूसरे संस्करणों में हरिणी की विनती से कौशल्या सोचती हैं और हरिण को अभयदान देती हैं। यही नहीं, हरिणी को अयोध्या का पूरा राज देती हैं।

इसी प्रकार एक गीत में सीता के गर्भवती होने की कथा है और सीता के लिए हरिण का शिकार होने गया है और हरिणी ने विनती की है। उसने सीता के पुत्र-प्रसव की अगवढ़ खुशी में अभयदान माँगा है, और उसे अभयदान मिला है–

दशरथ बगिया लगवले लखन आये ढूँढ़ले हो,
प्यारे रघुबर धनिया गरभ से हरिनवाँ मरवावेले हो।
कर जोड़ी हरिनी अरज करइ सुनइ कोसिल्ला रानी हो,
रानी सीता के होइहैं नन्दलाल हमहीं कुछ दीहब हो।
सोनवा मढ़इबो दुहूँ सिंगवा भोजनवा तिलचाउर हो,
हरिनी भुगतहुँ अजोधिया क राज अभै बन बिचरहु हो।।

परन्तु अधिकांश सोहरों में हरिणीवाला गीत करुणान्त ही है। हरिण का वध राम के लिए बराबर अमंगलकारक ही सिद्ध होता है। कदाचित् उसी से प्रेरित होकर यह अभिप्राय लोक-साहित्य में आया। एक जोड़े के बिछुड़ने से पूरी रामकथा किस प्रकार बिछुड़न की कथा बन जाती है और किस प्रकार एक शोक की चोट अनेक आघातों की कड़ी बन जाती है, किस प्रकार मनुष्य के कर्मफल-भोग को राम स्वीकार करके ही मनुष्य के रूप में इंगित बनते हैं, क्रौंच-वध से व्यथित वाल्मीकि का शाप किस प्रकार लोकभाषा में आकर हरिणी का शाप बन जाता है–इन सभी सूत्रों के अन्वेषण के लिए हरिणीवाले सोहर गीत बहुत ही महत्त्वपूर्ण सामग्री प्रस्तुत करते हैं। पुत्र-जन्म के समय ऐसे करुणान्त गीत गाने का मतलब और तो नहीं समझ में आता, इतना ही समझ में आता है कि आनन्द का क्षण भी एक चिन्ता है कि कहीं दूसरों को दु:ख देकर तो यह आनन्द नहीं है। और एक चेतावनी भी है कि इस आनन्द में इतना न खो जाओ कि यह दु:खमय संसार आँखों से ओझल हो जाये। करुणरस की उद्‌भावना से द्रुत चित्त में ही जन-मंगल की भावना आती है तो वह तपकर, गलकर, शुद्ध होकर आती है। एक और अभिप्राय हो सकता है–प्रसव-वेदना

के अनन्तर पुत्र-प्राप्ति का सुख दुःख को सार्थक बना देता है और तब दुःख का स्मरण तीव्रता के साथ होना मंगलकारी होता है।

सीता के पुत्र-प्रसव से सम्बद्ध सोहर गीत भी इसी के दूसरे प्रकार के निदर्शन हैं। सुनसान वन में सीता को पुत्र होने वाला है। वेदना होती है। सोचती हैं, कौन मेरे पास बैठेगा? कौन मेरे केश-पाश ढीले करेगा? कौन मेरे साथ रात भर जगेगा और कौन नार काटेगा? इतने में वन में एक तपसी आती है और कहती है, मैं यह सब करूँगी।

के मोरे आगे-पीछे बइठी त बिपति गँवाइ हो।
बन में से निकरी बन तपसिन सितहिं समुझावइ हो,
सीता हम तोरे पँजरा बइठबइ त बिपति गँवाइब हो।

इसी प्रकार के एक दूसरे गीत में सीता के पास कोई नहीं आता और जंगल की लकड़ी स्वयं ही बीनकर सीता आग जलाती हैं और उसी के उजाले में अपनी जुड़वाँ सन्तान का मुख देखती हैं–

कुस कै आढ़न कुस डासन बन फल भोजन,
सीता लकड़ी कै कइलीं अँजोर सन्तति मुख देखेलीं।

एक तीसरे गीत में कहानी और आगे बढ़ती है–जंगल में ही एक नाई बुलाया जाता है और नाई पुत्र-जन्म का शुभ समाचार (रोचना) अयोध्या सुनाने जाता है। सीता कहती हैं–पहला रोचन राजा दशरथ को, दूसरा कौशल्या रानी को, तीसरा देवर लक्ष्मण को; पर चौथा हाथ में लिये रहना, प्रिय को न देना। राम सवेरे कदम्ब के वृक्ष के नीचे दातून तोड़ रहे हैं और लक्ष्मण को प्रसन्न देखकर पूछते हैं कि किसका रोचन तुमने पाया कि तुम्हारा माथा दमक रहा है? प्रसन्नता से तुम्हारा मुख खिल उठा है।

लक्ष्मण कहते हैं–सीता देवी को, जो मेरी भाभी हैं, पुत्र हुआ है और मुझे रोचन आया है। राम कहते हैं–पुत्र! तुमने बड़ी विपत्ति में जन्म लिया है। यदि अयोध्या में जन्म लेते तो मैं भी तुम्हारा मुख देखता। तुम्हारे जन्म की ख़ुशी में राजा दशरथ पटना नगर लुटाते और रानी कौशल्या गहने लुटातीं। राम की आँखों से आँसू बहने लगे, जिन्हें वे दुपट्टे से पोंछते हैं–

पहिला रोचन राजा दसरथ दुसरा कौसिल्ला रानी,
अहो, तिसरा रोचन देवर लछिमन, पिअइ न बतायउ हो।
छोटे कदम कइ डाल त राम दतुइन तोरैं,
लछिमन किनके रोचन तुम पायउ त मथवा भभर-भभर करै,

झहर-झहर करै।

भउजी जो हमरी सितल देई बड़ि गुन आगरि,
भइया उनहीं के भए नन्दलाल रोचन हम पायो।
जनम त ले ल पूता बड़ी रे बिपति में हो,
बड़ी रे साँसति में हो।
पूता जनम जो लेतेउ अजोधिया हमहु मुँह देखित,
राजा दशरथ पटना लुटउतें कौसिल्ला रानी अभरन।
रामा तरर-तरर चूवैं आँसू पनुकवन पोंछइँ।

इस गीत में दशरथ के जीवित होने की बात इसलिए आवश्यक है कि राम को सबसे अलग करके रखना है। सीता सबसे अधिक आहत हैं राम से, इसलिए राम को सन्देश नहीं भेजतीं और राम अपनी ग्लानि अपने आँसुओं से धोते हैं। इसी गीत के एक दूसरे संस्करण में लक्ष्मण की बात सुनते ही राम के हाथ का गड़घवा हाथ में और मुँह का दातून मुँह में रह जाता है और आगे वसिष्ठ, पीछे लक्ष्मण, बीच में राम सीता को मनाने चलते हैं। सीता कहती हैं–गुरु जी, आपकी बात मैं नहीं टालूँगी, दस क़दम चलूँगी; पर अयोध्या में नहीं जाऊँगी और नगर के फाटक पर ही पृथ्वी में समा जाऊँगी–

हाथे क गेड़ुवा हाथ रहा मुख क दँतिवन मुखे रही,
ढुरै लागै मोतियन आँस पटुकवन पोंछइँ।
आगे के घोड़वा वसिष्ठ मुनि पीछे कै लछिमन,
बीचे कै घोड़वा रामचन्दर सीता के मनावन चलें।
तुम्हारे कहा गुरु करबइ परग दस चलबइ,
फाटल धरती समाबइ अजोधिया न जाबइ।।

इस गीत में सीता का दीप्त अभिमान बोल रहा है। ऐसा अभिमान, जो राम से समझौता नहीं करना चाहता। इसी के तीसरे संस्करण में केवल लक्ष्मण सीता को बुलाने जाते हैं और सीता कहती हैं–

जाहु लच्छन घर अपने त हम नहीं जाइब,
मोरे जिअइ नन्दलाल त उनके कहइहैं।

अर्थात् लक्ष्मण, जाओ; मैं नहीं जाऊँगी। मेरे पुत्र जियेंगे तो जिस राम ने बुलाया है, उन्हीं के कहे जायेंगे।

एक चौथे गीत में मनाने की लम्बी प्रक्रिया है–नवमी को राम ने यज्ञ ठाना है। उन्हें लगता है, सीता के बिना यज्ञ फीका है। राम वसिष्ठ से सीता को मनाने को कहते हैं। वसिष्ठ और लक्ष्मण जाते हैं। सीता पत्ते के दोने में गंगाजल रखकर वसिष्ठ के चरण धोती हैं। वसिष्ठ कहते हैं–सीता, तुममें इतनी बुद्धि है। किसने तुम्हारा ज्ञान हर लिया है कि तुमने राम को बिसरा दिया है? सीता कहती हैं–गुरु जी, आप सब जानकर अनजान न बनिए। राम ने मुझे आग में जलाकर बाहर निकाला और जब मुझे गर्भ रहा तो घर से बाहर निकाल दिया। अब उनसे चित्त नहीं मिलेगा। तुम कहते हो तो चार पग अयोध्या की ओर चलूँगी, फिर धरती फटेगी और समा जाऊँगी। ...फिर राम चन्दन की पालकी लेकर चलते हैं। एक से दूसरे, दूसरे से तीसरे वन में पहुँचते हैं। गुल्ली-डण्डा खेलते दो बालक मिलते हैं, जो राम का मन मोह लेते हैं। राम कहते हैं–किसके पुत्र हो, किसके नाती हो और किस कोख से जन्म लेकर आँख तुमने जुड़वाया? लड़के कहते हैं–बाप का नाम नहीं जानते? लक्ष्मण के भतीजे हैं, राजा जनक के नाती हैं और सीता की कोख से हमने जन्म लिया है।

आगे ऋषि की मड़ई थी। वहीं एक कदम्ब का पेड़, वहीं खड़ी सीता केश सुखा रही थीं। पीछे उन्होंने देखा तो राम खड़े थे। राम ने कहा–रानी, मन की ग्लानि छोड़ दो। अयोध्या बसाओ। तुम्हारे बिना जीना व्यर्थ है।

किन्तु सीता राम को एकटक देखते-देखते पृथ्वी में समा जाती हैं और कुछ नहीं बोलतीं।

माघे के तिथि नौमी राम जगि रोपेन,
राम बिना रे सिता जगि सूनि सिते लइ आवउ।
अरे रे गुरु वसिष्ठ पइयाँ तोरे लागौं,
गुरु तुमरे मनाए सिता अइहइँ मनाय लै आवहु।
अगवा के घोड़वा वसिष्ठ मुनि पाछे लछिमन देवर,
हेरैं लागे रिसि की मँड़ुघबलिया जहाँ सीता तप करें।
अगनेहि उाढ़ि सितल देइ रहिया निहारत,
रामा आवत हैं गुरु हमार त पाछे लछिमन देवर।
पतवा के दोनवाँ बनाइन गंगाजल पानी,
सीता धोवै लागीं गुरुजी के चरन औ मथवा चढ़ाइन।
एतनी अकिल सीता तोरे तूँ बुधि के आगरि,
सीता किन तोरा हरा है गियान त बुद्धि फिरायउ।
सबके हाल गुर जानो अजान बनि पूछो,

गुरु अस कइ राम मोहि डाहेन कैसे चित्त मिलिहैं।
तुमरा कहा गुरु करबइ परग पाँच चलबइ,
गुरु अब न अजोधिया के जाब औ विधि न मिलावैं।
हँकरहु नगर क कहरा वेगिहि चलि आवहु हो,
एक बन गइले दुसर बने तिसरे ब्रिन्दावन।
गुल्ली-डण्डा खेलत दुइ बलकवा देखि राम मोहेन,
केकर तू पुतवा, नतियवा केकर हौ भतिजवा।
लरिका कौनी मयरिया कै कोखिया जनमि जुड़वायउ हो,
बाप कै नउवाँ न जानौ लखन कै भतिजवा।
हम राजा जनक कै नतिया सीता कै दुलरुवा हो,
एतना वचन राम सुनलेन सुनहू न पवलेन हो।
रामा तरर-तरर चूवै आँस पटुकवन पोंछइँ हो,
अगवे रिषि के मँड़ुलिया राम नियराएनि हो।
रामा छापक पेड़वा कदम कर लगत सुहावन हो,
तेहि तर ठाढ़ि सितल रानी केसियन झुरवई हो।
पछवाँ पलटि जब चितवइ रामजी ठाढ़े हो,
रानी छोड़ि देहु जियरा विजोग अजोधिया बसावहु।
सीता अँखिया में भरली विजोग एकटक देखिन,
सीता धरती में गइली समाइ किछी नाहीं बोलिन।।

इस प्रसंग के सभी गीतों में यह ध्यान देने योग्य है कि सीता अयोध्या नहीं आतीं। वे भूमि-प्रवेश करती हैं तो वाल्मीकि के आश्रम में ही करती हैं। अन्तिम गीत में सीता के मन में एक अन्तर्द्वन्द्व दिखाई देता है। राम के लिए प्रेम बैठा ही है। उन्हें देखने की ललक वैसी ही नयी है; पर एकनिष्ठ प्रेम का अभिमान भी उतना ही दुरन्त है। स्पष्ट है कि लोक-साहित्य की सहानुभूति सीता के साथ अधिक गहरी है, पर राम के अनुपात को भी उनके निःशब्द आँसुओं के द्वारा रेखांकित करके लोक-साहित्य यह जतलाता है कि राम की विवशता भी सीता के ही तेज को और प्रखर करने के लिए है। निर्वासित राम से निर्वासक राम कहीं अधिक मानवीय लगते हैं। निर्वासित अवस्था में तो वह जो कुछ भी हैं, 'राजा हैं'; पर निर्वासक राम राजा होकर भी सबसे अधिक अनुकम्पा के पात्र हैं कि पुत्र-जन्म का सन्देश पाने के भी अधिकारी नहीं हैं। पति और पिता होते हुए भी ऐसे अभागे कि पत्नी उनके लिए अनकहा सन्देश भेजती हैं और पुत्र उनका नाम नहीं जानते। लोक-मानस इस प्रकार राम के समूचे मानवीय

दुःख को अपनाता है, सीता को देवी के रूप में आदर देता है। मिथिला और अवध के लोग अगहन में विवाह असगुन मानते हैं, सिर्फ़ इसलिए कि अगहन में सीता का विवाह हुआ और उन पर एक के बाद दूसरी विपत्ति आयी। यही नहीं, एक बहुत बड़े क्षेत्र में विवाह के पहले कन्याएँ आँचल पसारकर धोबिन से सुहाग माँगती हैं और धोबिन बहुत मनावन के बाद एक चुटकी सिन्दूर देती है। धोबिन का यह आदर इसलिए है कि धोबी के दुर्वचन से एक धोबिन के घर से निकाले जाने पर सीता जैसी सुहागिन का वनवास हो गया। इसलिए धोबिन को प्रसन्न करना अपने सुहाग को क़ायम रखने के लिए बहुत आवश्यक माना जाता है। यह कर्मकाण्ड केवल छूछा कर्मकाण्ड नहीं। इसके लिए तो कोई मन्त्र भी नहीं है, केवल लोक-चित्त में सीता-राम के दाम्पत्य जीवन के क्लेश के लिए गहरी चिन्ता का प्रतिस्मरण है। एकनिष्ठ प्रेम की कठोर साधना को निरन्तर आदर देने का भारतीय लोक-मानस में भाव बना हुआ है–यह राम और सीता के साथ जुड़ने के ही कारण।

जनेऊ के बहुत-से गीतों में बरुवा और वर को राम के रूप में देखने का प्रयत्न है। आठ वर्ष के राम मँड़वे के नीचे कौशल्या से भीख माँग रहे हैं। नया उपवीती बालक साक्षात् रामचन्द्र हैं, यह भावना माँ के मन में निश्चय ही उत्साह उत्पन्न करती है। भिक्षुक वेश में राम नंगे पाँव, नंगे सिर खड़े हैं। मेरा लड़का राम की तरह संघर्ष करेगा और विजयी होगा–

आठ बरिस के रमइया उन्हें देतेउ जनेऊ ना
अतना सुनतइ वसिष्ठजी मलिआ बुलावइँ।
माली पानेन मँड़वा छवावउ कलसा धरावउ
आठ बरिस कै दुलरुवा मँड़ुए तर ठाढ़े।

विवाह के पहले एक रस्म नहछू की होती है। इसमें जो गीत गाया जाता है, उसमें भी नाई नाउन से लड़ता है कि तुमने तो गहने नग पा लिये, मैं तो घोड़ा लूँगा। और उसे आश्वासन मिलता है कि राम ब्याह कर घर लौटेंगे तो तुम्हें घोड़ा मिलेगा।

नउआ जे झगरै नउनिया से यह सब थोर,
राम लछनजी के नहछू लेबौ मैं घोड़।
जनि झगरौ नउआ रे जनि झगरौ यह अब थोर,
राम बियाहि घर लौटें तौ देब्यो मैं घोड़।।

विवाह से सम्बद्ध अधिसंख्य गीतों में वर-वधू का समीकरण राम और सीता से है। सीता विवाह के पूर्व सवेरे से दुपहर तक फूल चुनती हैं, शाम तक माला

गुहती हैं और परिक्रमा करती हुई शिव को माला चढ़ाते हुए आशीर्वाद माँगती हैं–बाबा! अन्न-धन चाहे कम देना, पर स्वामी रूप में मुझे राम को देना, जो मेरी नाव पार लगायेंगे और जिन्हें देखने से आँख जुड़ा जायेगी–

देउ न मोरी माई बाँसे क डलइया फुलवा लोढ़न हम जाब,
फुलवा लोढ़त भइलीं खड़ी दुपहरिया हरवा गुँथत भइली साँझ।
घुमरि-घुमरि सीता फुलवा चढ़ावै शिव बाबा देलन असीस,
जौन माँगन तोहूँ माँगौं सितल देईं उहें माँगन हम देब।
अन-धन चाहे जो दीहा शिव बाबा, स्वामी दिहा सिरीराम,
पार लगावैं जे मोरी नवरिया जेहि देखि हियरा जुड़ाइ।।

इसी प्रकार का आशीर्वाद सीता पार्वती से पाती हैं। हर विवाह लोक-मानस में धनुष-यज्ञ है; हर कन्या का पिता जनक, वर का पिता दशरथ, कन्या सीता और वर राम हैं। बारात दरवाज़े पर आती है तो कन्या अटारी पर चढ़कर सखियों से पूछती है कि कौन दूल्हा, कौन दूल्हे का बाप और कौन दूल्हे का भाई है? सखियाँ सचित्र वर्णन करती हैं–मदमाती-झूमती आ रही हथिनी पर बैठा सोने का मुकुट पहने दूल्हे का बाप है। नदी के किनारे घोड़ा दौड़ाते काली भँवर मूँछों वाला जो दीख रहा है, वही दूल्हे का जेठा भाई है और चमचम करती जो चन्दन की पालकी को उठाये कहार आ रहे हैं और उसमें पीताम्बर पहने जो साँवला है, वही दूल्हा है।

सात सखी सीता चढ़ि गयी अटरिया इन्द्र झरोखे जाय,
कौन दुलहा कौन दुलहे के बाबा कौन दुलहे के जेठ भाय।
माती हथिनिया रे घुमरत आवै घुमरि-घुमरि डारै पाँव,
सोने कै मुकुटवा विराजत आवै वै दुलहे कर बाप।
नदिया केइ रे तीरे घोड़ा दौड़ावैं मोंछिया भँवर मन भाय,
हाथे सुबरना गरे मोती माला वै दुलहे के जेठ भाय।
चनना के डँड़िया चमकावत आवै झूमत चारिउ कहार,
पीत पितम्बर झलकावत आवैं ओई अहैं दुलरु दमाद।।

विवाह के इस गीत में जनक सीता को आशीर्वाद देते हुए कहते हैं–दूधो नहाओ, पूतो फलो, पर बारह वर्ष के लिए राम वनवास जायेंगे और तुमको रावण हर लेगा। सीता पिता से कहती हैं–क्यों ऐसा असगुन कहते हो? क्या बावले हुए हो?–जनक कहते हैं–तुम्हीं बावली हो–तुम्हारी बुद्धि किसने हर ली है? बेटी! जो कुछ ललाट पर लिखा है, वह कैसे मेटा जा सकता है?

राम की जब आरती उतारी जाती है तो राम की आँखों में आँसू दिखाई देते हैं। कौशल्या पूछती हैं–क्या तुमको जनक ने गाली दी है, या दहेज कम मिला है या तुम्हारी सीता सुन्दरी नहीं है? आँखों में आँसू क्यों हैं?

राम कहते हैं–माँ, न जनक ने मुझे गाली दी, न दहेज कम मिला, न सीता ही कम सुन्दरी है; तीन लोक मुझे दहेज मिला, सीता जैसी लक्ष्मी मिली, पर मुझे वनवास मिला है–

दुधवा नहायो बेटी पुतवन फलेऊ कोखियन झालर लागु रे।
बारह बरिस राम वन के सिधरिहैं तोहके रावन हर लेइ रे।।
बाउर भइलऽ तूँ बाबा जनक रिखि तोर हरल गियान रे।
इहइ वचन बाबा असगुन बोलते मरतिउ जहर बिख खाइ रे।।
बाउर भइलू तूँ बेटी रे सीता के तोर हरलें गियान रे।
जो कुछ लिखल बेटी तोहरे लिलरवा से कइसे मेटल जाइ रे।।
मिलहुँ न सखिया रे मिलहुँ सहेलरि मिलहुँ सकल रनिवास रे।
जस-जस मोरे माता आरती उतारइँ राम नयन ढरै आँसु रे।।
किया तोहके राम जनक गरिअवले किया तोके दायज थोर रे।
किया तोर राम सिता नाहीं सुन्नर काहे नयन ढुरै आँस रे।।
नाहीं मोर माता जनक गरिअवले नाहीं मोर दायज थोर रे।
लछमी सीता रानी मोरे घर अइलीं हमके लिखल वनवास रे।।

इस गीत में राम को वनवास की चिन्ता इसलिए है कि केवल वनवास ही नहीं, सीता का हरण भी लिखा है। उसकी बात वह माँ से नहीं कहते। राम का विवाह एक कठिन जीवन की तैयारी तो है ही, कोरा प्रमोदोत्सव नहीं है–हरेक गृहस्थ का विवाह भी ऐसा ही है, यह भावना इन गीतों में प्रतिध्वनित है।

पर सबसे अधिक राम का स्मरण और राम की वनयात्रा का बड़े छोह के साथ स्मरण मेले और तीर्थयात्रा वाले गीतों में किया जाता है। इन गीतों में या तो राम की अनुपस्थिति में अयोध्या के सुनसान होने का उल्लेख है या उसके साथ-साथ अयोध्या छोड़कर राम के साथ-साथ चलने का संकल्प है–

अवधा लगेला उदास हम ना अवध में रहबइ।

या फिर रघुवर के साथ ही साथ चल पड़ने की उतावली है। वे रथ पर चलें तो हम ज़मीन पर चलेंगी, वे वन-फल खायेंगे तो हम उसके छिलके पर गुज़र करेंगी, वे पत्ते पर सोयेंगे तो हम ज़मीन पर ही सो लेंगी–

रघुवर सँग जाब, हम ना अवध में रहबइ।
जो रघुवर रथ पर चलिहैं, भुँइए चलि जाब, हम... ।। 1 ।।
जो रघुवर बन फल खइहैं, फोंकली बिनि खाब, हम... ।।2 ।।
जो रघुवर पात बिछइहैं, भुँइयाँ पड़ि जाब, हम... ।। 3 ।।

या फिर कौशल्या का भाँति-भाँति का विलाप है–मेरे दुलारे राम-लक्ष्मण, मेरी बहू जनकदुलारी–सब वन चले गये। राम के बिना मेरी अयोध्या सूनी है, लक्ष्मण के बिना बैठक सूनी है और सीता के बिना रसोई सूनी है; क्योंकि सीता नहीं तो किसके लिए रसोई–

किन मोरि अवध उजारी हो, बिलखै कउसिल्ला।
कहाँ गये राम कहाँ गये लछिमन कहाँ गयी जनकदुलारी हो, बिलखै... ।। 1 ।।
बन गये राम बने गये लछिमन बन गयी जनकदुलारी हो, बिलखै... ।।। 2 ।।
राम बिना मेरी सूनी अजोधिया लछिमन बिना चौपारी हो, बिलखै... ।।। 3 ।।
सीता बिना मोरी सूनी रसोइयाँ राम लखन ज्योनारी हो, बिलखै... ।। 4 ।।

या फिर भरत का विलाप है–माँ, राम कहाँ गये? घर-घर, घाट-घाट प्रजा रो रही है। सारी अयोध्या सूनी हो गयी है। लक्ष्मण के बिना शासन का सारा स्वाद सूना हो गया है। सीता के बिना रनिवास सूना हो गया है, यह राम के लिए जन-जन की विह्वलता है–

मेरे ऐसी सुरतिया के राम ते कैसे बिसरावउँ।
अँखियाँ त ओनकर जइसे अमवा के फँकिया
ओठवन चुवेला गुलाब त कैसे बिसरावउँ।।

ऐसे राम को कोई कैसे भूल सकता है, जिनकी आँखें आम की फाँक हों और जिनके होंठों से गुलाब चूता हो; ऐसे सुघड़ सलोने राम को कैसे भूला जा सकता है? एकाध गीतों में राम के लिए उद्वेग और गहरा हो जाता है और सारा आक्रोश राम की ओर मुड़ जाता है–राम बड़े बेईमान निकले। उन्होंने क्यों मुझे बेसहारा छोड़ दिया–

राम बेईमान अकेल छोड़ गइलैं।

किसी भी प्रकार राम के बिना धैर्य नहीं धारण किया जा सकता और हर तीर्थयात्रा इसी अधैर्य के आवेग में की जाती है–कहीं न कहीं तो मिल जायें। न मिलें तो उन-उन आश्रमों-तीर्थों का स्पर्श मिल जाये, जिनको उन्होंने पवित्र किया है। लोक-मानस के भारत में राम ने न जाने कितने पड़ाव बना डाले हैं। कितनी सीता-नहानी, कितनी सीता-रसोई, कितनी सीता-बनी लोगों ने भारत के मानचित्र में

आँक रखी हैं। कहीं न कहीं राम मिलेंगे ही, क्योंकि राम हम लोगों के लिए वन-वन घूम रहे हैं।

हिन्दुस्तान की लोक-कल्पना भी अद्‌भुत है कि उसमें वनवासी राम के आँधी–पानी में भीगने की चिन्ता तो होती ही है, उनके मुकुट के भीगने की भी चिन्ता होती है; क्योंकि राज्य न हो, सेना न हो, राज्य के और साज-बाज न हों, पर राम चाहे जिस रूप में, जहाँ कहीं भी हों, उनके सिर पर मुकुट तो होना ही चाहिए। अपने निर्वासन में भी उन्हें विश्वात्मा का अधिपति तो होना ही चाहिए। इसीलिए मुकुट के भीगने की चिन्ता होनी स्वाभाविक है। इससे भी अधिक चिन्ता लक्ष्मण के दुपट्टे के भीगने की है, जो उनकी कमर में कसा है। यह दुपट्टा मुकुट का सहयोगी है, क्योंकि उस निर्वासन में यह दुपट्टा ही मुकुट का पहरुआ है। इन दोनों के भीगने से भी अधिक चिन्ता सीता के सिन्दूर के भीगने की होती है कि राम जो कुछ हैं, वह सीता के सोहाग के बल पर, सीता के साहचर्य के कारण। इसलिए निर्वासित राम अयोध्या के राम से अधिक तेजस्वी हैं। अयोध्या के राम तो सीता के वनवास को लेकर मलिन हो जाते हैं, उनके मुकुट का तेज झँवा जाता है; पर सीता का सिन्दूर दमकता रहे, मुकुट भीग भी जाये तो भी सीता की ओजस्विता बनी रहे, इसी सिन्दूर की दमक के कारण राम घर लौट आयें।

राम कै भीजे मुकुटवा लखन सिर पटुकवा हो राम,
मोरी सीता के भीजै सेनुरवा लवटि घर आवइँ हो राम।
भीजै त भीजै मुकुटवा पटुकवा न भीजइ हो,
भीजै त भीजै पटुकवा सेनुरवा न भीजइ हो।
अहै, सेनुरवा के साथ सिया घर लवटइँ हो।।

इन गीतों के अलावा अलग-अलग ऋतुओं के गीतों में होली, चैता, कजरी, हिण्डोला तथा कोल्हू, जँतसार, रोपनी, धोबिया, कहरवा, सोहनी जैसे श्रम-गीतों में भी राम का स्मरण बार-बार मिलता है। रामकथा के रूप में, राम नाम की महिमा के रूप में या और कुछ न हो तो 'रामा' या 'राम' की टेक के रूप में राम इन गीतों में मिले हुए हैं। चैता के एक गीत में राम के द्वारा धनुष-भंग का एक बहुत ही अर्थ-व्यंजक चित्र है। कितने सहज लीलाभाव से राम धनुष तोड़ते हैं, इसकी अभिव्यक्ति इस प्रकार की गयी है–

आहो रामा एक हाथे रामचन्द्र धेनुहा उठावे हो रामा,
दूजे हाथे कीट मुकुट सरिहावें हो रामा।

सिर्फ़ एक हाथ में धनुष उठाना और दूसरे हाथ से विजय की अदा में शीश का मुकुट सहलाना, राम के पराक्रम का बहुत ही सजीव चित्र उपस्थित करते हैं। राम के ऐश्वर्य को लोक-मानस स्वीकार करता है, पर उस ऐश्वर्य को निरन्तर आत्मीयता की चुनौती भी देते रहना कि मेरा तो यही प्रण है कि होली खेलेंगे तो रघुवर के साथ, रहा करें पराक्रमी और अयोध्या के राजा।

प्रण यही मेरो रघुवरजी से खेलबि होरी।
जाके सिर पर मुकुट बिराजै, साँवर गोर दुनों जोरी।
भाल बिसाल, तिलक बिच सोभा सिन्धु खरोरी।
प्रण यही मेरो।।

संक्षेप में यह कह सकते हैं कि राम निरन्तर आँखों के आगे नाचते रहते हैं और उनके दु:ख में साधारण आदमी भीगकर रस का विधाता बनता रहता है और साधारण को झेलते हुए राम अपने बिल्कुल निकट के, अपने साथ के, अपनी पहुँच के आत्मीय मनुष्य लगते हैं। जब कोई अहीर बिरहा टेरता है–

राम लछिमनवाँ बनवाँ के चललें
सीता चलेलीं सँग तोर,
राम लछिमनवाँ के लगली पियसिया
सीता देलीं अमरिति घोर।

तो आँखों के सामने न केवल जेठ-बैसाख में पहाड़ पर चलते-चलते प्यास से आकुल राम-लक्ष्मण आँखों में झूल जाते हैं बल्कि उनके साथ ही साथ उस प्यास को निवारने वाली, अपने हाथों घड़ा भरकर दूर से आती वह सीता भी हलके-हलके रिमझिम घटा की तरह लरज जाती है। भारतीय लोकचित्त सत्य, पराक्रम और कोमलता की त्रिपुटी के रूप में राम, लक्ष्मण एवं सीता को देखता है और यही कारण है कि उसके संघर्षमय जीवन में राम की छवि है और राम की गाथा उसके जीवन की सम्पूर्णता की गाथा है, जो कभी पूरी नहीं होती, पूर्ण से पूर्णतर होने के लिए निरन्तर नयी होती रहती है। राम के चक्कर में ज़िन्दगी गति पाती रहती है और लोक-जीवन के घिरनीदार चक्कर में पड़कर राम सहज से सहजतर होते रहते हैं। साधारण आदमी के लिए रामलीला कोई नाटक या तमाशा नहीं है, एक जीवन्त घटना है, जिसमें राम तो बार-बार घटित होते ही हैं, राम के साथ-साथ रामभक्ति-भावित चित्त का एक पटल भी घटित होता है। राम का नया अभिषेक होता है। उनके साथ-साथ राम में जीने वाला साधारण आदमी भी उस अभिषेक का एक घट बनकर बड़ा हो जाता है। राम और हिन्दुस्तान का जनमानस दोनों एक-दूसरे के पर्यायवाची बन गये हैं।

(अस्मिता के लिए, 1998 'जन-जन के राम' से साभार)

अहं रामोऽस्मि

साध्वी ऋतम्भरा

'अहं रामः अस्मि—मैं राम हूँ' विषय पर अप्रतिम, अविस्मरणीय तथा महत्त्वपूर्ण त्रिदिवसीय प्रबोधनमाला के आभासी आयोजन में दिनांक 29 मई 2021 को विराट व्यक्तित्व और कमनीय कृतित्व की धनी, जन-जन की आस्था की केन्द्र, पूज्या दीदी माँ के श्रीमुख से प्रेरणा पाथेय प्राप्त हुआ। आपने वनवासी कल्याण आश्रम और सभी सहयोगी संगठनों के कार्यकर्ता बन्धु भगिनी को सादर नमन करते हुए भगवान श्रीराम के चरणों में बहुत सुन्दर प्रार्थना निवेदित की।

हे दयामय आप ही संसार के आधार हो।
आप ही कर्तार हो, हम सबके पालनहार हो।
जन्मदाता आप ही, आप ही भगवान हो।
सर्वसुखदाता सखा भ्राता हो, तन-धन प्राण हो।

प्रभु श्रीराम के चरणों में प्रार्थना निवेदित करते हुए दीदी माँ ने वनवासी कल्याण आश्रम के प्रत्येक भगिनी, बन्धु, जिन्होंने प्रत्येक जन में श्रीराम का दर्शन किया और अपने भीतर रामत्व को भरा, अपनी अयोध्या अपनी अवधपुरी श्रीराम का धाम वनवासी क्षेत्र को बनाया, ऐसे सभी कार्यकर्ताओं को भी प्रणाम किया। उन्होंने कहा कि वे विचार कर रही थीं कि कोई देश अपने पथ को प्रशस्त कैसे करता है? हमारे यहाँ कहा गया 'महाजनो येन गतः स पन्थ थाः'। हम ऐसे महापुरुषों के चरणों का अनुगमन करें, जिन्होंने उदात्त भावों को जिया हो, जिसने देशधर्म को अपने रोम-रोम में भरा हो, जो जड़-जंगम के प्रति सदय हो, अनुरागी हो। हमारा वाङ्य हमारी भारतीय मनीषा, हमारे सन्तों की उपदेशना, हमारे अवतारी महापुरुषों की लीलाओं का विपुल भण्डार है। अगर आज भी हम इतिहास के सागर में डुबकी लगा लें तो उसमें से न जाने कितने हीरे-मोती प्राप्त हो जायेंगे। अयोजकों के विचार को उत्तम बताते हुए कहा कि आज जो विचार किया गया कि इतनी आसुरी प्रवृत्तियाँ, इतने

आसुरी प्रभाव, इतने घोर वितण्डावाद उसके बीच में एक राम...कैसे बात बनेगी? हम राम का आह्वान करेंगे क्या? हम कहेंगे क्या राम आप पुन: धरती पर अवतरित हों, हमारे उद्धार करने के लिए। ऐसी प्रार्थनाएँ करेंगे क्या? निश्चित रूप से करेंगे। हम प्रार्थी हैं। प्रार्थना सहज रूप से हमारे चित्त में उठती है। व्याकुलता बढ़ती है तो ईश्वर की तरफ़ ही दृष्टि जाती है। मानवता जब असहाय हो जाती है तब हमें लगता है कि कोई दैवी प्रताप होगा, कोई दैविक भावना ऐसी प्रकट होगी, ऐसा व्यक्तित्व आयेगा जो हमारा नेतृत्व करेगा। लेकिन आज का आयोजन बहुत ही सुन्दर है–अहं राम: अस्मि–मैं राम हूँ'। जो राम का नाम लेकर, प्रभु का नाम लेकर मोक्ष-मुक्ति की कल्याण की कामना करते हैं, वो भी कोटि-कोटि जन हैं। उनकी भावनाओं से, उनकी आराधनाओं से, उनकी प्रार्थनाओं से भी पवित्रता व्याप्त होती है। ये कितना सुन्दर भाव है कि हम राम का नाम ही न लें अपितु राम बनकर जियें। हम रामत्व को अपने भीतर भर लें, स्वयं राम हो जायें, स्वयं शौर्य बन जायें, स्वयं धैर्य बन जायें, स्वयं वीरता बन जायें, स्वयं करुणा का शिखर बन जायें, स्वयं सक्रियता का पर्याय बन जायें, स्वयं राष्ट्रीयता का पर्याय बन जायें, स्वयं यज्ञ होकर दीप्त बन जायें, स्वयं पूजित होकर धन्य हो जायें, स्वयं प्रार्थना होकर पवित्रता हो जायें, स्वयं तीर्थ होकर तीर्थत्व को धारण कर लें, स्वयं एक वन्दना बन जायें, स्वयं उपनिषद का एक श्लोक बन जायें, स्वयं वेद की ऋचा हो जायें। हम स्वयं कृष्णत्व को अपने अन्तस् में समेट लें। सृष्टि के समस्त चराचर के शकुनियों, शिशुपालों, दुर्योधनों और दु:शासनों की नाक में नकेल डाल देनी होगी। स्वयं को समझाना होगा कि हम स्वयं अपार सम्भावनाएँ लिए बैठे हैं। "मैं नर हूँ किन्तु नारायणत्व को अपने भीतर समेटे बैठा हूँ", इस भाव को जाग्रत करना होगा। आज की इस चिन्तन की धारा को प्रवाहित करते हुए यह विचार करना होगा कि क्यों न हम स्वयं समाधान बनें, उसके लिए करना क्या होता है? जब हम किसी बड़े विराट महापुरुष के चिन्तन में निमग्न हो जाते हैं तो वह हममें प्रकट हो जाता है। वनवासी कल्याण आश्रम की जो जड़ें हैं, जो उसका मूल है, उसके लिए बंगाल की तरफ़ हम देखते हैं, कोलकाता की धरती की ओर। वहाँ, जहाँ पर भगवती महाकाली अपनी लपलपाती जीभ लेकर समस्त अनिष्टों को समेट लेने के लिए आतुर हैं, वहाँ तत्पर हैं भगवती के चरणों में लोट-पोट होते परमहंस श्रीरामकृष्ण। और जब वो माँ की आराधना में तन्मय हुए तो माँ के आवेश, माँ के आवेग की वो प्रतिमा जो उनके चित्त में प्रकट हुई, तो उनका अपना स्व स्त्री जैसा हो गया। उन्होंने उसको इतना जिया कि उनके भीतर वो भावनाएँ जाग्रत हुईं जो साकार होकर उनके शरीर पर लक्षण के रूप में प्रकट होने लगीं।

राम जी की आराधना हो और हम राम न बन पायें ऐसा कैसे हो सकता है? इसलिए जब हम प्रभु राम के इस चारु चरित्रों का चिन्तन करते हैं तो धीरे-धीरे हमारे जीवन में मर्यादा, मर्यादित जीवन, हमारे जीवन में शौर्य, हमारे जीवन में समसामयिक चुनौतियों को स्वीकार करने का साहस आता है। दीदी माँ ने कहा कि जब उन्होंने वनवासी कल्याण आश्रम का अनुरोध-पत्र पढ़ा और जाना कि आज किस विषय पर बातचीत होने वाली है तो उनके हृदय में बड़ा कौतूहल पैदा हुआ। विचार किया कि यह क्या विषय है तो समझ में आया कि ये तो राम होकर जीने की अवधारणा है। राम होकर जीने से जो आज की चुनौतियाँ हैं, अपने भीतर दुष्प्रवृत्तियाँ हैं, आसुरी भाव है, उन पर अंकुश लगाने की ये एक ऐसी पवित्र संकल्पना है कि हम स्वयं राम होकर सृष्टि की समस्या का समाधान बनें। अपने सम्बोधन में कहा कि अब हम विचार करें कि भारत चरित्र के मामले में कैसे परमुखापेक्षी हुआ। अभी-अभी जो कोरोना काल बीता, उसकी भयानक लहर ने समाज की विचित्र-विचित्र चिन्ताधारा को नग्न किया। सारी दुनिया हतप्रभ हुई। हम सब भी हतप्रभ हुए। हम जानते हैं कि ऐसे लोगों का प्रतिशत ज़्यादा नहीं है। हमें यह भी मालूम है कि षड्यन्त्र के चलते एक विषय इतना ज़्यादा सामने रख दिया गया। लेकिन तिल होता है तभी तो ताड़ बनता है। कोई अपनों की लाश छोड़कर जा रहा है। तो कोई लाशों के कफ़न नोचकर कुछ पैसे कमाने की कल्पना कर रहा है। या कोई बाज़ार में दवाइयों को महँगा बेचकर कालाबाज़ारी कर रहा है। लोगों के बुरे वक़्त में अपना साधन सिद्ध करना चाहता है। विपरीत परिस्थितियों में जहाँ मौत चारों तरफ़ नृत्य कर रही हो, हर व्यक्ति को अपनी महत्त्वाकांक्षा पूरी करने की लगी है। ऐसा भी दृश्य देखने को मिला। ऐसे भी लोग भारतवर्ष में हैं और भारत में कुछ ऐसे भी लोग हैं जो जनता को बेवकूफ़ बनाकर ऐसा वातावरण बना रहे हैं। वे क्या भारत की मिट्टी में ही पैदा हुए हैं? निश्चित रूप से भारत की मिट्टी में ही पैदा हुए होंगे, लेकिन उन्होंने भारत को चित्त में नहीं जिया होगा। निश्चित रूप से वे भारत की मिट्टी में एक्सीडेंटली पैदा हो गये। भारत को नहीं समझे होंगे। उनकी चर्चा चारों तरफ़ हुई। ऐसे लोगों का प्रतिशत दो-चार प्रतिशत ही होगा या आठ-दस प्रतिशत होगा। लेकिन बाक़ी जो समाज है, अपनी चित्त-चेतना में राम को लेकर जीता है। उन्होंने साधनों के अभाव में भी आगे बढ़कर समाज की सेवा करने का प्रयत्न किया। उसकी चर्चा नहीं हुई देश में। ये वितण्डावाद है। भारत में जब व्यक्ति की ईर्ष्या प्रबल होती है तो उसे शुभता नहीं दिखाई देती। उसे कुछ और ही दिखाई देता है। उसका ये दुष्परिणाम आया। भारत की छवि विदेशों में इतनी बिगड़ी लोकचरित्र के मामले में, नैतिकता के मामले में कि लोग हमें बहुत अजीब समझने लगे हैं। बात-बात पर क़सम खाने

वाले हम लोग भगवान की क़सम खाते हैं और भगवान की धज्जियाँ उड़ाते हैं, लोग हमारा चरित्र ऐसा समझते हैं। अब इस तरह के वातावरण के अन्दर यह प्रश्न पैदा होना चाहिए कि जिन आराध्यों के नाम का स्मरण करते हुए, जिन आराध्यों के गीत और कीर्तन करते हुए हमने अपने जीवन के लक्ष्य निश्चित किये थे, आदर्शों पर चलना तय किया था, तो हम गाते ही रह गये, वे हमारे जीवन में नहीं उतर पाये। हम प्रार्थना ही करते रह गये। उसके चक्कर में हमने दोहरा जीवन जिया। बहुत सारे यक्ष प्रश्न हमारे सामने खड़े हो गये। बात कोई भी हो, छोटी या बड़ी। बात तो हम सबकी हो रही है न। एक सामाजिक चरित्र, उसमें कहीं न कहीं दाग़ है। कहीं न कहीं वैमनस्यता है। उसमें कहीं न कहीं स्वार्थपरता है। उसमें कहीं-न-कहीं अपने हितसाधन की दृष्टि प्रबल है। तो ऐसे में ज़रूरी है कि हम आराध्यों की केवल पूजा ही न करें, पूजा करना बहुत आसान होता है। लेकिन जब तक हम देवता नहीं बन जाते तब तक देवताओं की पूजा का अधिकार भी हमें प्राप्त नहीं होता। देवों के अर्चन के लिए अपने भीतर देवत्व धारण करना ज़रूरी होता है। इसलिए हमारा अहंकार बहुत चालाक है, कहता है कि साधन सम्पन्न लोग ही कर सकते हैं, भला हम जैसे छोटे लोग कैसे कर सकते हैं। इस तरह की धारणा ने हमारे अभिमान को और हमारी दुष्प्रवृत्तियाँ थीं, जो हमारी लालसाएँ थीं उनको धीरे-धीरे हमने अहंकार की चादर के नीचे पनपने दिया।

हम सिर्फ़ राम जी की ही पूजा न करें बल्कि राम बनकर जियें। शंकर का आराधन भी करना चाहिए और शंकर बनने का प्रयत्न करना चाहिए। शंकर बनने के प्रयत्न में अर्धे पर चढ़कर पूजना होता है। बड़ा मुश्किल है अर्धे पर चढ़कर पूजन। भस्मासुरों को वरदान देना। नीलकण्ठ बनकर जीना पड़ता है। तो हम शंकर के पुजारी हैं। और शंकर बनने का अभ्यास भी कर सकते हैं। किसी दिन भावना चित्त में जागे आज हम ब्रह्मा हो गये। और एक नयी सृष्टि की रचना हम रच रहे हैं। कभी हमारा भाव प्रबल हो कि आज हम विष्णु हो गये, सबके पालन-पोषण की जिम्मेदारी हमारी है। हम राम हैं तो अपने पितृ की तरफ़ दृष्टि होनी है हमारी। राम के पिता वनगमन की आज्ञा दे नहीं पा रहे हैं। उनकी आज्ञा उनके शब्दों में नहीं आ पा रही है, क्योंकि वे विवश हैं। राम-प्रेम ने उनको विवश कर रखा है। राम अपने पिता की विवशता समझते हुए उनकी आज्ञा की प्रतीक्षा नहीं कर रहे हैं। मजबूरी को समझ रहे हैं और चुपचाप उस राज्यारोहण, उस सिंहासन पर बैठने के बजाय वनवास की ओर अग्रसर हो जाते हैं। हमें अपनी तुलना इस तरह करनी चाहिए कि कदाचित् कभी कोई पद न मिले, प्रतिष्ठा न मिले, मान्यता न मिले, पैसा न मिले, पद न मिले, पेट पालने का अवसर न मिले तो क्या हमारा चित्त शान्त रह सकता

है राम जी की तरह? कदाचित् जैसे राम जी ने निषाद और केवट को गले से लगा लिया था, क्या हमारे हृदय में ऐसी भावना प्रबल है? कि यदि कोई हमारे सम्मुख खड़ा हो तो हम उसे जाति के चश्मे से न देखकर, वह निरीह है, वह असहाय है, उसे ज़रूरत है प्यार की, बाँहें उठें और उसे अपने आलिंगन में बाँध लें। क्या हम ऐसे राम हैं? केवट ने पार करवाया है। देने के लिए कुछ भी नहीं है, किन्तु देने की भावना है। देना है उसको कुछ। साधन नहीं है। पर देने के लिए संकल्प सिद्ध है, ऐसी भावना। क्या किसी विश्वामित्र के पीछे हम भी ऐसे चल सकते हैं और कह सकते हैं कि गुरुदेव मार्ग प्रशस्त कीजिए। आप मुझ पर भरोसा कीजिए। आपके समस्त ब्रह्मास्त्रों का हम सज्जनों के परित्राण के लिए उपयोग करेंगे। दुष्टों के दमन के लिए प्रयोग करेंगे। क्या हमारे चित्त में यह भावना जाग्रत है कि कदाचित् कोई सन्त पुरुष कहे कि चलो राम तुम्हें वनवासी पुकार रहे हैं। तुम्हें अरण्यवासी पुकार रहे हैं। चलो राम तुम्हें अहल्याओं का उद्धार करना है। चलो राम शबरियाँ तुम्हारी प्रतीक्षा कर रही हैं। राम अयोध्या के राजभवनों की सुख-सुविधा का त्याग करके मेरे चरणों का अनुगमन करो। क्योंकि कोई शरभंग, कोई सुतीक्ष्ण, कोई अगस्त्य तुम्हारी प्रतीक्षा कर रहा है। वनवासी जगत पीड़ित है, त्रसित है। दलित है, वंचित है। उसका उद्धार करने के लिए चलो राम। मेरे पैरों का अनुगमन करो। ऐसा कोई आवाहन आये तो क्या हम भी अपने माथे पर अपनी धरती माँ की धूल को तिलक बनाकर धारण करके उस अकिंचन संन्यासी के पीछे, अकिंचन भाव से चल सकते हैं। चित्त को टटोलना चाहिए। टटोलना चाहिए कि सामने स्वर्णमयी लंका का आकर्षण हो, सामने राजसिंहासन वैभव हो, सामने अतिरेक हो वैभव का, सुविधाओं का और हमारी दृष्टि वहाँ न उठे। हमारी जन्मभूमि याद आये। मातृभूमि याद आये। अपनी माँ याद आये। अपनी धरती का ऋण याद आये। ऐसा क्या हम अपने चित्त में अनुभव कर सकते हैं। अपने को राम बनाकर देखना चाहिए। फिर स्वयं से प्रश्न पूछें कि क्या मैं राम हो सकता हूँ? हाँ, सम्भावना तो है नर में नारायण होने की। तो कितना रामत्व भीतर आया। सिर्फ़ चिन्तन से नहीं। कर्तृत्व में कितना आगा। क्या हम भी किसी ऐसी पीड़ित, परित्यक्त, पददलित, बलात्कारी से घर्षित, मान-सम्मान से वंचित नारी के माथे पर हाथ रख सकने में तत्पर हो सकते हैं। हम कह सकते हैं क्या, देवी! हो गयी घटना घटित। चलो उठो। आगे बढ़ो। पुरानी घटनाएँ दाग़ बनकर चित्त में नहीं बैठनी चाहिए। हाँ, उन घटनाओं से सजग हो जाना चाहिए। दुबारा कभी ऐसा न हो। दुबारा कोई हमारी शिथिलता का दुरुपयोग न करे। उठो अहल्या! तुम पत्थर बनने के योग्य नहीं हो। पाषाणी नहीं हो। तुम तो कल्याणी हो। इस भावना के साथ उन अहल्याओं का उद्धार करना हो तो क्या इतना बड़ा उदार हृदय हमारा है। यदि नहीं

है तो उस हृदय को हम उदात्त और उदार भावों से कैसे भर सकते हैं। यह चिन्तन होना बहुत ज़रूरी है। चिन्तन ऐसा हो–'हाँ मैं राम हो सकता हूँ, शंकर की हाला हो सकता हूँ। हाँ, मैं शिवा का भाला हो सकता हूँ। हाँ, मैं राणाप्रताप की आन हो सकता हूँ। निश्चित रूप से मैं झाँसी रानी की बलिदानी भावना से ओत-प्रोत होकर प्रेरित हो सकता हूँ। सारी सम्भावनाएँ मेरे अन्दर हैं। मेरे भीतर बाती है। मुझमें तेल है स्नेह का। मेरी काया के दीप में सारी सामग्री है। सिर्फ़ एक चिंगारी की ज़रूरत है। मेरे अन्तस् का दीपक जगर-मगर हो जायेगा। और मेरा रामत्व निखर आयेगा। प्रकट हो जायेगा। इस भावना के साथ जब व्यक्ति चिन्तन करता है तो वो देखते-देखते समष्टिगत हो जाता है।

बहुत सारी चुनौतियों, बहुत सारी विपदाओं, बहुत सारे वितण्डावादों के बीच में प्रत्येक भारतीय को राम बनना होगा। प्रत्येक भारतीय को अपने-अपने रणक्षेत्र में शौर्य का ही प्रयत्न नहीं करना होगा, अपितु कभी-कभी वह रणक्षेत्र ऐसा भी होगा जिसमें शौर्य की जगह धैर्य उपकरण होगा। हाँ, रथ तो नहीं होगा किन्तु सत्य का रथ होगा। हाँ, साधन तो नहीं होंगे परन्तु साधना का बल होगा, तो हमारी यात्रा का लक्ष्य क्या है? पूरी आर्यावर्त्त की धरती को भारतीय संस्कारों से संस्कारित करके धन्य बनाना लक्ष्य है। हमारी मातृभूमि का अपमान जो करेगा या हमारी मातृभूमि को अपमानित करने का षड्यन्त्र जो रचेंगे, हम उन षड्यन्त्रों के संहारी बनेंगे। कैसे सम्भव होगा? जब राम के मन्त्र की रचना हम रच लेंगे। हम निश्चित करेंगे कि हम सब मन्त्रों के निर्माता, षड्यन्त्रों का संहारकर्ता बनेंगे। हम हंसों को स्थापित करेंगे, बगुलों को नष्ट करेंगे, ये चित्त में संकल्प हो। उस संकल्प को हम सब मिलकर धारण करते हैं, संकल्प के स्थापित होते ही उसकी पूर्ति की सामर्थ्य पैदा हो जाती है। संकल्प भी राम का है, सामर्थ्य भी राम का है, हम भी राम के हैं। जो लक्ष्य निर्धारित किया गया वह भी राम का है। श्रीराम स्वयं कहते हैं कि जब तक तू राम नहीं बन जाता, तब तक यह सम्भव नहीं है। तो राम कैसे बनेंगे? अपने मन की अशुद्धियों का त्याग करके। अपने व्यर्थ के अहं के वितण्डावाद से मुक्त होकर। क्योंकि अहं एक मृगमरीचिका रचता है। चित्त की दुष्प्रवृत्तियाँ हैं, दुर्बलताएँ हैं, विफलताएँ हैं, हमें दूर कहीं सुख की अनुभूति करवाती हैं। ये सुख की अनुभूति मृगमरीचिका है जो मनुष्य को भटकाती है। राम कहते हैं कि–हे वर्तमान के राम! कहीं स्वर्ण के मृग के पीछे चल नहीं देना। तेरा मन राम है। तेरे मन के राम को ये मृगमरीचिकाएँ दूर ले जायेंगी, शान्ति रूपी जानकी से कहीं दूर। अगर सजगता है तो वह मनुष्य कभी भी भ्रमित नहीं होता। लक्ष्य के प्रति सजग रहता है। काया को परिश्रमी भी बनाता है। चित्त को संयमी बनाता है। बुद्धि को विवेकवान बनाता है। चित्त में करुणा के

बीज रोपता है। स्वयं को अहंकार मुक्त कर लेता है। और राम हो जाता है। संसार कहता है कि यही है ईश्वर। इसी को पुण्य कहते हैं। यही है धन्य होने का मार्ग। हम देखते हैं कि कदाचित उसमें हम किसी दूसरे को प्रकाश दे सकें या न दे सकें और इस तरह कहीं न कहीं हमारा अन्त:करण ज़रूर प्रकाशित हो जाता है। इत्र की दुकान पर जाने पर इत्र भले ही न ख़रीदा जाये किन्तु इत्र की महक हमारे नासापुटों को ज़रूर महका देगी। पुष्पों के बग़ीचे में जाने से उसकी सुगन्ध-सौरभ आपको ज़रूर धन्य कर देगी। इसीलिए लक्ष्य बनाओ बड़ा–"देवत्व को धारण करना है, रामत्व को धारण करना है, तीर्थत्व को धारण करना है, मनुष्यत्व को धारण करना है, राष्ट्रीयत्व को धारण करना है और माँ भारती का सपूत बनना है।" जिसका बनते हैं, उसको भी गौरव होना चाहिए। ये मेरा है। नहीं तो लोग अपनों से मुँह छुपाते हैं। कभी-कभी अपनों के कुकर्म ऐसे होते हैं कि लगता है कि ये वबाल कहाँ से गले पड़ गया। अपनी माँ भारती अपनी सन्तानों का गौरवपूर्ण परिचय दे सके, इस योग्य अपने चरित्र की शुचिता निश्चित करें हम। ये कैसे होगा। जिस पश्चिम की हम निन्दा करते नहीं थकते, वहाँ बहुत सारी चीज़ों के प्रति समाज को स्वतन्त्रता है। नेतृत्व को स्वतन्त्रता नहीं है। अगर नेतृत्व गड़बड़ करता है तो जनता कह देती है–हमको शुद्ध करना चाहते हो तो पहले स्वयं शुद्ध होवें। वह व्यक्ति ही सही नेतृत्व कर पाता है जो स्वयं अनुशासित रहता है। शुचितापूर्वक पवित्रता का जीवन जीता है। तो क्या हमें देखना नहीं चाहिए कि हमारे आसपास जो हो रहा है, वह सही नहीं हो रहा है। और यदि हम नहीं देख रहे हैं तो यही सिद्ध होता है कि हम कायर हैं। हम इसलिए नहीं देख पाते हैं कि जो है वह छिन जायेगा। जो पाने की लालसा है, उससे वंचित हो जायेंगे। हम क्या छिन जाने से डरते हैं? मौत तो सब कुछ छीन लेती है। अगर शरीर छीन लिया जायेगा तो बाक़ी बचेगा क्या? यहाँ तो सब कुछ अतीत हो जाने वाला है। अभी-अभी, हमने देखा, मृत्यु का ताण्डव नृत्य, सर पर काल के मँडराने का डरावना दृश्य। काल प्रबलता के साथ लोगों को समेटता जा रहा है, ऐसे में तो हमें समझ आ ही गया होगा कि जो फूल सुबह खिलते हैं, शाम को मुरझा जाते हैं। मिट्टी में मिल जाते हैं। जब हम संसार की इस नश्वरता से भली-भाँति परिचित हैं तो हमें कुकृत्य से बचना है। मर्यादाओं के उल्लंघन से बचना है। राम बनकर स्वयं से प्रश्न पूछना है कि हमसे ग़लती कहाँ हुई?

जो स्वयं का परीक्षण करता है, निरीक्षण करता है, वही है जो इस तरह से स्वयं को पवित्र कर पाता है। अपनी दुर्बलताओं में सुख लेकर हम राम नहीं बन सकते हैं। दुर्बलताओं का त्याग करके अपने अन्त:करण की सबलता को जाग्रत करना ज़रूरी है। सबल वह नहीं होता जिसकी भुजाओं में बल है या जो बाहुबली है।

बहुत बड़ा बल होता है चरित्र का, नैतिकता का, सत्य का। भेदभावपूर्ण दृष्टि हमारे चरित्र का गुण कभी भी नहीं है। निष्पक्षता हमारे मुखमण्डल पर दिव्य आभा बिखेर देती है। प्रभु राम के जीवन में यही था। उन्होंने कभी भी भेद नहीं किया। जटायु को अपनी गोद में रखकर उन्होंने पिता-तुल्य सम्मान दिया। मांसभोजी जटायु के स्पर्श में ज़रा भी संकोच नहीं किया। राम ने जटायु से कहा था कि तात मैं आपको जीवन दे सकता हूँ। जटायु ने राम के इस विनय को स्वीकार नहीं किया। रामभद्र के अंक में जानकी के सम्मान की रक्षा के लिए प्राणों के उत्सर्ग को अपना सौभाग्य माना। किन्तु उसी जगह भीष्म पितामह को बाणों की शय्या पर मृत्यु की प्रतीक्षा करनी पड़ी। कर्तव्यों के पालन में जो चूक जाते हैं, उनको शूलों के सन्त्रास झेलने ही पड़ते हैं। बाहरी शूल भले न चुभें किन्तु अन्तरात्मा कचोटती है। इसलिए जब हम अपने उद्‌देश्यों में स्पष्ट होते हैं, आदर्श के लिए तत्पर होते हैं और हमारे चित्त में कोई द्वन्द्व नहीं होता तब हम निर्द्वन्द्व होकर रामत्व को धारण करते हैं। आज भारत भूमि भी व्याकुल है। अभी हिन्दू जाति को अभिमन्यु बनाकर पापियों ने घेर लिया है। बहुत विषम काल है। राजनीतिक विचारधाराओं की लड़ाई नहीं है ये। ये आसुरी ताक़तें हैं जो सनातन की शाश्वतता को मिटाने के लिए आतुर हैं। भारत के स्वाभिमान को धुआँ बनाकर विदेशों के अन्दर सुख लूट रहे हैं। ऐसी विषम परिस्थितियों में सज्जनों का शान्त होकर बैठना उचित नहीं है। ये समय है कि सबको सन्नद्ध होना होगा, सबको सक्रिय होना होगा, आसुरी प्रवृत्तियों का शमन करना होगा। क्योंकि अगर अभी चूके तो फिर अवसर नहीं मिलने वाला। बस यही भावना है जो पैर में रवानी बनेगी। यही संकल्प है जो हमें योद्धा बनायेगा। यही संकल्प हममें शौर्य भर देगा। यही संकल्प हमें त्यागी राम की तरह पादुका त्यागने को विवश कर देगा। पर शौर्य रूपी धनुष-बाण का त्याग हम कर नहीं पायेंगे। इसलिए राम बनना होगा। राम को मति में धारण करना होगा। राम को अपनी गति बनाना होगा। राम कर्म में आ जायेंगे, राम धर्म में आ जायेंगे तो राम होना आसान हो जायेगा। राम होने की क़ीमत चुकानी पड़ती है। उसके लिए इन्द्रियों से, मन से, अन्त:करण चतुष्ट्य से, अपनी ऐहिक लालसाओं से, लौकिक महत्त्वाकांक्षाओं से मुक्ति पाकर प्रकृति के पार जाकर ही राम हो पायेंगे। फिर जब राम हो जायेंगे तो प्रकृति के रक्षक बनेंगे, अहल्याओं के उद्धारक बनेंगे, शबरियों के चित्त को सन्तोष से भर देंगे, केवटों को बाँहों में बाँध लेंगे। शरभंग की प्रतीक्षा पूरी हो जायेगी। सुतीक्ष्ण धन्य हो जायेंगे। अगस्त्य की योजनाएँ सम्पन्न कर पायेंगे। सुग्रीव का साहस जगा पायेंगे। अन्याय और अत्याचार के विरुद्ध जन-जन की चेतना जाग्रत हो जायेगी। और देखते-देखते

कोटि-कोटि हनुमान हमारा अनुगमन करने आगे आ जायेंगे। देशमाता को आसुरी षड्यन्त्रों से मुक्त कराने में सहयोग करेंगे।

वनवासी कल्याण आश्रम के कार्यकर्ताओं के जीवन को यज्ञ की संज्ञा देते हुए दीदी माँ ने कहा कि कल्याण आश्रम के कार्यकर्ता देवतुल्य हैं। आपने कहा कि ये सन्धिकाल है, संक्रमण की वेला है, चारों तरफ़ आसुरी शक्तियाँ संहार करने को सन्नद्ध हैं। इसलिए अपनी चित्त-चेतना पर संकल्प का धनुष आरूढ़ करना होगा और राम बनना होगा। मैं ही राम हूँ—यह कहने की साधना की आग में से गुज़रना होगा। माँ भारती के आँगन में फैलाये जा रहे झूठे धुएँ को नष्ट करने के लिए राम बनकर गली-गली, जन-जन तक पहुँचना होगा, प्रेम का दीप जलाना होगा। धुआँ छोटा होता है। आसमान बड़ा होता है। हमारी माँ भारती का आसमान बहुत बड़ा है। निश्चित रूप से षड्यन्त्रों के धुएँ नष्ट होंगे। आलोक छायेगा। साधना सम्पन्न होगी। राम बनकर प्रेम बाँटना होगा। कर्तृत्व की भावना जब बड़ी होती है तो समस्या बड़ी नहीं होती, समाधान बड़ा होता है। कृष्ण और सात्यकि के उदाहरण से उन्होंने स्पष्ट किया कि जीवन और समाज की समस्या के ब्रह्मराक्षस का शमन करने के लिए मुस्कराकर सामना करना होता है। रामत्व को, कृष्णत्व को मनुष्यत्व को और राष्ट्रीय भाव को जाग्रत कर जब हम खड़े होंगे तो समस्त समस्याएँ नष्टप्राय हो जायेंगी। उन्होंने कल्याण आश्रम के लक्ष्य के शुभसंकल्प को शुभकामनाएँ देते हुए निरन्तर सेवाभाव को जगाये रहने का शाश्वत आशीर्वाद दिया।

('कल्याण भारती' पत्रिका से साभार)

रामः शस्त्रभृतामहम्

गोविन्ददेव गिरि जी महाराज

अहं रामः अस्मि– मैं राम हूँ पर प्रबोधनमाला के पहले दिन पुरुषार्थ के इतिहास में महान पुरुषार्थी व्यक्तित्व के उदाहरणस्वरूप, अपनी सुख-सुविधाओं को गौण मानते हुए जनकल्याण के लिए जीवन जीने वाले पूज्यपाद गोविन्ददेव जी ने अपने श्रीमुख से राम-तत्त्व से सबका आभामय परिचय कराया। आरम्भ में ही उन्होंने ओजस्वी वाणी से वनवासी कल्याण आश्रम, दक्षिण बंग का अभिनन्दन किया। आभार प्रदर्शन किया कि भगवान श्रीराम के नाम से मण्डित 'अहं रामः अस्मि– मैं राम हूँ,' इस अत्यन्त यथार्थ और महत्त्वपूर्ण उपक्रम में उन्हें सहभागिता का अवसर प्राप्त हुआ है। आपने कहा कि अनेक संस्थाएँ इस उपक्रम के साथ जुड़ी हैं। इन सभी संस्थाओं का भी वे अभिनन्दन करते हैं क्योंकि उन्होंने इस उपक्रम से जुड़कर अपने कर्तव्य का निर्वहन किया है।

अपनी धाराप्रवाह चिरपरिचित मंगलकारी प्रवचन-शैली में गोविन्ददेव गिरि जी ने कहा कि वनवासी कल्याण आश्रम जिस मंगल उद्देश्य से स्थापित हुआ और जिस प्रकार का महान कार्य करता आया है, इससे हम सभी परिचित हैं। वस्तुतः वनवासी कल्याण आश्रम की स्थापना किसने की, ये प्रश्न मुझसे पूछा जाये तो मैं यही कहूँगा कि भगवान श्रीराम ने अपना पूरा जीवन जिनकी सेवा में व्यतीत किया, उन ऋषियों के द्वारा वनवासी कल्याण आश्रम की स्थापना हुई है। और वनवासियों की रक्षा करने वाले उन ऋषियों के लिए श्री भगवान अपना घर छोड़कर चले। सुविधाओं का त्याग किया। उस अत्यन्त प्राचीन कार्य को पुनः इस देश में आप लोगों ने पुनर्जीवित किया है और हमारे देश के वनवासी भाई-बहनों की सेवा के लिए आप लोगों ने अपने जीवन में यथाशक्ति सेवा प्रदान करने का अत्यन्त मंगलमय कार्य किया है। आप सभी का अभिनन्दन!

भगवान श्रीराम हम सभी के लिए आराध्य देव तो हैं ही लेकिन भगवान श्रीराम की विशेषता यह है कि उनके अवतार के बारे में मुक्त कण्ठ से एक बात सभी आचार्यों, सभी सन्तों के द्वारा कही गयी और वह यह बात है कि धर्म को जानना हो तो और कुछ करने की आवश्यकता नहीं, राम जैसा बनने का प्रयास करना चाहिए, यही धर्म है।

भगवान श्रीराम धर्म की अर्थात् हमारे सांस्कृतिक समस्त जीवन-मूल्यों की साकार प्रतिमा हैं। इसीलिए सभी महापुरुषों ने स्पष्ट कहा कि धर्म को जानने के लिए और कुछ करने की आवश्यकता नहीं। राम को जानो तो धर्म को अपने आप जान जायेंगे। राम जैसा बनने का प्रयास करो तो अपने आप आपका जीवन धर्म में ढल जायेगा। अतः मर्यादा पुरुषोत्तम भगवान श्रीराम सहस्राब्दियों से हमारे आदर्श रहे हैं और उनके मार्ग पर चलने का प्रयास करना ही हमारा प्रथम कर्तव्य है।

अनुकरणीय, आदरणीय, पूजनीय, प्रातःस्मरणीय अनेक चरित्र हैं और सभी अपने-अपने स्थान पर अत्यन्त श्रेष्ठ हैं, किन्तु जिनका अनुसरण करने का प्रयास किया जाये, उन भगवान श्रीराम के बारे में आज कुछ चिन्तन मुझे आप लोगों के समक्ष करना है। मैं इससे अभिभूत हूँ और इस बात को लेकर भी बहुत अभिभूत हूँ कि भगवान श्रीराम का ये आदर्श जिन्होंने अपने जीवन में उतार करके दिखाया है, ऐसे इस देश के उत्थान के लिए अपने सम्पूर्ण परिवार का होम करने वाले स्वातन्त्र्य वीर सावरकर जी की आज जयन्ती है। सावरकर जी ने इस राष्ट्र के लिए जो किया, वह हम सब लोगों को ज्ञात है। उन्होंने हमारे सामने भगवान श्रीराम के रूप में छत्रपति शिवाजी महाराज को रखा। इस देश को जगाना होगा तो श्रीराम के मार्ग पर चलना होगा। इस देश और विश्व का कल्याण करना है तो छत्रपति शिवाजी महाराज के मार्ग पर चलना होगा। सावरकर जी ने शिवाजी महाराज का आदर्श सामने रखा। बंग प्रान्त के हैं आप लोग। आप लोगों को मैं बतलाना चाहता हूँ कि बंगभूमि के लाल नेताजी सुभाषचन्द्र बोस जो स्वयं इस राष्ट्र के अत्यन्त महान गौरव हैं, वे जब सावरकर जी से मिलने आये तब सावरकर जी ने कहा—आप छोटे-मोटे काम मत कीजिए। आपको शिवाजी का आदर्श अपने सामने रखकर देश के बाहर जाकर भारत की राष्ट्रीय संस्थापना कर देनी चाहिए। शिवाजी महाराज का आदर्श अपने सामने रखते हुए सावरकर जी ने नेताजी सुभाषचन्द्र बोस को यह मन्त्र दिया और वही सफल हुआ।

ध्यान रखना चाहिए कि यह वही मन्त्र है जिसने इस देश को मुक्त किया है और उन्होंने जिस छत्रपति शिवाजी महाराज को आदर्श के रूप में अपने सामने रखा, उन्हीं छत्रपति शिवाजी महाराज ने भगवान श्रीराम को आदर्श के रूप में अपने सामने रखा।

इसीलिए तो परम्परा से चलती आयी रामत्व की धारा आज हमारे बीच जगाने की आवश्यकता है, क्योंकि जब-जब राष्ट्र संकट में होता है, जब-जब समाज पर आक्रमण होता है, जब-जब मानवता बलिदान चाहती है, पुरुषार्थ को ललकारती है, तब-तब इस प्रकार की भूमिकाएँ आवश्यक होती हैं। मित्रो! उस समय को याद करो जब छत्रपति शिवाजी महाराज के समय अन्धकार था, भगवान श्रीराम के समय भी अन्धकार था लेकिन उस अन्धकार में भगवान श्रीराम ने अपने पुरुषार्थ से एक दीपक जलाया और उस दीपक ने अत्यन्त महान उदाहरण स्थापित किया और धर्म की संस्थापना होकर रही। छत्रपति शिवाजी महाराज के समय में भी ऐसा ही घोर अन्धकार था। उस समय छत्रपति महाराज के गुरुदेव, भारत के महान सन्त समर्थगुरु रामदास जी ने एक ही नारा दिया था। वह नारा था–'जय जय रघुवीर समर्थ'। उस समय सभी अत्यन्त पराभूतता का अनुभव कर रहे थे, सब लोग डरे-सहमे हुए थे। कब कहाँ से आक्रमण होगा और कब हमारा सब कुछ लुट जायेगा, ऐसे भय की छाया में सब लोग जी रहे थे। उन्होंने कितना महान मन्त्र लोगों को दिया–'जय जय रघुवीर समर्थ'। हमारे सामने आदर्श के रूप में भगवान श्रीराम को और अपने जीवन के आदर्श के रूप में स्वयं हनुमान जी महाराज को रखा और राष्ट्र का पूरा उत्थान हुआ। इस प्रकार का कोई न कोई मन्त्र पीढ़ी-दर-पीढ़ी आवश्यक होता है। छत्रपति शिवाजी महाराज की जय, यह हमारी सेना का मन्त्र हो गया, यह क्रान्तिकारियों का मन्त्र हो गया। आपको पता है भगत सिंह जैसे महान वीरों का मन्त्र हो गया था 'इंक़लाब ज़िन्दाबाद'। इस नारे ने नये लोगों के भीतर पुरुषार्थ जाग्रत किया। 'इंक़लाब ज़िन्दाबाद' जैसा ही एक नारा इस देश में और चला 'वन्देमातरम्' और यह नारा बंगभूमि के पुत्र बंकिम बाबू ने दिया। वन्देमातरम्, वन्देमातरम् को अपने कण्ठ से गाते हुए, अपने कण्ठ से उच्चारित करते हुए कितनी-कितनी यातनाएँ सह गये हमारे क्रान्तिकारी वीर। असह्य यातनाएँ सहने के बावजूद हमारे क्रान्तिकारियों ने वन्देमातरम् कहना नहीं छोड़ा, क्योंकि वन्देमातरम् के उच्चारण-मात्र से शक्ति का संचार होता था। वन्देमातरम् के माध्यम से उनके भीतर ऊर्जा का जागरण होता था। 'भारत माता की जय' भी इसी प्रकार का नारा रहा। वर्तमान में हम लोगों ने सर्वत्र आसेतु हिमाचल एक ही नारा सुना, मित्रो और वह नारा है 'जय श्रीराम'।

रावण ने सुना कि सागर के ऊपर सेतु बन गया है। सौ योजन के सागर के ऊपर सेतु बनेगा, ऐसा कभी रावण को लगा नहीं था। यह पहला प्रसंग था जब रावण घबराया, आशंकित हुआ। 'सागरे सेतु बन्धनम्'...मैं तो भरोसा नहीं कर सकता। मूल बात ये है कि पत्थरों के सेतु का तो भगवान श्रीराम ने निर्माण किया था लेकिन सबसे बड़ी बात ये थी कि भगवती जानकी की मुक्ति के लिए जो संघर्ष आरम्भ

हुआ, उस संघर्ष में मदद करने के लिए सामने वाली जो सेना खड़ी थी, उस सेना में अयोध्या का कोई भी नहीं था। अयोध्या से केवल भगवान श्रीराम, लक्ष्मण दो ही थे। बाक़ी सब लोग भगवान के द्वारा संगठित किये हुए लोग थे। प्रभु ने क्षत्रियों के साथ भीलों का, भीलों के साथ ऋषियों का, ऋषियों के साथ बन्दरों का, बन्दरों के साथ हृदयों का जो सेतु-निर्माण किया है, जिसको आपकी भाषा में संगठन कहते हैं; वह सेतु बन्धन भगवान श्रीराम के जीवन की सबसे महान लीला है। इसी संगठन के बल पर रावण मारा जा सकता है, प्रभु ने पहले ही निश्चित कर लिया था और यही करते हुए श्रीभगवान 14 वर्षों तक घूमे थे। ध्यातव्य है कि लोग सिंहासनारूढ़ राजा राम को कम याद करते हैं, उसके पहले वर्षों में उन्होंने जो संगठन का काम किया, उसके लिए अधिक याद करते हैं क्योंकि 14 वर्षों में भगवान श्रीराम के जीवन से वो सारे गुण निखरकर आ गये, जिन गुणों के कारण नर करनी करे तो नारायण हो जाये, यह बात हम लोगों के ध्यान में आती है। अहं राम: अस्मि-इस प्रकार का भाव अपने भीतर वास्तव में प्रामाणिकता के साथ जाग्रत करना हो तो, मित्रो, समाज का संगठन कीजिए, सबको जोड़िए, समरसता का गान गाइए। झुग्गी-झोंपड़ियों में जाइए। सम्प्रदायों से अतीत होकर, साम्प्रदायिकता से अतीत होकर, जातियों से, प्रदेशों से, भाषाओं से अतीत होकर भारत-माता की सेवा करने के लिए एक संस्था के सेतु का जब हम निर्माण करेंगे तब जाकर वर्तमान की ताड़का मारी जायेगी। तब आज का रावण समाप्त होगा, उसके बिना नहीं होगा। और विश्वास कीजिएगा, ये सब हो सकता है पर इसके लिए आपके अन्दर भी विश्वास होना चाहिए। भगवान श्रीराम के जीवन की सबसे बड़ी विशेषता है उनका आत्मविश्वास। कल्पना कीजिएगा कि भगवती सीता का अपहरण होने के पश्चात्, यदि यह विपत्ति हम पर आती, तो हम अयोध्या समाचार भेजने के बाद कहते कि भरत कुछ भी तो करो तुम्हारी भाभी का अपहरण हो गया है। भगवान श्रीराम ने कुछ नहीं किया। अयोध्या के लोगों को भनक नहीं लगने दी। "अरे मेरे कार्यकर्ता मैं निर्माण करूँगा, मेरा जन-संकलन मैं करूँगा।" इस विश्वास के साथ चल पड़े भगवान श्रीराम।

विजेतव्या लङ्का चरणतरणीयो जलनिधि:
विपक्ष: पौलस्त्यो रणभुवि सहायाश्च कपय:।
तथाप्येको राम: सकलमवधीद्राक्षसकुलं
क्रियासिद्धि: सत्वे भवति महतां नोपकरणे।।

तुम्हारे भीतर रामत्व का जागरण करना हो तो सबसे पहले आपको आत्मनिर्भर बनना होगा। सावरकर जी ने कहा था। मुझे तो देश को जगाना है, मुझे तो देशसेवा

करनी है। इन पापियों का नाश करना है। आप साथ में आयेंगे तो आपका स्वागत है, नहीं आयेंगे तो आपको नमस्कार। बीच में आयेंगे तो आपको भी कुचलकर हम मार्ग बनाकर चलने वाले हैं। मुझे तो इस देश में राम की संस्कृति को बचाना है। वेदों के गान को बचाना है। इस देश में मन्दिरों को बचाना है। गोमाताओं को बचाना है। इस देश की सतियों की लज्जा को बचाना है। इस देश में मतान्तरण को रोकना है और भारत को भारत के रूप में रखना है। यह भूमिका हम लोगों को धारण करनी होगी। उसके बिना ये देश बचने वाला नहीं है, उस समय का रावण 10 मुखों वाला था, ऐसा सुनते हैं हम लोग। आज की समस्याओं के भी अनेक मुख हैं। ध्यान रखना, कभी ये समस्याएँ हमारे सामने साम्प्रदायिकता, कभी साम्यवाद के रूप में आती हैं। कभी ये समस्याएँ जिहाद के रूप में आती हैं तो कभी यह समस्या भिन्न-भिन्न चर्चाओं के द्वारा किये गये अनेक घिनौने मामलों के रूप में आती हैं। ये सभी समस्याएँ इस देश को तोड़ने वाली हैं। उत्पात करने वाले हमारे ही देश में जन्मे हुए, इसी देश की भूमि का अन्न खाने वाले और जल पीने वाले, लेकिन जिनके ईमान विदेशी लोगों को बेचे हुए हैं, ऐसे कितने ही लेखक इस देश में हैं। ऐसा पापी मीडिया इस देश में है, ऐसे कितने ही 'भारत तेरे टुकड़े होंगे' कहने वाले इस देश में हैं। आज इस देश की अस्मिता को बेचने वालों की कमी नहीं है। ये सारी समस्याएँ राम के सामने भी खड़ी हुईं, किन्तु उन्होंने हार नहीं मानी। भगवान श्रीराम ने जिस शैली से काम किया, उस शैली से हम लोगों को जोड़ते जाते हैं। जातियों और सम्प्रदायों से अतीत होकर भारतमाता को आराध्य मानकर चलते हैं तो, मित्रो, ये पापी रावण भी ख़त्म होंगे। यह निश्चित रूप से हम लोगों को जानना चाहिए कि भारतमाता मेरी माता है। देश के किसी भी कोने में निर्माण होने वाली प्रत्येक समस्या मेरी समस्या है। केवल वहाँ की समस्या नहीं है। केरल में मोपलाओं ने बहुत बड़ा अत्याचार हिन्दू समाज के ऊपर किया था। सावरकर जी ने उसके ऊपर एक पुस्तक लिखी है। अत्यन्त घिनौने अत्याचार के बावजूद लोगों को लगा कि मुझे क्या, ये तो केरल के ऊपर हो रहा है। उत्तर प्रदेश वाला सुखी है, महाराष्ट्र वाला सुखी है। जिस प्रकार ठोकर पैर को लगती है और हाथ उसकी सेवा के लिए दौड़ते हैं, उसी प्रकार इस देश के किसी भी कोने में आपत्ति आयेगी, धर्म के ऊपर, राष्ट्र के ऊपर, गोमाता के ऊपर, मन्दिरों के ऊपर तो वो आपत्ति मुझे मेरी लगनी चाहिए। केरल में मोपलाओं के द्वारा अत्याचार के समय भी सभी लोग सोये नहीं थे लेकिन जो जगे थे, वो भी संगठित नहीं थे।

आपत्ति केवल केरल के ऊपर ही नहीं आयी बल्कि कश्मीर के ऊपर भी आयी। वहाँ से पण्डितों को निकाला गया। क्या वह केवल कश्मीर के लोगों की आपत्ति थी?

ये आपत्ति पूरे देश की आपत्ति थी। महर्षि रमण कहा करते थे, "मैं भारत हूँ। कहीं पर भी होने वाला आघात मेरे सारे शरीर को झकझोर देता है।" इसलिए कश्मीर की आपत्ति केवल कश्मीरी लोगों की नहीं, वो पूरे भारत की आपत्ति है क्योंकि भारतमाता का वो शीर्ष है। सिन्धु का हमसे दूर हो जाना क्या यह कोई सामान्य बात थी? मुझे तो रोज़ दु:ख होता है? गंगा-सिन्धु-कावेरी हम कहते रहे हैं किन्तु भारत के नक़्शे में सिंधु कहाँ है, यह प्रश्न पूछा जाना चाहिए। मुझे याद आता है, वह प्रसंग जब अटल जी हमारे भारतमाता मन्दिर में आये थे और हमारे पूज्य स्वामी जी महाराज ने मुझे बोलने के लिए कहा। मैंने अटल जी से उस समय कहा कि गंगा जी के तट पर आकर आप गंगा मन्दिर का उद्‌घाटन क्या करते हैं? हम लोगों को चाहिए कि ऐसा उद्‌घाटन हम सिन्धुतट पर जाकर करें। स्वामी जी और अटल जी दोनों अभिभूत हो गये। सिन्धु को मुक्त करना हमारे सामने क्यों लक्ष्य नहीं है? हमारा बंग कटा हुआ है? दु:ख नहीं होता हम लोगों को। अरे यह वह बंगभूमि, जो चैतन्य महाप्रभु की भूमि है, जो गौरांग महाप्रभु की भूमि है, ठाकुर रामकृष्ण देव की भूमि है, जो बंकिम बाबू की भूमि है, जो रवि बाबू की भूमि है, चितरंजन दास की भूमि है, स्वामी विवेकानन्द को जन्म देने वाली भूमि है, उस बंगाल में जो अत्याचार होते हैं, वह क्या केवल बंगीय लोगों पर ही हो रहे हैं? जिनको ये लगता हो कि मुझमें राम हैं, ऐसे लोगों को लगना चाहिए कि पूरा देश मेरा है। इसके लिए आसेतु हिमाचल को जगना चाहिए। यदि इस प्रकार की आपदा आयी है तो इस आपदा से बंग प्रदेश को बाहर लाने के लिए जो कुछ आवश्यकता होगी, वह करने के लिए सिद्ध होकर वहाँ जाना चाहिए। ये सिद्धमन्त्र जिनके अन्दर जगता, वह यह कह सकता है कि 'अहं राम: अस्मि...'। इस पुरुषार्थ का जागरण हमारे भीतर करना, यही सच्चा रामत्व है। एक बात बताना बहुत आवश्यक है। भगवान श्रीराम दयानिधान रहे, करुणानिधान रहे, ये सबको पता है। रामकथा में मैं स्थान-स्थान पर ऐसा कहता रहा हूँ किन्तु आज आवश्यकता उस राम की है, जिसने अपना कोदण्ड कभी छोड़ा नहीं। भगवान श्रीराम की ये विशेषता सबके ध्यान में रहनी चाहिए। आवश्यकता पड़ने पर भगवान ने अयोध्या जी का त्याग किया, माता-पिता का त्याग किया। वनवास से लौटने के बाद आवश्यकता पड़ने पर भगवती जानकी का भी त्याग किया। 'वाल्मीकि रामायण' के अन्तिम सर्गों में हम देखते हैं कि उन्होंने लक्ष्मण का भी त्याग किया। किन्तु भगवान श्रीराम ने जिस वस्तु का त्याग कभी भी नहीं किया, वह है कोदण्ड। धनुष का त्याग भगवान ने कभी भी नहीं किया। और इसीलिए 'भगवद्‌गीता' के विभूति योग में भगवान श्रीराम को याद किया जाता है–राम: शस्त्रभृतामहम्–शस्त्रधारियों में मैं राम हूँ। श्रीराम ने कभी कोदण्ड का त्याग नहीं किया। हम सभी ने कोदण्ड रहित राम को कभी नहीं देखा।

राम का ऐसा कोई भी चित्र नहीं देखा, जिसमें भगवान राम बिना कोदण्ड के हों। राम के चित्र की पहचान ही कोदण्ड है। कोदण्ड प्रतीक है प्रतिकार का। ऐसा समाज नहीं बनाना है, जहाँ सब कुछ चलता हो। ऐसे समाज का निर्माण होना चाहिए, जहाँ पर प्रतिकार की आवश्यकता है, वहाँ प्रतिकार कर सकें। भगवान श्रीराम प्रतिकार के लिए खड़े हुए। कोदण्ड उनके प्रतिकार का प्रतीक है। उन्होंने अपने घर में प्रतिकार नहीं किया। कैकेयी माता का प्रतिकार नहीं किया। पिता दशरथ का प्रतिकार नहीं किया। अपने लोगों का प्रतिकार नहीं किया। लेकिन पापियों का प्रतिकार किये बिना वे कभी भी नहीं रहे। इस बात को जानो कि अपना कौन है, पराया कौन है। इसको पहचानो। सारे लोगों के लिए मेरा आह्वान है कि इस बात की पहचान हो जानी चाहिए कि कौन है मेरा? जो भारतमाता की जय बिना हिचक के बोले, वो मेरा है, जो वन्देमातरम् आदर के साथ गायेगा, वो मेरा है। जो गोमाता की पूजा करेगा वो मेरा है। गोमाता के काटने की बात सुनना, जिसके लिए पाप है, वह मेरा है। जो आसेतु हिमाचल भारतमाता को एक रूप में देखेगा, वो मेरा है। भारत में जन्म लेने वाले सारे पन्थ सम्प्रदायों को अपना मानने वाला मेरा है। जो कभी भी किसी के ऊपर अत्याचार नहीं करेगा, वो मेरा है। जो भारत के वनवासियों की सेवा के लिए अपने जीवन का परित्याग करेगा, वह मेरा है। आपदाएँ सहकर भी विप्र वृन्दों की सेवा करने वाला मेरा है। इस राष्ट्रीय समाज को पहचानने की आवश्यकता है। इस संस्कृति को पहचानना है। ये जिनके जीवन में चरितार्थ होती है, वो कोई भी हो, मेरा है। बन्धुओ! जो अपने हैं, उनके साथ खड़ा होना चाहिए। हिन्दुओं का दुर्भाग्य है कि वे आपस में लड़कर मरते हैं। आपसी मतभेदों से समाप्त होते हैं। इसका परिणाम है कि थोड़े-से लोग आकर हम पर अत्याचार कर जाते हैं।

प्लासी की लड़ाई के उदाहरण को हम सन्दर्भ के लिए ले सकते हैं। उस समय के एक अंग्रेज़ ने लिखा है कि बहुत बड़ी संख्या में सैनिकों को बन्दी बनाकर कलकत्ते की सड़क से ले जाया जा रहा था, उस दृश्य को देखने के लिए जितनी संख्या में लोग खड़े थे, उतने लोग सिर्फ़ एक-एक पत्थर भी उठाकर मारते तो अंग्रेज़ों को यहाँ से उसी समय भागना पड़ता लेकिन सब देख रहे थे। सैनिक बेचारे ग़ुलाम बनाकर ले जाये जा रहे थे। हमने पहचाना नहीं कि अपना कौन है, पराया कौन है। इसलिए अपने-पराये की पहचान का विवेक करना सीखना होगा।

संकल्प करना होगा कि जो अपने हैं, उनके साथ मैं कभी भी नहीं लड़ूँगा। भगवान श्रीराम ने अपने घर में यही किया। स्वयं कष्टों को सहकार भी अपने घर को टूटने नहीं दिया, लेकिन चुन-चुनकर पापियों का वध किया। प्रतिकार करने का

सामर्थ्य है तो सीमा पर जाकर करना चाहिए। पापियों के सामने करना चाहिए। जहाँ-जहाँ अत्याचार होता है, वहाँ किया जाना चाहिए। घरों में अत्याचार होते हैं, लूट-खसोट की जाती है, वहाँ जाकर प्रतिकार करने की आवश्यकता है। मैं राम हूँ, ऐसा कहते समय इस विवेक को जाग्रत करने की आवश्यकता है। प्रतिकार को सिद्ध करने की आवश्यकता है। लेकिन प्रतिकार वो कर सकता है, जिसमें स्वयं सामर्थ्य हो। वर्तमान युग में रहते हैं, तो वर्तमान युग का सबसे बड़ा सामर्थ्य है– संगठन। संख्याबल की भी आवश्यकता है। लोगों को जोड़ते चलना है। लोगों को अलग मत करो। अपना पराया मत करो। सब मेरे हैं, ये भाव सबके भीतर जाग्रत होना चाहिए। जब हम सेवा के लिए निकले हों, तब हम कह सकते हैं कि मेरे भीतर राम हैं। भगवान श्रीराम ने कोई भेदभाव नहीं किया। लोगों से प्रेम करना, भगवान श्रीराम से सीखें। वनवासियों के पास जाकर भगवान श्रीराम ऐसे घुल-मिल गये कि वह मिलन उनके जीवन की अमर गाथा बन गया। यह कार्य भगवान ने अपने प्रचार-प्रसार के लिए नहीं किया। मीडिया पर फ़ोटो डालने के लिए नहीं किया। हम कितने वनवासियों की सेवा करते हैं, उन्हें अपना मानते हैं, कितने वनवासियों के लिए अपनी थैली खोलकर दान देते हैं, जो ऐसा करते हैं, वे ही रामत्व को धारण किये हुए हैं। कोई अपना समय देगा, कोई शारीरिक श्रम करेगा, किसी को दान देना पड़ेगा, धन देना पड़ेगा। यदि अपने भीतर के रामत्व को जगाना है, तो जो दुखी कार्यकर्ता हैं, उनके पास जाना पड़ेगा, जिनको पापियों ने मारा। जिन पर अत्याचार हुआ, जो बेसहारा हो गये, वे इसलिए बेसहारा हो गये, क्योंकि उन्होंने सत्य का साथ देना चाहा। आज हमें जटायु को याद करने की आवश्यकता है। जटायु ने रावण का प्रतिकार किया। जटायु को पता था कि रावण के पास बाहुबल है, वह टिक नहीं पायेगा। यह जानते हुए भी जटायु ने रावण को निर्विघ्न जाने नहीं दिया। युद्ध किया। आख़िर में गिर गया। धन्य हैं भगवान श्रीराम। वे जटायु के पास पहुँचे। उसे वह सम्बल दिया, जो राम के पिता महाराज दशरथ को भी नहीं मिला। भगवान ने जटायु से कहा कि वे उसे जीवित कर सकते हैं, लेकिन जटायु ने यह प्रस्ताव स्वीकार नहीं किया। जटायु ने कहा कि उसके जैसा सौभाग्य बहुत कम लोगों को मिल पाता है कि वह साक्षात् प्रभु की गोद में प्राण त्यागे, उसे यह मिल रहा है। दशरथ जी की अन्त्येष्टि भगवान श्रीराम ने नहीं की, लेकिन यह सौभाग्य जटायु को प्राप्त हुआ। जटायु रावण से युद्ध में सफल नहीं हुए थे। भगवान श्रीराम यह नहीं देखते कि कौन सफल हुआ, कौन नहीं। वे देखते हैं कि व्यक्ति ने अपना-अपना दायित्व निभाया है कि नहीं। जितनी शक्ति थी, उतना प्रतिकार किया या नहीं। बंगभूमि पर जिन लोगों ने पापियों का प्रतिकार किया, वे निश्चय ही अभिनन्दन के पात्र हैं। और हम लोग

घर में बैठकर देखते रहते हैं। हम लोग उनकी सेवा करने के लिए आगे नहीं आते हैं, तो हमारे भीतर का राम कैसा?

ये कथन केवल बंगवासियों के लिए नहीं, अपितु पूरे देश के लिए है। जिन लोगों पर अत्याचार हुए हैं, उन्हें कौन सँभालेगा? हमारे भीतर यह रामत्व जगना चाहिए। हमें दलित, शोषित, पीड़ित लोगों के पास जाना चाहिए, उनके आँसुओं को पोंछना चाहिए। उन्हें बोध कराना चाहिए कि वे अकेले नहीं हैं, बल्कि पूरा समाज उनके साथ है। भगवान श्रीराम एक-एक कार्यकर्ता का ध्यान रखते थे। अगर जटायु का ध्यान रखा तो छोटी-सी गिलहरी का भी ध्यान रखा। उत्तमता तो यह कि हमें भारतमाता के लिए काम करने वाले लोग अपने घर के लोगों से भी अधिक प्रिय लगे। हम सभी को अपने कार्यकर्ता प्रिय लगने चाहिए। देश के लिए मरने वाला, खटने वाला कार्यकर्ता जब हमें प्रिय लगने लगेगा, इस सन्दर्भ में अपने विवेक को जाग्रत करना आज के विश्व की सबसे बड़ी आवश्यकता है। लंका विजय के पश्चात् भगवान राम लंका में प्रवेश नहीं करते हैं। वे कहते हैं–

अपि स्वर्णमयी लंका न मे लक्ष्मण रोचते।
जननी जन्मभूमिश्च स्वर्गादपि गरीयसी

श्रीराम के इन्हीं भावों को काव्य-रूप में कहा जा सकता है–

स्वर्णमयी लंका न मिले माँ, अवधपुरी की धूल मिले
सोने में काँटे चुभते हैं, मिट्टी में हैं फूल खिले।
अवधपुरी की धूल मिले...

मातृभूमि से प्रेम करना भगवान राम से सीखना चाहिए। 'अहं रामः अस्मि...' मेरे भीतर राम जाग्रत होना चाहिए। मातृभूमि से राम की तरह प्रेम करना चाहिए। मातृभूमि से प्रेम करने वाले अनेक स्वनामधन्य वीर पुरुषों को स्मरण कराते हुए पूज्य गोविन्ददेव गिरि जी ने कहा कि मेरे भीतर राम हैं, यह भाव जगाते हुए अपनी अखण्ड भारतमाता से प्रेम करना चाहिए। हमारा भारत अखण्ड हो, यही आकांक्षा रखनी चाहिए। आज जिस भी अवस्था में हमारा देश है, उस अवस्था में राष्ट्रीयता का पोषण करने की आवश्यकता है। मातृभूमि की सेवा के लिए अपने जीवन को अर्पण करने की आवश्यकता है। अगर ये कार्य हम संगठित होकर करेंगे तो ये देश अखण्ड होकर रहेगा। इतिहास करवटें बदलता है, इसलिए ये होकर रहेगा। आज सामने आने वाली चुनौतियों का विचार अवश्य करना चाहिए। इन चुनौतियों को

स्वीकार करते हुए, समर्पण का जीवन जीते हुए विजय की आकांक्षा लेकर यदि हम चलते हैं, तो हमारे पूर्वजों द्वारा देखे गये सपने साकार होंगे। और साकार हो भी रहे हैं। कश्मीर से धारा 370 हटने और राममन्दिर निर्माण का सपना तो साकार हुआ ही। यह कार्यकर्ताओं के समर्पण का ही परिणाम है। हाथ में हाथ लेकर चलने का परिणाम है। चुनौतियों का सामना करते हुए हताहत कार्यकर्ताओं के बीच पहुँचकर उन्हें सँभालना है। याद रखना होगा–

ये उथल-पुथल, ये उत्ताल लहर पथ से न डिगाने पायेगी।
पतवार चलाते जायेंगे, मंज़िल आयेगी-आयेगी

('कल्याण भारती' पत्रिका से साभार)

'मैं' का समाप्त होना ही रामत्व है

कृष्ण गोपाल

'अहं रामः अस्मि—मैं राम हूँ' प्रबोधनमाला के तीसरे तथा समापन सत्र में राष्ट्रीय स्वयंसेवक संघ के सह-सरकार्यवाह माननीय कृष्ण गोपाल जी का संजीवनी व्याख्यान आयोजित हुआ।

प्रभु श्रीराम का चरित्र एक ऐसा आदर्श है, जिसको आज विश्व की लगभग सभी भाषाओं में लिखा गया है। यह कहना कठिन है कि भगवान राम के आविर्भाव को कितनी शताब्दियाँ बीत गयीं। किन्तु राम का चरित्र आज भी तेजस्वी सूर्य के समान प्रकाशवान है। वह करोड़ों लोगों को समाज-जीवन की प्रत्येक दशा में प्रेरणा देता रहता है। शताब्दियाँ बीत जाती हैं किन्तु राम हर युग में हमको व्यावहारिक लगते हैं, आत्मीय लगते हैं और हमारे निकट लगते हैं। हम सभी राम का चरित्र भली प्रकार से जानते हैं। ऐसा लगता है कि रघुकुलनन्दन राम हमारे परिवार के ही हैं। उनके जीवन के प्रसंग भारतीय जनमानस में गहराई तक पैठ गये हैं। कोई भी अन्य चरित्र भारतीय मानस में वह स्थान नहीं बना पाया जो स्थान श्रीराम का है। राम के जीवन के अनेक प्रसंग लोकोक्तियों में पिरोये गये हैं। रामकथा से जुड़े छोटे-छोटे वाक्य या घटनाएँ पूरे प्रसंग का स्मरण करा देती हैं। मुहावरों के रूप में भगवान राम ने हमारे जीवन में अपना अनन्य स्थान बनाया है। उदाहरण के लिए—दशरथ के चार बेटे हैं। राम जी की अयोध्या है। राम की जन्मभूमि है। रामनवमी है। कहीं धनुषभंग है। राम का विवाह है। कैकेयी और मन्थरा हैं। राम का वनवास है। केवट की नाव है। भरत का आगमन चित्रकूट में होता है। सीता का हरण और जटायु का मरण, हनुमान जी की पूँछ, सुग्रीव की मित्रता, नल और नील द्वारा सेतुबन्ध, बालि का वध, लंका का दहन, सोने का हरिण, माता सीता की अग्निपरीक्षा, शबरी के बेर, अंगद का पैर, रावण का अहंकार, विभीषण का राज्याभिषेक, पत्थरों का तैर जाना, रामेश्वरम में शिवलिंग की स्थापना, अशोक वाटिका, अयोध्या वापसी आदि अनेक प्रसंग ऐसे हैं जो राम से जुड़े हैं और सामान्य जनजीवन में बड़ी गहराई तक अपना स्थान बना लिये हैं। राम जी हमारे जीवन में सर्वाधिक गहरे बैठे हैं।

हम जितना अधिक राम जी के बारे में जानते हैं उतना किसी और व्यक्तित्व के सम्बन्ध में नहीं। लेकिन प्रश्न उठता है–क्या हम राम के अनुसार जीते भी हैं? हम राम को जानते हैं लेकिन क्या हम राम को मानते भी हैं? यह हमारे सामने एक बड़ा प्रश्न है। राम के प्रति हमारे हृदय में श्रद्धा अगाध है। राम हमारे अन्तस्थल में सदैव विराजमान हैं, लेकिन हम राम के अनुसार जियें। हम राम का गुणगान तो करते हैं लेकिन क्या वे हमारे जीवन में निर्णायक मार्गदर्शक के रूप में स्थापित हैं? आज यह एक महत्त्वपूर्ण विषय है जिस पर हम लोग चर्चा करेंगे। हम देखते हैं कि भगवान राम का जीवन एक विचित्र जीवन है। सभी लोगों के जीवन में अच्छे और बुरे प्रसंग आते हैं। अनेक बार कठिन परिस्थितियाँ खड़ी हो जाती हैं। राम का जीवन उद्वेलन में भी नहीं होता। राम का मन धैर्यवान है। राम अधीर नहीं होते। विपरीत परिस्थितियों में वे अवसादग्रस्त नहीं होते। राम के पिता दशरथ उनको बुलाकर कहते हैं कि कल उनका राज्याभिषेक करेंगे। राम आनन्द में मग्न नहीं हो जाते। राम वैसे ही शान्त रहते हैं। इतने बड़े राज्य का राजा बन जाना आनन्द की बात, किन्तु राम ख़ुशी से फूलकर कुप्पा नहीं हो जाते और अगले ही दिन जब राम को बताया गया कि आपको चौदह वर्ष के लिए वनवास जाना है तो वे दु:खी नहीं होते, अवसाद में नहीं चले जाते। विचित्र जीवन है उनका।

दूसरा उदाहरण राजा दशरथ का है। वे चक्रवर्ती सम्राट हैं। राम के राज्याभिषेक के प्रसंग को लेकर वे प्रसन्न हैं। परिस्थितियाँ उलट जाती हैं। कैकेयी दो वरदान माँग लेती हैं। चौदह वर्ष का वनवास राम को दिया जाये, ऐसा सुनकर दशरथ धर्मसंकट में पड़ जाते हैं। दशरथ अवसाद में चले गये। दशरथ गिर पड़े। फिर उठ न सके। पुत्र को चौदह वर्ष का वनवास, इस समाचार से ही वे उठ न सके। कुछ दिनों बाद प्राण छोड़ देते हैं।

दशरथ का यह स्वभाव है कि वे ऐसी घटना को सहन करने के लिए अपने मानस को तैयार नहीं कर सके। दूसरी ओर राम का मन है। उनको भी यही समाचार मिला है। राम को तो स्वयं जाना है। राम राज्याभिषेक और वनवास दोनों समाचारों में स्थिरप्रज्ञ हैं। राज्याभिषेक के समाचार से वे आनन्दातिरेक में बह नहीं जाते। वनवास का समाचार सुनकर वे अवसादग्रस्त नहीं होते। किसी भी कठिन परिस्थिति में राम एक-से रहते हैं। राम शोक में नहीं डूब जाते। राम प्रसन्नता के साथ मुस्कुराते हुए हर विपदा में शान्त रहते हैं। राम की विपत्तियाँ तो बढ़ती ही जाती हैं। एक के बाद एक नयी विपत्तियाँ आती ही जाती हैं। राम चित्रकूट में गये हैं, लेकिन थोड़े दिनों बाद ही भरत आ जाते हैं। भरत माताओं को लेकर आये हैं। राम के सामने बड़ा संकट है।

राम को अयोध्या वापस चलने के लिए तीनों माताएँ अनुनय विनय करती हैं। यहाँ तक कि कैकेयी भी क्षमा माँगती हैं। गुरु वशिष्ठ भी वापस चलने के लिए आदेश देते हैं। राम के सामने उनके कुल के गुरु खड़े हैं, माताएँ खड़ी हैं, भरत–जिसको राज्य मिला, वे खड़े हैं, भरत चलने का आग्रह करते हैं, राम के सामने बड़ा संकट है कि सबकी बात मानें या न मानें। मानने से पिता को दिये हुए वचन से अलग हटना पड़ेगा। राम के धैर्य की परीक्षा है। राम विचलित नहीं होते।

संकट के समय जो व्यक्ति अपने को शान्त रखता है, किसी भी प्रकार के समाचार आने पर जो हिम्मत के साथ सामना करता है, उसका नाम है राम। जो विचलित हो जाता है, वह राम नहीं है। एक के बाद एक कठिन परिस्थिति का सामना करने के लिए जो मन से तैयार है, वह सच में राम है। राम के जीवन के अनेक प्रसंगों के उदाहरण से हमको ये बात समझ आती है कि कठोर से कठोर परिस्थितियाँ आने से हमको विचलित नहीं होना है। हिम्मत के साथ उसमें से मार्ग निकालना है, यही जीवन कौशल है।

राम के जीवन से हमें यह भी शिक्षा मिलती है कि प्रत्येक परिस्थिति में परामर्श करके चलना। राम सब जानते हैं। अनेक प्रकार की शक्तियों से राम युक्त हैं। किन्तु राम का एक वैशिष्ट्य है, राम का एक गुण है। वह गुण है कि अपने साथ के लोगों से परामर्श कर चलना। राम सिखाते हैं कि अपने सहयोगियों के साथ परामर्श करके चलना चाहिए। प्रसंग आता है कि राम समुद्र के किनारे खड़े हैं। आगे जाना है। क्या करना चाहिए। राम को सब लोगों ने बताया कि जो देता है, वह देवता है। समुद्र हमको बहुत कुछ देता है। समुद्र में विष्णु और लक्ष्मी का वास है। समुद्र का पानी वाष्प बनकर मेघ बनता है, वर्षा होती है। इसी से सम्पूर्ण सृष्टि चलती है। और जैसे अग्नि देवता हैं, वायु देवता हैं, वृक्ष देवता हैं वैसे ही वरुण देवता हैं। जो देते हैं, वे देवता हैं। समुद्र भी देता है, इसलिए समुद्र भी देवता है। अत: समुद्र के पार जाना है तो समुद्र से अनुमति लेनी चाहिए। राम विभीषण से पूछते हैं। राम हनुमान और सुग्रीव के साथ भी परामर्श करते हैं। सुग्रीव और हनुमान मिलकर विभीषण के पास जाते हैं। विभीषण से पूछते हैं कि इस परिस्थिति में करणीय क्या है? विभीषण कहता है कि समुद्र राजा है, अत: राम आप समुद्र की शरण में जाइए। विनम्रता के साथ समुद्र से रास्ता माँगिए क्योंकि समुद्र आपके पूर्वजों ने बनाया था। राजा सगर ने समुद्र का निर्माण किया था। आपके पूर्वजों ने भूमि को खोदकर समुद्र का निर्माण किया है, इसलिए आप समुद्र की शरण में चले जाइए। राम मान लेते हैं। राम विभीषण की बात मानते हैं। राम सुग्रीव हनुमान से पूछते हैं। राम लक्ष्मण से भी

विभीषण के परामर्श की प्रशंसा करते हैं। लक्ष्मण की विद्वत्ता की प्रशंसा करते हुए उनसे भी परामर्श करते हैं। लक्ष्मण के माध्यम से सुग्रीव के मन की बात भी जानना चाहते हैं। इस प्रकार अपने निर्णय में अपने निकटस्थ सभी को सम्मिलित करते हैं। सबको सम्मान देकर सम्मिलित करते हैं। सबसे परामर्श किये बिना आगे नहीं बढ़ते। राम सर्वज्ञाता हैं, राम सर्वशक्तिमान हैं, लेकिन उनके निकट कौन बैठे हैं–हनुमान, विभीषण, सुग्रीव और लक्ष्मण। और इनसे परामर्श करके ही निर्णय लेना है। तो क्या हमारे अन्दर राम हैं, क्या हम भी अपने सहयोगियों के साथ विनम्रता का व्यवहार करते हैं? समय आने पर क्या हम उनके साथ परामर्श करते हैं? मिलकर सहमति बनाते हैं? वैदिक ऋषियों ने कहा था–'संगच्छध्वं संवदध्वं सं वो मनांसि जानताम्।' राम को देखने के लिए राम के आचरण को देखना चाहिए। राम की तरह मिलकर चलें, मिलकर बात करें, एक-दूसरे के मन की बात को अच्छे से समझें। भगवान राम इन सारी पद्धतियों के प्रतीक हैं। राम सब कुछ जानते हैं, किन्तु कदम-कदम पर परामर्श करते रहते हैं। सेना लंका में उतर गयी है। युद्ध करना ही पड़ेगा, ऐसा प्रसंग आ गया। किन्तु युद्ध करो ऐसा राम नहीं कहते। अपने सब मित्रों और सचिवों को बुला लेते हैं। परामर्श करते हैं। बाबा तुलसीदास जी ने भी लिखा..."प्रात:काल जागे रघुराई। पूछा मत सब सचिव बोलाई।। कहहु बेगि का किरय उपाई।" देखा जाये तो युद्ध की पूरी तैयारी हो चुकी है। पूछने का कोई अर्थ नहीं, फिर भी राम तुरन्त सबको युद्ध में झोंक देना नहीं चाहते। पहले सबसे परामर्श लेते हैं। जामवन्त जी एक नया सुझाव देते हैं। जामवन्त युद्ध के लिए स्वीकृति नहीं देते। राम एक प्रमुख व्यक्ति के रूप में बैठे हैं। युद्ध का बिगुल बज चुका है किन्तु मित्रमण्डली का एक वरिष्ठ सदस्य जामवन्त शान्तिदूत भेजने का प्रस्ताव देते हैं। उनका कहना है कि शायद रावण मान जाये। और युद्ध की ज्वाला में जलने से लोग बच जायें। राम जामवन्त के इस प्रस्ताव को स्वीकार कर लेते हैं। राम अंगद को शान्तिदूत बनाकर लंका भेज देते हैं। अपने यहाँ कहा भी गया है कि जो सचिव, वैद्य और गुरु बिना किसी भय के सलाह देते हैं, वे ही योग्य हैं। जामवन्त की सलाह राम के मन के अनुकूल नहीं है। सेना युद्ध के लिए तैयार है। फिर भी जामवन्त को लगता है कि युद्ध टाला जा सकता है क्या? और वे राम को शान्ति स्थापित करने की सलाह देते हैं। राम उनकी बात मान लेते हैं।

अब अपने जीवन में इसका विचार करें। हमारे जीवन में कई बार छोटे-मोटे विवाद हो जाते हैं। हम तुरन्त कोर्ट-कचहरी का मार्ग अपना लेते हैं। विवाद खड़ा हो जाता है। मनोमालिन्य हो जाता है। वार्ताकार नहीं मिलते। परिवार टूट जाते हैं। राम

का जीवन हमको यह बात सिखाता है कि उदारमन से वार्ता करते रहें। शान्ति हर क़ीमत पर वरेण्य है। रावण को बार-बार शान्ति का सन्देश दिया जाता है। राम का जीवन बार-बार हमें सिखाता है कि सदैव शान्ति की ओर ही बढ़ना चाहिए।

क्या करें, क्या न करें यह संकट बार-बार विद्वानों को ही पकड़ता है। युद्ध को लेकर राम बार-बार चिन्ता करते हैं। उन्हें लगता है कि युद्ध होने से बहुत-से लोगों को अपने जीवन से हाथ धोना पड़ जायेगा। राम को लगता है कि उनके कारण बहुत-से लोगों पर संकट आ गया। माता-पिता, भाई, पत्नी सभी पर संकट है। यही व्यथा राम हनुमान के सामने रखते हैं। तब हनुमान राम जी को समझाते हैं कि अशोक वाटिका में बैठी सीता सिर्फ़ आपकी पत्नी नहीं हैं बल्कि अखिल विश्व की महिलाओं की स्वतन्त्रता और सम्मान की प्रतीक हैं।

रावण ने सीता माता का हरण कर केवल आपकी पत्नी का हरण नहीं किया बल्कि लाखों-करोड़ों महिलाओं की स्वतन्त्रता पर प्रश्नचिह्न लगा दिया है। अत: यह युद्ध महिला-मात्र स्वतन्त्रता के लिए है। हनुमान कहते हैं कि यह युद्ध राम का व्यक्तिगत युद्ध नहीं है, अपितु सम्पूर्ण समाज के लिए है। यहाँ हनुमान सामान्य जन का प्रतिनिधित्व करते हैं। राम का महामानवत्व इसी में है कि वे सामान्य मानव के मन के भाव को समझ लेते हैं। राम लोकमन का अनुभव करते हैं। सामान्यजन की व्यथा को दूर करने के लिए प्रयत्नशील हो उठते हैं। राम अपनी व्यथा और संशय को छोड़ देते हैं। सामान्य लोगों के लिए आगे बढ़ जाते हैं। इसलिए महामानव तो वही है जो सामान्यजन की भावनाओं का सम्मान करता है, सामान्य लोगों के दु:ख-दर्द को दूर करने के लिए अपनी क्षमताओं का प्रयोग करता है। राम इन सबको साथ लेकर चलते हैं। राम का रावण से युद्ध एक व्यक्ति का युद्ध नहीं है, राम सबको लेकर अत्याचारी रावण के विरुद्ध सामान्यजन को तैयार कर लेते हैं।

किन्तु बड़े-बड़े लोग अत्याचार के विरुद्ध चलने वाले संघर्ष में भाग लेने के लिए दुविधा में पड़ जाते हैं। उदाहरण के लिए, स्वतन्त्रता के लिए संघर्ष करने के लिए बहुत लोग आगे नहीं आते थे। बड़े-बड़े विद्वान लोग, व्यापारी वर्ग, राजे-महाराजे सामने नहीं आते थे। ऐसे लोग हारने और जीतने वाले का मुख देखकर सामने आते थे। इसका सुन्दर वर्णन राम के चरित्र में है। देवता लोग ध्यान से देख रहे हैं कि राम-रावण युद्ध में कौन विजयी होगा? रावण तो कभी किसी से हारा नहीं। जब यह निश्चित हो गया कि रावण की क्षमता धीरे-धीरे समाप्त हो रही है और राम ही विजयी होंगे तब इन्द्र अपने रथ को राम के लिए भेजता है। सामान्यजन तब विचार करता है कि पहले दिन से तो राम पैदल ही लड़ रहे हैं। इन्द्र को यह पहले समझ नहीं आया था कि इस युद्ध में राम को भी रथ की आवश्यकता पड़ेगी? फिर भी राम

इन्द्र द्वारा भेजे गये रथ को स्वीकार कर लेते हैं। आज भी समाज में ऐसे लोग हैं जो जीतने वाले और हारने वाले का विचार करके ही खड़े होते हैं। राम का जीवन यह सन्देश देता है कि यदि भगवान ने सामर्थ्य दिया है तो धर्म के साथ ही खड़े होना है।

अपने चरित्र के माध्यम से राम एक नया सन्देश देते हैं कि मरने के बाद सभी वैर और वैमनस्य समाप्त हो जाते हैं। विभीषण अपने भाई रावण का अन्तिम संस्कार करने को तैयार नहीं है, लेकिन राम विभीषण को समझाते हैं कि वैर छोड़ देना चाहिए। राम के हृदय की विशालता ही है कि वे रावण को अपना भाई कहते हैं क्योंकि विभीषण को राम अपना भाई मानते हैं। वे रावण का ससम्मान अन्तिम संस्कार कराने के लिए विभीषण को तैयार कर लेते हैं।

राम युद्ध जीत गये। युद्ध का श्रेय सभी को देते हैं। महामानव की परिभाषा स्थापित करते हैं कि जो सहयोगियों को श्रेय देते हैं, वे ही महान होते हैं। अपनी सफलता का श्रेय जो अपने पास रख लेते हैं, वे महान नहीं होते हैं। इसलिए राम युद्ध में विजय का श्रेय कभी विभीषण, कभी हनुमान, तो कभी लक्ष्मण को देते हैं। कभी नल और नील को तो कभी अंगद को। मेरे कारण विजय मिली, ऐसा उन्होंने कभी नहीं कहा। मैं का समाप्त होना ही रामत्व है। सफलता का श्रेय सब साथियों को देना रामत्व है।

इस सम्बन्ध में राष्ट्रपति कलाम का उदाहरण देते हुए माननीय कृष्ण गोपाल जी ने बताया कि एक बार सेटेलाइट का प्रक्षेपण असफल हो गया तो असफलता की सारी ज़िम्मेदारी सतीश धवन साहब ने स्वयं स्वीकार की जो इस प्रक्षेपण का नेतृत्व कर रहे थे। लेकिन दूसरी बार जब प्रक्षेपण सफल हुआ तो धवन साहब ने सफलता का श्रेय कलाम साहब और उनकी टीम को दिया। अर्थात् जीतने के बाद, यश प्राप्त करने के बाद उसका श्रेय दूसरों को देना और असफलता का दायित्व स्वयं लेना, यह हमको राम ने सिखा दिया है। रामत्व वह है जो यश को दूसरे के गले में डाल देता है। राम दूसरों के गुण की प्रशंसा करते हैं। राम सच में देवत्व को लेकर अवतरित हुए हैं। मनुष्य के सामान्य विकारों से ऊपर उठे हुए महामानव के रूप में राम हैं। राम का रामत्व ही है कि वे विभीषण से रावण के गुणों की प्रशंसा करते हैं। राम के हृदय की विशालता है कि वे अपने शत्रुओं के गुणों को हृदय से अनुभव करते हैं। रामत्व का अर्थ है गुणग्राही होना।

सम्पूर्ण 'रामायण का' सारांश मन्दोदरी कह देती है कि पाप का फल अच्छा नहीं होता। पाप-कर्म का फल अवश्य मिलता है। रावण के मृत शरीर के पास विलाप करती हुई कहती है कि 'अवश्यमेव लभते फलं पापस्य कर्मण:।' परिवार के एक सदस्य का पाप-कर्म सभी को भोगना पड़ता है, इसलिए सभी के साथ हमारा

व्यवहार धर्ममय हो। हमारे अन्दर बैठा हुआ रामत्व बार-बार हमसे यही आग्रह करता है कि सत्यं वद, धर्मं चर। राम धर्म के आग्रही हैं। मन्दोदरी का विलाप पूरी धरती की स्त्री जाति का विलाप है। मन्दोदरी का सन्देश शाश्वत है। राम नगर में न जाने की अपनी प्रतिज्ञा से आबद्ध हैं। इसलिए राम लंका में प्रवेश नहीं करते। राम दो वचन एक साथ नहीं रखते। विभीषण के राज्याभिषेक में लंका नगरी में प्रवेश नहीं करते। रामो द्विर्नाभिभाषते।

अब हम राम के विराट और विशाल व्यक्तित्व का अनुभव करें। राम अयोध्या वापस आ जाते हैं। राम का मन ढूँढ़ता है उसको जो विपत्ति में है। अयोध्या आकर सोचते हैं कि सबसे पहले किससे मिलना चाहिए? कैकेयी आत्मग्लानि में है, इसलिए सबसे पहले कैकेयी के महल में जाते हैं। दोनों ही रोते हैं। कैकेयी के मन का सन्ताप निकल गया। ग़लती करना मानव स्वभाव है, किन्तु ग़लती को क्षमा करना ही रामत्व है।

राम भाव हैं। यदि हमारे मन में रामभाव जीवित है तो हम क्षमा करना सीख जाते हैं।

राम का व्यक्तित्व शून्य से ब्रह्माण्ड खड़ा कर देता है। हम राम के जीवन को विस्तार से देखें तो पाते हैं कि वनवास राम को मिला लेकिन तीन लोग वनवास चले गये। राम लक्ष्मण और सीता जी साथ हैं। तीन हज़ार किलोमीटर की यात्रा की। दो-दो राज्यों की स्थापना की। राम जब लौटे तो जगह-जगह उनके अनुयायी साथ खड़े थे। स्थान-स्थान पर राम को मानने वाले लोग हैं। दो-दो राज्य साथ खड़े हैं। ऐसे प्रचण्ड आत्मविश्वास वाले राम हैं। रामत्व का अर्थ है पुरुषार्थी राम। निराशा में आशा का संचार करना ही रामत्व है। शून्य से ब्रह्माण्ड स्थापित करना रामत्व है। हम रामभक्त ऐसे ही हैं। हम इस घोर संकट में निराश नहीं होंगे। अपने भीतर रामत्व को जाग्रत कर हम इससे बाहर आयेंगे।

राम के जीवन के भिन्न-भिन्न घटनाक्रम अगाध समुद्र की तरह हैं। राम के जीवन के सभी प्रसंग, हमारे जीवन में एक नया विश्वास जगाते हैं।

रामकथा हमारे लोक में युगों-युगों से प्रवहमान है। राम ने अपने आचरण से लोकमानस का मार्गदर्शन किया। राम ने कोई ग्रन्थ नहीं लिखा। कोई उपदेश नहीं दिया। राम और रामकथा के प्रत्येक पात्र ने अपने-अपने आचरण द्वारा रामत्व की परिभाषा स्थापित की। कठिन समय का हिम्मत से सामना करना रामत्व है। प्रभु राम का चरित एक ऐसा आदर्श है जो हमें हर कालखण्ड में व्यावहारिक लगता है। रामचरित के विभिन्न आयाम हमारे चित्त में गहराई से बैठे हैं। संकट की घड़ी में धैर्य को नहीं त्यागना राम ने अपने आचरण द्वारा स्थापित किया। राम के चरित्र

के अनुसार जीना, यह एक बड़ा यक्ष प्रश्न है। राम के जीवन के विभिन्न घटनाक्रम हमारे जीवन में आनन्द भरकर हमें वैसा अनुकरण करने की सीख देते हैं। राम की सरलता, सहजता, सहनशीलता, सुभगता जीवन को अवसाद से बाहर आने की प्रेरणा देती हैं। भीषण विपत्तियों में भी हमें अशान्त नहीं होने देतीं, ऐसा है राम का आचरण।

प्रबोधमाला के अपने दिव्य, सामयिक और अलौकिक सम्बोधन में माननीय कृष्ण गोपाल जी ने आगे कहा कि जो सिद्ध है वह राम है। जो विचलित नहीं होता वह राम है। अपने देश और समाज को युद्ध में बिना डाले युद्ध जीतना ही राम का जीवन कौशल है। राम का जीवन सिखाता है कि हम उदार मन से वार्ता करते रहें। रामकथा के सभी पात्रों, सन्त तुलसीदास, भक्त सूरदास और आधुनिक भारत के व्यक्तित्वों के उदाहरणों से अपने वक्तृत्व को सम्पुष्ट करते हुए कृष्ण गोपाल जी ने सन्देश दिया कि राम धर्म के प्राण हैं। राम साक्षात् विग्रहवान धर्म हैं। धर्म साक्षात् जन्म लेकर राम के रूप में प्रकट हो गया। यही राम हैं।

('कल्याण भारती' पत्रिका से साभार)

भारतीय संस्कृति और राष्ट्रीयता के प्रतीक भगवान श्रीराम

अतुल कोठारी

श्रीराम का व्यक्तित्व और चरित्र भारतीय संस्कृति और राष्ट्रीयता का समग्रता में प्रतिनिधित्व करता है। इसलिए भगवान श्रीराम भारतवर्ष के उत्तर से दक्षिण और पूरब से पश्चिम को एकत्व के सूत्र में बाँधने वाले प्रतीक पुरुष हैं। उनका व्यक्तित्व बहुआयामी और सर्वस्पर्शी रहा है जिसके कारण भारत ही नहीं, भारत से बाहर के कई देशों में भी उनकी लोकप्रियता है और वे एक आदर्श के रूप में प्रतिष्ठित हैं। राम के व्यक्तित्व और चरित्र का वैशिष्ट्य ही है कि दुनिया की सैकड़ों भाषाओं में रामकथाएँ रची गयी हैं। भगवान श्रीराम के व्यक्तित्व में भारत की सनातन संस्कृति के दर्शन होते हैं, जो उन्हें भारतीय संस्कृति और राष्ट्रीयता का प्रतिनिधि स्वरूप प्रदान करते हैं। भगवान श्रीराम एक ओर सामाजिक समरसता के प्रतीक पुरुष हैं, तो दूसरी ओर पारिवारिक मूल्यों के आदर्श भी हैं।

भगवान राम का चरित्र और व्यक्तित्व समरसता का सन्देश ही नहीं देता है बल्कि उसे व्यावहारिक धरातल पर उतारने का संकल्पसूत्र भी देता है। चाहे निषाद राज को गले लगाने का प्रसंग हो, माता शबरी को सम्मान देने की बात हो, अहल्या के उद्धार की बात हो या वनवासियों को साथ लेकर भीषण संग्राम में जय प्राप्त करने की बात हो, भगवान राम ने प्रत्येक प्रसंग में अपने व्यक्तित्व और व्यवहार से समरसता का सन्देश दिया है। समरसता के परिप्रेक्ष्य में सबसे महत्त्वपूर्ण बात यह है कि उन्होंने समाज के हाशिए के लोगों को भी मित्र बनाया और समानता के धरातल पर प्रतिष्ठित किया। अपने संघर्ष के दौरान ही नहीं बल्कि राज्यारोहण समारोह में भी ऐसे सभी मित्रों को सम्मानपूर्वक निमन्त्रित किया।

पारिवारिक मूल्यों के आदर्श श्रीराम : भगवान श्रीराम बाल्यकाल से ही पारिवारिक मूल्यों के सम्पोषक रहे। परिवार में उनकी जितनी भी भूमिकाएँ हो सकती हैं, सभी भूमिकाओं में उन्होंने एक आदर्श को स्थापित किया है। पुत्र, भाई और पति

के रूप में उन्होंने समाज के समक्ष एक आदर्श को प्रस्तुत किया है। माता कैकेयी के हठ एवं वचनबद्ध पिता के द्वारा वनवास दिये जाने के बाद भी उन्होंने कभी अपने मन में लेश मात्र भी कटुता नहीं रखी। अपने अनुज भरत को तो प्रेम का प्रतीक ही बना दिया और कहा कि भाई हो तो भरत जैसा। श्रीराम एक आदर्श शिष्य भी हैं, गुरु वशिष्ठ के साथ उनका सम्बन्ध अनुकरणीय है। मर्यादा का पाठ उन्हें गुरु वशिष्ठ से प्राप्त हुआ। इस मर्यादा का तात्पर्य आत्मानुशासन से भी है। अपनी इन्द्रियों, मन और मस्तिष्क पर नियन्त्रण और संयमन से ही मर्यादा की प्रतिष्ठा होती है। श्रीराम ने अपने जीवन-व्यवहार से इसका एक आदर्श प्रस्तुत किया है। इसलिए वे मर्यादा पुरुषोत्तम कहे जाते हैं। भारतीय संस्कृति किसी भी प्रकार के अतिवाद को स्वीकार नहीं करती है। आत्मानुशासन, मर्यादा और समन्वय इसके मूल में हैं। श्रीराम ने अपने आचरण के माध्यम से इन मूल्यों की प्रतिष्ठा की है।

भगवान श्रीराम एक कुशल संगठक थे, उन्होंने सर्वशक्तिमान रावण के समक्ष युद्ध हेतु सभी को संगठित किया। व्यक्ति, परिवार, समाज और राष्ट्र को जोड़ने की उनकी व्यावहारिक कला अद्वितीय थी। एक कुशल संगठक के अन्दर सामूहिकता का स्वभाव विद्यमान होता है। संघर्ष और युद्ध के दौरान भी वे कोई भी निर्णय अकेले नहीं लेते थे। इसके लिए वे सबके विचारों का सम्मान करते थे और तब सबकी सहमति से निर्णय लेते थे। 'रामायण' में ऐसे अनेक प्रसंग हैं, जहाँ इन्होंने व्यक्तिगत निर्णय को त्यागकर समूह के निर्णय को स्वीकृत किया है। लक्ष्मण को शक्ति बाण लगने पर और मायावी युद्ध में बार-बार रावण से जीत नहीं पाने की स्थिति में श्रीराम सबसे विचार कर ही आगे की रणनीति बनाते हैं और उसे क्रियान्वित करते हैं। चाहे अंगद और हनुमान को युद्ध से पूर्व लंका भेजने का प्रसंग हो या युद्धभूमि में रणनीति बनाने का प्रसंग हर जगह श्रीराम ने सामूहिकता को स्थान दिया है। इसके अतिरिक्त उन्होंने कभी भी अपने नाम और यश की आकांक्षा नहीं रखी है। राम के यश के रूप में हनुमान जी अमर हैं और प्रतिष्ठित हैं। उन्होंने धर्म की स्थापना के लिए और अधर्मियों के विनाश के लिए सब कुछ किया लेकिन वे उसे विधि का विधान मानते हैं, इसका श्रेय स्वयं नहीं लेते हैं। भगवान श्रीराम एक कुशल संगठक के साथ-साथ कुशल प्रबन्धक तथा प्रशासक भी थे। उनकी प्रबन्धन कला अनुपम थी। असंगठित लोगों को संगठित करके कुशल प्रबन्धन के द्वारा युद्ध में विजय प्राप्त की। विकट परिस्थितियों में स्वयं के मानस का प्रबन्धन कैसे हो, यह श्रीराम के चरित्र में दिखाई देता है। गोस्वामी तुलसीदास जी ने लिखा है कि "राम नाम सुन्दर कर तारी। संशय विहग उड़ावन हारी।।" राम नाम की ताली बजाने मात्र से सारे संशय के पक्षी उड़ जाते हैं। युद्धभूमि में किस प्रकार का प्रबन्धन चाहिए, यह भी इनसे सीखा जा सकता है।

परिवार, समाज और राजकाज का कुशल प्रबन्धन कैसे हो, यह भी श्रीराम के चरित्र से अनुकरणीय है। तुलसीदास जी लिखते हैं कि "जासु राज प्रिय प्रजा दुखारी, सो नृप अवस नरक अधिकारी।।" जिस राजा के राज्य में प्रजा दुखी हो, वह राजा नरक का अधिकारी होता है। रामराज्य में प्रजा सुखी थी, सबको न्याय मिलता था। दैहिक, दैविक और भौतिक–किसी भी प्रकार का सन्ताप प्रजा को नहीं था। "दैहिक, दैविक भौतिक तापा। रामराज नहिं काहुहि व्यापा।।" इतना ही नहीं "सब नर करहिं परसपर प्रीती। चलहि स्वधर्म निरति स्रुति नीति।।" ऐसे ही रामराज्य को एक आदर्श राज-काज माना गया है। स्वयं श्रीराम का चरित्र एक उत्कृष्ट चरित्र है, जिसमें धर्म का समग्र और सम्पूर्ण सामंजस्य है। अपने यहाँ कहा गया है कि "धारयते इति धर्म:।" अर्थात् जो धारण करने योग्य हो, वही धर्म है। श्रीराम के व्यक्तित्व का एक-एक पक्ष धारण करने योग्य और अनुकरणीय है। वे धर्म की साक्षात् प्रतिमूर्ति हैं। धर्म का सम्बन्ध कर्तव्यबोध से भी है। श्रीराम के प्रत्येक कार्य में कर्तव्यबोध दिखाई देता है, इसलिए वे कर्तव्यबोध के प्रतीक हैं। श्रीराम एक कुशल संगठक, प्रबन्धक और प्रशासक होने के साथ-साथ धर्मपथ के धीर पथिक, मर्यादा पुरुषोत्तम और मूल्यों के सम्पोषक थे; एक आदर्श राजा के लिए ये सारे गुण अपेक्षित होते हैं। भगवान श्रीराम का व्यक्तित्व इन सभी गुणों का समुच्चय है। यही कारण है कि वे एक आदर्श राजा के रूप में आज भी जन-जन के हृदय में प्रतिष्ठित हैं।

राम के चरित्र को केन्द्र में रखकर प्रचुर साहित्य लिखा गया है और हज़ारों शोध कार्य हुए हैं, फिर भी उनका चरित्र नित्य नूतन और चिर पुरातन बना हुआ है। राष्ट्रकवि मैथिलीशरण गुप्त ने तो कहा है कि "राम, तुम्हारा चरित स्वयं ही काव्य है, कोई कवि बन जाये, सहज सम्भाव्य है।।" यह सत्य है कि राम के चरित्र को आधार बनाकर जिस किसी ने भी साहित्य-सृजन किया है, वह लोकप्रिय तो हुआ ही है, महान साहित्यकार भी बने हैं।

देश की स्वाधीनता आन्दोलन का नेतृत्व करते हुए स्वयं महात्मा गाँधी को जिस वैचारिक स्रोत से ऊर्जा मिल रही थी, वह भगवान राम के चरित्र और आदर्शों से उत्पन्न ऊर्जा थी। ऐसे ही उन्होंने भारत में रामराज्य की पुनर्स्थापना की कल्पना नहीं की है। राम भारत के राजनीतिक, सामाजिक, सांस्कृतिक और आध्यात्मिक आदर्श हैं। इन सभी प्रकार के आदर्शों का समुच्चय ही रामराज्य की संकल्पना है।

भगवान राम भारतीय मनीषा के लोककण्ठ में बसे हुए हैं। भारतीय लोक के सुख में, दु:ख में, जन्म में, मृत्यु में, शुभ में, अशुभ में, लाभ में, हानि में हर स्थिति में, हर मनोदशा में राम उपस्थित रहते हैं। भारत की सभी लोकभाषाओं में न जाने कितनी कहावतें और लोकोक्तियाँ विद्यमान हैं, जिनमें राम का स्पष्ट उल्लेख है।

दैनिक जीवनव्यवहार में भी राम शब्द का उल्लेख बार-बार आता है। इससे अनुभव होता है कि राम भारत के जन-जन में, कण-कण में, क्षण-क्षण में विद्यमान हैं। इसलिए राम ही राष्ट्र हैं और राष्ट्र ही राम है।

भगवान राम का चरित्र शक्ति के संकल्प, धैर्य और दृढ़ता से युक्त है। राम शक्ति, सामर्थ्य और बल के प्रतीक थे, परन्तु इनका प्रयोग वे धर्म की रक्षा के लिए करते हैं, लोककल्याण के लिए करते हैं, शोषण और विस्तारवाद के लिए नहीं। यही भारत और भारतीयता का परिचायक है।

राम ने बाली और रावण का वध कर किष्किन्धा और लंका का राज्य स्वयं नहीं लिया अपितु उसे सुग्रीव और विभीषण को सौंपा, इसी भाव को भारत की राजनीति में प्राचीन काल से ही देखा जाता है। भारत साम्राज्यवादी कभी नहीं रहा है। हमारे पास क्षमता होते हुए भी हमने दूसरों के राष्ट्र या वहाँ की संस्कृति को नष्ट करने का कभी प्रयास नहीं किया।

राम के लिए अयोध्या से लेकर छत्तीसगढ़, महाराष्ट्र और सुदूर दक्षिण में रामेश्वरम तक सब अपने ही थे। यह उन लोगों के लिए भी एक सीख है, जिनका मानना है कि भारत एक देश के रूप में अंग्रेज़ों के आने के बाद ही बना है। राम के लिए आज के उत्तर प्रदेश का अयोध्या, नासिक की पंचवटी, आन्ध्र प्रदेश का भद्राचलम, कर्नाटक की किष्किन्धा, केरल की शबरी के बेर, तमिलनाडु का रामेश्वरम सब प्रिय थे और कहीं भी उन्हें भाषा या संस्कृति का अवरोध नहीं हुआ। यह सब राम के लिए एक परिवार ही था। राम के चरित्र में भारतवर्ष का राष्ट्रीय चरित्र परिलक्षित होता है। भौगोलिक और सांस्कृतिक रूप से श्रीराम ने भारतवर्ष के वैविध्य को स्वीकारते हुए उसमें एकात्म-भाव की प्रतिष्ठा की है। इसलिए भारत हज़ारों वर्षों से एक राष्ट्र के रूप में विद्यमान था, विद्यमान है और यह रहेगा।

भारतीय संस्कृति में कहा गया है कि "रामो विग्रहवान् धर्मः"। माननीय सर्वोच्च न्यायालय के न्यायाधीशों ने पूर्व में कहा कि अयोध्या का मामला हमारी प्राथमिकताओं में नहीं है, लेकिन भारत की श्रेष्ठ परम्परा के प्रतिनिधि चरित्र श्रीराम के अस्तित्व को न्यायालय कभी मिथ्या नहीं सिद्ध कर सकता और वही हुआ। उच्चतम न्यायालय ने आख़िरकार श्रीराम मन्दिर के निर्माण की दिशा में अपना निर्णय दिया, जो स्वागत योग्य और अभिनन्दनीय है।

राम भारत की चेतना हैं। राम भारत की प्राण-शक्ति हैं। राम ही धर्म हैं। धर्म ही राम है। भारतीयों के जीवन का आदर्श राम नाम के धागों से बुना है। मानव-चरित्र की श्रेष्ठता और उदात्तता का सीमान्त राम से बनता है। "कष्ट और नियति चक्र के बाद भी राम का सत्संग होना भारतीयों के मन-प्राण में गहरे तक बसा है। राम केवल

अयोध्या के राजा, सीता के पति, रावण के संहारक या केवट के तारक ही नहीं हैं। एक व्यक्ति के जीवन में हर क़दम पर जो भी अनुकरणीय है, वह राम है। इसलिए वह मर्यादा पुरुषोत्तम कहे गये।"

भगवान श्रीराम भारतीय संस्कृति और राष्ट्रीयता के आदर्श स्वरूप के प्रतिमान-पुरुष हैं। इसलिए अयोध्या में भगवान श्रीराम के भव्य मन्दिर का निर्माण केवल एक मन्दिर की पुनर्स्थापना मात्र नहीं है बल्कि यह सही अर्थों में भारतीय संस्कृति और राष्ट्रीयता की भी पुनर्स्थापना है। इससे भारत की सनातन संस्कृति के मूल्यवान तत्त्वों एवं प्राचीन गौरवशाली परम्परा को विश्व में पुनः प्रतिष्ठा प्राप्त होगी।

राजा राम से भगवान राम की यात्रा

सुरेश जैन

जिस रामराज्य की परिकल्पना आज सम्पूर्ण भारत में हो रही है, उसका मूल आधार भगवान राम का चरित्र व आदर्श है। मर्यादा पुरुषोत्तम राम आज भारतवासियों के दिल में विराजमान हैं। भगवान राम न केवल दैवी रूप में अपितु मानव के विकास की सर्वोच्च सम्भावना के रूप में प्रकट होते हैं। गोस्वामी तुलसीदास ने 'रामचरितमानस' में रामराज्य की कल्पना करते हुए कुछ गुणों का उल्लेख किया है। यथा–लोकवेद द्वारा विदित नीति पर चलना, धर्मशील होना, प्रजापालक होना, सज्जन एवं उदार होना, दृढ़संकल्पी होना। श्रीराम में आदर्श राजा के सभी गुण विद्यमान हैं तथा राम के राज्य में आदर्शराज्य के, यही कारण है कि आज रामराज्य की परिकल्पना सम्पूर्ण भारत में हो रही है। प्रभु राम का लोक के साथ व्यवहार तथा व्यक्तिगत सम्बन्धों का निर्वहन आज भी करोड़ों लोगों के लिए प्रेरणास्त्रोत है। न केवल भारत अपितु विश्व के कई देशों, जैसे–श्रीलंका, थाइलैंड, नेपाल, इंडोनेशिया आदि में भी श्रीराम के आदर्शों का पालन तथा उनका पूजन होता है। राम केवल एक नाम भर नहीं बल्कि वे जन-जन के कण्ठहार हैं, जीवन आधार हैं। एक प्रकार से वे भारत के प्रतिरूप हैं।

तुलसीदास जी लिखते हैं–

जाके प्रिय न राग बैदेही।
तजिये ताहि कोटि बैरी सम, जद्यपि परम सनेही।।

अर्थात, जो राम का विरोधी है, जो जानकी का विरोधी है, जिसे श्रीराम-जानकी जी प्यारे नहीं, उसे करोड़ों शत्रुओं के समान छोड़ देना चाहिए, चाहे वह अपना अत्यन्त ही प्यारा क्यों न हो। प्रभु राम जन-जन के दिलों में वास करते हैं अर्थात् अखण्ड विश्वासियों के हृदय में भगवान श्रीराम विराजमान हैं।

जैसा कि हम सभी जानते हैं कि राजा दशरथ की तीन रानियाँ कौशल्या, कैकेयी और सुमित्रा थीं। राजा दशरथ ने सन्तान प्राप्ति के लिए अश्वमेध यज्ञ तथा पुत्रेष्टि

यज्ञ कराने का विचार किया। उनके एक मन्त्री ने उन्हें सलाह दी कि वह यज्ञ अपने दामाद 'ऋष्यशृंग' (शृंगी ऋषि) से करायें। दशरथ के कुलगुरु 'ब्रह्मर्षि वशिष्ठ' थे, वे उनके धर्मगुरु भी थे तथा धार्मिक मन्त्री भी। उनके सारे धार्मिक अनुष्ठानों की अध्यक्षता करने का अधिकार केवल धर्मगुरु को ही था। अतः गुरु वशिष्ठ से आज्ञा लेकर दशरथ ने शृंगी ऋषि को यज्ञ करने के लिए आमन्त्रित किया। शृंगी ऋषि ने दोनों यज्ञ भलि-भाँति पूर्ण कराये तथा यज्ञ से उन्हें प्रसाद के रूप में खीर की प्राप्ति हुई। महर्षि के आदेशानुसार राजा ने खीर को तीनों रानियों में बाँट दिया। इस प्रकार महारानियाँ गर्भवती हुईं।

एहि बिधि गर्भसहित सब नारी। भईं हृदयँ हरषित सुख भारी॥
जा दिन तें हरि गर्भहिं आये। सकल लोक सुख सम्पति छाये॥

इस प्रकार दशरथ की तीनों पत्नियाँ गर्भवती हुईं। वे बहुत हर्षित हुईं। उन्हें बड़ा सुख मिला। जिस दिन से हरि (लीला से ही) गर्भ में आये, सब लोकों में सुख और सम्पत्ति छा गयी।

मन्दिर महँ सब राजहिं रानीं। सोभा सील तेज की खानीं॥
सुख जुत कछुक काल चलि गयऊ। जेहिं प्रभु प्रगट सो अवसर भयऊ॥

शोभा, शील और तेज की खान (बनी हुई) सब रानियाँ महल में सुशोभित हुईं। इस प्रकार कुछ समय सुखपूर्वक बीता और वह अवसर आ गया, जिसमें प्रभु को प्रकट होना था।

राजा दशरथ को चार पुत्रों की प्राप्ति हुई। रानी कौशल्या ने राम, सुमित्रा ने लक्ष्मण, शत्रुघ्न और कैकेयी ने भरत को जन्म दिया।

चारों भाइयों का परस्पर प्रेम एवं राम के प्रति बड़े भ्राता के रूप में जो आदर था, वह सहज ही एक देवता का बोध कराता था। राजकुमारों की चर्चा सम्पूर्ण आर्यावर्त्त में थी और उनकी वीरता, संस्कारित बाल्यावस्था तथा राजा की स्तुति (ख्याति) इसमें सोने पर सुहागे का काम कर रही थी। एक बार राजकुमार राम को महाराजा दशरथ ने अपने राज्य का भ्रमण करने के लिए कहा। विशाल साम्राज्य में राजकुमार राम भ्रमण करते हुए आगे बढ़ते गये, एक स्थान पर कुछ किसान राजकुमार से उन पर लगे कृषि कर के विषय में शिकायत करने लगे। राजकुमार ने सहज भाव से सरकारी कर्मचारियों को आदेश दिया कि महाराजा दशरथ के राज्य में पैदा की गयी फ़सल पर कृषि कर वसूलने का तरीक़ा भविष्य में बदलेगा। 'नयी विधि यह होगी कि मटके में अनाज भरकर उल्टा करने के बाद जितना अनाज मटके

में बचता है वही कर के रूप में लेना चाहिए।' जिसमें कभी-कभी मुट्ठी भर दाने ही बच पाते थे। कर्मचारियों ने कहा कि इस तरीक़े से राज्य की आवश्यकताओं की पूर्ति नहीं हो पाती है। राजकुमार राम ने कहा कि राज्य की आवश्यकताओं की पूर्ति अन्य तरीक़ों से होगी। ऐसा कोई भी तरीक़ा नहीं अपनाया जायेगा जिससे किसानों को कोई कष्ट हो। गोस्वामी तुलसीदास ने अप्रत्यक्ष कर संग्रह की बात कही है। उन्होंने इसके लिए सूर्य का उदाहरण दिया है।

बरसत हरषत लोग सब करषत लखै न कोइ
तुलसी प्रजा सुभाग ते भूप भानु सो होइ।

सूर्य जिस प्रकार पृथ्वी से अनजाने में ही जल खींच लेता है और किसी को पता नहीं चलता, किन्तु वही जल बादल के रूप में एकत्र हो वर्षा रूप में बरसता है तो उसे देखकर सभी लोग प्रसन्न होते हैं। इसी रीति से कर संग्रह करके राजा द्वारा जनता के हित में कार्य करना चाहिए।

एक सेनाधिकारी द्वारा किसी महिला के साथ दुर्व्यवहार पर राजकुमार राम के द्वारा उससे पूछताछ करने पर उसने उद्दण्डतापूर्वक व्यवहार किया। उसको ऐसा लगता था कि उसकी पहुँच सेना के उच्च अधिकारियों तक है। राजकुमार राम ने वहीं उसका वध करने की आज्ञा दी, जिससे उस पूरे क्षेत्र में राजकुमार राम के प्रति एक श्रद्धा का भाव जाग्रत हुआ। जब महर्षि विश्वामित्र ने एक बहुत महत्त्वपूर्ण यज्ञ द्वारा दिव्यास्त्रों की सिद्धि करनी चाही। उस यज्ञ को भंग करने के लिए रावण ने अनेक राक्षसों एवं राक्षसियों को निशाचर के रूप में छोड़ रखा था जो विश्वामित्र को यज्ञ नहीं करने देते थे। विश्वामित्र त्रिलोक के द्रष्टा थे। उन्होंने अयोध्या जाकर राजर्षि वशिष्ठ के साथ महाराजा से इन सब राक्षसों का वध करने के लिए राम और लक्ष्मण की माँग की। राक्षसों का नाममात्र सुनकर ही दशरथ विचलित हो गये। महर्षि विश्वामित्र दोनों राजकुमारों के साथ अपने आश्रम की तरफ़ बढ़े। विश्वामित्र राजकुमारों की सूझ-बूझ और वीरता की परीक्षा लेना चाहते थे।

विश्वामित्र ने राजकुमार राम से पूछा कि राम आश्रम पहुँचने के दो रास्ते हैं– एक रास्ता लम्बा है पर सुगम है। दूसरा रास्ता छोटा है, उससे जल्दी पहुँच सकते हैं परन्तु यह रास्ता राक्षसों से भरा पड़ा हुआ है। अब राजकुमार राम आपको तय करना है कि किस रास्ते से चलना पसन्द करेंगे, आपको क्या सहज रहेगा? राजकुमार राम ने सहज भाव से कहा कि "गुरुदेव हम तो आपके साथ आपकी रक्षा करने आये हैं और साथ में राक्षसों का वध करने आपके साथ आये हैं, फिर दूसरे रास्ते से क्यों चलें।" महर्षि विश्वामित्र राजकुमार राम का उत्तर सुनकर प्रसन्न हुए। उस रास्ते

पर कुछ दूर चलने पर ताड़का नामक राक्षसी प्रकट हुई जो बहुत ही ख़तरनाक थी। साथ ही सुबाहु राक्षस भी उसके साथ था। विश्वामित्र ने राजकुमार राम को सावधान करते हुए कहा कि यह ताड़का राक्षसी है, जो बहुत ही ख़तरनाक है। इसका वध करो राजकुमार। राजकुमार राम ने ऋषि विश्वामित्र के चरणों में प्रणाम करते हुए कहा, "गुरुवर आपको मालूम है कि क्षत्रिय महिलाओं का वध नहीं करते हैं।" यह बात विश्वामित्र सुनकर बहुत प्रसन्न हुए और बोले, "राजकुमार राम तुम्हारी मर्यादा अपरम्पार है। परन्तु मैं तुम्हारा गुरु और अभिभावक होने के नाते तुम्हें इस क्षण प्रस्तुति के कारण जो तुम्हारा क्षणिक धर्म है, उस धर्म का पालन करने हेतु ताड़का का वध करो।" महर्षि विश्वामित्र के कहने पर राजकुमार राम ने ताड़का का वध किया। यह राजकुमार राम के मर्यादा पुरुषोत्तम राम होने का सहज उदाहरण है।

निसिचर हीन करउँ महि, भुज उठाइ प्रण कीन्ह।
सकल मुनिन्ह के आश्रमन्हि जाइ जाइ सुख दीन्ह॥

श्रीराम जी ने भुजा उठाकर प्रण किया, कि मैं पृथ्वी को राक्षसों से रहित कर दूँगा। फिर समस्त मुनियों के आश्रमों में जा-जाकर उनको (दर्शन एवं सम्भाषण का) सुख दिया। दोनों भाइयों ने महर्षि की इस परीक्षा में अपनी समझ तथा पराक्रम के कारण सफलता भी प्राप्त की।

आगे चलकर भगवान राम और लक्ष्मण ने महर्षि विश्वामित्र का यज्ञ सफलतापूर्वक कराया। महर्षि विश्वामित्र राजा जनक के साथ पाटलिपुत्र जाते समय राजकुमार राम और लक्ष्मण को भी साथ ले जाते हैं। रास्ते में जाते समय उन्होंने जिस प्रकार से सम्पूर्ण वैश्विक शक्तियों को चुनौती देते हुए माँ अहल्या का उद्धार किया, इससे ऋषि-मुनियों और महिलाओं के प्रति उनकी आदर भावना प्रकट होती है। इन्द्र जैसे शक्तिशाली देव को भी सज़ा देने की प्रतिज्ञा की। इसी प्रकार आश्रम में जाते समय मार्ग में ऊँचे हड्डियों के पहाड़ देखकर हाथ उठाकर प्रतिज्ञा की।

राम अपने राज्य के लिए राजा और प्रजा के मन में हमेशा भगवान के रूप में विराजमान थे। पूरे राज्य में किसी भी व्यक्ति को किसी प्रकार की समस्या नहीं थी, किसी के पास कोई रोग नहीं था, सभी को समानता तथा स्वतन्त्रता प्राप्त थी। ऐसी स्थिति में सब लोग पूर्णत: प्रसन्न और हर्षित थे और ऐसी स्थिति सिर्फ़ रामराज्य में ही सम्भव है। एक राजा जब सिर्फ़ अपने नागरिकों की ख़ुशहाली तथा सुरक्षा को अपना प्राथमिक कर्तव्य समझता है तब वह नागरिकों के मन में तथा समाज में पूजनीय हो जाता है, सर्वत्र उसकी उपासना होने लगती है, उसका स्थान नागरिकों के हृदय में होता है। ऐसा ही राजा एक आदर्श राज्य की स्थापना करता है और

उसमें विद्यमान राजनैतिक गुण उसके ईश्वर होने को प्रमाणित करते हैं। ऐसी ही स्थिति श्रीराम की भी थी जो एक लोकप्रिय शासक होने के साथ-साथ भगवान के रूप में पूजनीय भी हो गये।

पीड़ितों के उत्थान में राजा राम के रूप में भगवन्त रूप (भाव) प्रकट होता है। स्वयं की मर्यादा का पालन करते हुए जन-साधारण का प्रेरणापुंज बनकर आदर्श मार्ग और दर्शन करते हुए, सीता अपहरण से लेकर सीता का त्याग करने तक यही भाव उन्हें प्रभु राम के रूप में प्रकट करता है। उसी प्रभु श्रीराम के मर्यादा पुरुषोत्तम राम के रूप में उनके मन्दिर के निर्माण, अयोध्या में उनके जन्म स्थान पर आदरणीय श्री प्रधानमन्त्री नरेन्द्र मोदी जी के प्रयासों से सफल हो सका। भगवान राम के उस आदर्श जीवन से देश का जन-जन प्रेरणा लेकर भारतीय जीवन में संस्कार और मर्यादाएँ ला सके तो भारत सम्पूर्ण विश्व का मार्गदर्शन कर सके।

'राम' यह शब्द दिखने में जितना सुन्दर है, उससे कहीं ज़्यादा महत्त्वपूर्ण है इसका उच्चारण। राम कहने मात्र से शरीर और मन में एक अलग तरह की प्रतिक्रिया होती है जो हमें आत्मिक शान्ति देती है।

हिन्दू धर्म के चार आधार स्तम्भों में एक हैं प्रभु श्रीराम। भगवान राम ने एक आदर्श चरित्र प्रस्तुत कर समाज को एक सूत्र में बाँधा था। भारत की आत्मा हैं प्रभु श्रीराम। आज बदलते प्रवेश में जब हम प्रभु श्रीराम जी या रामराज्य की बात करते हैं, ऐसे में एक प्रश्न उठता है–राम का अर्थ क्या है? क्या राम हम सब के लिए एक दैवी पुरुष हैं जो विश्व में मानव का अवतार लेकर धरती पर आये हैं? मर्यादा पुरुषोत्तम के रूप में या पौराणिक, ऐतिहासिक रूप में देखें या वर्तमान में जो परिस्थितियाँ बदल रही हैं, उसके आदर्श के रूप में प्रभु श्रीराम को देखें। हमारी वर्तमान पीढ़ी का झुकाव जिस प्रकार से पाश्चात्य संस्कृति की तरफ़ बढ़ रहा है, उससे अनुमान लगाया जा सकता है कि राम से मर्यादा पुरुषोत्तम राम, प्रभु श्रीराम तक का जो सफ़र है, इन सब के बीच जो उनका त्याग तथा लोगों के प्रति सहजता, सरलता और आदर्श है, उनके इस रूप के प्रति आज न केवल भारतीय समाज ब ल्कि पूरी दुनिया आज प्रभु श्रीराम को अपना आदर्श मान रही है। या कह सकते हैं कि भारत के साथ-साथ ही पूरा विश्व राम में डूबा हुआ है।

बदलते भौगोलिक परिदृश्य या नयी तकनीकी आदि के कारण आज लोग समाज से कटते जा रहे हैं, ऐसे में सिमटते मानव को प्रभु श्रीराम से सीखने की ज़रूरत है। प्रभु श्रीराम जिनकी यात्रा ही जंगल से शुरू होकर झील, वन पशुओं के बीच होते-होते विदेश तक पहुँच जाती है, वहाँ के लोगों का प्रेम जीतते हैं, जहाँ प्रभु श्रीराम जाते हैं, उसे राममय करते जाते हैं अर्थात् एक मर्यादित समाज स्थापित करते

हैं। अपना प्रभाव दूसरे पर छोड़ते हैं और उनसे भी सीखने का प्रयास करते हैं। राम राजा के साथ ही भगवान भी हैं लेकिन उन्हें कभी भी इस बात का घमण्ड नहीं था। वे जहाँ भी जाते थे, उनसे कुछ न कुछ ज़रूर सीखते थे। आज की जो युवा पीढ़ी समाज से कटती जा रही है, उन्हें प्रभु श्रीराम से सीखना चाहिए। तभी जाकर हम भारत को एक विकसित भारत के साथ विश्वगुरु के रूप में देख सकते हैं जो आज के समय में हर भारतीय का सपना है।

प्रभु श्रीराम से प्रेरित होकर भारत विकास परिषद् भी भारत के सभी लोगों को एक साथ लाने का कार्य कर रही है जिससे सबका विकास हो और सब एक साथ आगे बढ़ें। भारत विकास परिषद् की स्थापना 1963 में हुई। यह संस्थान विभिन्न व्यवसायों व कार्यों में लगे श्रेष्ठतम लोगों का एक राष्ट्रीय, ग़ैर-राजनीतिक, निःस्वार्थ समाजसेवी एवं सांस्कृतिक संगठन है। इस संस्था का उद्देश्य भारतीय समाज का सर्वांगीण विकास करना है। इस विकास में सामाजिक, सांस्कृतिक, नैतिक और राष्ट्रीय एवं आध्यात्मिक सभी प्रकार का विकास समाहित है। हम यह गर्व से कह सकते हैं कि भारत विकास परिषद् प्रयास कर रहा है कि हम अपने राष्ट्र को निश्चित ही नये भारत, एक श्रेष्ठ भारत, विकसित भारत और विश्वगुरु के रूप में देखेंगे।

रामराज्य के निर्माण हेतु व्यवस्था-परिवर्तन

मुकुल कानिटकर

भगवान श्रीराम के सामाजिक एवं सांस्कृतिक सन्दर्भों को साथ लेते हुए उनके सृष्टि-नायक और लोकनायक व्यक्तित्व का वर्तमान सन्दर्भ में अकादमिक एवं शैक्षणिक क्षेत्र में प्रभाव और उसके अनुसन्धान हेतु कार्य आवश्यक है। आज के आधुनिक समय में जहाँ हम उच्च गुणवत्ता (high definition), विशेष प्रभाव चलचित्र (VFX-Virtual & Special effects videos) देखने के आदी हो गये हैं, वहीं कोविड महामारी के दौरान घरवास में दूरदर्शन पर 35 साल पूर्व रामानन्द सागर द्वारा पुरानी तकनीकी से निर्मित धारावाहिक ''रामायण'' का पुनःप्रसारण अभूतपूर्व लोकप्रिय हुआ। इस लोकप्रियता का कारण भगवान श्रीराम की लोकप्रियता है। उसी का फलीभूत अवसर रामलला के जन्मस्थल पर भव्य मन्दिर के निर्माण में हुआ है। पौष शुक्ल एकादशी/द्वादशी युगाब्द 5125 अर्थात् 22 जनवरी 2024 को नियोजित प्राण-प्रतिष्ठा का अवसर युगपरिवर्तन का द्योतक है। भगवान श्रीराम के प्रति श्रद्धा भारत का प्राण है किन्तु आज श्रद्धा और धार्मिक चर्चा के साथ ही भगवान श्रीराम के आलोक में वर्तमान व्यवस्था परिवर्तन पर भी ध्यान देना है। इसी दृष्टि से तीन महत्त्वपूर्ण विषयों पर बौद्धिक विमर्श आवश्यक है—

1. भगवान श्रीराम का सृष्टि-नायक/लोकनायक रूप,
2. भगवान श्रीराम के रामराज्य की संकल्पना तथा
3. 'सर्वे भवन्तु सुखिनः' के आदर्श को विश्व में पुनः प्रस्थापित करने हेतु अनिवार्य व्यवस्था का निर्माण।

व्यवस्था का निर्माण महत्त्वपूर्ण है, केवल मात्र सिद्धान्त की चर्चा पर्याप्त नहीं है। हम लक्ष्य करें कि भारत का क्या स्वरूप होगा जो विश्व को सुख-समृद्धि प्रदान करनेवाली एक आर्थिक, राजनीतिक, न्यायिक, सामाजिक एवं इन सबको निर्माण करने वाली शिक्षा व्यवस्था प्रदान कर सके। शिक्षा व्यवस्था से निकले व्यक्ति ही न्यायाधीश बनेंगे। न्यायमूर्ति रामशास्त्री प्रभुणे के समान स्वयं के पुत्र को दण्ड देने

का साहस एवं नैतिक सामर्थ्य न्यायाधीश में निर्माण करना है तो मनोबल एवं निष्ठा बढ़ाने वाली शिक्षा व्यवस्था का निर्माण करना सबसे मूल कार्य है। यही शिक्षा व्यवस्था रामराज्य का निर्माण करेगी।

ज्ञान के निर्माण और प्रचार-प्रसार से विश्व में सर्वश्रेष्ठ कहलाने वाले देश अमेरिका में लोकतन्त्र का तमाशा विश्व देख चुका है। भारत को ज्ञान पिलाने वाला, सारी दुनिया में लोकतन्त्र की स्थापना करने की ठेकेदारी करने वाला और उस कारण अफ़ग़ानिस्तान, सीरिया, ईरान, अन्य खाड़ी देशों, क्यूबा एवं वियतनाम में जाकर लगातार बमबारी करने वाला देश 50 राज्यों की सही ढंग से मतगणना भी नहीं कर पाया। मतगणना में विवाद होता रहा। यह पहली बार नहीं हुआ, इससे पहले 2007 में भी राष्ट्रपति के चुनाव में इसी तरह का विवाद हुआ था। तदुपरान्त सुप्रीम कोर्ट ने राष्ट्रपति तय किया था। विश्व में सर्वोत्तम तकनीकी एवं शिक्षा व्यवस्था का दम्भ भरने वाले और निजी व्यापारिक विश्वविद्यालय गुणांकन QS रैंकिंग में हार्वर्ड और स्टैनफ़ोर्ड को सर्वोत्तम बताने वाले भारत के एक चौथाई मतदाताओं की निष्पक्ष मतगणना भी नहीं कर सके। सारे समाज एवं विश्व की व्यवस्थाओं में धर्म समाप्त होना इसका कारण है।

भारत में धर्म का अर्थ Religion अथवा उपासना पद्धति नहीं है। जो जीवन को धारण करता है, उसे भारत में धर्म कहते हैं। धर्माधिष्ठित व्यवस्थाओं के निर्माण का कार्य भगवान श्रीराम ने अपने जीवन में धर्माचरण से किया। इसलिए वाल्मीकि कहते हैं—

रामो विग्रहवान् धर्मः साधुः सत्य पराक्रमः।
राजा सर्वस्य लोकस्य देवानाम् इव वासवः।।

—'अरण्यकाण्ड', 37.13

राम धर्म का मूर्तिमान स्वरूप हैं। धर्म का आचरण करते-करते धर्म उनका जीवन बन गया, उनका श्वास बन गया, उनका व्यवहार बन गया इसलिए, वे जो करते हैं, वह धर्म हो जाता है।

यह उनके जीवन का अत्यन्त महत्त्वपूर्ण सन्देश है। भगवान राम के वनवास जाते समय माता कौसल्या अत्यन्त दुःखी हैं। वे भगवान श्रीराम से कह रही हैं कि मुझे भी ले चलो, मैं भी साथ जाऊँगी। उस समय भगवान श्रीराम माता को उनके धर्म का भान कराते हैं कि पति की सेवा करना, पूरे परिवार को सँभालना उनका परम कर्तव्य है। जब माँ को स्पष्ट होता है कि वन में जाने से भगवान श्रीराम को कोई विमुख नहीं कर सकता, तब वे जो आशीर्वाद देती हैं, वह हमारे लिए सृष्टि-नायक,

लोकनायक और रामराज्य के निर्माता भगवान श्रीराम के जीवन-सन्देश को वर्तमान परिप्रेक्ष्य में, समाज, शैक्षिक जगत्, व्यवस्थाओं और अपने व्यक्तिगत जीवन में लागू करने के लिए एक मापदण्ड एवं निर्देशक तत्त्व बन जाता है। माँ ने यह नहीं कहा कि सुखी रहो, तुम्हारे मार्ग के कंटक कम हो जायें, तुम्हें दु:ख न मिलें, वन में तुम्हारी सारी व्यवस्थाएँ अच्छी हो जायें। अपितु माता कौसल्या भगवान श्रीराम से कह रही हैं कि आज तक तुमने जिस धर्म का पालन किया है, वह धर्म वन में तुम्हारी रक्षा करे।

यं पालयसि धर्मं त्वं धृत्या च नियमेन च।
स वै राघवशार्दूल धर्मस्त्वामभिरक्षतु।।

–'वाल्मीकि रामायण', 'अयोध्याकाण्ड', 25.4

हे रघुकुल के सिंह, जिस धर्म का पालन तुमने धैर्य और नियम से किया है, वही धर्म तुम्हारी रक्षा करे।

इसीलिए कहा है–धर्मो रक्षति रक्षित:–जो धर्म का पालन करता है, उसकी रक्षा धर्म करता है। यह भारत का मूल तत्त्व है। इसे व्यवस्थागत करना, व्यवस्था में रूढ़ करना ही लक्ष्य है। धर्म पर आधारित व्यवस्थाओं का निर्माण करना यह आज की समस्त व्यक्तिगत, सामूहिक, वैश्विक, पर्यावरणीय, ब्रह्माण्डीय, सृष्टिगत, अन्तर्गत, चेतनागत, आध्यात्मिक एवं बाहरी सभी प्रकार की समस्याओं का समाधान है। इस हेतु आवश्यक है धर्माधिष्ठित समाजव्यवस्था, धर्माधिष्ठित न्यायव्यवस्था, धर्माधिष्ठित राज्यव्यवस्था, धर्माधिष्ठित अर्थव्यवस्था और इस सब के लिए धर्माधिष्ठित शिक्षाव्यवस्था का निर्माण करना, क्योंकि उसी में से तो मनुष्य तैयार होगा।

कई लोगों ने इस विषय पर शोध-प्रबन्ध, शोध-पत्र लिखे हैं। शोध, अनुसन्धान, अन्वेषण कर साहित्य और संस्कारों में गहरे गोते लगाकर, अपने मन के अन्त:स्थल में अनुभूति द्वारा वर्तमान युग के लिए सन्दर्भों एवं उपायों को ढूँढ़ना हमारे सम्पूर्ण शोध का लक्ष्य होना चाहिए।

पुष्पक विमान था, यह सिद्ध करने के लिए रिसर्च नहीं करनी। क्योंकि पुष्पक विमान था, इस पर तो श्रद्धावान लोग आज भी विश्वास कर रहे हैं, कि वाल्मीकि ने 'रामायण' में लिखा है तो निश्चित रूप से था। जिनकी श्रद्धा नहीं, आक्षेप लेते हैं, वे यदि आप पुष्पक विमान बना भी देंगे तो भी कहेंगे यह नहीं था। इसलिए उस विवाद में नहीं पड़ना है कि हम कितने गौरवशाली थे। लाखों वर्ष पूर्व हमारी तकनीकी कितनी उन्नत थी। इस गौरव को विश्व के सामने प्रतिष्ठित करने के लिए 'रामायण' में अनुसन्धान करने की आवश्यकता नहीं है। किन्तु ऋषि पराशर के 'यन्त्र सर्वस्व'

के वैमानिकी प्रकरण की विमानविद्या में गायरोमीटर (Gyrometer) की तकनीकी से केन्द्राभिमुख बल (Centripetal Force) का उपयोग करके गुरुत्वाकर्षण विरोधी बल (Anti-Gravity Force) तैयार करना तथा गायरोमीटर में ईंधन के रूप में पारे (Mercury) का उपयोग कर भँवरे की सतत गति को कैसे बनाये रखा जाता था, इस बात पर अनुसन्धान कर बिना ईंधन चलने वाली इस तकनीक का आज प्रयोग कर पायें तो पर्यावरण हितैषी तकनीकी (eco-friendly technology) द्वारा प्रदूषण की चुनौती का समाधान सरलतापूर्वक हो सकता है। यदि पुष्पक विमान की तकनीक से आज हम कैमरा, सामान, मेडिकल किट को सही जगह पहुँचाने वाले ड्रोन बना सकें तो पुष्पक विमान पर शोध करना सार्थक है।

'रामायण' की सामाजिक दृष्टि में धोबी के कथन का भी अन्वेषण किया जा सकता है। उस युग के धोबी की तुलना में आज हमारे घरों में इतने सारे समाचार चैनल आकर बैठ गये हैं। इन धोबियों के जो कृत्य समाज में विषमता और नकारात्मकता फैलाने का काम करते हैं, उनकी स्थिति पर विचार करने के लिए 'रामायण' के सामाजिक सन्दर्भों पर शोध करना होगा।

आज सारा विश्व आतंकवाद से त्राहि-त्राहि कर रहा है। सारे विश्व में समस्याएँ हैं। जो पहले सीरिया और लेबनान में होता था, वह अब फ्रांस में हो रहा है। सीरिया, लेबनान और अब तालिबानी अफ़ग़ानिस्तान के शरणार्थी पास के मुस्लिम देशों में न जाकर दूरस्थ देशों में जाते हैं एवं जहाँ शरण मिली है, वहीं पर दादागीरी करके गृहयुद्ध जैसे वातावरण का निर्माण करते हैं। काबुल, कन्धार और पंजशीर की घटनाएँ तो प्रतिदिन देख ही रहे हैं। कुछ माह पूर्व पेरिस जाने वाले एक विमान में कोई आतंकवादी नहीं था, किसी के हाथ में बन्दूक़ नहीं थी, एक सामान्य व्यक्ति ने कॉकपिट के सामने मैं 'नमाज़' पढ़ूँगा, इस आग्रह के लिए परिचारक के साथ हाथापाई एवं मारामारी कर दी। उसके कारण उस विमान को पेरिस ले जाने के बजाय नीस ले जाना पड़ा।

ऐसी घटनाएँ समाज में प्रतिदिन हो रही हैं। सारे विश्व के सामने यह समस्या है, सारा विश्व चिन्तित है कि इस समस्या का कैसे निपटारा किया जाये। भारत में भी यह समस्या बहुत बड़ी है। हम प्रतिदिन भारत में लव जिहाद की घटनाएँ देखते हैं। बंगाल में चुनाव के बाद जो हिंसा हुईं उससे हम सभी का मन द्रवित हुआ है। सामाजिक, सांस्कृतिक स्थिति के कारण एक-दूसरे के प्रति असहिष्णुता का भाव लेकर सारा का सारा समाज हिंसा में जाने वाली स्थिति में पहुँच गया। कुछ तय किये हुए षड्यन्त्र और कुछ अपने आप सामाजिक, चारित्रिक पतन के कारण होने वाली बातें, इन सबको लेकर मन में शंकाएँ और प्रश्न हैं। शिक्षा जगत् का, गुरुजनों,

शिक्षकों, अनुसन्धानकर्ताओं, शोधकर्ताओं का कर्तव्य है कि इन बातों का समाधान ढूँढ़ने के लिए अनुसन्धान करें। भगवान श्रीराम का जीवन, उनका आचरण, उन पर लिखे गये साहित्य, विभिन्न ग्रन्थ जैसे 'वाल्मीकि रामायण', तुलसीदास जी का 'रामचरितमानस', 'कम्ब रामायण', 'एकनाथी रामायण' या रामानन्द सागर का चलचित्र 'रामायण'; इन सबसे प्राप्त श्रीराम का सन्देश हमें जन-जन के मन में आत्मबल जाग्रत करने वाले अनुसन्धान के लिए प्रेरित करता है।

'वानर' का अर्थ है जिन्हें अपने नर होने पर ही शंका है, अपनी मनुष्यता का ही जिन्हें विस्मरण हो गया है, आत्मबल भूल गये हैं, आत्मशक्ति से विस्मृत हो गये हैं। हम सभी के मन में बैठे हनुमान जी भी आज अपनी शक्ति को भूल गये हैं। रामेश्वरम के समुद्र किनारे अपने दोनों घुटनों के बीच माथा धरे अपनी शक्ति का विस्मरण हो गया। जामवन्त जी शक्ति की अनुभूति कराते हैं। हनुमान जी तब जगते हैं जब उनको उनके जीवन का उद्‌देश्य स्मरण होता है। पवनपुत्र बल पवन समाना से नहीं जागे, बल बुद्धि विज्ञान निधाना से भी नहीं। जब जामवन्त ने स्मरण दिलाया कि आपके जन्म का उद्‌देश्य ही राम कार्य है–राम काज लगि तव अवतारा–तब उठ खड़े हुए और विराट रूप धारण किया–सुनतहिं भयउ पर्बताकारा।

आज भारत के सभी समाज गिरिजनवासियों, वनवासियों, ग्रामवासियों में शक्ति का विस्मरण हुआ है। आत्मविश्वास खोकर बैठे हुए युवा को जीवन की दिशा नहीं मिल रही कि करना क्या है। क्या उन सबके मार्गदर्शन हेतु प्रत्येक शिक्षक को जामवन्त नहीं बनना चाहिए? लोकनायक राम के पीछे का तत्त्व है–प्रत्येक व्यक्ति में हृदयस्थ राम का जागरण करना। भगवान राम जब सुग्रीव को स्पर्श करते हैं तो सुग्रीव में आत्मबल भर देते हैं–जाओ लड़ो बाली से, मैं हूँ तुम्हारे साथ। तदुपरान्त सुग्रीव स्वयं के कर्तव्य का पालन करने के लिए उठ खड़े हो जाते हैं। भगवान श्रीराम हनुमान जी को स्पर्श करते हैं और उनके अन्दर शक्ति भर देते हैं। भगवान श्रीराम जिन्हें स्पर्श करते हैं, उन्हें स्वयं से परिचित करा देते हैं। जनस्थान पंचवटी में रहते हुए भी जन-जन के मन में शक्ति भर देते हैं। आज भी भगवान श्रीराम का नाम लेने मात्र से व्यक्ति के हृदय में आत्मविश्वास जाग्रत हो जाता है। आत्मविश्वास जाग्रत करने वाली, समाज का नेतृत्व करने वाली जनशक्ति का निर्माण आज की आवश्यकता है। युवाओं में वैचारिक स्पष्टता से समाज में चल रहे बौद्धिक संघर्ष में राष्ट्रहित की सही भूमिका का निर्वहन कर भारत के प्रति योगदान कर सकें ऐसे बौद्धिक योद्धाओं का निर्माण करने हेतु प्रयासरत हैं। यही कार्य लोकनायक भगवान श्रीराम ने किया है। इस पर विश्वविद्यालयों में अनुसन्धान होना चाहिए। भगवान श्रीराम के जीवन, सामाजिक एवं संगठनात्मक योगदान, नेतृत्व के गुणों पर शोध

होना चाहिए। भगवान श्रीराम को विषाद हो गया तो गुरु वशिष्ठ के पास भेजा गया। गुरु के साथ उनका संवाद हुआ। गुरु वशिष्ठ एवं भगवान श्रीराम का संवाद 'योगवासिष्ठ' के रूप में अमर ग्रन्थ बन गया। बाद में वही भगवान श्रीराम पूरे जीवन में सबका मनोबल तैयार करने का काम करते हैं। इस प्रकार भगवान श्रीराम लोकनायक एवं सृष्टि-नायक हैं, रामराज्य का निर्माण करते हैं।

गत सौ-दो सौ वर्षों से जिस आर्थिक सन्दर्भ और सिद्धान्त पर सारा विश्व चल रहा है, उस पर आज सारे विश्व के अर्थशास्त्री प्रश्नचिह्न खड़ा करते हैं। क्या हम सही दिशा में जा रहे हैं? क्या सुख की संकल्पना के लिए निर्मित वित्त व्यवस्था, अधिक भोग के लिए भौतिकतावाद, उपभोक्तावाद जैसे अनेक सिद्धान्तों से क्या वास्तविकता में मनुष्य सुखी हुआ? अस्तित्व के लिए संघर्ष और सुयोग्य की रक्षा (Struggle for existence & Survival of the fittest) ने इस सिद्धान्त पर आधारित विकास का भव्य आडम्बर खड़ा कर दिया। वह वास्तविक विकास कर रहा है या विनाश, यह प्रश्न आज विश्व की मनीषा के सामने है। विश्व का प्रत्येक संवेदनशील व्यक्ति इस पर प्रश्न पूछ रहा है। उसका उत्तर भगवान श्रीराम के जीवन में रामराज्य का आदर्श प्रदान करता है। भरत को पादुका प्रदान करते समय भगवान श्रीराम और भरत के मध्य हुए संवाद में उस व्यवस्था के निर्माण के सूत्र हैं जो 14 साल नन्दीग्राम में संन्यस्त भाव से बैठकर, त्याग आधारित राज्य व्यवस्था, समाज व्यवस्था और अर्थव्यवस्था का निर्माण भरत ने किया है। रामराज्य के वास्तविक निर्माता भरत हैं।

राजनीतिशास्त्र, अर्थशास्त्र और राज्यशास्त्र की संवाहक प्रतीक पादुका है। अर्थशास्त्र और राज्यशास्त्र की शिक्षा चित्रकूट पर्वत पर श्रीराम ने भरत को दी। मैं वन में जाकर लोकनायक बन मनुष्य के मनोबल और संगठित समाज को खड़ा करता हूँ और तुम अयोध्या जाकर व्यवस्था-परिवर्तन करो। क्योंकि जब तक समाज जाग्रत नहीं होता तब तक केवल राज्य व्यवस्था का परिवर्तन कारगर नहीं हो सकता। इसलिए रामराज्य के निर्माण के लिए समाज का जाग्रत होना एवं व्यवस्था का परिवर्तन होना दोनों आवश्यक हैं। रामराज्य के लिए समाज का संगठित मनोबल खड़ा करना, सामाजिक चेतना का जागरण और उसी समय सिंहासन पर पादुका रखकर राजनीति के सिद्धान्त 'सर्वे भवन्तु सुखिन: ' के आदर्श पर लोककल्याणकारी अर्थव्यवस्था, राज्यव्यवस्था के निर्माण के सूत्र भगवान श्रीराम ने चित्रकूट पर दिये, उनके माध्यम से ज्ञान दिया। अयोध्या लौटने पर चार श्लोकों के माध्यम से पुन: परीक्षण किया। यह उदाहरण (Paradigms) एवं मापदण्ड (Parameters) देते हैं कि विकास कैसा होना चाहिए? विकास के मापदण्ड क्या होने चाहिए? किसे हम रामराज्य कहेंगे? आज पूरे विश्व में ऋण आधारित अर्थव्यवस्था ध्वस्त हो रही है,

एक-एक कर सारे देश धराशायी हो रहे हैं। ऐसे समय में सारे विश्व के सामने एक नयी अर्थव्यवस्था रामराज्य देता है।

महाभारत में शरशैया पर पड़े हुए पितामह भीष्म से धर्मराज युधिष्ठिर पूछते हैं कि धर्म स्थापित हुआ, यह कैसे पता चलेगा। पितामह भीष्म बताते हैं जिस समय तुम्हारे राज्य में मध्यरात्रि सुन्दर युवती आभूषणों से मण्डित होकर निर्भय विचरण कर सके तब समझना धर्म की स्थापना हो गयी। ना लोभ से, ना लालच से, ना काम से कोई उसे छेड़ेगा, देखेगा; ऐसे आत्मसन्तुष्ट, आत्मसंयमी, संस्कारी समाज का निर्माण जब हो जाये तब समझो धर्मराज्य की स्थापना हो गयी। रामराज्य की यह संकल्पना भगवान श्रीराम ने स्थापित की।

हमारे संविधान का आदर्श रामराज्य पुनः स्थापित करना है जो सामाजिक समरसतापूर्ण है, जिसमें शबरी, केवट और निषादराज में कोई भेद नहीं है, उन्हें गले लगाने वाले प्रभु श्रीराम हैं। हमारे राम जन-जन के हैं, इसलिए बिना किसी भेदभाव के सबको अपना बनाने वाले राम ऐसी समरस समाज व्यवस्था का निर्माण करने वाले हैं, जहाँ हम एक-दूसरे से जातिगत विद्वेष और अस्पृश्यता जैसे महापाप आज के युग में भी पालन करने वाले समाज को देखते हैं, जातिगत विद्वेष एवं विभेद के कारण आन्दोलन होते हैं, ऐसी परिस्थिति में समाजशास्त्रियों को रामराज्य पर शोध करने की आवश्यकता है।

मन-मन में बसने वाले, हँसते-खेलते आनन्द का निर्माण करने वाले, जिनके नाम मात्र से जीवन सार्थक हो जाता है, वे भगवान श्रीराम शिक्षा जगत् में भी सबके लिए बहुत बड़ा आधार प्रदान करते हैं। भगवान राम के सेतुबन्धन को, मन से मन को जोड़ने की क्षमता को आज के युग में अन्तर्राष्ट्रीय स्तर पर स्थापित करना होगा। एक अत्यन्त अद्‌भुत 'रामराज्य संघ' निर्माण करने की आज आवश्यकता है। विश्व के 160 से भी अधिक देशों की भाषा, साहित्य, संस्कृति, जीवन में भगवान श्रीराम दिखाई देते हैं। सुदूर एशिया के 18 देशों में 'रामायण' विभिन्न प्रकार से खेली जाती है। इंडोनेशिया, कम्बोडिया, लाओस, जावा, सुमात्रा सब स्थानों पर 'रामायण' राष्ट्रीय ग्रन्थ है। विश्व की सर्वाधिक मुस्लिम आबादी जिस इंडोनेशिया में रहती है, उस देश का राष्ट्रीय ग्रन्थ 'कुरान' नहीं 'रामकिन' (रामायण) है।

जर्नल पोलपाट के 5 साल के क्रूर साम्यवादी, तानाशाही शासन में कम्बोडिया की सांस्कृतिक विरासत को तहस-नहस कर दिया गया। युगाब्द 5081 अर्थात् 1979CE में जब लोकतन्त्र स्थापित हुआ तब पहले चुनाव नहीं हुए। पोलपाट की मृत्यु के बाद कम्बोडिया की जनता का पहला काम रहा खुली हवा में स्वतन्त्रता का श्वास भरना। तीसरे दिन एकादशी के अवसर पर कम्बोडिया के मुख्य स्टेडियम

में रामलीला का मंचन हुआ। बीबीसी के पत्रकार ने इस कार्यक्रम का वर्णन करते हुए लिखा है कि सारा कम्बोडिया उस स्टेडियम की तरफ़ जा रहा था। स्टेडियम में घूमता हुआ रंगमंच बना हुआ था। रंगमंच पर 'रामायण' खेली जानी थी। हनुमान जी सूत्रधार थे। ऊपर रस्सी से हनुमान जी नीचे उतरे और 'जय श्रीराम' का नारा लगाया तब सारा स्टेडियम 'जय श्रीराम' के नारों से गूँज उठा। बीबीसी की महिला पत्रकार लिखती हैं कि पूरा स्टेडियम रो रहा था। साथ में जो महिला थी, वह भी रो रही थी। उसने पूछा कि इसमें रोने जैसा क्या है? रो क्यों रहे हो? उस महिला ने पत्रकार की तरफ़ आश्चर्य से देखा, क्या उत्तर देती? वह आश्चर्य से देख रही थी, इसलिए जब उस पत्रकार ने स्वयं की ओर ध्यान दिया तो पता चला कि उनकी भी आँखों से आँसू बह रहे थे। चेहरा गीला हो गया था। यह राम हैं।

रामराज्य का यह विचार विश्व के 160 देशों को एक मंच पर ला सकता है। जैसे अन्तर्राष्ट्रीय योग दिवस ने विश्व की स्वास्थ्य मानसिकता एवं स्वयं की तरफ़ देखने की दृष्टि को प्रवर्तित किया, वैसे यदि विश्व की व्यवस्था, अर्थदृष्टि, राजदृष्टि तथा विश्वदृष्टि का परिवर्तन करना है तो राम के प्रति श्रद्धावान सभी राष्ट्रों का संघ 'रामराज्य संघ' का निर्माण करना होगा। अन्तर्राष्ट्रीय सम्बन्धों पर कार्य कर इस प्रकार का निष्कर्ष अपने अनुसन्धान के द्वारा स्थापित किया जा सकता है। दक्षिण अमेरिकी देश, मध्य एशिया के देश जैसे कजाकिस्तान, तुर्कमेनिस्तान, मंगोलिया या यूरोप के बलगारिया, बेल्जियम, पोलैंड, एशिया के जापान, कोरिया एवं रूस जैसे देशों में जाइए। वहाँ के मूल निवासी अपनी-अपनी भाषा में 'रामायण' खेलते हैं। सारे विश्व को 'रामायण' जोड़ती है।

विश्व को यदि संघर्ष से समन्वय की ओर, युद्ध की स्थिति से शान्ति की ओर, अव्यवस्था से व्यवस्था की ओर तथा विनाश से वास्तविक विकास की ओर ले जाना है तो भगवान राम के जीवन, सन्देश, विचार, हृदयस्थ आत्मबल पर आधारित एक 'रामराज्य संघ' का निर्माण हम कर सकते हैं। इतनी शक्ति रामत्व में आज भी है।

जय श्रीराम!

रामचरित की प्रासंगिकता

कपिल खन्ना

तपस्स्वाध्यायनिरतं तपस्वी वाग्विदां वरम्।
नारदं परिपच्छ वाल्मिकर्मुनिपुङ्गवम्।। 1.1.1।।

कोऽन्वस्मिन्साम्प्र लोके गुणवन्कश्च वीर्यवान्।
धर्मज्ञश्च कृतज्ञश्च सत्यवाक्यो दृढव्रत:।। 1.1.2।।

चारित्रेण च को युक्त:सर्वभूतेषु को हित:।
विद्वतन् क: कस्समर्थश्च कश्चैकप्रियदर्शन:।। 1.1.3।।

आत्मवान् को जितक्रोधो द्युतिमान् कोऽनसुयक:।
कस्य बिभ्यति देवाश्च जातरोषस्य सम्युगे।। 1.1.4।।

एतदिच्छाम्यहं श्रोतुं परं कौतूहलं हि मे।
महर्षे त्वं समर्थोऽसि ज्ञातुमेवंविधं नरम्।। 1.1.5।।

('वाल्मीकि रामायण', 'बालकाण्ड')

भगवान राम के महत्त्व को रेखांकित करने के लिए महर्षि वाल्मीकि और देवर्षि नारद का यह संवाद सर्वोत्तम है।

उपरोक्त पंक्तियों में महर्षि वाल्मीकि देवर्षि नारद से प्रश्न करते हैं कि हे देवर्षि इस संसार में आज उत्तम गुणों, पराक्रम, धर्म, कृतज्ञता, सत्यनिष्ठा और प्रतिज्ञा में दृढ़ता से युक्त कौन रहता है?

वह कौन है जो अच्छे आचरण से सम्पन्न है, सभी जीवित प्राणियों की भलाई के लिए समर्पित है, विद्या में निपुण है (सभी ज्ञात चीज़ों का ज्ञान), जो ऐसे काम करने में सक्षम है जो दूसरे नहीं कर सकते और असाधारण रूप से सुन्दर है?

(पुरुषों में से) कौन आत्मसंयमी है? क्रोध पर किसने विजय प्राप्त की है? कौन प्रतिभा से सम्पन्न और ईर्ष्या से मुक्त है? वह कौन है जिसके क्रोधित होने पर देवता भी भयभीत हो जाते हैं (शत्रुओं की तो बात ही छोड़िए)।

हे महर्षि..! मैं किसी ऐसे व्यक्ति के बारे में सुनना चाहता हूँ जिसे आप स्थान दे सकें? वास्तव में मेरी जिज्ञासा महान् है।

महर्षि वाल्मीकि के प्रश्नों का उत्तर देते हुए नारद कहते हैं कि

इक्ष्वाकुवंशप्रभवो रामो नाम जनैः श्रुतः।
नियतात्मा महावीर्यो द्युतिमान् धृतिमान् वशी नियति।।
धर्मज्ञः सत्यसन्धश्च प्रजानां च हिते रतः।
यशस्वी ज्ञानसम्पन्नः शुचिर्वश्यः समाधिमान्।।1.1.12

('बालकाण्ड', 'वाल्मीकि' 'रामायण')

अर्थात् लोगों ने उनका नाम राम के रूप में सुना है, जो राजा इक्ष्वाकु के वंश में पैदा हुए थे।

स्थिर स्वभाववाले, अतुलनीय पराक्रमवाले, आत्मतेजस्वी, स्वयं आज्ञाकारी और इन्द्रियों को अपने वश में करने वाले। पवित्र, अपनी प्रतिज्ञा में दृढ़, वह सदैव अपनी प्रजा का भला करने के लिए तत्पर रहते हैं। वह यशस्वी, बुद्धिमान और हृदय से शुद्ध हैं। वह बड़ों के आज्ञाकारी हैं (उन लोगों के लिए सुलभ हैं जो उन पर निर्भर हैं) और हमेशा उन लोगों की रक्षा के लिए तत्पर हैं, जो उनकी शरण में आते हैं।

भारतीयता अथवा भारतीय चेतना ही यही है। हमारे ऋषि महात्माओं द्वारा सनातन काल से यही शिक्षा हमें मिलती रही है। भगवान राम का मूल आधार यही है। अपने जनकल्याणकारी भावना और समाज के प्रत्येक रिश्तों को मर्यादा में बाँधने वाले आदर्श राम, अपने इसी गुण के कारण सर्वकालिक और सार्वदेशिक के साथ ही सर्वसुलभ भी हैं। भगवान राम का चरित्र सिर्फ़ एक महापुरुष का चरित्र नहीं वरन् सम्पूर्ण भारतवर्ष की सांस्कृतिक विरासत है।

देश के तात्कालिक स्वरूप, चुनौतियों और भावी पीढ़ी की चेतना के मार्गदर्शन के लिए प्रभु राम का चरित्र हमारा सबसे प्रभावी कारक है। भगवान राम की जीवन-यात्रा का प्रत्येक पड़ाव, आम भारतीय जीवन जिसमें यहाँ जन्मे प्रत्येक धर्म और सम्प्रदाय के लोग सम्मिलित हैं, उन सभी के लिए ही लाभकारी है तथा सभी के जीवन में सकारात्मकता लाने वाला है। राजकुमार राम और लंका विजय के पश्चात् अयोध्या की गद्दी सँभालने वाले राम के मूल में जो अन्तर है, वही अन्तर सम्पूर्ण भारतवर्ष का दर्शन है। राम बिना किसी संसाधन के अयोध्या के राजमहल का त्याग करते हैं। पारिवारिक जीवन में आदर्श स्थापित करते हुए अपने चरित्र से संयुक्त परिवार के महत्त्व का आदर्श स्थापित करते हैं। वनवास का पूरा जीवन संघर्षमय है, पर परिवार, मित्र, समाज और राष्ट्र के प्रति प्रभु राम के त्याग और समर्पण में कोई

कमी नहीं है। त्याग और समर्पण लगातार नये नैतिक मूल्यों को स्थापित करता गया। प्रभु के इसी जीवन-चरित्र का प्रभाव राष्ट्रीय स्वयंसेवक संघ के लाखों स्वयंसेवकों में देखा जा सकता है। भारतवर्ष के अलावा भी विदेशों में सक्रिय सांस्कृतिक विरासत के पुनरुत्थान हेतु जो लाखों स्वयंसेवक, प्रचारक और विस्तारक के रूप में अपना सम्पूर्ण जीवन न्योछावर करते हुए राष्ट्र सेवा में संलग्न हैं, राम उन सभी के प्रेरणा-स्रोत हैं। बिना संसाधन, राष्ट्र के प्रत्येक समुदाय के लोगों को एक समान, एक साथ जोड़ते हुए तत्कालीन युग के सर्वोपरि योद्धा, पण्डित और महाज्ञानी होने के साथ ही अहंकार में डूबे रावण, जो दुष्टता का पर्याय बन गया था एवं बुरी शक्तियों का संरक्षक बन गया था, उसे हराया। इस धर्मयुद्ध में राम राजा के रूप में युद्ध नहीं कर रहे थे, बल्कि एक संन्यासी योद्धा की तरह राष्ट्र और धर्म के लिए आवश्यक युद्ध का नेतृत्व कर रहे थे। गोस्वामी तुलसीदास बड़े सरल शब्दों में इस दृश्य को रखते हैं।

रावण को राजकीय शक्तियों, संसाधनों के साथ युद्ध में उतरते देख विभीषण चिन्तित हो प्रभु राम से पूछते हैं–

रावनु रथी बिरथ रघुबीरा। देखि बिभीषन भयउ अधीरा॥
अधिक प्रीति मन भा सन्देहा। बंदि चरन कह सहित सनेहा॥
नाथ न रथ नहिं तन पद त्राना। केहि बिधि जितब बीर बलवाना॥

भगवान राम अपने मूल स्वभाव के अनुरूप ही शान्त और आत्मविश्वास से उत्तर देते हैं–

सुनहु सखा कह कृपानिधाना। जेहिं जय होइ सो स्यंदन आना।
सौरज धीरज तेहि रथ चाका। सत्य सील दृढ़ ध्वजा पताका॥
बल बिबेक दम परहित घोरे। छमा कृपा समता रजु जोरे॥
ईस भजनु सारथी सुजाना। बिरति चर्म सन्तोष कृपाना॥
दान परसु बुधि सक्ति प्रचण्डा। बर बिग्यान कठिन कोदण्डा॥
अमल अचल मन त्रोन समाना। सम जम नियम सिलीमुख नाना॥
कवच अभेद बिप्र गुर पूजा। एहि सम बिजय उपाय न दूजा॥
सखा धर्ममय अस रथ जाकें। जीतन कहँ न कतहुँ रिपु ताकें॥

भगवान राम के विश्वास से भरा यह उत्तर भगवान कृष्ण द्वारा अर्जुन को युद्ध-भूमि में विराट स्वरूप प्रकट करने और गीता के उपदेश जितना ही प्रभावी रहा।

तप, त्याग और संघर्ष के बीच निहित पुरुषार्थ का जो परिचय प्रभु राम के व्यक्तिव में है, ऐसा मिलना तो किसी भाषा, देश और संस्कृति में दुर्लभ है।

राम अयोध्या से निकलने के बाद लगभग सम्पूर्ण भारतवर्ष के शोषितों को मुक्ति देते हैं। राम जाति और पन्थ के भेद को तोड़ते हैं। कुरीतियों को तोड़ते हैं। कौशल्या नन्दन के साथ शबरी के मानसपुत्र बनते हैं। भगवान राम के लिए उनके सहयोगी *तुम मम प्रिय भरतहिं सम भाई* हैं। विनम्रता का अप्रतिम सौन्दर्य और सामर्थ्य का शिखर प्रभु राम में एक समान विद्यमान है। समुद्र से प्रार्थना का प्रतिउत्तर नहीं मिलने के बाद ही प्रभु धनुष धारण करते हैं। शक्ति और संयम का बेजोड़ सामंजस्य भी प्रभु राम में ही दिखता है।

अयोध्या में राम मन्दिर की स्थापना सनातन धर्म के राम के रूप में ही नहीं बल्कि सम्पूर्ण भारतवर्ष को समर्पित है।

भगवन राम का जीवन-चरित्र विश्व में वसुधैव कुटुम्बकम् की हमारी सनातन भावना को बल देने वाला है। राम पुत्र, भाई, पति, राजा और संन्यासी के साथ आदर्श विजेता भी हैं। आज सिर्फ़ अपने और अपने राष्ट्र और पन्थ के लाभ के लिए दूसरे राष्ट्र का अतिक्रमण का ध्येय रखने वाले विस्तारवादी राष्ट्रों को राम से सीखने की आवश्यकता है। राम विजेता होने पर भी तत्कालीन समय के सबसे वैभवशाली साम्राज्य से एक तिनका तक उठाकर नहीं लाते। राम लंका को पराजित नहीं करते, लंकावासियों को पराजित नहीं करते, यहाँ तक कि रावण को भी मृत्यु और विनाश से बचाकर सुमार्ग पर लाने की भरपूर चेष्टा करते हैं।

राम राष्ट्र-विजय की कामना से रहित लंकावासियों को आततायी रावण से मुक्त करते हैं। राम सर्वप्रथम रावण को अहंकार से ही मुक्त कराना चाहते थे। यही प्रभु राम का परम ध्येय था। राम सबको मानव धर्म से युक्त और पशुता, अहंकार और दुराचार से मुक्त करना चाहते हैं। राम एक योद्धा और विजेता के रूप में अपने इन्हीं ध्येय पथ पर चलने की प्रेरणा देते हैं।

मीडिया, आख्यान और राम मन्दिर आन्दोलन

विष्णु त्रिपाठी

यह एक स्थापित तथ्य है कि बीसवीं सदी के नौवें और अन्तिम दशक में राम जन्मभूमि मुक्ति यज्ञ या आन्दोलन में भाषाई, विशेषकर हिन्दी समाचार-पत्रों ने महत्त्वपूर्ण और सक्रिय भूमिका निभायी और यह भी सत्य-तथ्य है कि राम जन्मभूमि आन्दोलन ने समाचार-पत्रों-संवाद माध्यमों में व्यक्तिगत-संस्थागत आचार-व्यवहार, सोच और वैचारिकी को एक नया आयाम दिया, आस्तिकों को दृढ़ता प्रदान की और राष्ट्रभक्तों को सम्बल। पूरे देश में ही नहीं बल्कि विश्व में, विशेषकर भारतीय उपमहाद्वीप में एक नयी शैली का, नये प्रकार का आख्यान (नैरेटिव) विकसित हुआ। सनातन संस्कारवान पत्रकारिता अतिरिक्त पुष्ट हुई, समाचारीय विषयवस्तु में राष्ट्रीयता से ओत-प्रोत वैचारिक सम्पोषण समृद्ध हुआ। यह आन्दोलन पत्रकारीय धर्म-कर्तव्य के लिए मार्गदर्शक के रूप में प्रामाणिक सिद्ध हुआ। दक्षिणमार्गीय वैचारिक शाखा का संकोच टूटा, राष्ट्रीयत्व से ओत-प्रोत अभिव्यक्ति मुखर हुई और समय की माँग के अनुरूप जहाँ-जहाँ आवश्यक हुआ, विनम्र आक्रामकता भी पनपी। पत्रकारों की, पत्रकारिता संस्थानों की समाज, राष्ट्र व सनातन संस्कृति के प्रति दृष्टि में सकारात्मक व अपेक्षित परिवर्तन देखने को मिला, जिसका सुफल अब लगभग तीन दशक के उपरान्त हम हर प्रकार के समाचार माध्यमों, चाहे प्रिंट हो, विजुअल हो या इंटरनेट, सभी में अनुभूत कर रहे हैं।

वैसे तो राम जन्मभूमि की मुक्ति के लिए विगत चार-पाँच शताब्दियों से रह-रहकर सनातन हिन्दू समाज आन्दोलित होता रहा। किन्तु हम कह सकते हैं कि निर्णायक सतत क्रम का आरम्भ 1985 में हुआ, जब इन्दौर की तलाक़शुदा शाहबानो ने अपने पति के विरुद्ध उच्चतम न्यायालय तक गुज़ारा भत्ता की लड़ाई लड़ी और जीती, किन्तु केन्द्र में राजीव गाँधी के नेतृत्व वाली कांग्रेस सरकार ने संसद में क़ानून बनाकर उच्चतम न्यायालय का निर्णय एक तरह से शून्य या सीमित कर दिया। इसकी प्रतिक्रिया सनातन हिन्दुओं में भी हुई, और वह यह कि जब क़ानून बनाकर मुस्लिम पर्सनल ला की 'रक्षा' की जा सकती है तो अयोध्या में एक ढाँचे

में 'निरुद्ध' भगवान राम की मुक्ति के लिए क़ानून क्यों नहीं बनाया जा सकता। उसके बाद की गाथा या इतिहास काफ़ी लम्बा है कि किस तरह से जन्मभूमि का ताला खुला, रामलला की पूजा-अर्चना प्रारम्भ हुई, शिलान्यास की औपचारिकता हुई, पूर्ण मुक्ति के लिए आन्दोलन व्यापक व सघन हुआ, कारसेवकों के रक्त से सरयू लाल हुई, बड़ी संख्या में कारसेवक बलिदान हुए, विवादित ढाँचा ध्वस्त हुआ और अन्ततः उच्चतम न्यायालय के निर्णय से जन्मभूमि पर भव्य मन्दिर के निर्माण का मार्ग प्रशस्त हुआ।

जब अयोध्या को केन्द्र बनाकर पूरे भारत में राम जन्मभूमि मुक्ति यज्ञ आकार ले रहा था, तब समाचार माध्यमों के रूप में मुख्यतः हिन्दी, अंग्रेज़ी और क्षेत्रीय भाषाओं के समाचार पत्र-पत्रिकाएँ थे, न्यूज़ एजेंसियाँ थीं, वहीं सरकारी प्रचार-समाचार माध्यमों के तौर पर आकाशवाणी और दूरदर्शन थे। तब भारत में निजी क्षेत्र के टीवी समाचार चैनलों का उद्भव नहीं हुआ था। हाँ, विजुअल मीडिया या दृश्य माध्यम के तौर पर वीडियो कैसेट्स के रूप में कुछ 'कैप्सूल्स' अवश्य निर्मित होते थे। इस प्रसंग में विदेशी समाचार माध्यम तब सक्रिय हुए, जब उन्हें भारतीय सीमा से बाहर इस आन्दोलन की गम्भीरता, महत्ता और प्रभाव की स्पष्ट अनुभूति हुई और कुछ विदेशी मीडिया संस्थानों ने अपनी वैचारिक प्रतिबद्धता के चलते वैचारिक एजेंडा आधारित, ख़ासकर 'सेकुलर रंग' में रँगे, कवरेज के लिए अयोध्या आना आवश्यक समझा। मूलतः आरम्भ से लेकर निर्णायक क्षणों तक इस आन्दोलन में लखनऊ और नयी दिल्ली से प्रकाशित होने वाले समाचार-पत्रों की महती भूमिका-सक्रियता रही, उसमें भी विशिष्टतः लखनऊ केन्द्रित समाचार-पत्रों की, क्योंकि अयोध्या यानी तत्कालीन फ़ैज़ाबाद ज़िला, लखनऊ से प्रकाशित-प्रसारित होने वाले समाचार-पत्रों के प्रसार क्षेत्र या इनपुट नेटवर्क की सीमा में आता था।

स्वतन्त्रता के पश्चात् देश में स्वदेशी नियन्त्रणवाले समाचार-पत्रों, समाचार प्रतिष्ठानों का विकास व प्रसार तो हुआ किन्तु विचारधारा के स्तर पर नियोजित ढंग से सम्पादन कक्ष में वामपन्थ तथा समाजवाद ही प्रभावी रहा।

कुछ समाचार-पत्र या उनके संपादक ऐसे थे, जिन्हें सामान्यतः कांग्रेसी विचारधारा का या सरकार का शुभेच्छु अथवा हितचिन्तक माना जाता था। सच यह भी था कि स्वतन्त्र भारत में अपनी बदली हुई भूमिका में कांग्रेस की मौलिक रूप से कोई विचारधारा शेष रही ही नहीं थी, जो थी, वह सुविधापेक्षी, अवसर-अनुगृहीत मध्यमार्गी थी और वामपन्थ-समाजवाद से अच्छी तरह से प्रभावित थी। गाँधी स्मृति दिवस मात्र दो अक्टूबर और तीस जनवरी तक सीमित हो गये थे, संग्रहालयों-स्मारकों के विषय हो चुके थे। उनका दर्शन प्रभावहीन होकर लुप्त हो

रहा था, क्योंकि सत्ता का स्वाद चख चुके कांग्रेसियों को गाँधी का आदर्श नितान्त गन्धहीन लगने लगा था, उनके लिए उसमें कुछ बचा नहीं था। आत्मनिर्भरता के नाम पर सोवियत संघ से समाधानों का आयात होता था और कांग्रेसियों को सरकारी प्रतिष्ठान-मन्त्रालय-संस्थान कल्पतरु की भाँति लुभाने लगे थे। कहीं से सेकुलर या सेकुलरिज़्म शब्द लाकर उसकी अनुचित-अशुद्ध व्याख्या करके सनातन धर्म से च्युत या विचलित करने का योजनाबद्ध अभियान चल पड़ा था।

विशुद्ध सरकारी तन्त्र और उससे पोषित होने वाले तमाम ग़ैर-सरकारी उपक्रम जवाहर लाल नेहरू की वैचारिक आभा से अभिप्रेरित थे, जिनमें औद्योगिक घरानों के साये में संचालित होने वाले समाचार माध्यम भी शामिल थे। देश स्वतन्त्र गणतन्त्र के रूप में एक आकार तो ले रहा था किन्तु सोचे-समझे प्रयासों के अन्तर्गत समाचार प्रतिष्ठानों के न्यूज़ रूम या समाचार कोष्ठ सनातन संस्कृति, भारतीयता और राष्ट्रीयता से निरपेक्षता को अपनी तथाकथित तटस्थ-निस्पृह संपादकीय नीति का मार्गदर्शक समझकर उसका अनुकरण करने में लगे थे। इसकी चरम परिणति आपातकाल के दौरान देखने को मिलती है, जब सेंसरशिप की आड़ में अभिव्यक्ति का गला घोंटने में कांग्रेस-वामपन्थ गठजोड़ सरकारी प्रश्रय में पूरी तरह सक्रिय हो चला। मीडिया संस्थानों पर इन्दिरा गाँधी की कांग्रेस सरकार ने ऐसा दमन चक्र चलाया कि स्वतन्त्रता लज्जित हो गयी। कई बड़े संपादक-पत्रकार जेल में डाल दिये गये।

आपातकाल के पूर्व एक तो छठे दशक के आरम्भ तक देश के राजनीतिक पटल पर दक्षिणपन्थ का अस्तित्व नहीं के बराबर था और जब जनसंघ जैसे ग़ैर-वामपन्थी-समाजवादी राजनीतिक संगठन का उदय हुआ तो उसे जनता से लेकर समाचार माध्यमों में पैठ बनाने में अर्सा लग गया। जब बीसवीं सदी के सातवें दशक में कुछ राज्यों में ग़ैर-कांग्रेसी संविद सरकारों का गठन हुआ तो देश में राजनीतिक वातावरण भी बदला और समाचार माध्यमों के स्पेस में कांग्रेस का एकाधिकार सीमित हुआ। ग़ैर-कांग्रेसी राजनीति या गठबन्धन जैसे शब्द अस्तित्व में आये। समाचार-पत्रों ने कांग्रेस से निकले क्षेत्रीय छोटे दलों और जनसंघ आदि को भी महत्त्व देना आरम्भ किया। आपातकाल अस्त होने के बाद जब केन्द्र में लघु अन्तराल के लिए ग़ैर-कांग्रेसी दलों के गठबन्धन की जनता सरकार आयी तो एक छोटी-सी खिड़की खुली और उससे ताज़ा हवा का झोंका आया। समाचार-पत्रों के न्यूज़ रूम में वातावरण बदलना प्रारम्भ हुआ। धीरे-धीरे यह बदलाव प्रभावी रूप लेता गया और जब नौवें दशक के मध्य यानी 1985-86 के दौरान अयोध्या को केन्द्र बनाकर देश में राम जन्मभूमि मुक्ति यज्ञ का अलख जगना शुरू हुआ तो इसकी

थोड़ी-बहुत तपिश समाचार-पत्रों-समाचार-कक्षों और पत्रकारों के मानस तक भी पहुँची, किन्तु अलग-अलग प्रकार से।

गहराई से देखा जाये तो शुरुआत में बहुमत में समाचार-पत्र इस आन्दोलन की गम्भीरता और भविष्य की बलवती सम्भावना को भाँपने में असफल ही रहे। ख़ासकर दिल्ली से प्रकाशित होने वाले समाचार-पत्र, जिन्हें सीमित प्रसार क्षेत्र के बावजूद राष्ट्रीय राजधानी से प्रकाशन के प्रभाव में तब राष्ट्रीय समाचार-पत्र का अलंकरण प्रदान किया जाता था, यद्यपि इनमें अधिकांश की राष्ट्रीयता की परिभाषा कुछ अलग ही थी। लखनऊ में भी अयोध्या के आरम्भिक घटनाक्रम अन्दर के पन्नों पर ही स्थान हासिल कर पाते थे। वस्तुत: जब स्थानीय अदालत के निर्णय के चलते फ़रवरी, 1986 में तत्कालीन राजीव गाँधी सरकार की तत्काल त्वरा पर जन्मभूमि का ताला खुला और मन्दिर आन्दोलन ने तीव्रता पकड़ी, तब उसके बाद अयोध्या की गतिविधियाँ, दिल्ली में राजनीतिक हलचल, भाजपा की यात्राओं, विश्व हिन्दू परिषद् के एक के बाद एक शिलापूजन जैसे कार्यक्रमों की निरन्तरता ने जन्मभूमि मुक्ति यज्ञ या आन्दोलन को अख़बारों के पहले पन्ने पर विराजमान कर दिया।

राम जन्मभूमि की मुक्ति को लेकर निचले न्यायालयों से लेकर उच्च न्यायालय होते हुए सर्वोच्च न्यायालय तक चली लम्बी न्यायिक प्रक्रिया भी 'मन्दिर' के प्रति समाचार माध्यमों में सकारात्मक बदलाव का कारक बनी। उसके पहले अयोध्या प्रसंग अधिकांश समाचार माध्यमों के लिए एक राजनीतिक विचारधारा का आन्दोलन था और मात्र समाचार का विषय था। कुछ हद तक यह स्वाभाविक भी था, क्योंकि तब तक राम मन्दिर सम्बन्धी गतिविधियों में आन्दोलनात्मक पुट अधिक था, सांस्कृतिक-धार्मिक-राजनीतिक संगठनों व उनके नेताओं के बयान थे, भाषण थे। लेकिन जब न्यायालयों में, विशेषत: इलाहाबाद उच्च न्यायालय में न्यायिक प्रक्रिया बहस, चर्चा, तर्क, प्रमाण, सिद्धान्तों के बल पर तार्किक परिणति की ओर बढ़ी तो धरातल पर सत्य का प्रत्यक्ष एवं ठोस अनुष्ठान आरम्भ हुआ। मौखिक दावों ने सिद्धान्त का स्वरूप धारण किया।

ज़ाहिर है कि पत्रकारीय जगत् में भी इसका प्रभाव देखने को मिला। न्यायिक प्रक्रिया के दौरान मन्दिर के पक्ष में प्रामाणिक तथ्य, न्यायाधीशों की टिप्पणियों ने मन्दिर पक्ष को तो प्रबल किया ही, न्यूज़ रूम या संवाद-कक्ष में जो वर्ग तटस्थ था, मौन था, नि:शब्द था, उसे बल प्रदान किया, मुखर किया। अन्तत: जब इलाहाबाद उच्च न्यायालय का श्रीराम जन्मभूमि के पक्ष में बहुमत से ऐतिहासिक निर्णय आया तो मात्र न्यूज़ रूम ही नहीं, बल्कि पूरे समाचार जगत् में सिर्फ़ दुराग्रही वर्ग को छोड़कर, पूरा वातावरण ही बदल गया।

श्रीराम जन्मभूमि को लेकर सर्वोच्च न्यायालय का निर्णय तो सम्पूर्ण भरतभूमि के लिए क्रान्तिकारी-परिवर्तनकारी प्रमाणित हुआ। इस निर्णय की प्रभावोत्पादकता मात्र अयोध्या धाम के उस भूभाग तक ही सीमित नहीं रही, जहाँ पर मन्दिर निर्माण प्रस्तावित था, बल्कि इसने व्यक्तिगत-सामाजिक जीवन के हर पहलू, प्रत्येक आयाम को प्रभावित किया। भारतीय न्याय व्यवस्था के प्रति विश्वास कई गुना बढ़ा और सनातन भारतीय संस्कृति में आस्था रखने वालों को सच्चे अर्थों में स्वयं के भारतीय होने का आभास हुआ, चतुर्दिक आत्मविश्वास प्रबल हुआ। समाचार माध्यमों के हर प्रकार, हर स्वरूप को सर्वोच्च न्यायालय के निर्णय ने प्रभावित किया। समाचार संकलन से लेकर सम्पादन तक, समाचार से लेकर विचार तक, शब्दों और भाषा में बदलाव महसूस किया जाने लगा। समाचारों में आस्तिकता का प्रस्फुटन हुआ तो विचारों में भारतीय सांस्कृतिक पक्ष पुनर्जाग्रत हुआ। पूरा वैचारिक वातावरण अँगड़ाई लेते हुए दिखा। स्वतन्त्रता पश्चात् से भारतीय समाचार कक्षों के वैचारिक प्रकोष्ठों में जो कुहासा था, वह न सिर्फ़ छँटा बल्कि राष्ट्रीयता की टिमटिमाती लौ पूर्ण रूप से प्रज्वलित हुई, पर्यावरण आलोकित हुआ।

अब तो रामलला अपनी मूलभूमि में विराजमान हो गये हैं। 22 जनवरी को अयोध्या धाम में प्राण प्रतिष्ठा कार्यक्रम का कवरेज अभूतपूर्व, अनुपमेय और अप्रतिम था। अभी तक उठने वाले सारे प्रश्न मौन थे। नकारात्मकता तिरोहित हो चुकी थी। राम का सत्य और अयोध्या का रामत्व स्वीकार कर चुके समाचार माध्यमों के लिए यह एक लौकिकता से भरपूर अलौकिक घटना थी। 23 जनवरी, 2024 की तिथि को शायद ही देश का ऐसा कोई विश्वसनीय-वास्तविक समाचार पत्र होगा, जिसके प्रथम पृष्ठ पर प्राण प्रतिष्ठित भगवान श्रीराम अपनी पूरी आभा के साथ विराजमान न हों। यह घटनाक्रम एक नयी सांस्कृतिक स्वतन्त्रता का उद्घोष है, देश के समस्त समाचार माध्यम न सिर्फ़ इसके प्रत्यक्षदर्शी बने बल्कि इस स्वतन्त्रता के उत्साही उद्घोषक की चैतन्य भूमिका में भी रहे। पूरा देश राममय हो गया तो भला पत्रकारिता जगत् और संवाद संस्थान इससे अछूते कैसे रहेंगे और रहने वाले हैं? सत्य, प्रेम और करुणा राम के आदर्श हैं और यही तीनों तत्त्व भारतीय पत्रकारिता के स्थापित सिद्धान्तों के रूप में प्रतिपादित हो चले हैं। लम्बे अर्से तक चले राम जन्मभूमि मुक्ति यज्ञ के सान्निध्य में भारतीय पत्रकारिता ने सत्यनिहित आस्तिकता, सात्विकता और सकारात्मता के अध्याय सीखे, पढ़ाये और अब जब राम हर क्षण सन्निहित हैं, भारतीय पत्रकारिता रामराज्य के चौथे स्तम्भ की भूमिका की ओर अग्रसर है।

राम मन्दिर आन्दोलन की यात्रा

राजीव सचान

अयोध्या में रामजन्म स्थान पर राम मन्दिर बनाने की माँग ने भले ही 1980 के दशक में ज़ोर पकड़ा हो, लेकिन सच तो यह है कि राम जन्मस्थान पर मन्दिर तोड़कर बनायी गयी बाबरी मस्जिद की जगह राम मन्दिर बनाने के लिए सदैव प्रयत्न होते रहे–मुग़ल शासकों के समय भी और अंग्रेज़ी सत्ता के समय भी। इसी कारण इसके साक्ष्य मौजूद हैं कि 1885 से राम मन्दिर के लिए अदालती लड़ाई लड़ी जा रही थी। इन साक्ष्यों में यह दर्ज है कि मस्जिद का मुतवल्ली भी उसे 'जन्मस्थान मस्जिद' बताता था।

1980 के दशक में हुआ यह कि राम मन्दिर निर्माण की साधु-सन्तों की माँग को विश्व हिन्दू परिषद् ने भी अपना समर्थन दे दिया। बाद में राष्ट्रीय स्वयंसेवक संघ और भाजपा भी इस माँग के समर्थन में आ गयी। इससे देश का ध्यान अयोध्या की ओर गया, लेकिन मीडिया ने तब तक उस पर ध्यान नहीं दिया, जब तक लालकृष्ण आडवाणी ने राम मन्दिर निर्माण की माँग को लेकर सोमनाथ से अयोध्या तक रथयात्रा निकालने की घोषणा नहीं की। इस रथयात्रा की चर्चा होने के बाद भी राम मन्दिर की माँग को लेकर भारतीय मीडिया का रवैया सकारात्मक नहीं था। एक-दो अख़बारों को छोड़कर सभी राम मन्दिर की माँग को संघ परिवार का राजनीतिक पैंतरा बताते थे। इसी कारण वे उसकी आलोचना भी कर रहे थे और राम मन्दिर आन्दोलन को साम्प्रदायिक क़रार दे रहे थे। आज भले ही मुख्यधारा का मीडिया अयोध्या में राम मन्दिर के निर्माण को एक बड़ी सांस्कृतिक घटना के तौर पर रेखांकित कर रहा हो, लेकिन 1990 और 2000 के दशक में भारतीय मीडिया अयोध्या में राम मन्दिर निर्माण की माँग को प्रतिगामी और साम्प्रदायिक ही बताता था। इसका कारण यह था कि तब अंग्रेज़ी मीडिया जो नैरेटिव खड़ा करता था, उसका ही शेष देश का मीडिया अनुसरण करता था। इस नैरेटिव को चुनौती देने का काम मुश्किल से होता था। इस सिलसिले को हिन्दी और दूसरी भारतीय भाषाओं

के चन्द अख़बारों ने तोड़ा और वे अयोध्या में राम मन्दिर निर्माण की माँग को देश की अस्मिता और संस्कृति से जोड़ने लगे। इसके बाद भी मुख्यधारा के मीडिया के एक बड़े हिस्से का रुख़ जस का तस रहा। उलटे उसकी ओर से इन इक्का-दुक्का अख़बारों की आलोचना की जाती थी।

जब 1992 में अयोध्या में विवादित ढाँचा ढहा दिया गया, तब सेक्युलर-लिबरल तत्त्वों और वामपन्थी इतिहासकारों को मीडिया के माध्यम से यह प्रचारित करने का और अधिक अवसर मिल गया कि राम मन्दिर आन्दोलन एक विध्वंसकारी आन्दोलन था। ढाँचा टूटने के समय प्रधानमन्त्री नरसिंह राव थे। उनके बारे में यह दुष्प्रचार किया गया कि जिस क्षण विवादित ढाँचे को ढहाया जा रहा था, उस वक़्त वे सो रहे थे। यह निरा झूठ था, लेकिन बिना पैरों के भी वह काफ़ी समय तक चलता रहा। इतना ही नहीं, विवादित ढाँचे के ध्वंस के बाद मन्दिर निर्माण की माँग पर मीडिया का रुख़ और अधिक नकारात्मक हो गया। यह सिलसिला तब तक जारी रहा, जब तक अयोध्या विवाद पर इलाहाबाद उच्च न्यायालय का फ़ैसला नहीं आ गया। हालाँकि इस फ़ैसले से न तो हिन्दू पक्ष सन्तुष्ट हुआ और न ही मुस्लिम पक्ष, लेकिन इस फ़ैसले ने यह स्थापित किया कि अयोध्या में मन्दिर तोड़कर मस्जिद बनायी गयी थी। इसके पहले मीडिया के बड़े हिस्से की ओर से राम मन्दिर निर्माण की चाह को केवल साम्प्रदायिक ही नहीं बताया जाता था, बल्कि राम मन्दिर की बात करने वालों का उपहास उड़ाने के साथ उन्हें हेय दृष्टि से भी देखा जाता था। इसका कारण मीडिया और विशेष रूप से अंग्रेज़ी मीडिया पर सेक्युलर-लिबरल तत्त्वों के साथ वामपन्थी विचारकों और इतिहासकारों का वर्चस्व था। यह मीडिया में इन तत्त्वों के वर्चस्व का ही असर था कि 1976-77 में भारतीय पुरातत्व सर्वेक्षण यानी एएसआई की एक टीम की ओर से कराये गये सर्वे के निष्कर्ष की भी अनदेखी कर दी गयी और यह साबित करने की कोशिश की गयी कि इस टीम को वहाँ ऐसा कुछ नहीं मिला, जिससे यह संकेत मिलता हो कि अयोध्या में मन्दिर तोड़कर मस्जिद बनायी गयी। इसका उक्त टीम के प्रमुख प्रोफ़ेसर बीबी लाल ने खण्डन भी किया, लेकिन ज़्यादातर समाचार-पत्रों ने उसे कोई महत्त्व नहीं दिया। जब पुरातत्त्ववेत्ता के.के. मोहम्मद ने कहा कि मैं उक्त टीम का हिस्सा था और वहाँ मस्जिद के नीचे मन्दिर होने के प्रमाण मिले थे, तब कुछ हलचल हुई। यह बात और है कि ऐसा कहने के कारण उनकी नौकरी पर बन आयी थी। उनकी नौकरी तो किसी तरह बची रही, लेकिन दण्डस्वरूप उनका तबादला चेन्नई (तब मद्रास) से गोवा कर दिया गया। इससे समझा जा सकता है कि किस तरह सच की जान-

बूझकर अनदेखी की जा रही थी। इस अनदेखी में मीडिया का एक बड़ा हिस्सा भी शामिल था। तब मीडिया में ऐसे लोगों को महत्त्व मिलता था, जो राम मन्दिर की माँग को ख़ारिज करते थे।

मीडिया के ज़रिये अयोध्या में राम मन्दिर की माँग को ख़ारिज करने के लिए कथित सेक्युलर और लिबरल लोग ऐसे तर्क देते थे कि कल को कोई मेरे घर आकर यह कहने लगे कि राम यहीं जन्मे थे और हम यहीं मन्दिर बनायेंगे तो क्या हम इसे मान लेंगे? इन सेक्युलर-लिबरल तत्त्वों में शामिल वामपन्थी इतिहासकार अपनी मनगढ़न्त स्थापनाओं के ज़रिये यह सिद्ध करने की कोशिश करते थे कि विवादित स्थल पर राम मन्दिर की माँग क्यों साम्प्रदायिक और ख़ारिज करने योग्य है। ऐसे तत्त्व यह भी साबित करते थे कि अयोध्या में मन्दिर तोड़कर मस्जिद बनाये जाने के कहीं कोई प्रमाण नहीं। वे विवादित ढाँचे के ध्वंस के बाद इलाहाबाद उच्च न्यायालय के आदेश पर वहाँ भारतीय पुरातत्त्व सर्वेक्षण की ओर से कराये गये सर्वेक्षण के निष्कर्ष को भी नकारते रहे, जब कि वे साफ़-साफ़ कह रहे थे कि यहाँ मन्दिर को तोड़कर मस्जिद बनायी गयी और यह मन्दिर विष्णु के उन अवतार का है, जिन्होंने दस सिर वाले असुर का वध किया था। वे पूरी बेशर्मी के साथ इसकी अनदेखी करते रहे कि आख़िर बाबर और उसके सिपहसालारों का अयोध्या से क्या नाता हो सकता था? यद्यपि उनके पास इस प्रश्न का कोई उत्तर नहीं था कि बाबर को अयोध्या में मस्जिद बनाने की क्या आवश्यकता थी, फिर भी वे उन इतिहासकारों को झूठा बताने के लिए तत्पर रहते थे, जो यह स्थापित करने की कोशिश करते थे कि अयोध्या ही नहीं, अन्य अनेक स्थानों पर भी मन्दिरों का ध्वंस करके मस्जिदें बनायी गयीं। मन्दिरों का ध्वंस करने वाले इस्लामी आक्रान्ताओं के बचाव में ऐसे तर्क भी दिये जाते थे कि वे मूर्तिपूजक हिन्दुओं से घृणा के कारण मन्दिरों का ध्वंस नहीं करते थे, बल्कि केवल सोना-चाँदी लूटने के लिए उनमें तोड़फोड़ करते थे। यह सफ़ेद झूठ ही था, क्योंकि सोमनाथ मन्दिर को कम से कम छह बार तोड़ा गया। वास्तव में इस्लामी आक्रान्ताओं का मक़सद सम्पत्ति लूटना नहीं, बल्कि मूर्तिपूजक हिन्दुओं को सबक़ सिखाना और उनके स्वाभिमान को कुचलना होता था। इसी इरादे से बाबर से लेकर औरंगज़ेब तक ने अनगिनत मन्दिरों को ध्वस्त किया, लेकिन सेक्युलर-लिबरल तत्त्वों ने उनके इसी नापाक इरादे को छिपाने की हर सम्भव कोशिश की। कुछ तो यह भी साबित करने लगे कि औरंगज़ेब किस तरह मन्दिरों को संरक्षण देता था।

अयोध्या आन्दोलन के दौरान सेक्युलर-लिबरल तत्त्वों ने ऐसा माहौल बनाया हुआ था कि मुसलमानों का एक वर्ग ख़ुद को बाबर से जोड़ने लगा और उसके दुष्कृत्यों का बचाव भी करने लगा। फिर वह यह शिकायत भी करने लगा कि

उसे बाबर के कृत्यों के लिए ज़िम्मेदार ठहराया जा रहा है। चूँकि भारतीय इतिहास अनुसन्धान परिषद् में वामपन्थी इतिहासकारों का वर्चस्व था, इसलिए वह बाबरी मस्जिद एक्शन कमेटी की तरह काम कर रही थी। इस कमेटी के लोग एक ओर यह कहते थे कि झगड़े या फिर दूसरे की इबादत वाली जगह पर बनायी गयी मस्जिद में नमाज़ पढ़ना जायज़ नहीं है, लेकिन दूसरी ओर इस पर भी ज़ोर देते थे कि एक बार कहीं मस्जिद बन जाये तो फिर वह क़यामत तक मस्जिद ही रहती है। सेक्युलर–लिबरल तत्त्व मुस्लिम पक्ष के ऐसे नेताओं को बरगलाने और अपनी ज़िद पर अड़े रहने के लिए तैयार करने में भी समर्थ हो गये, जो अयोध्या विवाद पर सुलह-समझौते के लिए इच्छुक थे। यदि अयोध्या पर कोई समझौता नहीं हो सका तो मीडिया के साथ राजनीतिक दलों और सेक्युलर-लिबरल तत्त्वों की नकारात्मक भूमिका के कारण।

चूँकि तब न फ़ेसबुक था, न ट्विटर और न ही सोशल मीडिया के अन्य प्लेटफ़ार्म, इसलिए सेक्युलर-लिबरल तत्त्वों और वामपन्थी इतिहासकारों की मनगढ़न्त स्थापनाओं से असहमत लोगों के पास यह सुविधा ही नहीं थी कि वे अपने विचार व्यक्त कर सकें, क्योंकि अधिकांश मीडिया न तो उन्हें स्थान देता था और न ही महत्त्व। यह वह दौर था, जब अंग्रेज़ी मीडिया श्रेष्ठता का पर्याय था और राष्ट्रीय विमर्श पर उसका आधिपत्य था। इसी कारण किसी भी विषय और विशेष रूप से राम मन्दिर के पक्ष में विचारों के प्रकटीकरण के लिए गुंजाइश न के बराबर थी। यह वह दौर भी था, जब किसी लेखक, विचारक, इतिहासकार, नेता आदि को सेक्युलर होने का प्रमाण-पत्र इस आधार पर मिलता था कि वह अयोध्या में राम मन्दिर की माँग का विरोध करता है या नहीं? यदि वह विरोध नहीं करता था तो उसे साम्प्रदायिक होने के साथ ही सामाजिक सद्भाव का बैरी भी क़रार दिया जाता था। तब वामपन्थी अवधारणा वाले विकृत सेक्युलरिज़्म की ऐसी धमक थी कि लोग चाहकर भी राम मन्दिर की माँग का समर्थन करने से कतराते थे कि कहीं उन्हें साम्प्रदायिक न क़रार दिया जाये। इसी कारण यह कहने वाले लोग भी थे कि विवादित स्थल पर कोई स्कूल या अस्पताल बनाना श्रेयस्कर रहेगा।

अयोध्या आन्दोलन ने केवल राम मन्दिर के निर्माण का मार्ग ही प्रशस्त नहीं किया, बल्कि यह भी सिद्ध किया कि यह महज़ राम के नाम पर बनने वाले एक मन्दिर के लिए संघर्ष नहीं था, बल्कि भारत की अस्मिता और उसकी सभ्यता एवं संस्कृति के पुनरुत्थान की भी अभिलाषा थी। अयोध्या आन्दोलन ने राम जन्मभूमि पर केवल मन्दिर का निर्माण ही नहीं कराया, बल्कि यह भी स्थापित किया कि मन्दिर आस्था के केन्द्र होने के साथ-साथ भारतीय सभ्यता के प्रतिनिधि भी हैं।

1990 से लेकर 2019 तक यानी जब तक अयोध्या विवाद पर सुप्रीम कोर्ट का फ़ैसला नहीं आ गया, तब तक राम मन्दिर आन्दोलन यदि भारतीय अस्मिता और स्वाभिमान की लड़ाई था तो दूसरी ओर इसका परिचायक भी कि भारतीय मीडिया के बड़े हिस्से और उस पर असर रखने वाले विचारकों, बुद्धिजीवियों और इतिहासकारों के एक बड़े वर्ग ने किस तरह भारतीय समाज को बरगलाने के साथ उसकी सदियों पुरानी सभ्यतागत आकांक्षा की अनदेखी की।

'रामायण' और प्रबन्धन शास्त्र

शान्तनु गुप्ता

किसी भी उद्यम का साध्य लाभार्जन होता है और यह उचित भी है। वास्तव में, भारतीय शास्त्रों के अनुसार धन (अर्थ) कमाना जीवन के वैध लक्ष्यों में से एक है, किन्तु धन सदैव धर्म के मार्ग पर चलते हुए ही कमाना चाहिए। कॉरपोरेट नैतिकता और कॉरपोरेट सामाजिक उत्तरदायित्व आज के उद्यमों में धर्म के साथ अर्थ अर्जित करने के विचारों को रखते हैं।

एक धनाढ्य व प्रसिद्ध व्यक्ति या एक अच्छा इन्सान बनने का विकल्प दिया जाये तो मुझे यक़ीन है कि हममें से कई लोग अपने लिए दोनों बातें चाहते होंगे। अमीर और अपने कार्य में सफल बनाने के लिए प्रबन्धन स्कूल, अकादमियाँ तथा ढेर सारी केस स्टडीज़ हैं। किन्तु नैतिकता-प्रधान लोगों को धर्म के मार्ग पर चलते हुए सफल बनाने में मदद करने के लिए कुछ ख़ास उपलब्ध नहीं है।

जीवन में कार्यस्थल पर कई बार जटिल भावनात्मक संघर्ष पैदा होता है। यहाँ तक कि एक सुपर स्मार्ट कोडर के रूप में, एक उत्कृष्ट विक्रेता के रूप में, एक शानदार वैज्ञानिक के रूप में, एक शीर्ष पायदान के बिज़नेसमैन के रूप में या एक विश्व-प्रसिद्ध डॉक्टर के रूप में ही क्यों न हो, यह भावनात्मक संघर्ष नहीं रुकेगा। क्या हम उन परिस्थितियों से निपटने के लिए ख़ुद को पर्याप्त रूप से तैयार कर रहे हैं? 'रामायण' के एक अध्येता के रूप में, मेरा मानना है कि 'रामायण' कार्यस्थल पर हमारे सामने आने वाली लगभग प्रत्येक द्वन्द्वात्मक स्थिति का एक नैतिक उत्तर प्रदान करती है।

हर माता-पिता अपने बच्चों में राम या सीता देखना चाहते हैं। अपने बच्चों को एक अमीर और प्रसिद्ध व्यक्ति या एक अच्छा व्यक्ति बनाने का विकल्प दिया जाये, मुझे यक़ीन है कि बहुत-से लोग दूसरे विकल्प को छोड़ना नहीं चाहेंगे। बच्चों के विषय-विशेष को सीखने के लिए स्कूल, कोचिंग, शिक्षा सम्बन्धित तकनीकी ऐप्स आदि हैं। किन्तु बच्चों में मूल्य विकसित करने के लिए माता-पिता की सहायता

हेतु बहुत कुछ उपलब्ध नहीं है—मूल्यों की बात करें तो समुत्थान शक्ति मूल्य, ईमानदारी के मूल्य, सच्चाई के मूल्य तथा संघर्षों और निरन्तर तनाव को हल करने की कुशलता, जो आधुनिक जीवन हर क्षण हमारे समक्ष उत्पन्न करता है। हम माता-पिता के रूप में अपने बच्चों को कार्यात्मक कौशल से लैस करते हैं ताकि वे प्रतिस्पर्धात्मक कैरियर के भँवर से आगे बढ़ सकें, किन्तु मुझे लगता है कि हम अपने बच्चों को एक मज़बूत मूल्य प्रणाली से लैस करने के लिए पर्याप्त प्रयास नहीं करते हैं, जो उन्हें जीवन भर भावनात्मक स्तर पर सहायता कर सके।

मैं 'रामायण' को वैदिक काल से चैटजीपीटी का उन्नत रूप मानता हूँ। 'रामायण' आपके जीवन की समस्त परेशानियों का सटीक निवारण कर सकती है। और यही बात प्रबन्धन से सम्बन्धित प्रश्नों के लिए भी सच है। भगवान राम ने वनवास में 14 वर्ष धैर्य और दृढ़ संकल्प के साथ बिताये। वहाँ उन्होंने जिन गुणों का प्रदर्शन किया, उन्होंने उन्हें राजा राम से भगवान राम बना दिया। उन 14 वर्षों में उन्होंने अनेक कठिनतम चुनौतियों का सामना किया, जिसका सामना सम्भवत: किसी को भी अपने जीवन में करना पड़ सकता है। उन्होंने अपना राज्य खो दिया, अपनी पत्नी खो दी और युद्ध के दौरान उन्होंने लगभग अपना सर्वस्व दाँव पर लगा दिया। उन्होंने कोई छोटा रास्ता नहीं अपनाया, न ही वे सहायता के लिए अपने भाई भरत के पास वापस गये। उन्होंने अपनी ईमानदारी, अपनी अच्छाई, अपनी धर्मनिष्ठता नहीं खोयी और अन्तत: रावण के विरुद्ध युद्ध जीत लिया। अपनी पत्नी के अपहरण की शुरुआती पीड़ा के बाद उन्होंने ख़ुद को शान्त किया। उनके पास जो भी संसाधन उपलब्ध थे, उनके आधार पर ही उन्होंने रणनीति बनायी। उन्होंने हनुमान और सुग्रीव के रूप में स्थानीय सहयोगी बनाये। उन्होंने विभिन्न शिक्षकों से सीखे गये सभी कौशलों का उपयोग अपने जीवन में किया। उन्होंने सूक्ष्मता से मानव संसाधन व प्रतिभा प्रबन्धन किया—हनुमान ने उन्हें अपनी पत्नी सीता की खोज में मदद की तो अंगद ने उन्हें राजनयिक शान्ति मिशन में मदद की। जाम्बवान ने उन्हें टीम को प्रेरित रखने में मदद की तो इंजीनियर नल और नील ने उन्हें समुद्र पार करने के लिए राम पुल बनाने में मदद की। लंका, विपक्षी सेना के रहस्यों को भेदने में विभीषण ने उनकी सहायता की। अन्त में राम और उनकी वानर सेना ने शक्तिशाली रावण और उसकी साधन-सम्पन्न, सुसज्जित सेना के ख़िलाफ़ विजय प्राप्त की।

मैं श्रीराम और हनुमान जी के जीवन से प्रबन्धन के दो सबक़ लेना चाहता हूँ। वे मन्दी के समय में ख़ुद को निखारते रहे। वनवास के दौरान राम, लक्ष्मण और सीता ने फल-मूल खाकर जीवित रहने की शपथ ली थी। जब भरत राम से

मिलने चित्रकूट आये, तब तक निर्वासित राम, लक्ष्मण व सीता काफ़ी संघर्ष कर चुके थे तथा जीवित रहने हेतु बुनियादी साधनों को चित्रकूट में प्राप्त कर लिया था। चित्रकूट आज के उत्तर प्रदेश में है। लेकिन भरत की यात्रा के बाद उस स्थान के बारे में अयोध्या में कई लोगों को पता चल गया। राम जानते थे कि अब अयोध्या से कई लोग अक्सर उनसे मिलने चित्रकूट आने लगेंगे, जिससे उनकी दृढ़ इच्छाशक्ति कमज़ोर हो जायेगी और उनमें वापस अयोध्या जाने की लालसा पैदा हो सकती है। इसलिए, राम ने सीता और लक्ष्मण के साथ चित्रकूट छोड़कर दण्डकारण्य के घने जंगल में आगे बढ़ने का फ़ैसला किया।

लगभग अगले 12 वर्षों तक, राम ने अपने आवास की कोई स्थायी व्यवस्था नहीं की और एक गुरु से दूसरे गुरु के पास जाते रहे। ज्ञान और बुद्धिमत्ता की उनकी खोज उन्हें ऋषि भरद्वाज, ऋषि वाल्मीकि, ऋषि अत्रि, ऋषि शरभंग, ऋषि अगस्त्य जैसे अन्य अनेक साधुओं के पास ले गयी। उन्होंने अध्यात्म, दर्शन, शासन-कला, न्याय और युद्ध-कला के नये आयाम सीखे।

ये वही राम हैं जिन्होंने अपने राज्याभिषेक से ठीक एक दिन पहले अपना राज्य खो दिया। जो व्यक्ति महल की सुख-सुविधाओं में पला-बढ़ा है, वह आज हर दिन अपने लिए, अपनी पत्नी और भाई के लिए भोजन, आश्रय और सुरक्षा की व्यवस्था कर रहा था। हमने कभी उन्हें अपने दुर्भाग्य के बारे में शिकायत करते नहीं सुना व न ही हमने कभी उन्हें अपने 14 वर्षों के वनवास के शीघ्र समाप्त होने तथा महल के सरल जीवन में वापस आने की प्रतीक्षा करते सुना। इसके विपरीत, उन्होंने अपने निर्वासन के प्रत्येक दिन का सर्वोत्तम उपयोग किया। उन्होंने सर्वश्रेष्ठ गुरुओं (शिक्षकों) की खोज की और प्रतिदिन दुर्लभ से दुर्लभ कौशल, ज्ञान और बुद्धिमत्ता अर्जित की। उन्होंने एक मनुष्य के तौर पर हर दिन ख़ुद को समृद्ध किया।

इन वर्षों के दौरान अर्जित ज्ञान और बुद्धिमत्ता ने उन्हें निर्वासन के दौरान तथा बाद की चुनौतियों में ख़ुद को नियन्त्रित करने, शान्त रहने और विजयी होने में सहायता की। राम के पद-चिह्नों पर चलने का प्रयत्न किया जाना चाहिए। जब राम की अयोध्या के राजा के रूप में राज्याभिषेक की तैयारी हो रही थी तभी उन्होंने 14 वर्ष के लिए निर्वासित होने का निर्णय सुना। अपने भाग्य पर पश्चात्ताप करने के बजाय, राम ने एक बेहतर इन्सान बनने के लिए वनवास के उन वर्षों का सर्वोत्तम उपयोग किया। वह ख़ुद को निखारते रहे। उन्होंने अपना वनवास राजकुमार राम या राजा राम के रूप में शुरू किया किन्तु निर्वासन के दौरान प्रदर्शित अपनी निरन्तर सीख और चरित्र के आधार पर, वह भगवान राम के रूप में वापस आये। राम

हमें जीवन के कठिनतम क्षणों का भी अपने हित में उपयोग करना सिखाते हैं। जब आपका उद्योग मन्दी के दौर में हो, तो नये कौशल के लिए ख़ुद को प्रशिक्षित करें।

श्री हनुमान ने हमें (SWOT) विश्लेषण सिखाया

हनुमान ने माता सीता का पता लगाकर, उनकी असली पहचान सुनिश्चित की और बदले में राम के दूत, हनुमान के रूप में अपनी असली पहचान स्थापित करके 'सीता की खोज' मिशन में एक बड़ा मील का पत्थर हासिल किया। लेकिन हनुमान उनमें से नहीं हैं, जिन्हें जो कार्य सौंपा गया है, बस उसे ही पूरा करें। हनुमान की दृष्टि बड़ी थी। वह जानते थे कि सुग्रीव की पूरी सेना शीघ्र ही लंका तक आ जायेगी। वह उनके लिए ख़ुफ़िया जानकारी तैयार रखना चाहते थे। वह लंका की भौगोलिक स्थिति, उसकी ताक़त, कमज़ोरियाँ और उसके राजा रावण के बारे में और भी बहुत कुछ जानना चाहते थे।

रावण से मिलने के लिए हनुमान ने एक चाल चली। उन्होंने अशोक वाटिका में उत्पात मचाना शुरू कर दिया, जहाँ सीता को क़ैद किया गया था। उन्होंने वाटिका से पेड़ों को उखाड़ना और राक्षस प्रहरियों के मार्ग में फेंकना शुरू कर दिया। सन्देश रावण के दरबार में गया और उसने हनुमान का मुक़ाबला करने के लिए सेना की एक टुकड़ी भेजी। सेना की उस टुकड़ी को हार का सामना करना पड़ा। तब रावण ने हनुमान को बन्दी बनाने के लिए अपने पुत्र अक्षय कुमार को भेजा। अक्षय कुमार का हनुमान से मुक़ाबला हुआ और अक्षय कुमार की मृत्यु हो गयी। तब रावण के पास अपने बड़े बेटे इन्द्रजीत को भेजने के अलावा कोई विकल्प नहीं था। प्रारम्भिक युद्ध के बाद इन्द्रजीत को एहसास हुआ कि हनुमान कोई साधारण योद्धा नहीं हैं। हनुमान को पकड़ने के लिए इन्द्रजीत को ब्रह्मास्त्र चलाना पड़ा। हनुमान ने ब्रह्मास्त्र का सम्मान करते हुए सिर झुकाया और ख़ुशी-ख़ुशी रावण के दरबार में ले जाये जाने के लिए क़ैद हो गये।

रावण के दरबार में हनुमान ने स्वयं को राम का दूत बताया। उन्होंने लंका और असुर कुल का विनाश न हो, इसके लिए रावण को राम से क्षमा माँगने की एवं माता सीता को वापस करने की सलाह दी। घबराये हुए रावण ने अपने सैनिकों को हनुमान को पकड़ने और मारने का आदेश दिया। रावण के अधर्मी (मर्यादा के नियमों से नहीं चलने वाले) दरबार में एकमात्र समझदार व्यक्ति उसका छोटा भाई विभीषण था। विभीषण ने रावण और दरबारी को चेतावनी दी कि किसी भी दूत को मारना दरबार के नियमों के विरुद्ध है। विभीषण की सलाह पर रावण ने हनुमान को

मारने से परहेज़ किया लेकिन अपने सैनिकों को हनुमान की पूँछ में आग लगाने का आदेश दिया।

सीता माता की अग्नि देवी से प्रार्थना के कारण आग ने हनुमान को कोई नुक़सान नहीं पहुँचाया। लेकिन अपनी जली हुई पूँछ को मशाल की तरह इस्तेमाल करके हनुमान ने लंका का लगभग एक तिहाई हिस्सा जला डाला। और धुएँ और तबाही में, हनुमान ने लंका की पूरी तरह से रेकी की और उसकी ताक़त और कमज़ोरियों का आकलन किया। हनुमान ने रावण और उसकी सेना को यह भी स्पष्ट संकेत दिया कि यदि केवल राम की सेना का एक सैनिक लंका और असुरों को इतना नुक़सान पहुँचा सकता है, तो उन्हें कल्पना करनी चाहिए और डरना चाहिए कि राम की पूरी सेना क्या कर सकती है।

हनुमान ने लंका की बाजी पलट दी। जब रावण के सैनिकों ने हनुमान की पूँछ में आग लगा दी तो हनुमान ने अपनी जली हुई पूँछ को मशाल की तरह इस्तेमाल किया और लंका का एक बड़ा हिस्सा जला डाला। धुएँ की उलझन में हनुमान ने अपने पक्ष को बेहतर बुद्धि से सुसज्जित करने के लिए लंका और उसकी सेना की ताक़त और कमज़ोरी का भी आकलन किया। अपनी और अपने विरोधियों की ताक़त और कमज़ोरियों का मूल्यांकन अवश्य करें। आधुनिक प्रबन्धन गुरुओं द्वारा इसे अपनाना शुरू करने से पहले हनुमान जी ने SWOT विश्लेषण के रूप में पढ़ाया था। SWOT (ख़ूबियाँ, कमज़ोरियाँ, अवसर और चुनौतियाँ)

मैं इस तथ्य को इस तरह देखता हूँ कि राम की इस सहस्त्राब्दी पुरानी जीवनी में कुछ ऐसी अलौकिकता है, जिसके कारण यह धर्म और भाषा के विचारों से परे 100+ देशों की संस्कृतियों में गूँजता है। भगवान राम की हज़ारों साल पुरानी इस जीवनी का 300 से अधिक संस्करणों में अनुवाद किया जा चुका है और अभी भी इसकी गिनती जारी है। 'वाल्मीकि रामायण' के 24000 श्लोकों में से प्रत्येक में एक छिपा हुआ गूढ़ सन्देश है और यह मानवता को अभूतपूर्व स्तर पर समृद्ध कर सकता है।

समरसता के पोषक श्रीराम का 'निज सिद्धान्त'

इन्दुशेखर तत्पुरुष

'गीता' में भगवान स्वयं अपने अवतार धारण के तीन कारण बताते हैं; सज्जनों की रक्षा, दुर्जनों का विनाश और धर्म की संस्थापना। श्रीराम का अवतार भी असुरों के संहार और धर्म की स्थापना के लिए हुआ। जिस प्रकार सज्जनों की रक्षा के लिए दुर्जनों का विनाश अनिवार्य है, उसी प्रकार धर्म की संस्थापना से धर्म का आचरण अनिवार्य है। राम इसीलिए मर्यादा पुरुषोत्तम कहलाते हैं कि उन्होंने अपने शील और आचरण से धर्म की मर्यादा स्थापित की। वे सूत भर भी उस मर्यादा से विचलित नहीं होते। उन्होंने व्यक्ति धर्म और समाज धर्म के मानदण्ड स्थापित किये हैं। वैयक्तिक धर्म के रूप में उन्होंने आदर्श पुत्र, आदर्श भाई, आदर्श पति, आदर्श मित्र, आदर्श शिष्य और आदर्श राजा की मर्यादाओं का पालन किया। सामाजिक धर्म के रूप में राम का मूल आधार सामाजिक समरसता है।

सामाजिक समरसता का अर्थ अपने वर्ग, जाति और समुदाय से भिन्न लोगों के प्रति सहज सम्मानजनक व्यवहार। 'अन्य' के प्रति प्रेम और आत्मीयतापूर्ण व्यवहार ही सामाजिक समरसता की कसौटी है। राम राजपुत्र थे, उच्च वर्ण में जन्मे थे, किन्तु समाज में हीन और निम्न कहे जाने वाले समुदाय के लोग उनके सर्वाधिक प्रिय पात्र रहे। राम की इस विलक्षणता को बताते हुए तुलसीदास 'विनयपत्रिका' में कहते हैं, "हे राम! आपकी यही तो बड़ाई है कि आप गण्यमान्यों, धनिकों की अपेक्षा ग़रीबों को अधिक आदर देते हो।"

रघुवर रावरि यहै बड़ाई।
निदरि गनी आदर गरीब पर करत कृपा अधिकाई।।

राम इसलिए सबसे बड़े हैं कि वे सर्वाधिक चिन्ता छोटे और निचले स्तर के लोगों की करते हैं। वे सबल की अपेक्षा निर्बल का, बड़े की अपेक्षा छोटे का, ऊँचे की अपेक्षा नीचे का, अमीर की अपेक्षा ग़रीब का पक्ष लेते हैं। सुग्रीव भले ही बहुत नैतिक व्यक्ति नहीं थे, बाली की तरह वह भी आचरणगत दुर्बलताओं से ग्रस्त थे।

पर बाली के मुक़ाबले दुर्बल एवं बाली द्वारा सताये हुए प्राणी थे। इसी कारण राम सुग्रीव के साथ खड़े होते हैं। अहल्या शापित और उपेक्षित स्त्री थीं। सामाजिक उपेक्षाओं और तिरस्कारों के कारण वह पथरा गयी थीं। राम उनकी भी सुध लेते हैं। विभीषण जैसे सदाचारी व्यक्ति अपने ही कुल दुराचारियों के मध्य ऐसे जीवनयापन कर रहा था, जैसे दाँतों के बीच में जीभ रहती हो। हनुमान से प्रथम भेंट पर ही वह अपना दुखड़ा रो देते हैं—

सुनहु पवनसुत रहनि हमारी। जिमि दसनन्हि महुँ जीभ बिचारी॥

राम उनको भी अपनी शरण में ले लेते हैं। यह भरोसा ही संकट में पड़े हुए कोटि–कोटि जन को सम्बल देता है और उनके मुँह से सबसे पहले यही प्रार्थना निकलती है—

दीन दयाल विरदु संभारी। हरहुँ नाथ मम संकट भारी।।

अध्यात्म 'रामायण' के शबरी प्रसंग में शबरी जब कहती हैं कि, "हे राम! आपका दर्शन तो मेरे गुरुदेव को भी नहीं हुआ, मेरी तो औकात ही क्या है? मैं तो नीच जाति में उत्पन्न हुई एक गँवार स्त्री हूँ।" तो प्रत्युत्तर में राम कहते हैं कि, "मेरी भक्ति में न पुरुष-स्त्री का लिंगभेद कारण है, न जाति, न नाम और न आश्रम। भक्ति की भावना ही मेरी भक्ति में कारण है।"

पुंस्त्वे स्त्रीत्वे विशेषो वा जातिनामाश्रमादयः।
न कारणं मद्‌भजने भक्तिरेव हि कारणम्।।

('अरण्यकाण्ड', दशम सर्ग, 20)

राम की यह ऐतिहासिक घोषणा भक्ति के क्षेत्र में सामाजिक समरसता का उज्ज्वल प्रमाण है।

तुलसीदास भी यही बात 'मानस' में कहते हैं—

कह रघुपति सुनु भामिनि बाता। मानऊँ एक भगति कर नाता।।
जाति पाँति कुल धर्म बड़ाई। धन बल परिजन गुन चतुराई।।...

राम की भेदभाव रहित भावना का रोमांचक वर्णन तुलसीदास 'मानस' में निषादराज से भेंट के प्रसंग में करते हैं। एक चक्रवर्ती सम्राट और एक महान ऋषि से एक अछूत केवट की भेंट का जो वर्णन 'अयोध्याकाण्ड' में मिलता है, वह हमारी आँखें खोल देने वाला दृश्य है। निषाद तो इतना अस्पृश्य है कि उसकी छाया के छू जाने मात्र पर लोग पानी छींट लेते हैं। लोकव्यवहार में भी और शास्त्रों के अनुसार

भी उसे सब नीच ही मानते हैं। उस अछूत को दण्डवत् करते देख भरत उसको उठाकर अपने हृदय से लगा लेते हैं, मानो अपने भाई लक्ष्मण से मिल रहे हों।

लोक बेद सब भाँतिहिं नीचा। जासु छाँह छुइ लेइअ सींचा॥
तेहि भरि अंक राम लघु भ्राता। मिलत पुलक परिपूरित गाता॥...
करत दण्डवत देखि तेहि, भरत लीन्ह उर लाइ।
मनहुँ लखन सन भेंट भई, प्रेम न हृदय समाइ।।

और जब इसी अछूत की वशिष्ठ ऋषि से भेंट होती है, तो यह छोटा-सा मिलन-दृश्य एक युगान्तरकारी घटना बन जाती है। सामने से वशिष्ठ ऋषि को आते देख निषाद प्रेम से भर उठता है। किन्तु लोक प्रचलित मर्यादा से बँधा होने के कारण वह एक उचित दूरी रखते हुए, दूर से ही अपना नाम उच्चारकर दण्डवत् प्रणाम करता है। महर्षि वशिष्ठ सारी लोकरूढ़ियों को ध्वस्त करते हुए नीची जाति में जन्मे इस रामसखा को स्वयं आगे बढ़कर गले से लगा लेते हैं।

प्रेम पुलक केवट कहि नामू। कीन्ह दूर तें दण्ड प्रनामू।।
राम सखा रिषि बरबस भेंटा। जनु महि लुठत सनेह समेटा।।

वशिष्ठ ने केवट को गले लगाकर धरती पर पसरे हुए प्रेम को मानो समेट लिया। 'जनु महि लुठत सनेह समेटा' की प्रतिध्वनि बहुत दूर तक जाती है। कितनी सदियों से धरती पर आपसी प्रेम दूर हुआ जा रहा था, अछूतों के प्रति सवर्णों का स्नेह धरती पर लुढ़के हुए स्नेह (मक्खन) की भाँति बिखरा जा रहा था। ऋषिवर ने उसे अपनी बाँहों में समेट लिया।

शूद्र वर्ण या आज की शब्दावली में दलित कहे जाने वाले वर्ग के प्रति राम का क्या दृष्टिकोण है, यह जानने के लिए आवश्यक है कि हम राम के "निज सिद्धान्त" को जानें। 'मानस' के 'उत्तरकाण्ड' में श्रीराम 'निज सिद्धान्त' की घोषणा करते हैं। बहुत स्पष्ट शब्दों में की गयी इस घोषणा को जाने बिना ही कुछ जड़बुद्धि के लोग अपनी अनपढ़ता के चलते 'ढोल गवाँर सूद्र पसु नारी...' के आगे न कुछ पढ़ना चाहते हैं, न कुछ सुनना। समुद्र के द्वारा प्रस्तुत इस उक्ति पर मूर्खों की तरह अटके रहते हैं। किन्तु राम की स्वयं की क्या मान्यता है, उस ओर उनकी दृष्टि नहीं जाती। राम बहुत स्पष्ट शब्दों में अपना सिद्धान्त बताते हैं, बल्कि यह भी कहते हैं कि 'निज सिद्धान्त सुनावउँ तोही। सुनु मन धरि...' इसे बहुत ध्यान से सुनो!

यह हमारे युग का परम दुर्भाग्य नहीं तो और क्या है कि कोई इसे सुनना नहीं चाहता। वे कहते हैं कि यों तो समस्त प्राणी मेरे ही द्वारा उत्पन्न किये गये हैं, सभी मुझे प्रिय हैं, अप्रिय कोई नहीं, परन्तु सभी प्राणियों में मनुष्य मुझे सर्वाधिक प्रिय हैं।

आगे वे कहते हैं कि मनुष्यों में भी द्विज, द्विजों में भी वेदपाठी, वेदपाठियों में भी वेदधर्म का अनुसरण करने वाले, उनमें भी विरक्त, विरक्तों में भी ज्ञानी, ज्ञानियों में भी विज्ञानी-अध्यात्मज्ञानी—मुझे परम प्रिय हैं। किन्तु इन उत्तरोत्तर उत्कृष्ट से उत्कृष्ट व्यक्ति की अपेक्षा मुझे अपना दास ही अधिक प्रिय है।

सब मम प्रिय सब मम उपजाये। सब तें अधिक मनुज मोहि भाए।।
तिन्हँ महँ द्विज तिन्हँ महँ श्रुतिधारी। तिन्हँ महँ निगम धरम अनुसारी।।
तिन्हँ महँ प्रिय विरक्त पुनि ग्यानी। ग्यानिहुँ ते प्रिय अति विज्ञानी।।
तिन्हँ ते पुनि मोहि प्रिय निज दासा। जेहि गति मोर न दूसर आसा।।
पुनि पुनि सत्य कहहुँ तोहि पाही। मोहि सेवक सम प्रिय कोई नाही।।

राम यहाँ इस बात को कितना ज़ोर देकर कह रहे हैं, यह बताने की ज़रूरत नहीं होनी चाहिए, यदि 'पुनि पुनि सत्य कहहुँ तोहि पाही' पर हमारा ध्यान जाता हो। किसी बात को 'पुनि पुनि' अर्थात् बारम्बार कहने की ज़रूरत तभी महसूस होती है जब उस बात को दृढ़तापूर्वक स्थापित करने की मंशा होती है। राम की इस घोषणा में किसी तरह की अस्पष्टता या संशय न रहे, इस हेतु वे आगे फिर कहते हैं–

भगतिवन्त अति नीचहुँ प्रानी। मोहि प्रानप्रिय असि मम बानी।।

अर्थात् अत्यधिक नीच भी यदि कोई भक्त है तो वह मुझे प्राणों से भी प्रिय है। यहाँ जो बात हरहाल में याद रखने की है, वह यह कि इस घोषणा को राम ने 'निज सिद्धान्त' कहा है। अपना स्वयं का सिद्धान्त। वेद, शास्त्र, लोकाचार जो कहता है, कहता होगा, उसमें मत-मतान्तर और विभेद रहते होंगे, राम की व्यक्तिगत मान्यता तो यही है।

समरसता से अग्रसर राम जाति, वर्ण, लिंग आदि का भी कोई भेदभाव नहीं रखते। जिस 'थर्ड जेंडर' पर ध्यान केन्द्रित किये जाने को आज मानवाधिकारों की पहल और प्रेरणा बताया जाता है, तुलसी के राम अपनी भक्ति के लिए स्त्री-पुरुष के साथ इस वर्ग को भी याद रखते हैं। तुलसीदास डंके की चोट पर कहते हैं–

पुरुष नपुंसक नारि वा जीव चराचर कोइ।
सर्ब भाव भज कपट तजि मोहि परम प्रिय सोइ।।

यह रामभक्ति का ही बल और प्रताप है कि पक्षियों के राजा गरुड़ का गर्वशमन एक तुच्छ-से पक्षी कौवे से होता है। यह कोई साधारण बात नहीं है कि जिस गरुड़ को विष्णु के परमसेवक का स्थान मिला, जो पक्षियों के राजा के रूप में पूज्य हैं, वह गरुड़ समस्त रूप-गुण-ज्ञानराशि सम्पन्न पक्षियों के साथ काकभुशुण्डि

के आगे हाथ जोड़े खड़े हैं। उससे ज्ञानोपदेश ग्रहण कर रहे हैं। उसकी भक्ति के आगे नतमस्तक हैं। यह कथा अपने प्रतीकार्थ में भक्ति के माध्यम से एक निन्दित और तिरस्कृत पक्षी के सर्वोच्च सम्मान को पा लेने एवं उसके सम्मुख सम्राटों और शक्तिशाली सत्ताधीशों के नतमस्तक हो जाने की भी कथा है। यह कथा राम की भक्ति में ऊँच-नीच एवं छोटे-बड़े के भेद को समाप्त कर सामाजिक समरसता की प्रेरणा देती है।

वस्तुत: रामकथा का उद्गम ही सम्पूर्ण समाज के लिए हुआ है। वाल्मीकि 'रामायण' के आरम्भ में ही इस ग्रन्थ की फलश्रुति में लिखते हैं–

पठन् द्विजो वागृषभत्वमीयात्, स्यात्क्षत्रियो भूमिपतित्वमीयात्।
वणिग्जन: पण्यफलत्वमीयात्, जनश्च शूद्रोऽपि महत्त्वमीयात्।।

('बालकाण्ड', 1/100)

अर्थात् इस ग्रन्थ को ब्राह्मण पढ़े तो विद्वान् होवे, क्षत्रिय पढ़े तो राज्य प्राप्त करे, वैश्य पढ़े तो व्यापार में लाभ होवे और शूद्र भी पढ़े तो प्रतिष्ठा को प्राप्त होवे।

बहुधा ऐसा उल्लेख किया जाता है कि प्राचीन वाङ्मय में शूद्रों को अध्ययन-अध्यापन से वंचित रखा गया। महामुनि वाल्मीकि की यह घोषणा इस मिथ्या और भ्रामक धारणा को ध्वस्त कर देती है। यहाँ शूद्र को भी रामकथा पढ़ने का अधिकार तो दिया ही गया है, इसके पाठ से उसका महत्त्व बढ़ने की भी कामना की गयी है। सामाजिक समरसता बढ़ाने में रामकथा की भूमिका का इससे बड़ा और क्या प्रमाण होगा?

आदिकवि वाल्मीकि श्रीराम के दो प्रमुख गुण बताते हैं–

रक्षिता जीवलोकस्य धर्मस्य परिरक्षिता।

('बालकाण्ड' 1/13)

करुणामूर्ति राम संसार के जीवमात्र के रखवाले और धर्म के रक्षक हैं। इसीलिए तो वे भक्तों पर प्रेम उड़ेलने वाले हैं। विश्वास न हो तो निषाद से पूछिए! शबरी से पूछिए! कोल, किरातों से, वनवासियों से पूछिए! पूछिए उस गिलहरी से जो अभी तक अपने राम की अँगुलियों के निशान अपनी पीठ पर लिए इतराती डोलती है।

जय की अखण्ड यात्रा

नीरजा माधव

काशी के एक महाविद्यालय में आयोजित साहित्यिक गोष्ठी में जाना हुआ। स्वागत के क्रम में आयोजकों ने मेरे साथ ही तत्कालीन मुख्यमन्त्री के बहुत क़रीबी, लोहियावादी विचारधारा के एक सज्जन को भी लाल रंग का उत्तरीय ओढ़ाया, जिस पर जय श्रीराम लिखा था। अपने वक्तव्य में उन सज्जन ने टिप्पणी की–"इस पर जय श्रीराम के स्थान पर 'हे राम' लिखा होना चाहिए था। जय श्रीराम में एक अहंकार दिखाई देता है।" मुझे हँसी आयी उनकी इस सोच पर। जय श्रीराम को केवल एक पार्टी विशेष का चिह्न मानने वाले क्यों उसके भीतरी मर्म को स्पर्श करना चाहेंगे? हे राम के भीतर की उदासी या शून्य को महसूस करने की फ़ुरसत कहाँ है उनके पास? कितना ख़ाली होता है मन, जब वह संसार से निराश होकर राम की गुहार लगाता है? आकाश की तरह व्याप्त मन के सूनेपन को राम के सिवाय कौन भर सकता है?

जय श्रीराम के पीछे भी जय का भाव किसी एक के ऊपर दूसरे की विजय नहीं है, बल्कि आत्मसात् करना है। जब एक व्यक्ति 'जय राम' कहता है और दूसरा भी प्रत्युत्तर में 'जय राम' ही कहता है, तो यह विजय की भावना नहीं बल्कि उसे महसूस करने की प्रक्रिया से गुज़रना है। हर मानव के भीतर छिपे राम को पहचानकर, उस राम को प्रणाम कहते हैं हम। मेरे भीतर भी राम, तुम्हारे भीतर भी राम। मैं तुम्हारे भीतर के राम की जय कहता हूँ, तुम मेरे भीतर के राम को जय कहते हो। हर हाल में राम को सबमें महसूस करना ही जय श्रीराम का निहितार्थ है।

ऐसे ही जब हम 'जय हिन्द' कहते हैं तब भी हिन्द के भीतर की शक्ति को महसूस करते हैं। वह भीतर की शक्ति हम ही हैं। भारत का अर्थ मात्र एक भूगोल या इतिहास नहीं, यहाँ की नदियाँ, पहाड़ नहीं बल्कि सबके साथ हमारा अस्तित्व और उस अस्तित्व की जय अर्थात् उसे जानना। हिन्द को जानने की जिज्ञासा लिये हुए ही विश्व की अनेक संस्कृतियाँ यहाँ आयीं। शक आये, हूण आये, ईसाई आये, मुसलमान आये। कुछ आक्रान्ता के रूप में, तो कुछ व्यापारी के छद्म रूप में।

सबमें कहीं न कहीं भारत से कुछ पाने की चाहना रही। सोने की चिड़िया भारत से आध्यात्मिक दौलत प्राप्त करने की चाहना रही हो या चिड़िया के पंखों पर आक्रमण या उसकी स्वर्ण-लूट से अपना खज़ाना भरने की इच्छा। सभी कुछ न कुछ पाने की ललक लिये आते रहे भारत। भारत जिसका एक अर्थ प्रकाश या ज्ञान में निरन्तर रत रहना भी होता है। तो निरन्तर प्रकाश में डूबे रहने वाले भारत से कुछ पाने की इच्छा लिये यहाँ आता रहा विश्व समुदाय।

यह सत्य है कि पूरे विश्व पर राजनैतिक शासन भले ही न रहा हो भारत का, पर आध्यात्मिक शासन तो प्रारम्भ से लेकर आज तक अक्षुण्ण बना हुआ है। भौगोलिक दृष्टि से बृहत्तर भारत कभी अस्तित्व में था, कभी लघु भी हो गया, पर आध्यात्मिक दृष्टि से अधिकांश भू-भाग पर भारत का ही शासन आज भी देखा जा सकता है। प्राग ऐतिहासिक काल या वैदिक काल की बातें हम न भी करें तो कोई बात नहीं, क्योंकि उस समय वैदिक संस्कृति के अतिरिक्त इतनी विस्तृत और पुष्पित-पल्लवित संस्कृति दुनिया के किसी भूखण्ड पर प्राप्त नहीं होती, जिसे उसके समानान्तर खड़ा किया जा सके। इसलिए एकछत्र आध्यात्मिक और भौगोलिक आधिपत्यवाली उस वैदिक संस्कृति की बात हम वहीं छोड़ते हैं। युद्ध-विभीषिका और रक्तपात से विचलित होकर सम्राट् अशोक भारत के प्राचीनतम वैभव करुणा की शरण में आता है। करुणा, जो कमज़ोरी नहीं, हमारी शक्ति है। यह करुणा उसे बुद्ध के उपदेशों में मिलती है। यज्ञों में कर्मकाण्ड और बलि के नाम पर हिंसा का प्रभाव अधिक हो जाने पर परब्रह्म विष्णु के बौद्धावतार के करुणा के सिद्धान्तों का उपदेश देने वाले, राजकुमार सिद्धार्थ से परम कारुणिक गौतम बुद्ध बन जाने वाले का अनुगामी बन जाता है सम्राट् अशोक। भारत की करुणा और औदार्य का सम्बल ले वह विश्व विजय करता है और विश्व के अनेक देशों में अपनी उदारता के शौर्य से अपना आधिपत्य स्थापित करता है। राजनैतिक रूप से वह देशों को विजित नहीं करता है, बल्कि आध्यात्मिक आधिपत्य स्थापित करता है। हृदय को परिवर्तित करता है वह। हृदय पर भारत का शासन स्थापित करता है। भारत के आध्यात्मिक और उदारता के प्रकाश से आलोकित करता है अनेक राष्ट्रों को। कुछ ऐसे, कि विश्व के तमाम देश आज तक बुद्धिस्ट कंट्री के नाम से अपनी पहचान ही बना लेते हैं। चाहे तिब्बत हो, श्रीलंका, वर्मा, थाईलैंड, जापान या चीन ही क्यों न हो। यानी एक बृहत्तर भारत की स्थापना, जिसमें सभी राष्ट्रों की अपनी अलग-अलग राजनैतिक अस्मिता होते हुए भी आध्यात्मिक अस्मिता एक होती है। वैसे भी भारत के स्वभाव में ही रहा है कि उसने युद्ध आवश्यक होने पर कायरता न दिखलाते हुए उसका सामना किया है और विजयी होने पर विजित देश को पुनः

उसे ही लौटा दिया है। अपने में मिला लेने की प्रवृत्ति कभी न रही। भगवान राम ने विभीषण को लंका का राज्य सौंप दिया और वह भी किंचित् संकोच के साथ। 'मानस' के सुन्दरकाण्ड में तुलसीदास लिखते हैं–

जो सम्पति सिव रावनहि दीन्हि दिएँ दस माथ।
सोइ सम्पदा विभीषनहि सकुचि दीन्हि रघुनाथ॥

रावण से भावी युद्ध में अपनी विजय के लिए आश्वस्त राम के विनय की यह पराकाष्ठा है। अहंकार उन्हें स्पर्श भी नहीं करता। तो यह उदारता का शौर्य भारत की पहचान है। भारत, जिसकी पहचान राम से है, कृष्ण से है, शिव से है, शंकराचार्य से है, विवेकानन्द से है, हम सबसे है। भारत के प्रतीक हैं हम सभी। इसीलिए जब कभी कोई विदेशी टिप्पणी करता है कि भारत धार्मिक देश है तो वह हमसे तात्पर्य रखता है। कोई नकारात्मक टिप्पणी भी होती है तो आशय हम होते हैं। उदाहरणार्थ एक व्यक्ति भी पोलियो पीड़ित होता है तो कहा जाता है कि भारत में पोलियो है अभी। अर्थात् भारत की यह पहचान हम हैं। इसी हम का प्रतीक है हिन्द और पहचाने जाने या जानने का प्रतीक है जय और मिलकर बृहत्तर प्रतीक बनता है जय हिन्द, वैसे ही जैसे जय श्रीराम। राम को पहचानने का प्रतीक बनता है यह शब्दयुग्म।

प्रसंगत: यहाँ स्पष्ट कर देना उचित है कि केवल भगवान राम का ही उदाहरण हमारे सामने नहीं है। आधुनिक युग में भी भारत की एक प्रधानमन्त्री ने विजित देश बांग्लादेश को एक स्वतन्त्र राष्ट्र के रूप में अस्तित्व में ला दिया। तो यह भारत के स्वभाव में है कि वह उदारता के शौर्य में विश्वास रखता है। यही कारण है कि दूसरे देशों पर आक्रमण की पहल का इतिहास कभी नहीं रहा भारत का। हाँ, युद्ध क्षेत्र में पीठ दिखाने का भी इतिहास नहीं रहा है। अपने आध्यात्मिक अवतारों द्वारा दिखाये गये करुणा के मार्ग का सदैव अनुगामी रहा है भारत। चाहे राम हों, कृष्ण हों, शंकराचार्य हों या बौद्धावतार रहा हो।

बौद्धावतार के बारे में प्राय: एक भ्रम की स्थिति आती है या तथाकथित वक्रपन्थियों द्वारा प्रचारित की जाती है—बुद्ध कौन? हीनयान, महायान या फिर विभिन्न देशों के मतावलम्बी अपनी-अपनी धार्मिक मान्यता के अनुसार बुद्ध के कई अवतार पूर्व में हो चुका मानते हैं। मैत्रेय बुद्ध के अवतरित होने की बातें भी होती हैं। इन सभी धाराओं से इतर प्रत्येक सनातनधर्मी मनुष्य आज भी अपने किसी धार्मिक अनुष्ठान में संकल्प लेते हुए प्रत्येक दिन ये पंक्तियाँ दुहराता ही है, क्योंकि स्नान, संध्या, दान, देवपूजन तथा किसी भी सत्कर्म के प्रारम्भ में संकल्प करना आवश्यक है–

"ॐ अद्य ब्रह्मणोऽह्नि द्वितीयपरार्धे श्रीश्वेतवाराहकल्पे वैवस्वतमन्वन्तरेऽष्टाविंशतितमे कलियुगे कलिप्रथमचरणे बौद्धावतारे भूर्लोके जंबूद्वीपे भरतखण्डे भारतवर्षे क्षेत्रे 'ग्रामे' नाम संवत्सरे मासे (शुक्ल/कृष्ण) पक्षे तिथौ वासरे गोत्रः ...अमुक कर्म करिष्ये।"

यह जम्बूद्वीपे बौद्धावतारे क्या है? गौतम बुद्ध को हिन्दू धर्म से पृथक् करके देखने वाले कुछ हिन्दुओं की मानें तो वे बुद्ध को विष्णु का अवतार नहीं मानते। मैं भी नहीं मानती। सनातन धर्म का थोड़ा-सा भी गम्भीर ज्ञान रखने वाला व्यक्ति नहीं मानेगा कि गौतम बुद्ध, जो राजा शुद्धोधन के पुत्र थे और बाद में बुद्धत्व को प्राप्त कर गौतम बुद्ध बन गये, वे स्वयं विष्णु के अवतार थे। नहीं, वे विष्णु के अवतार नहीं थे। वे तो स्वयं बुद्ध के मार्ग के अनुगामी थे। बुद्धत्व को प्राप्त करने के लिए प्रयासरत सिद्धार्थ गौतम थे। तब आख़िर जिस बुद्धत्व की प्राप्ति के लिए स्वयं सिद्धार्थ प्रयासरत थे, राज-पाट छोड़ा, जंगल-जंगल यात्राएँ करते रहे, तप करते रहे और तब बुद्धत्व को प्राप्त किया, आख़िर वह बुद्ध कौन थे जिनके अवतरण के नाम पर हर सनातनधर्मी आज भी धार्मिक अनुष्ठानों में 'बौद्धावतारे' का संकल्प लेता है और जिसकी करुणा और अहिंसा का उपदेश गौतम बुद्ध ने अपने शिष्यों और अनुयायियों को दिया? इस तथ्य को समझने के लिए भी हीनयान और महायान के समर्थक अनेक देशों की आध्यात्मिक विरासत और बौद्धिक साहित्य-सम्पदा का अनुशीलन करना होगा कि वे किस आधार पर गौतम बुद्ध से पूर्व भी अनेक बुद्धों की कल्पना करते हैं। परन्तु सनातन धर्म के बौद्धावतार के सिद्धान्त को भी जान लेना आवश्यक है–

कलियुग के प्रारम्भ में जब असुरों ने यज्ञों के द्वारा शक्ति संचय करके प्रजा को उत्पीड़ित करना प्रारम्भ कर दिया तब देवताओं की प्रार्थना पर भगवान विष्णु ने कीकट देश में विप्रवर अजन के पुत्र के रूप में अवतार धारण किया। अत्यन्त त्यागपूर्ण जीवन व्यतीत करते हुए बुद्धरूपधारी विष्णु ने यज्ञों का विरोध प्रारम्भ कर दिया, फलस्वरूप अनधिकारी असुरों के साथ-साथ जो यज्ञ के अधिकारी थे, उन्होंने भी यज्ञ करना बन्द कर दिया। उनको पुनः वेदमार्ग पर लाने के लिए भगवान शंकर ने केरल प्रदेश के कालटी नामक ग्राम में अवतरित होकर पुनः भारतवासियों को न केवल वैदिक कर्मकाण्ड में प्रवृत्त कराया, वरन् जो बौद्धों द्वारा शून्यवाद का प्रचार एवं अनात्मवादी दर्शन प्रचारित हो रहा था, उसका युक्तियुक्त रीति से खण्डन किया। बौद्ध कहते थे–जगत् और ब्रह्म दोनों मिथ्या हैं। इस पर आचार्य शंकर का कहना था कि भ्रम निरधिष्ठान नहीं होता। सर्प का भ्रम रज्जू में होता है, रजत का भ्रम शुक्तिका में होता है। इसी प्रकार भ्रमरूपी जगत् का भी कोई अधिष्ठान होना चाहिए। जगरूपी भ्रम का अधिष्ठान ब्रह्म है और वह ब्रह्म सब प्राणियों की अन्तरात्मा है।

भेद बुद्धि से जनसमाज में जो रागद्वेष फैल रहा था, वह आचार्य शंकर के इस उपदेश से समाप्त हुआ। आदि शंकराचार्य का काल युधिष्ठिर संवत् दो हज़ार छह सौ इकतीस की वैशाख शुक्ल पंचमी, दिन रविवार माना जाता है। स्पष्ट है कि गौतम बुद्ध से पूर्व ही बौद्धावतार की कथा मान्यता प्राप्त कर चुकी थी, जिसके लिए आदि शंकराचार्य को अनेक सिद्धान्तों और तर्क की प्रामाणिकता स्थापित करनी पड़ी थी।

चर्चा जय से मुड़ते हुए इतिहास के कितने कोनों की यात्रा कर आयी। जय का एक अर्थ यह भी तो है। जय का तात्पर्य किसी एक वस्तु के ऊपर दूसरे का आरोहण नहीं बल्कि एक-दूसरे को जानना है। सबको स्वयं में देखो, स्वयं को सबमें देखो। सर्व खल्विदं ब्रह्म जानो अथवा अप्प दीपो भव कहो, बात एक ही है। स्वयं को पहचानो, आत्मसाक्षात्कार करो। इसी आत्मसाक्षात्कार का सेतु मन्त्र है–जय श्रीराम। तुम मुझमें राम को देखो, मैं तुममें राम को देखूँ। ब्रह्म का साक्षात्कार अणु-अणु में। कहीं कोई दुराव नहीं, भेद नहीं। जब अभेद है तो राग-द्वेष कैसा? अपना-पराया कैसा? सब उसी एक परम चैतन्य के चिदंश। तो सोचती हूँ, उस जय श्रीराम से परहेज़ कैसा? अपने स्व से ही परिचय हैं श्रीराम।

'रामायण' की पूर्वपीठिका

राजेश श्रीवास्तव

वाल्मीकि कौन थे? इस सम्बन्ध में 'वाल्मीकि रामायण' में कम ही तथ्य हैं। किन्तु यह तथ्य सर्वविदित है कि वाल्मीकि राम के समकालीन थे। उन्होंने 'रामायण' की रचना की और 'उत्तरकाण्ड' के अनुसार सीतात्याग पर सीता को आश्रय दिया। वे लव और कुश के शिक्षक हुए और उन्हीं के निर्देशन में कुशीलव की परम्परा और 'रामायण' का गायन आरम्भ हुआ।

वाल्मीकि का सम्बन्ध निर्विवाद रूप से राम और 'रामायण' से है किन्तु उसके सत्यापन के लिए हमें कुछ बातें ध्यान रखनी होंगी। 'उत्तरकाण्ड' में वाल्मीकि को ब्राह्मण और दशरथ का मित्र कहा गया है। राम द्वारा सीतात्याग का निर्णय होने पर लक्ष्मण को यह दायित्व दिया जाता है कि वे सीता को वन में छोड़ आयें। लक्ष्मण उन्हें वाल्मीकि के आश्रम के पास छोड़ते हैं और बताते हैं कि ऋषि वाल्मीकि उनके पिता दशरथ के मित्र हैं और वे बहुत बड़े विप्र ऋषि हैं।

राज्ञौ दशरथस्यैव पितुर्मे मुनिपुंगव।
सखा परमको विप्रो वाल्मीकिः सुमहायशाः।।

(उत्तरकाण्ड, 47/17)

'वाल्मीकि रामायण' के अतिरिक्त उत्तर-वैदिक साहित्य में वाल्मीकि नाम के अनेक व्यक्तियों का उल्लेख मिलता है। 'महाभारत' के 'द्रोणपर्व' और 'शान्तिपर्व' में वाल्मीकि को कवि कहा गया है 'अनुशासन पर्व' में एक वाल्मीकि की चर्चा है कि उनका यश श्रेष्ठ होगा। (महाभारत, 18/8/10)

वाल्मीकि ने 'उत्तरकाण्ड' में अपना परिचय इस प्रकार दिया है–

'प्रचेतसोऽहं दशमःपुत्रोराघवनन्दन।' ('अध्यात्म रामायण', 'उत्तरकाण्ड' 7/31) अर्थात–हे रामचन्द्र! मैं प्रचेता का दसवा पुत्र हूँ। मनुस्मृति में लिखा है कि–'प्रचेतसं वशिष्ठं च भृगुं नारदमेव च।' ('मनुस्मृति', 1/35) अर्थात् प्रचेता

वशिष्ठ, भृगु व नारदादि का भाई था। शरीर पर वल्म (दीमक) पड़ने के कारण इन्हें वाल्मीकि कहा गया। इन्हें वरुण का पुत्र भी कहा जाता है। वाल्मीकि के राम वेदवेदांग, तत्त्वज्ञ तथा शास्त्रों को जानने वाले हैं। धर्म और अधर्म का निर्णय करने के लिए वे वेद के साथ 'मनुस्मृति' का आधार भी स्वीकारते हैं। बालीवध के प्रसंग में छिपकर बाली का वध करने के आरोप का वे शास्त्रोक्त समाधान करने में 'मनुस्मृति' का आधार लेते हैं।

श्रूयते मनुना गीतौ श्लोकौ चारित्र वत्सलौ।
गृहीतौ धर्मकुशलैस्ततथा चरितं म याहरे।

(कि कां–18/30)

मनुस्मृति में कहा गया है–

गुरुं वा बालवृद्धौ वा ब्राह्मणं वा बहुश्रुतम्।
आत्तायिनमायान्तं हन्यादेवाविचारयन्।
नाततायि बधे दोषे हन्तुर्भवति कश्चन्।।
प्रकाशं वाऽ प्रकाशं वा मन्युस्तन्मन्यु मृच्छति।।

('मनुस्मृति'ए 8/350)

तमसा नदी के तट पर वाल्मीकि ने नारद जी से पूछा–हे, मुने! इस समय संसार में गुणवान, वीर्यवान, धर्मज्ञ, सत्यवक्ता और प्रियदर्शन सुन्दर पुरुष कौन है? नारद जी ने उत्तर दिया। इक्ष्वाकु वंश के श्रीराम। वे मन को वश में रखने वाले महाबलवान, कान्तिमान, नीतिज्ञ और जितेन्द्रिय हैं। उनके कन्धे मोटे, और आजानुलम्बिनी भुजाएँ हैं, ग्रीवा शंख के समान और ठोड़ी मांसल है। उनका वक्षस्थल चौड़ा और शरीर सुडौल है। उनकी भुजाएँ घुटनों तक लम्बी है, ललाट भव्य और विशाल नेत्र हैं। वे शारंग धनुष को धारण करने वाले हैं। (वा.रा., 'बालकाण्ड' 1-8) वे स्वाभाविक प्रकाश से युक्त हैं–'स्वाभाविकी ज्ञानबलक्रिया च।'

वे विपुलांश (उन्नत स्कन्ध) तथा महाबाहु (मोटे और गोल भुजाओं वाले) हैं। सामुद्रिक शास्त्र में कहा गया है–

शिरो ललाट श्रवणे ग्रीवा वक्षश्च हृत्तथा।
उदरं पाणिपादम च पृष्ठं दश महत्सुखम्।।

महर्षि और देवर्षि में अन्तर है। वाल्मीकि महर्षि बनने की प्रक्रिया में हैं किन्तु उनका साक्षात् सम्पर्क देवर्षि नारद से है। 'वाल्मीकि रामायण' का आरम्भ ही नारद और वाल्मीकि के संवाद से है।

तपस्वाध्यायनिरतं तपस्वी वाग्विदांवरम्।
नारदं परिपप्रच्छ वाल्मीकिर्मुनिपुंगवम्।।

वाल्मीकि तपस्वी मात्र हैं परन्तु नारद बहुगुणी हैं। वे तपस्या स्वाध्याय और वाणी मर्मज्ञ हैं। तप जिज्ञासा उत्पन्न करता है, स्वाध्याय उसका निदान है। फिर उसे वाणी मिल जाये तो मौन मुखर हो उठता है। यही वाल्मीकि-नारद-संवाद का सूत्र है।

'रामायण' का इतिहासबोध

राम साहित्य की मीमांसा करते मुझे लगता है, कितनी ही जातियाँ नष्ट हो गयीं अपने इतिहास के साथ। कितनी ही भाषाएँ जिन्हें हम नहीं जानते। जिन्हें हम खोज भी नहीं पाये। अपने आसपास उपलब्ध साहित्य को परखने में ही हम लाचार-से हो जाते हैं तो उस अलिखित, अबोले साहित्य तक हम कैसे पहुँच सकते हैं जिसे काल के गाल ने चुपचाप निगल लिया है और जिसके संकेत सूत्र-मात्र भी हमें बहुत ही मुश्किल से कठिनतम शोध के पश्चात् मिल जाते हैं। राम साहित्य का वास्तविक इतिहास कैसा भी रहा हो किन्तु राम की संस्कृति के सूत्र वाल्मीकि से बहुत पहले के हैं, इसमें मुझे तनिक भी सन्देह नहीं है।

रामकथा पर शोध करने वालों के दावे लगातार बढ़ रहे हैं। एक पाठक मित्र ने सूचित किया है कि इटली के लुइज पियो तेस्सी तोरी (जन्म 13 दिसम्बर 1887 को इटली के उदीने शहर में) ने 1911 में फ़्लोरेंस विश्वविद्यालय से 'रामचरितमानस' और 'रामायण' विषय पर पीएच.डी. की उपाधि प्राप्त की थी। दूसरा शोध-कार्य लन्दन में 1918 में जे.एन. कार्पेनर ने किया। भारत में तुलसीदास पर पहली पीएच. डी. 1938 में नागपुर विश्वविद्यालय से श्री बलदेव प्रसाद मिश्र ने की थी। 1949 में हरिश्चन्द्र राय ने लन्दन से पीएच.डी. तथा फ़ादर कामिल बुल्के ने प्रयाग विश्वविद्यालय से डी.फ़िल. की डिग्री (1949) प्राप्त की।

'रामायण'काल में एकछत्र साम्राज्य की स्थिति एक गणतन्त्र की ही भाँति है। हिमालय और विंध्यपर्वत श्रृंखलाओं के मध्य आर्यावर्त्त के अनेक स्वतन्त्र राज्य थे। अंग, काशी, कोसल, कैकेय, मगध, मिथिला, बंग, विशाला, सिन्धु, सौवीर, सौराष्ट्र आदि अनेक राज्यों की स्थिति राष्ट्र के समान थी। इनमें बहुत दशरथ के अधीन थे। दशरथ कैकेयी के सामने स्पष्ट करते हैं कि जहाँ तक सूर्य का चक्र घूमता है वहाँ तक सारी पृथ्वी मेरे अधिकार में है। द्रविड़, सिन्धु, सौवीर, सौराष्ट्र, दक्षिण भारत के सारे प्रदेश तथा अंग, बंग, मगध, मत्स्य, काशी और कोसल इन सभी समृद्धशाली देशों पर मेरा आधिपत्य है।

यावदावर्तते चक्रं तावती मे वसुंधरा।
द्राविड़ाः सिंधुसौवीराः सौराष्ट्रा दक्षिणापथाः
बंगांगमगधा मत्स्याः समृद्धाः काशिकोसलाः।

(अयोध्या–10/37)

राम बाली को स्मरण कराते हुए भी इस ओर संकेत करते हैं कि पर्वत, वन और काननों से युक्त यह सारी पृथ्वी ईक्ष्वाकुवंशी राजाओं की है। कर देने वाले सामन्त नरेशों के समुदाय और विभिन्न देशों के निवासी अयोध्या की शोभा बढ़ाते हैं। (1/5/14)

विद्वानों का मानना है कि 'रामायण' के पहले ही 'पौलस्त्यवध' नामक नाटक की रचना वाल्मीकि जी कर चुके थे। बौद्धमहाकवि अश्वघोष ने अपने ग्रन्थ 'बुद्धचरित' (78 ई.) में लिखा है कि च्यवन जिस कथा को कहना चाहते थे, उसे वाल्मीकि ने पूरा किया। वाल्मीकि से भी पूर्व रामकथा होने का संकेत अश्वघोष के 'बुद्धचरित' में इस श्लोक में मिलता है–

वाल्मीकिनादश्च ससर्ज काव्यं, जग्रन्थयन्न च्यवनो महर्षिः।
चिकित्सितं यच्च चकार नात्रिः पश्चात्तदात्रेय ऋषिर्जगाद्।।

('बुद्धचरित', 1.49)

(च्यवन ऋषि जिसे लिख नहीं पाये, उसे वाल्मीकि ने लिखा। अत्रि जिस वैद्यचिकित्सा को न कर सके, उसे उनके पुत्र आत्रेय ने पूरा किया।)

'बुद्धचरित' में 'सुन्दरकाण्ड' की बहुत-सी उपमाओं का प्रयोग देखने को मिलता है। बौद्धनाटकों में भी रामकथा के सूत्र मिलते हैं। 'दशरथजातक' में तो रामकथा का पूरा आख्यान है। इसमें राम और बुद्ध समकालीन ही माने गये हैं। पाली जातक में 'वाल्मीकि रामायण' के श्लोक मिलते हैं। बौद्धकवि कुमारलाल (100 ई.) की कल्पना मण्डतिका में 'रामायण' के सर्वसाधारण के वाचन का उल्लेख है। जैनकवि विमलसूरि ने 'पउमचरिउ' (प्राकृत) महाकाव्य में रामकथा को कहा है। इस ग्रन्थ की रचना महावीर की मृत्यु के 530 वर्ष के पश्चात् अर्थात् 62 ई. मानी गयी है।

'वाल्मीकि रामायण' के प्रथम चार सर्गों से यह पता चलता है कि वह 'रामायण' की भूमिका मात्र है। महाकाव्य की कथा तो पाँचवें सर्ग से आरम्भ होती है। उन्होंने कृतज्ञतापूर्वक कहा भी है–

'आदिकाव्यमिदं चार्षम्, पुरा वाल्मीकिना कृतम्' (पुरा-अति प्राचीनकाल में मुनि वाल्मीकि ने इस आर्षकाव्य की रचना की है)। 'रामायण' महाकाव्य की कथा

भी पौलस्त्यवध तक ही सीमित है। युद्धकाण्ड के अन्त में ही राम के अयोध्या आगमन तथा राज्यभार ग्रहण करने का वर्णन है। यह फलश्रुति ग्रन्थ की समाप्ति पर लिखा जाता है, इसलिए यह आपत्ति स्वीकारनी होगी कि 'रामायण' का उत्तरकाण्ड प्रक्षिप्त है।

रामायण के चौथे सर्ग में लिखा है–

काव्यं 'रामायण' कृतस्नं सीतायाश्चरितं महत्।
पौलस्त्यवधमित्येवं चकार चरितव्रतः।।

(रामायणं–रामचरितम्, पौलस्त्यवधमित्येवम्–पौलस्त्यवध नामक, कृतस्नम्–सम्पूर्णम्)

इससे इतना तो स्पष्ट हो ही जाता है कि वाल्मीकि ने 'पौलस्त्यवध' काव्य लिखा था। वाल्मीकि वाल्मीक के पुत्र भी हो सकते हैं जैसे दशरथ के दाशरथि। वैदिक साहित्य में राम नाम का उल्लेख चार प्रकार से मिलता है।

1. ऋग्वेद में राम का नाम कुछ प्रतापी राजाओं दुःशीम, पृथवान् और वेन के साथ आता है। असुर राजाओं के साथ आने से राम भी कोई प्रतापी राजा प्रतीत होते हैं क्योंकि असुर का अर्थ उस समय महान के अर्थ में ही प्रयुक्त होता था।
2. 'ऐतरेय ब्राह्मण' में राम भार्गवेय और जनमेजय के विषय में एक कथा मिलती है जिससे राम का श्यामवर्ण कुल का ब्राह्मण और जनमेजय का समकालीन होना सिद्ध होता है।
3. 'शतपथ ब्राह्मण' के राम औपतस्विन हैं जो यह दर्शाता है कि राम औपतस्विन के पुत्र और याज्ञवल्क्य के समकालीन थे।
4. जैमनीय उपनिषद में राम का उल्लेख एक शिक्षक और दार्शनिक के रूप में मिलता है। इससे यह तथ्य सहज ही स्पष्ट हो जाता है कि प्राचीनकाल में राम राजाओं तथा ब्राह्मणों में एक प्रचलित नाम था। यद्यपि ये राम दाशरथि नहीं हैं और न ही ईश्वर हैं।

राम के अनेक नाम राम को पुकारने के अलग विशेषण हो सकते हैं किन्तु 'रामायण'कारों ने उन्हें तीन नामों से पुकारा है–राम, रामचन्द्र और रामभद्र। बाद में रघुवीर, रघुनन्दन इत्यादि विभूषणों से भी।

जहाँ जैन 'रामायण' में राम को पद्म नाम से पुकारा गया है, वहीं बौद्धधर्म में जातकटठवण्णना के 'दशरथजातक' में राम को रामपण्डित तथा लक्ष्मण को लक्खण के नाम से सम्बोधित किया गया है। 'उत्तररामचरित' में पहली बार राम के

लिए रामचन्द्र का प्रयोग हुआ है। 'वाल्मीकि रामायण' में राम के लिए दाशरथिराम का प्रयोग भी हुआ है। 'वाल्मीकि रामायण' में–'इक्ष्वाकुवंश रामो नाम गुणैर्श्रुतः' कहा गया है। राम को विष्णु के समान वीर्यवान कहा गया है। (12/1/18)

'पद्मपुराण' के अनुसार राम सहित सभी भाइयों के शिक्षागुरु अलग-अलग रहे हैं। ऐर नामक ब्राह्मण ने राम सहित सभी भाइयों को शस्त्र की शिक्षा दी है। पद्मपुराण के अनुसार राम ने लंका जाते समय वेलन्धर नगर के राजा समुद्र से युद्ध किया।

भद्रो भद्रया सचमान आगात् स्वसारं जारो अभ्येति पश्चात्।
सुप्रकेतैर्द्युमि रग्निर्वितिष्ठन्, मदिभर्वर्णैरभि राममथात्।

'ऋग्वेद संहिता' (10/3/3) तथा 'सामवेद' में रामकथा इन चार पंक्तियों में समाहित है। रामभद्र सीता के साथ वन में आये। राम पिताश्री के आदेश का पालन करने के कारण भद्र हैं। सीता ने अयोध्या के राजसुख को त्याग कर पति के साथ कष्ट सहन किया। अतः वे भी भद्रा अर्थात् पतिव्रताओं की मुकुटमणि हैं।

रावण पीछे से छिपकर आया। वह विद्वान होकर भी इस नीति को भूल गया।

मातृवत् स्वसृवच्चैव तथा दुहितृवश्च ये।
परदारेषु वर्तन्ते ते नराः स्वर्गगामिनः।।

जो अपने से बड़ी स्त्रियों के प्रति माता, समवव्यस्क के प्रति बहन तथा अल्पवव्यस्क के प्रति पुत्री के समान व्यवहार करते हैं, वे स्वर्ग के अधिकारी होते हैं।

संस्कृत के लौकिक साहित्य में जिस प्रकार राम के लिए रामचन्द्र का प्रयोग हुआ है, उसी प्रकार रामभद्र भी हुआ है। रामरक्षास्त्रोत में यह श्लोक इसका प्रमाण है।

रामेति राभद्रेति रामचन्द्रेति वा स्मरन्।
नरो न लिप्यते पापैर्भुक्तिं मुक्तिं च विन्दति।।

आर्थात् राम, रामभद्र अथवा रामचन्द्र का स्मरण करने वाला मनुष्य पापों में लिप्त नहीं होता, अपितु सांसारिक समस्त भोगों को प्राप्त करके अन्त में मोक्ष को प्राप्त करता है।

परशुराम ने राम को काकुत्स्थ कहकर पुकारा तो लगा यह भी राम का एक नाम ही है। तुलसी के अवधपति राम, कालिदास के रघुवीर और वाल्मीकि के काकुत्स्थ होने का भी रोचक प्रसंग है। परशुराम बोले–यदि शक्नोऽसि काकुत्स्थ द्वन्द्व दास्यामि ते ततः।

(हे काकुत्स्थ, यदि तुम इस पर अपना बाण न चढ़ा सके तो मैं तुमसे द्वन्द्वयुद्ध करूँगा।)

राम और परशुराम यदि द्वन्द्वयुद्ध करते तो यह नितान्त रोचक होता किन्तु यहाँ ज्ञात हुआ कि राम काकुत्स्थ हैं। राजा इक्ष्वाकु के पुत्र विकुक्षि के भी पुत्र काकुत्स्थ ने देवासुर संग्राम में इन्द्र के कुकुद (कूबड़) पर सवार होकर राक्षसों को पराजित किया था। इसी कारण वे काकुत्स्थ कहलाये और उसी महान वंश परम्परा के राम को परशुराम ने काकुत्स्थ कहकर सम्बोधित किया। दशावतारों में वर्णित भगवान परशुराम का वास्तविक नाम राम ही है। परशु धारण करने के कारण वे परशुराम कहलाये।

मिस्र के प्राचीन भवनों की दीवारों पर पाये जाने वाले चित्रों को 'रामायण' की वानरसेना के अनुसार बताया गया है। मिस्र में राम नाम के बारह राजा हुए हैं, उनमें एक मन्दिर का नाम रामेसियम (रामेश्वरम) है। मिस्र के एक राजा का नाम सियामन और उनकी पुत्री का नाम सीतामन पाया जाता है।

'रामायण', 'महाभारत' और अनेक पुराणों में दशरथ के पुत्र राम, बलराम और परशुराम के नाम आते रहे हैं। राम और परशुराम को तो विष्णु के अवतारों में माना जाता है जब कि बलराम कृष्ण के बड़े भाई के रूप में प्रसिद्ध हैं। 'पंचरात्र' शास्त्रों के अनुसार बलराम भगवान वासुदेव के ही स्वरूप हैं। वे लक्ष्मण की भाँति शेष के अवतार हैं। इनका नाम बलभद्र भी कहा जाता है। 'महाभारत' के सन्दर्भ में इनकी अनेक कथाएँ चर्चित हैं। परशुराम त्रेता युग में हुए। पितामह भृगु द्वारा सम्पन्न नामकरण संस्कार में इनका नाम राम ही रखा गया। शिवजी द्वारा प्रदान किये गये परशु को धारण करने के कारण इनका नाम परशुराम पड़ा। यह परशु सामान्य नहीं था, इस दिव्यास्त्र का नाम विद्युदभि परशु था। चक्रतीर्थ में इनकी तपस्या से प्रसन्न होकर भगवान विष्णु ने उन्हें त्रेता में राम अवतार होने पर तेजोहरण के उपरान्त कल्पान्त तक भूलोक में रहने का वर दिया था।

जिस प्रकार अंग्रेज़ी में ram शब्द का अर्थ भेड़ा तथा एक यन्त्र के लिए भी किया जाता है, ठीक उसी प्रकार आरण्यक ग्रन्थों में राम का अर्थ पुत्र के सन्दर्भ में प्रयुक्त किया गया है।

वेदों में गद्य खण्ड वाले अंश आरण्यक हैं। ये वैदिक वाङ्मय का तीसरा हिस्सा हैं। दर्शन और ज्ञान से आलोकित आरण्यक ग्रन्थों में कर्मकाण्ड पर चर्चा नहीं है। अरण्य अर्थात् जंगल में इन ग्रन्थों का अध्ययन किया जाता था। 'अरण्ये भवं आरण्यकम्।' यज्ञोपवीत का वर्णन सर्वप्रथम 'तैत्तरीय आरण्यक' में मिलता है।

तित्तरि नामक ऋषि द्वारा प्रणीत सूत्रों को संहिता, उपनिषद, ब्राह्मण, आरण्यक, श्रौतसूत्र आदि में रखा गया है।

तैत्तरीय आरण्यक में राम शब्द का प्रयोग पुत्र के रूप में किया गया है।

संवत्सरम न मांस मश्नीयत। न रमामुपेयात। न मृतमयेन पिवेत।
नास्य राम उच्छिस्टम पिवेत। तेज एव ततसंशयति।।

('तैत्तरीय आरण्यक', 5,8,13)

(सोमयज्ञ के लिए अनुष्ठान करते समय इन बातों का ध्यान रखना चाहिए। वह एक वर्ष तक मांस का भक्षण न करे। स्त्री का भोग न करे। मिट्‌टी के बर्तन में पानी न पिये। उसका पुत्र उच्छिष्ट अर्थात् बासा या जूठा न पिये।)

आचार्य सायण ने चौदहवीं शताब्दी में सर्वप्रथम वेदों का भाष्य किया। उन्होंने रम शब्द का अर्थ रमणीय पुरे के रूप में माना है। रामा अर्थात् सुन्दर स्त्री और राम अर्थात् सुन्दर पुत्र।

रमना, रमणीय, रमा हुआ और राम सम्भवत: राम का सार्थक रूप इन्हीं शब्दों के पीछे है।

राम शुभ और श्रेष्ठता की दृष्टि से प्रयुक्त शब्द है।

'रामायण' ग्रन्थ के स्वरूप निर्धारण की प्रक्रिया बहुत जटिल प्रतीत होती है। महर्षि वाल्मीकि के मानस से प्रकट होकर इसका लेखन, वाचन, श्रवण, कुश और लव द्वारा गायन तत्पश्चात् इसके प्रक्षिप्त कहे जाने वाले सर्गों का और कतिपय अंशों का इसमें सम्मिलित किये जाने के बीच न ही जाने कितने अध्याय अभी लुप्तप्राय हैं। वर्तमान में प्राप्त ग्रन्थों का नाम 'श्रीमद्‌वाल्मीकिरामायण' मिलता है। इसमें 24 हज़ार से कहीं बहुत अधिक श्लोक मिलते हैं। 'बालकाण्ड' के प्रथम चार तथा सम्पूर्ण 'उत्तरकाण्ड' को प्रक्षिप्त माना जाता है। ''रामायण' तात्पर्य दीपिका' नाम से व्यास जी ने 'वाल्मीकि रामायण' की टीका लिखी है। कहा जाता है कि इस टीका को व्यास जी ने युधिष्ठिर के कहने पर लिखा है।

'वाल्मीकि रामायण' में सुशासन का पर्याय

प्रो. मीरा द्विवेदी

आदिकवि महर्षि वाल्मीकि द्वारा विरचित 'रामायण' आदिकाव्य के रूप में प्रसिद्ध है। काव्य, शास्त्र, इतिहास और इनके मिश्रण से बने वाङ्मय के विविध रूपों में से 'वाल्मीकीय रामायण' काव्येतिहास की श्रेणी में आता है। 'रामायण' काव्य भी है और इतिहास भी। 'विष्णुधर्मोत्तरपुराण' (3/15/1) में धर्म, अर्थ, काम तथा मोक्ष के उपदेश से युक्त घटित वृत्तान्त को इतिहास की संज्ञा दी गयी है। लोक में अनेक वृत्तान्त घटित होते हैं। सभी वृत्तान्त और उनसे सम्बद्ध व्यक्ति काव्य के नायक नहीं बन सकते। जिनके चरित से धर्म, अर्थ, काम व मोक्ष की शिक्षा दी जा सके, काव्य में वे ही चरितनायक बनाये जाते हैं। ऐसे चरित इतिहास की परिधि में आते हैं। स्रोत की दृष्टि से 'वाल्मीकि रामायण' का कथानक प्रख्यात है। 'बालकाण्ड' के प्रथम सर्ग में नारद और वाल्मीकि का संवाद प्रमाण है कि 'वाल्मीकि रामायण' लिखे जाने तक राम का चरित प्रख्यात हो चुका था। अतः 'वाल्मीकि रामायण' के काव्यत्व और इतिहासत्व को निराकृत करने का कोई हेतु नहीं है।

काव्यशास्त्रियों के द्वारा स्वीकृत काव्य-प्रयोजनों में से एक प्रयोजन है– 'व्यवहारज्ञान', जिसे कान्ता की मधुर वक्तव्य शैली के रूप में राम आदि के समान आचरण करना चाहिए, रावण आदि के समान नहीं (रामादिवत् वर्तितव्यं न रावणादिवत्), तभी वह उपदेश के रूप में प्रतिफलित होता है। वस्तुतः राम के जीवन का उद्देश्य केवल दुष्टों का दमन करना नहीं था, लोकानुग्रह और लोकधर्म की स्थापना के लिए मानवीय आचरण को मर्यादित करने वाले उच्च श्रेणी के मापदण्डों की स्थापना करना भी था, ताकि मानव को आदर्श–जीवन का उदाहरण मिल सके और वह उसे अनुकरणीय मानकर कर्तव्य-पथ पर बढ़ते हुए जीवन का लक्ष्य प्राप्त कर सके। 'भगवद्गीता' (3/21) में भगवान कृष्ण कहते हैं कि मेरे लिए करणीय-अकरणीय कुछ नहीं है, फिर भी मैं कर्म करता हूँ, क्योंकि अनुकरणीय व्यक्ति जो-जो आचरण करता है, लोक उसका अनुगमन करता है। अतः लोकसंग्रह और

लोकोपदेश के लिए भगवान भी अवतार लेकर सत्कर्म और सत्पथ का उपदेश देते हैं। महाकवि कालिदास ने भी ईश्वरीय अवतार का यही उद्देश्य प्रतिपादित किया है–

अनवाप्तमवाप्तव्यं न ते किंचन विद्यते।
लोकानुग्रह एवैको हेतुस्ते जन्मकर्मणोः॥ ('रघुवंश',10/31)

वाल्मीकि ने राम को मर्यादित जीवन का प्रतिनिधि मानकर उनके माध्यम से समस्त मानवीय गुणों की चर्चा की है। 'बालकाण्ड' और 'उत्तरकाण्ड' में उन्हें विष्णु का अवतार भी माना गया है। इन काण्डों के अधिकांश भाग को शोधकों का एक वर्ग प्रक्षिप्त मानता है। किन्तु प्रक्षिप्त घटनाएँ भी समाज के प्रबुद्धवर्ग द्वारा रामकथा का अंग स्वीकार कर ली गयी थीं, इस तथ्य की पुष्टि व्यास, कालिदास, भट्टि, जानकीदास आदि महाकवियों की एक लम्बी परम्परा से विदित होती है। इनके द्वारा स्पष्टतः राम को साक्षात् ब्रह्म मानकर और कहीं भगवान नारायण का अवतार मानकर लोककल्याण के लिए अवतार लेने वाले महामानव पुरुषोत्तम के रूप में अंकित किया गया है। राम के जीवन का यह तो यथार्थ मानना ही पड़ेगा, चाहे राम को मर्यादा पुरुषोत्तम माना जाये अथवा भगवान का अवतार कि राम अपने जीवन में सदा मानवत्व के अभिमानी रहे। मानव देह में रहते हुए उन्होंने अलौकिक और दैवी शक्तियों के बल पर कार्यसिद्धि का प्रयास नहीं किया, इसलिए वे अनुकरणीय मानवीय गुणों का आदर्श बन गये।

'रामायण' में ऐसे साक्ष्य मिलते हैं कि वाल्मीकि राम के समकालीन थे। उन्होंने अपनी आर्षप्रतिभा के बल पर राम के जीवन में घटित और भविष्य में घटने वाली घटनाओं का साक्षात्कार किया था। अतः रामचरित के लिए 'वाल्मीकि रामायण' को सर्वाधिक प्रामाणिक माना जाता है। 'बालकाण्ड' के आरम्भ में वाल्मीकि और नारद-संवाद में सभी मानवीय आदर्श गुणों की सत्ता राम में बतायी गयी है। एक राजा के रूप में उन्होंने प्रजाराधन के उच्च और आदर्श मापदण्ड स्थापित किये थे जिसके कारण आज रामराज्य सुशासन का प्रतीक माना जाता है।

'वाल्मीकि रामायण' (गीताप्रेस गोरखपुर, संस्करण) में मुख्यतः तीन काण्डों में राजा के रूप में अभिषिक्त राम के सुशासन की चर्चा आयी है। सर्वप्रथम 'बालकाण्ड' के प्रथम सर्ग में नारद वाल्मीकि को संक्षेप में राम के जन्म से लेकर रावणवध के बाद अयोध्या वापसी और राम के राज्याभिषेक तक की कथा सुनाते हैं। तत्पश्चात् छह श्लोकों (वा.रा.,1/1/90-6) में नारद भविष्य की कथा बताते हुए रामराज्य की विशेषताएँ गिनाते हैं। दूसरी बार 'युद्धकाण्ड' के अन्तिम सर्ग में रामराज्य का वर्णन प्राप्त होता है। इस अध्याय में राम की अयोध्या वापसी पर भरत

के द्वारा अपनी असमर्थता बताकर राज्य का शासन सँभालने का अनुरोध करने पर राम स्वयं के राज्याभिषेक के लिए तैयार होते हैं। अभिषेक के बाद राम के सुशासन की चर्चा (128वें सर्ग में) की गयी है। 'उत्तरकाण्ड' के दो स्थलों पर रामराज्य की सुख-शान्ति का विवरण दिया गया है। प्रथमतया 'उत्तरकाण्ड' (7/41/17-22) में राम के राज्याभिषेक के एक मास व्यतीत होने पर भरत उनके सुशासन से प्रजा की सन्तुष्टि की चर्चा करते हुए समाज के सुख और समृद्धि का चित्र उपस्थित करते हैं और दूसरी बार (7/99/11-14) सीता के भूमि में प्रवेश के बाद कुश-लव अवशिष्ट कथा की पूर्ति करते हुए रामराज्य का वर्णन करते हैं। इन चारों वर्णनों में विशेष अन्तर नहीं है।

'युद्धकाण्ड' के विवरण के अनुसार राम का राज्य बहुत विशाल था। अकेले किसी शासक के द्वारा उसको सँभालना कठिन था, अत: एक विशाल राज्य के अनुरूप धर्मनिष्ठ राम ने अनुकरणीय आदर्श प्रस्तुत करते हुए अपने पुत्रों, भाइयों और सम्बन्धियों के साथ लोकहित के लिए पौण्डरीक, अश्वमेध, वाजपेय तथा अन्य अनेक प्रकार के यज्ञों में विविध दान-पुण्य करते हुए शासन किया। (6/12/94)। 'रामायण'कालीन संस्कृति वेदमूलक थी और वैदिक संस्कृति में यज्ञ प्रकृति प्रदत्त संसाधनों का लोकहित के लिए किया गया वितरण माना गया है। अत: यज्ञपरायण राम ने आजीवन लोकहित के लिए अनेक यज्ञ किये।

राम के अभिषेक के साथ ही प्रकृति ने अपनी समृद्धि के माध्यम से भावी मंगल की सूचना दे दी थी। पृथ्वी की उर्वरा शक्ति बढ़ गयी और वह अधिक अन्न उत्पन्न करने वाली हो गयी। वृक्ष, पादप आदि सुगन्धित फूलों और फलों से समृद्ध हो गये। (6/128/73)। मेघ समय पर आवश्यकता के अनुरूप वर्षा करने लगे। अतिवृष्टि या अनावृष्टि का भय नहीं था।

रामराज्य में विलाप करने के लिए कोई विधवा नहीं थी। रोग और शोक से मुक्त लोग अपनी सन्तानों के साथ पूर्णायु प्राप्त करते थे। इसलिए वृद्धजनों को अपने से छोटों का दाह संस्कार करना नहीं पड़ता था। समाज का प्रत्येक वर्ण अपने स्वयं के कार्यों से सन्तुष्ट और बिना किसी लोभ के अपने कर्तव्यों का पालन कर रहा था। प्रजा प्रसन्न, सदाचारपरायण और सद्गुणों के प्रति आसक्त थी। जीव एक-दूसरे को पीड़ा नहीं पहुँचाते थे (वा.रा., 6/128/99-101)।

जंगली जानवरों और बीमारियों से पैदा होने वाला डर न था। समाज चोरों और लुटेरों से निष्कंटक था। कोई निष्कर्म नहीं था। राम के सुशासन ने लोगों को इतना प्रभावित किया कि उनकी चर्चा का केन्द्र राम ही बन गये। दुनिया राममयी हो गयी थी।

रामो रामो राम इति प्रजानामभवन् कथाः।
रामभूतं विश्वमभूद्रामे राज्यं प्रशासति॥ (वा.रा.,6-128-103)

राम के सुशासन की स्पष्ट झलक 'अयोध्याकाण्ड' के राम-भरत-संवाद के सौवें सर्ग में भी देखी जा सकती है। यद्यपि यहाँ राजा के रूप में राम के द्वारा किये गये शासन की चर्चा नहीं है तथापि राम के मनोमस्तिष्क में विद्यमान सुशासन की संकल्पना को सुन्दर अभिव्यक्ति यहाँ मिली है। जहाँ 'बालकाण्ड', 'युद्धकाण्ड' और 'उत्तरकाण्ड' का विवेचन रामराज्य की अवधारणा का व्यावहारिक पक्ष प्रकाशित करता है, वहीं 'अयोध्याकाण्ड' के राम-भरत-संवाद में वर्णित सुशासन के बिन्दुओं को रामराज्य की अवधारणा का सैद्धान्तिक पक्ष कहा जा सकता है।

राम-भरत-संवाद प्रजारंजन और राजनीतिक आदर्श का सुन्दर निदर्शन है। राम के अयोध्या-प्रत्यावर्तन के लिए प्रयत्नशील भरत जब भारद्वाज आश्रम में राम से मिलते हैं तब राम उनको राजनीति का उपदेश देते हैं। उनको लगता है कि भरत अभी नये राजा बने हैं, इसलिए राज्य की स्थिरता के लिए वे शासन के महत्त्वपूर्ण सूत्र समझाते हैं।

राम अयोध्या नगरी और वहाँ के निवासियों की कुशलता पूछने के बहाने भरत को सुशासन का पथप्रदर्शक महत्त्वपूर्ण उपदेश देते हैं। राम का यह उपदेश धर्म, काम और अर्थ की सिद्धि में सहायक होने के साथ ही आयु और यश को प्रदान करने वाला बताया गया है। (वा.रा., 2/100/72)

राम भरत से समस्त अयोध्या और उसके निवासियों की सर्वविध कुशलता जानना चाहते हैं। उनको आशंका है कि अल्पानुभव होने के कारण भरत से कहीं राज-काज में ऐसी चूक न हो जाये, जिससे राज्य पर शत्रु के आक्रमण का भय, सनातन परम्पराओं का लोप, सामान्यजन-जीवन में व्यवधान, उद्योग-धन्धों एवं कृषि आदि की हानि होने लगे। यहाँ राम अपने यजनशील पिता दशरथ, तत्त्ववेत्ता वशिष्ठ, वात्सल्यमयी तीनों माताओं, यज्ञविधि के ज्ञाता ब्राह्मणों, कुशल वैद्यों, परामर्शक मन्त्रिमण्डल, अयोध्या और उसके विशाल समृद्ध भवनों, देवस्थानों, पशुओं, खेत-खलिहानों, खनिज सम्पदाओं, अभयारण्यों, हाथियों के वनों आदि की रक्षा, समृद्धि और नद-नदी आदि जलसंसाधनों की शुचिता के सम्बन्ध में विस्तार से पूछते हैं। राम स्वास्थ्य एवं समृद्धि की आधारभूत दुधारू गायों, सैन्य अभियानों में सहायक अश्वों की निरामयता और राजकाज में संलग्न लोगों की निडरता के विषय में भी पूछते हैं। उग्र दण्ड और उग्र कर-व्यवस्था से प्रजा अनादर करती है, अतः इस व्यवस्था पर ध्यान देने की आवश्यकता प्रकट करते हैं। राम स्पष्ट करते

हैं कि प्रजा से समय पर मिलना, दुर्गों की व्यवस्था और रक्षा, कार्यकुशल सेवकों का सत्कार, पुरस्कारादि से उनका उत्साहवर्धन, सेना को यथासमय भोजन, वेतन आदि का वितरण, राजकाज में योग्य व विश्वस्त लोगों की नियुक्ति, हाज़िरजवाब और प्रतिभावान दूतों की नियुक्ति, राज्य के पदाधिकारियों के भेद जानने के लिए योग्य गुप्तचरों की प्रतिनियुक्ति आदि सफल और कुशल शासन के लिए आवश्यक हैं। किसी भी सभ्य समाज की पहचान उस समाज की स्त्रियों की कुशलता पर भी निर्भर करती है। इसलिए राम अयोध्या की स्त्रियों की कुशलता भी पूछते हैं। (वा.रा., 2/100/1-47,49)।

कृषि और व्यापार की उन्नति से लोक सुखी रहता है। अत: कृषि, गोरक्षजीवी कृषक वर्ग की कुशलता और प्रीतिपात्रता भी पूछते हैं।

कच्चित् ते दयिता: सर्वे कृषिगोरक्षजीविन:।
वार्तायां संश्रितस्तात लोकोऽयं सुखमेधते॥ (वा.रा., 2/100/48)

उक्त सभी व्यक्तियों, वर्णों, शिल्पकारों, जीवों, समूहों और स्थानों की निरापदता राज्य में सुख, समृद्धि और सुशासन का आधार हैं। राम जानते हैं कि आदर्श और श्रेष्ठ राज्य की स्थापना के लिए इन सबकी कुशलता आवश्यक है।

राम भरत से कहते हैं कि जो पुरुष धर्म की मर्यादा को त्यागकर पापकर्म में प्रवृत्त होता है, उसके आचार और विचार दोनों नष्ट हो जाते हैं। सज्जन उसका सम्मान नहीं करते, अत: तुम वेदों की आज्ञा के अनुसार कार्य करते हुए अपनी क्रियाओं को सफल तो बनाते हो? (वा.रा., 2/100/72)।

पुरुषार्थचतुष्ट्य के रूप में धर्म, अर्थ, काम और मोक्ष भारतीय चिन्तन परम्परा में सर्वोपरि मानव–मूल्य के रूप में प्रतिष्ठित हैं। इनमें भी धर्म अन्य पुरुषार्थों का आधार है। धर्म कर्तव्य और अकर्तव्य का निर्धारक तत्त्व है जो असत् की तुलना में सत्, पाप की तुलना में पुण्य और व्यष्टि के कल्याण की तुलना में समष्टि के कल्याण को प्रश्रय देता है। इसके अभाव में मनुष्य और पशु में कोई भेद नहीं रह जाता है। राम भरत से राज्य के सुख, शान्ति और समृद्धि के लिए धर्मादि के सन्तुलन पर ध्यान देने की बात कहते हैं। राम समझाते हैं कि अर्थ के द्वारा धर्म की तथा धर्म के द्वारा अर्थ की हानि नहीं की जानी चाहिए।

कच्चिदर्थेन वा धर्ममर्थं धर्मेण वा पुन:।
उभौ वा प्रीतिलोभेन कामेन न विबाधसे॥ (वा.रा., 2/100/62)

यद्यपि कामनाओं की पूर्ति के लिए अर्थ की अपेक्षा रहती है किन्तु अत्यधिक अर्थलिप्सा आसक्ति और लोभ को जन्म देती है, लोभ से कामनाएँ पैदा होती हैं,

काम से अर्थ और धर्म को नियन्त्रित करने से अनिष्ट की सम्भावना रहती है। अतः व्यक्ति का प्रयास ऐसा हो कि लोभवश अर्थ और धर्म की हानि न होने पाये।

राजकाज की सफलता में कर्मचारी और अधिकारी वर्ग में परस्पर विश्वास के साथ ही निर्भय वातावरण प्राप्त होना चाहिए। कुशल प्रशासक की कर्मचारियों से मध्यम वृत्ति रहनी चाहिए। (वा.रा., 2/100/52)। अर्थात् न तो ऐसा हो कि डर के कारण अधिकारी व कर्मचारी-वर्ग समीप ही न आ सकें और न ही अतिसमीपता के कारण अवज्ञा करने लग जायें, अतः कुछ दूरी बनाये रखते हुए कार्य की सफलता के लिए कर्मचारी और अधिकारी वर्ग को निर्भय वातावरण दिया जाना चाहिए।

राम भरत से न्यायिक निष्ठा एवं निष्पक्ष न्याय प्रणाली के विषय में पूछते हैं कि जिस व्यक्ति का अपराध प्रमाणित हो गया है और जिसे दण्डित करने के पर्याप्त साक्ष्य विद्यमान हैं, ऐसा अपराधी धन के लालच में छोड़ तो नहीं दिया जाता।

गृहीतश्चैव पृष्टश्च काले दृष्टः सकारणः।
कच्चिन्न मुच्यते चौरो धनलोभान्नरर्षभ! (वा.रा., 2/100/57)

यदि धनी और निर्धन में कोई विवाद छिड़ा हो और वे न्याय के लिए राज्य के न्यायालय में निर्णय के लिए आते हैं तो धन आदि के लोभ को छोड़कर मामले पर विचार तो किया जाता है? निरपराध पर यदि मिथ्या दोष लगाकर दण्डित किया जाता है तो उनकी आँखों से गिरने वाले आँसू पक्षपातपूर्ण शासन करने वाले के धन, वैभव, पुत्र, पशु आदि का नाश कर देते हैं।

व्यसने कच्चिदाढ्यस्य दुर्बलस्य च राघव।
अर्थं विरागाः पश्यन्ति तवामात्याः बहुश्रुताः॥ (वा.रा., 2/100/58)

राम ने भरत को शासक के कतिपय अवगुण भी गिनाये हैं और उनसे भरत को सावधान रहने का उपदेश दिया है। ये अवगुण हैं—नास्तिकता, असत्यभाषण, क्रोध, प्रमाद, ज्ञानी पुरुषों का संग न करना, आलस्य, इन्द्रियलोलुपता। क्षमता और योग्यता के अनुरूप कार्य का विभाजन, राजकाज के विषय में अकेले ही विचार व निर्णय करना, प्रयोजन को न समझने वाले विपरीतदर्शी मूर्खों से सलाह करना, निश्चित कार्य को शीघ्र प्रारम्भ न करना, गुप्तमन्त्रणा को सुरक्षित न रख पाना, मांगलिक कार्यों का अनुष्ठान न करना, अनेक शत्रुओं पर एक साथ चढ़ाई करना आदि। शासक को इन दोषों से बचना चाहिए (वा.रा., 2/100/65-67)।

राजनीति, समाज, धर्म, दर्शन, संस्कृति एक-दूसरे से सम्बद्ध हैं और एक-दूसरे के पूरक भी हैं। निष्कंटक शासन में ही इनका विकास सम्भव है। उपर्युक्त अवगुण

न केवल एक राजा अथवा शासक की सफलता को बाधित करते हैं अपितु प्रजा के लिए भी कष्टप्रद होने से सुशासन में गतिरोध उत्पन्न कर समाज के पतन का कारण बनते हैं।

राम ने भरत को जो श्रेष्ठ शासन का उपदेश दिया, उसका व्यावहारिक पक्ष उन प्रसंगों में स्पष्ट दिखाई देता है जो राम के राजा बनने और शासन की बागडोर अपने हाथों में लेने पर वर्णित किये गये हैं। राम राजसुख भोगने के लिए अभिषिक्त नहीं हुए थे। बिना किसी भेदभाव के प्रजारंजन उनका मुख्य ध्येय था। वे सतत राज्य में सुख, समृद्धि और कल्याण के लिए प्रयत्नशील रहे। सार्वजनिक हितों के समक्ष अपने व्यक्तिगत सुखों की उपेक्षा की। रामराज्य एक ऐसा सुशासन था जो समाज के सभी घटकों के सुख, समृद्धि, आरोग्य और कल्याण की चिन्ता करता था।

आधुनिक युग में स्वतन्त्र भारत में महात्मा गाँधी जी ने एक आदर्श लोकतन्त्र के रूप में ऐसे रामराज्य की कल्पना की थी, जिसमें अन्तिम पायदान पर खड़े व्यक्ति का भी मंगल हो। कोई दु:खी, दरिद्र, रोगी और न्याय से वंचित न रहे। सभी को विकास के समान अवसर प्राप्त हों। देश के सत्ताधारी शासक और पदाधिकारी राम के समान आदर्श और मर्यादित जीवन जीते हों। यद्यपि रामराज्य राजतन्त्र था किन्तु ऐसा राजतन्त्र जिसमें प्रजा के सुख में ही राजा का सुख निहित था। हमारे संविधान निर्माताओं ने भी इसी लोककल्याणकारी भावना का समावेश वर्तमान शासन-विधि में समाहित किया है।

अत: आज का शासक वर्ग यदि राम के आदर्शों को जीवन में अपनाये तो राष्ट्र का जनजीवन सुखी, समृद्ध और निर्भय उसी प्रकार हो सकता है, जिस प्रकार वह आदिकवि वाल्मीकि विरचित आदिकाव्य 'रामायण' के रामराज्य की शासन–व्यवस्था में था।

'रामचरितमानस' में वैज्ञानिक दृष्टि

राजित रामचन्द्र उपाध्याय

सामान्य विज्ञान और चिकित्सा विज्ञान का व्यावहारिक सम्बन्ध होने के कारण प्रत्येक वस्तु के प्रति वैज्ञानिक चिन्तन और तर्क की प्रवृत्ति मेरे भीतर सहज ही विकसित हो गयी और श्रद्धा तथा भक्ति से पढ़े जाने वाले आध्यात्मिक ग्रन्थ 'रामचरितमानस' के प्रति भी मेरे मन में अनेक प्रकार की जिज्ञासाएँ उत्पन्न होने लगीं। मैं बार-बार सोचता था कि क्या तुलसीदास जैसा सिद्ध सन्त अपनी बात को केवल अन्धश्रद्धा या कोरी भावुकता से ही कहेगा? 'नानापुराणनिगमागम' की उनकी घोषणा मुझे इस बात के लिए और भी बाध्य करती थी। क्योंकि हमारे प्राचीन ऋषि तो पूरी तरह वैज्ञानिक थे। स्वयं गोस्वामी जी ने वाल्मीकि जी को विज्ञानी कहकर उनकी वन्दना की है। यह विज्ञान किस स्वरूप का रहा होगा? इतना तो स्पष्ट है कि इस विज्ञान का जो भी स्वरूप रहा हो, गोस्वामी जी को उसने प्रभावित अवश्य किया होगा अन्यथा वे वाल्मीकि के लिए दूसरा विशेषण भी चुन सकते थे। दूसरी बात मन में यह उठती थी कि गोस्वामी जी को ऋषि-दृष्टि प्राप्त थी। यह वही दृष्टि है जिससे व्यक्ति अपनी सिद्धावस्था में त्रिकालदर्शी हो जाता है। इस स्थिति में गोस्वामी जी अन्धश्रद्धालु अथवा अन्धभक्त नहीं हो सकते थे। उनके दृष्टिकोण और निष्कर्षों में वैज्ञानिक प्रणाली स्वाभाविक थी।

गोस्वामी जी शीर्षस्थ अध्येता और विभिन्न विद्याशाखाओं के ज्ञान-विज्ञान से भली-भाँति अवगत थे। उनके अपने भी कुछ मौलिक विचार थे, इसलिए वे अपनी मति के अनुरूप ही राम का गुणगान करना चाहते थे। उनके द्वारा रचित रामकथा गंगा की भाँति लोकोपकारिणी होने के लिए संकल्पित है। लोकोपकार, लौकिक और पारलौकिक दोनों दृष्टियों के सार्थक और सम्यक् समन्वय से ही सम्भव है। लौकिक जीवन की सफलता के लिए रचनात्मक विज्ञान आवश्यक होता है।

इस दृष्टिकोण से 'मानस' का मन्थन करने पर मुझे यह लगने लगा कि 'रामचरितमानस' जितना धर्म, अध्यात्म, संस्कृति, नीति, समाजशास्त्र आदि के लिए महत्त्वपूर्ण है, उतना ही विज्ञान के लिए भी। मैं अनेक बार आश्चर्यचकित हो

जाता था जब मुझे यह अनुभव होता था कि तुलसीदास की उक्तियाँ रसायन विज्ञान, भौतिक विज्ञान, जीव विज्ञान, चिकित्सा विज्ञान, मनोविज्ञान जैसी वैज्ञानिक शाखाओं की स्वीकृत परिभाषाओं की कसौटी पर पूरी तरह खरी उतरती हैं। इस प्रकार के प्रसंगों से मुझे यह भी लगने लगा कि इस प्रकार की वैज्ञानिक संगति मात्र संयोग नहीं हो सकती। संयोग कहीं एक स्थान पर अथवा कुछ स्थानों पर घटित हो सकता है किन्तु उसका आद्योपान्त निर्वाह बिना व्यवस्थित ज्ञान के सम्भव नहीं है। मेरी यह धारणा उत्तरोत्तर दृढ़ होती गयी कि गोस्वामी जी को विज्ञान के विभिन्न अनुशासनों का व्यवस्थित ज्ञान था और उन्होंने पूरी तत्परता के साथ 'रामचरितमानस' में उनका अनुप्रयोग किया।

विज्ञान की परम्परा और प्रक्रिया से निरन्तर सम्बन्ध और अटूट अभ्यास होने के कारण मैं स्वभाववश 'रामचरितमानस' में भी विज्ञान की संगति ढूँढ़ने लगता था और अन्य पारम्परिक अध्येताओं से इसी सन्दर्भ में मैं अलग हो जाता था। मुझे अनेक बार आश्चर्य हुआ कि गोस्वामी तुलसीदास ने जिन प्रणालियों और पद्धतियों को विभिन्न सन्दर्भों में अपनाया, वे स्वीकृत वैज्ञानिक पद्धतियों से अभिन्न ही नहीं, कहीं-कहीं अधिक पुष्ट दिखाई पड़ती थीं। मेरे भीतर एक सहज विश्वास जगा कि गोस्वामी जी में भक्ति, दर्शन, अध्यात्म आदि का जो पका हुआ चिन्तक है, उसी अनुपात में उनकी वैज्ञानिक दृष्टि भी प्रामाणिक है।

तुलसीदास की वैज्ञानिक दृष्टि को ठीक-ठीक समझने के लिए मैंने अनेक ग्रन्थों का अवलोकन किया किन्तु अन्ततः मुझे निराश होना पड़ा। यदि किसी विद्वान ने तुलसी के काव्य में वैज्ञानिकता के लक्षण देखे भी तो उनका सम्बन्ध शुद्ध विज्ञान न होकर सतही स्तर का अनुमानित विज्ञान ही है। यहाँ तक कि मनोविज्ञान के आधार पर शोध करने वाले लोगों ने भी व्यवहार विज्ञान के सिद्धान्तों का ठीक-ठीक पालन नहीं किया। इस सम्बन्ध में मैंने अनेक सुधी विद्वानों से चर्चाएँ भी कीं किन्तु मुझे हर बार यही अनुभव हुआ कि तुलसी के अध्येता शुद्ध विज्ञान की परम्परा का सन्धान उनके साहित्य में नहीं करना चाहते। कारण भी स्पष्ट है। तुलसीदास जी भक्त शिरोमणि हैं, महाकवि हैं, समाजशास्त्री हैं, आध्यात्मिक सिद्ध हैं, किन्तु वे वैज्ञानिक भी हैं, यह सिद्ध करना सभी को अनावश्यक लगा। मेरे मन में एक पंक्ति बार-बार उभर आती थी कि गोस्वामी जी ने महर्षि वाल्मीकि और हनुमान जी को विज्ञानी कहकर सम्बोधित किया है–

वन्दे विशुद्धविज्ञानौ कवीश्वरकपीश्वरौ।। 1/4।।

प्रस्थान में घोषित करते हैं कि वे जो कुछ भी कहेंगे, वह ज्ञान से सिद्ध और विज्ञान से परीक्षित होगा–

कहब ग्यान बिग्यान बिचारी।। 1/36/9।।

इतना ही नहीं, तुलसीदास ने यह भी स्वीकार किया कि उनका कथन 'नानापुराणनिगमागम' सम्मत है। आज हमारे देश के प्राचीन ज्ञान-विज्ञान का सम्मान पूरा विश्व कर रहा है। इससे भी सिद्ध होता है कि गोस्वामी जी प्राचीन भारत की ज्ञान ही नहीं अपितु विज्ञान की परम्परा से भी परिचित थे। इसलिए यदि विज्ञान की पद्धति और परम्परा उनके काव्य में दिखाई पड़ती है तो यह कोई आश्चर्य का विषय न होगा। हम इस तथ्य से परिचित हैं कि वेदों में विज्ञान के सिद्धान्तों की खोज करके जर्मनी जैसे देश के वैज्ञानिक अनेक प्रकार के महत्त्वपूर्ण निष्कर्ष निकाल रहे हैं। ऋषियों द्वारा विज्ञान की विभिन्न शाखाओं पर किये गये कार्य आज आदरपूर्वक स्वीकार किये जा रहे हैं। विविध प्रकार के वैज्ञानिक ग्रन्थ उपलब्ध भी हुए हैं। भरद्वाज द्वारा लिखित 'अंशुबोधिनी' नामक ग्रन्थ इसका प्रमाण है।

हमारे देश में भौतिक विज्ञान, रसायन विज्ञान, जीव विज्ञान, मनोविज्ञान, चिकित्सा विज्ञान जैसे विषयों पर निरन्तर चिन्तन, मनन और लेखन होता रहा है। ऐसी स्थिति में 'नानापुराणनिगमागम' के ज्ञान-विज्ञान से परिचित गोस्वामी तुलसीदास जी में यदि कुछ वैज्ञानिक संगति मिलती है तो उसे मात्र संयोग नहीं मानना चाहिए। वैज्ञानिक सिद्धान्तों का अनुसरण उनकी कृतियों में दैवात नहीं हुआ है क्योंकि उसमें चिन्तन का ठोस आधार और प्रस्तुति की निश्चित व्यवस्था है।

भौतिकता में जो सुख एवं साधन विद्यमान होते हैं, वे भौतिक विज्ञान के कुछ मूलभूत सिद्धान्तों पर निर्भर हैं। भौतिकीय यान्त्रिकी ऊर्जा, शक्ति और कार्य के सिद्धान्तों पर आधारित है। भौतिक विज्ञान को समझने के लिए इन सिद्धान्तों तथा इनकी अवधारणाओं की पृष्ठभूमि को समझना आवश्यक है।

सन्त तुलसीदास ने 'बालकाण्ड' के मंगलाचरण में ही राम की वन्दना करते हुए लिखा है–

यन्मायावशवर्ति विश्वमखिलं ब्रह्मादिदेवासुरा।
यत्सत्त्वादमृषैव भाति सकलं रज्जौ यथाहे भ्रमः।।

यत्पादप्लवमेकमेव हि भवाम्भोधेस्तितीर्षावताम्।
वन्देऽहं तमशेषकारणपरं रामाख्यमीशं हरिम्।। 1/6।।

"ब्रह्मादिदेव, सुर एवं अखिल विश्व जिसके वश में है तथा यह संसार जिसके कारण सत्य प्रतीत होता है, जैसे रस्सी में सर्प। जो भवसागर पार होना चाहते हैं,

उनके लिए निश्चय ही एक नाव के समान जो है, ऐसे सब कारणों से परे उन राम ईश्वररूप की वन्दना करता हूँ।"

तात्पर्य यह है कि सम्पूर्ण ब्रह्माण्ड में जो गति और कार्य दिखाई पड़ता है, उसका कारणतत्त्व सब कारणों से परे, राम हैं। भौतिक विज्ञान की भाषा में इसे ऊर्जा कहते हैं। वेदान्त की भाषा में इसे ब्रह्म या ईश्वर कहते हैं। इस प्रकार राम, ब्रह्म, ईश्वर, ऊर्जा एक ही तत्त्व के अलग-अलग नाम हैं। 'रामचरितमानस' में सन्त शिरोमणि तुलसीदास जी ने इस सिद्धान्त को अनेक स्थलों पर अभिव्यक्त किया है। नामवन्दना प्रसंग में इसकी पुनराभिव्यक्ति करते हुए वे कहते हैं–

बन्दउँ नाम राम रघुबर को। हेतु कृसानु भानु हिमकर को।।
बिधि हरि हरमय बेद प्रान सो। अगुन अनुपम गुन निधान सो।।।। 1/18/1ए2।।

रामनाम ही अग्नि, सूर्य एवं चन्द्रमा का कारण है। अगुण (बिना स्वरूप) रहते हुए भी गुण की खान है। ब्रह्मा, विष्णु एवं महेश का क्रमश: सृजन, पालन एवं लय रामनाम के कारण है। यदि जीवन में कार्यक्षमता के कारण कोई सफलतम जीवन जी रहा है तो वह राम का प्रभाव है। सर्व सम्माननीय गणेश की पूजा भी राम की देन है। आदिकवि वाल्मीकि जी का कर्तृत्व भी राम की देन है। इस प्रकार लोकलाभ और परलोकनिर्वाह राम के कारण है।

सुमिरत सुलभ सुखद सब काहू। लोक लाहु परलोक निबाहू।। ।। 1/19/2।।

इस ब्रह्माण्ड में जो भी गति है, वह रामरूपी ऊर्जा का प्रभाव है, ऐसी अभिव्यक्ति सन्त ने निम्नलिखित पंक्तियों में की है–

नर नारायण सरिस सुभ्राता। जग पालक बिसेषि जन त्राता।। 1/19/5।। 10।।

सन्त तुलसीदास की भौतिकीय दृष्टि पार्वती-शंकर-संवाद में ऊर्जास्वरूप राम का गुण एवं प्रभाव पूर्णरूपेण स्पष्ट करती है। पार्वती शंकर से अपनी जिज्ञासा में प्रश्न करती हैं कि राम एक राजकुमार ही हैं या और कोई।

*रामु सो अवध नृपति सुत सोई। की अज अगुन अलख गति कोई।।*1/107/8।।20।।

उपर्युक्त प्रश्न भी ऊर्जा के गुणों की तरफ़ संकेत करता है। अज, अगुण, अलख आदि ऊर्जा के गुण और स्वभाव हैं। भौतिक विज्ञान में ऊर्जा को परिभाषित करते हुए कहा गया है–

"ऊर्जा न तो पैदा ही की जा सकती है और न ही नष्ट। इसका कोई निश्चित स्वरूप भी नहीं होता। यह विभिन्न स्वरूपों में प्रकट की जा सकती है, जैसे–प्रकाश, ऊष्मा, विद्युत, ध्वनि एवं चुम्बकत्व।"

इस प्रकार पार्वती की जिज्ञासा है कि राम क्या हैं। उत्तर में शंकर जी ऊर्जा के गुणों को और स्पष्ट करते हुए कहते हैं–

झूठेउ सत्य जाहि बिनु जानें। जिमि भुजंग बिनु रजु पहिचानें।।
जेहि जानें जग जाई हेराई। जागें जथा सपन भ्रम जाई।।
बंदउँ बालरूप सोइ रामू। सब सिधि सुलभ जपत जिसु नामू।।

1/111/1-3।। 12।।

"मैं उन बालक राम की वन्दना करता हूँ जिसकी उपासना से सारी सिद्धियाँ सहज ही प्राप्त हो जाती हैं। जिस प्रकार अज्ञानता से रस्सी में सर्प का भ्रम होता है और ज्ञान मिलने पर वह भ्रम स्वप्न की भाँति चला जाता है, उसी प्रक़ार राम का गुण जान लेने से अज्ञानता का भ्रम चला जाता है।"

जिस प्रकार ऊर्जा का आदि और अन्त नहीं है और बिना स्वरूप के वह हर कार्य करने में सक्षम है, उसी प्रकार ब्रह्मराम की विशेषता है। गोस्वामी जी की निम्नलिखित पंक्तियाँ इसी तथ्य को प्रमाणित करती हैं–

आदि अन्त कोउ जासु न पावा। मति अनुमानि निगम अस गावा।।
बिनु पद चलइ सुनइ बिनु काना। कर बिनु करम करइ बिधि नाना।।
आनन रहित सकल रस भोगी। बिनु बानी बकता बड़ जोगी।।
तन बिनु परस नयन बिनु देखा। ग्रहइ घ्रान बिनु बास असेषा।।

।। 1/117/4-8।।

शक्ति एवं ऊर्जा से ही आधुनिक परिवेश सुन्दर है। सुन्दरता के ही पीछे सम्पूर्ण विश्व चल रहा है क्योंकि सुन्दरता प्रकाशमय है। सीतास्वयंवर के पूर्व सीता-राम का पुष्पवाटिका में मिलन सन्त गोस्वामी जी की भौतिकीय दृष्टि को प्रकट करता है।

कंकन किंकिनि नूपुर धुनि सुनि। कहत लखन सन रामु हृदयं गुनि।।
मानहुँ मदन दुन्दुभी दीन्ही। मनसा बिस्व बिजय कहँ कीन्ही।।

रामचन्द्र जी भी सीता को प्रकाशमय कहते हैं क्योंकि प्रकाश के माध्यम से ही कोई भौतिक वस्तु दिखाई पड़ती है। निराकार ऊर्जा को कौन देख पाता, यदि उसमें प्रकाशरूपी शक्ति न होती। इसलिए ऊर्जा एवं शक्ति का आपसी आकर्षण स्वाभाविक है।

तात जनकतनया यह सोई। धनुषजग्य जेहि कारन होई।।
पूजन गौरि सखीं लै आई। करत प्रकासु फिरइ फुलवाई।।
जासु बिलोकि अलौकिक सोभा। सहज पुनीत मोर मनु छोभा।।

गोस्वामी जी ने एक ही पंक्ति में अदृश्य होना और असंख्य रूपों में प्रकट होना लिखकर अपनी भौतिक विज्ञान सम्बन्धी दृष्टि को पुष्ट किया है।

दोहा .

देखि महा मर्कट प्रबल, रावन कीन्ह बिचार।
अन्तरहित होइ निमिष महुँ, कृत माया बिस्तार।। ।। 6/100 ।।

उपर्युक्त प्रसंग गोस्वामी जी की भौतिक विज्ञान सम्बन्धी उस संचेतना की अभिव्यक्ति है जो सापेक्ष गति के नियम और प्रकाश के परावर्तन के नियम पर आधारित है।

युद्धों में आज भी अपने जैसे प्रतीत होने वाले मानवों का 'क्लोन' तैयार करके विरोधी को भ्रमित करने का प्रयास चलता रहा है। हिटलर तथा सद्दाम हुसैन ने अपने 'क्लोन' तैयार किये थे जो दिखने में उन्हीं जैसे प्रतीत होते थे। 'क्लोनिंग' की यह तकनीक राम-रावण युद्ध में पूर्ण विकसित रूप में वर्णित है।

रघुपति कटक भालु कपि जेते। जहँ तहँ प्रगट दसानन तेते।।
देखे कपिन्ह अमित दससीसा। जहें तहँ भजे भालु अरु कीसा।। ।। 6/15/2,3 ।।

इतना ही नहीं, जब रावण की सारी सेना ध्वस्त हो गयी और वह अकेला हो गया तो उसने तुरन्त रोबोट तैयार कर युद्ध आरम्भ कर दिया।

छन्द :

जब कीन्ह तेहिं पाषंड। भय प्रगट जन्तु प्रचंड।।
बेताल भूत पिसाच। कर धरें धनु नाराच।।
जोगिनि गहें करबाल। एक हाथ मनुज कपाल।। ।। 6/100/1,2 ।।

भौतिक विज्ञान के बहुतेरे प्रसंग रामकथा में उद्घाटित होते हैं, यदि रसायन विज्ञान के दृष्टिकोण से देखें तो–

रसायन विज्ञान में वर्णित रासायनिक क्रियाएँ ही चमत्कार के मूल में हैं जो पारस पत्थर की भाँति लोहे को सोने में परिवर्तित करने की क्षमता रखती हैं। इसी प्रकार धूम (कार्बन) एक विषाक्त रसायनिक पदार्थ है जो CO & CO^2, के रूप में मानव जीवन के लिए अभिशाप है। यह जब रासायनिक क्रिया से पानी, अग्नि एवं हवा का संग करता है तब बादल बनकर प्राणिमात्र का जीवनदाता बन जाता है।

धूम कुसंगति कारिख होई। लिखिअ पुरान मंजु मसि सोई।।
सोइ जल अनल अनिल संघाता। होइ जलद जग जीवन दाता।।
।। 1/6/11,12 ।।

जहाँ रासायनिक क्रियाएँ जीवन के लिए सदुपयोगी हैं, वहीं विध्वंसात्मक भी हैं। कुसंगति के सन्दर्भ में तुलसी की लेखनी ऐसे ही तथ्य का प्रतिपादन करती है।

पर अकाजु लगि तनु परिहरहीं। जिमि हिम उपल कृषी दलि गरहीं।।

।। 1/3/7 ।।

'सुगन्ध सिंचाई' में इत्र जैसे सुगन्धित रसायन का विकास संकेतित है। विश्वामित्र जैसा वैज्ञानिक भी जनकपुर की अनोखी 'अवराई' देखकर प्रसन्न हो जाता है।

देखि अनूप एक अँवराई। सब सुपास सब भाँति सुहाई।।

।। 1/213/5 ।।

जनकपुर की पुष्पवाटिका रसायन विज्ञान के विकास एवं कृषि के विकास को प्रकट करती है।

भूप बागु बर देखेउ जाई। जहँ बसन्त रितु रही लोभाई।।
लागे बिटप मनोहर नाना। बरन बरन अर बेलि बिताना।।
नव पल्लव फल सुमन सुहाए। निज सम्पति सुर रूख लजाये।।

।। 1/226/3,4,5 ।।

भाँति-भाँति के वस्त्रों की चर्चा जहाँ 'मानस' में वस्त्र बनाने की रासायनिक विधियों के पूर्ण विकास का संकेत करती है, वहीं रंगीन वस्त्रों का वर्णन रंजकों एवं रंगों के भी विकास को प्रकट करता है। रामराज्य के पश्चात् रामचन्द्र जी बन्दरों को विविध रंगीन वस्त्रों से सजाकर उन्हें अपने-अपने घर विदा करते हैं।

तब प्रभु भूषन बसन मगाए। नाना रंग अनूप सुहाए।।
सुग्रीवहि प्रथमहिं पहिराये। बसन भरत निज हाथ बनाये।।

।। 7/16/5,6 ।।

उपर्युक्त चौपाइयों की 'नाना रंग' और 'निज हाथ बनाये' में रंगीन वस्त्रों को बनाने की विधि संकेतित है।

तुलसी के त्रेता युग में हनुमान, कालनेमि सभी के पास अत्याधुनिक विमान हैं,

जिमि अमोघ रघुपति कर बाना। एही भाँति चलेउ हनुमाना।

'मानस' के अनेक सन्दर्भों में औषधियों के समुचित उपयोग का उल्लेख गोस्वामी जी ने किया है। 'उत्तरकाण्ड' में व्याधियों का उल्लेख करते हुए तुलसीदास जी लिखते हैं कि व्याधियों से पीड़ित शरीर अपनी सुख-शान्ति खो देता है।

एक ब्याधि बस नर मरहिं, ए असाधि बहु ब्याधि।
पीड़हिं सन्तत जीव कहुँ, सो किमि लहै समाधि।

।। 7/121 (क) ।।

ऐसी स्थिति में औषधियों के समुचित प्रयोग से सभी व्याधियों को दूर किया जा सकता है।

राम कृपाँ नासहिं सब रोगा। जौं एहि भाँति बनै संजोगा।।
सदगुर बैद बचन बिस्वासा। संजम यह न बिषय कै आसा।।
रघुपति भगति सजीवन मूरी। अनूपान श्रद्धा मति पूरी।।
एहि बिधि भलेहिं सो रोग नसाहीं। नाहिं त जतन कोटि नहिं जाहीं।।

।। 7/121/5-8 ।।

इस प्रकार औषधियों के उपयोग पर बल देते हुए गोस्वामी जी ने रसायन विज्ञान को औषधि क्षेत्र में स्थापित किया है। औषधि एवं जीव विज्ञान का अपना सम्बन्ध है। 'रामचरितमानस' में जीव विज्ञान की दृष्टि से जो समृद्धि तुलसीदास को हासिल है, उसके आलोक में जीव विज्ञानी मेंडल का कथन है—

"प्रभावी गुण विषमजात परिस्थिति में भी अपने चरित्र को प्रकट कर देते हैं जब कि अप्रभावी गुण समजात परिस्थिति में ही प्रकट होते हैं।" मेंडल ने जिस नियम को प्रेक्षण के द्वारा 19वीं सदी में प्रतिपादित किया, उसे 20वीं सदी में गुणसूत्र सिद्धान्त से पुष्टि मिली। इसके तीन-चार सौ वर्ष पहले लगभग 16वीं सदी में ही सन्त तुलसीदास जी ने यह प्रेक्षण प्रकट कर दिया था कि प्रभावी गुण विषमजात परिस्थिति में भी प्रकट होते हैं जो मेंडल के प्रभावी गुणों के नियम के निकट हैं।

बिधि बस सुजन कुसंगति परहीं। फनि मनि सम निज गुन अनुसरहीं।।

।। 1/2/10 ।।

इसी प्रकार अप्रभावी गुणों के सन्दर्भ में भी सन्त तुलसीदास जी का प्रेक्षण था कि वे समजात परिस्थिति में ही प्रकट होते हैं। विषमजात परिस्थिति में ये गुण प्रभावी गुणों द्वारा दबे रहते हैं।

खलउ करहिं भल पाइ सुसंगू। मिटइ न मलिन सुभाउ अभंगू।।

।। 1/6/4/12 ।।

'रामचरितमानस' में विभीषण का चरित्र गोस्वामी जी के उपर्युक्त प्रेक्षण का प्रमाण प्रकट करता है जो मेंडल के प्रभावी गुणों के नियम के समीप है। रावण, कुम्भकर्ण तथा विभीषण एक ही पिता विश्रवा मुनि के पुत्र हैं। यद्यपि रावण एवं

कुम्भकर्ण एक माता से पैदा हुए हैं जब कि विभीषण की माता अलग हैं और वह रावण का विमात्र बन्धु है। विश्रवा का मुनिरूपी प्रभावी गुण विभीषण में स्पष्ट रूप से प्रकट है। लंका की विषम परिस्थितिओं में भी विभीषण की सज्जनता एवं सच्चरित्रता स्पष्ट रूप से दिखाई पड़ती है। लंका का निरीक्षण करते समय हनुमान जी का आश्चर्य यही प्रकट करता है।

लंका निसिचर निकर निवासा। इहाँ कहाँ सज्जन कर बासा।।

।। 5/5/1।।

'रामचरितमानस' में आख्यायित रामादि का जन्म यह सिद्ध करता है कि अत्याधुनिक सहायित प्रजनन प्रविधि पूर्वकाल में पूर्ण विकसित थी तथा उसके लिए अनिवार्य उच्च तकनीक की प्रयोगशाला का भी निर्माण हो चुका था। कौशल्या, कैकेयी तथा सुमित्रा तीनों रानियों से राजा दशरथ को सन्तान नहीं होती है। वे अपने राज्य के महान वैज्ञानिक वशिष्ठ की सलाह लेते हैं। वशिष्ठ जी तत्कालीन महान वंध्या विशेषज्ञ श्रृंगी ऋषि को आमन्त्रित कर सहायित प्रजनन प्रविधि के माध्यम से सभी रानियों का गर्भाधान कराते हैं। इस सन्दर्भ में हम पहले ही कह चुके हैं कि 'मानस' में यज्ञ की संज्ञा अनुसन्धान तथा प्रयोग से जुड़ी हुई है। वंध्यापन को दूर करने वाला प्रयोग भी 'मानस' में 'पुत्रकाम यज्ञ' की संज्ञा से अभिहित है।

संगी रिषिहि बसिष्ठ बोलावा। पुत्रकाम सुभ जग्य करावा।।

//1/188/5।। 137

'पुत्रकाम यज्ञ' कहकर सन्त तुलसीदास जी ने उस समय के 'जिनेटिक अभियान्त्रिकी' तकनीक के विकास का संकेत किया है। सहायित प्रजनन प्रविधि से प्रयोगशाला में द्वियुग्मक तैयार कर गर्भाशय में आरोपित तो किया जा सकता है किन्तु इससे पुत्र या पुत्री होगी इसका निराकरण नहीं किया जा सकता है। इसके निराकरण के लिए द्वियुग्मक के जिनेटिक संगठन को समझना आवश्यक है। प्रत्येक कोशिका के नाभिक में गुणसूत्रों के तेईस जोड़े होते हैं जिनमें बाईस जोड़ों को ऑटोसोम तथा एक जोड़े को रोबसक्रोमोसोम कहते हैं। पुत्र या पुत्री होना कोशिका के सेक्सक्रोमोसोम के संगठन पर निर्भर रहता है। यदि द्वियुग्मक की कोशिका में सेक्सक्रोमोसोम का संगठन (XX) है तो भ्रूण पुत्री और (XY) है तो भ्रूण पुत्र में विकसित होगा। चूँकि राजा दशरथ को पुत्र चाहिए था इसलिए वशिष्ठ से अपनी मनोकामना प्रकट करते समय वे स्पष्ट रूप से पुत्र प्राप्ति की याचना करते हैं।

एक बार भूपति मन माहीं। भै गलानि मोरें सुत नाहीं।।
गुर गृह गयउ तुरत महिपाला। चरन लागि करि बिनय बिसाला।।

निज दुख सुख सब गुरहि सुनायउ। कहि बसिष्ठ बहुबिधि समुझायउ।।
धरहु धीर होइहहिं सुत चारी। त्रिभुवन बिदित भगत भय हारी।।
।। 1/188/1-4।।

राजा दशरथ की पुत्रकामना ही वशिष्ठ को श्रृंगी ऋषि की याद दिलाती है जो इस कार्य के विशेषज्ञ कहे जा सकते हैं। उन्होंने प्रयोगशाला में ऐसे द्वियुग्मक तैयार किये जिनके जीन्स का संगठन (XY) पुत्र प्राप्ति के लिए अनिवार्य होता है। यह कार्य बिना जिनेटिक अभियान्त्रिकी के सम्भव नहीं है।

छिति जल पावक गगन समीरा। पंच रचित अति अधम सरीरा।।
।। 14/10/4।।

हमारे शरीर में गन्ध, रस, तेज, शब्द, स्पर्श क्रमशः पृथ्वी, जल, अग्नि, आकाश एवं वायु के फलस्वरूप हैं। इस प्रकार शरीर की तेजस्विता (स्वरूप) अग्नि का परिणाम है। शरीर का तेज पाचक रसों द्वारा खाद्य पदार्थों को रक्त, वीर्य तथा डिम्ब में परिवर्तन करने के कारण है। वीर्य एवं डिम्ब के मिलने से उत्पन्न द्वियुग्मक ही 'चरु' है। पुत्रकाम यज्ञ में अग्नि का हाथ में 'चरु' लेकर प्रकट होना द्वियुग्मक के निर्माण का संकेत है। इस सन्दर्भ में 'चरु' शब्द पर भी ध्यान देना आवश्यक है। यह शब्द अपनी व्युत्पत्ति में संचारणशीलता अथवा विकासशीलता का द्योतक है। यदि इसी अर्थ में 'चरु' शब्द को लिया जाये तो विकासशील द्वियुग्मक के भ्रूण में परिवर्तन की अवधारणा भी सरल हो जाती है। इस द्वियुग्मक के निर्माण के बाद उन्हें रानियों के गर्भाशय में आरोपित करने का उल्लेख उसके द्वारा पुत्रों की उत्पत्ति में द्वियुग्मक के आरोपण की सम्भावना की तरफ़ संकेत करता है।

भगति सहित मुनि आहुति दीन्हें। प्रगटे अगिनि चरु कर लीन्हें।।
जो बसिष्ठ कछु हृदय बिचारा। सकल काजु भा सिद्ध तुम्हारा।।
।। 1/188/6,711।।

इस प्रकार द्वियुग्मक़ का निर्माण प्रयोग की सफलता को स्पष्ट करता है। विकासशील द्वियुग्मक के गर्भाशय में आरोपण से दशरथ की रानियाँ गर्भवती हो जाती हैं तथा एक निश्चित तिथि को रामादि भाइयों का जन्म होता है।

एहि बिधि गर्भसहित सब नारी। भई हृदय हरषित सुख भारी।।
।। 1/189/5।।

सन्त को भ्रूणविकास के स्तरों का सम्यक् ज्ञान था और उन्होंने प्रचलित मिथकीय कथानक को इस पृष्ठभूमि में वैज्ञानिक दृष्टि से प्रामाणिक स्वरूप प्रदान किया।

विज्ञान सम्बन्धी सम्पूर्ण विमर्श के पश्चात् यह स्पष्ट हो जाता है कि 'मानस' में निरूपित विज्ञान सम्बन्धी परिकल्पनाएँ केवल पौराणिक कल्पनाएँ ही नहीं हैं, अपितु उनका ठोस वैज्ञानिक आधार भी विद्यमान है। इसलिए यह बात प्रामाणिक रूप से कही जा सकती है कि गोस्वामी जी भक्ति और दर्शन के निष्णात तो थे ही, साथ ही साथ विज्ञान विशेषज्ञ भी थे, क्योंकि यह नहीं भूलना चाहिए कि वे 'नानापुराणनिगमागम' के गहन अध्येता थे। यह मानना उनके साथ अन्याय है कि 'मानस' में उनकी विज्ञान सम्बन्धी अवधारणाएँ मात्र संयोग हैं। मेरा दृढ़ विश्वास है कि उनका अर्वाचीन विकसित विज्ञान से निकट परिचय था, अन्यथा इस प्रकार की प्रामाणिक निष्पत्तियाँ मात्र यदृच्छा से सम्भव न हो पातीं।

वैश्विक संस्कृति में राम
(वाल्मीकि के विशेष सन्दर्भ में)

रंजन कुमार त्रिपाठी

किसी भी धर्म, सम्प्रदाय, समुदाय, जाति, समाज, स्थान अथवा देश में ऐसा कल्याणकारी व्यक्तित्व, जिससे मानवता का सदा कल्याण सम्भव है, वह निश्चित ही सर्वतो भावेन स्वीकरणीय होता है। इसी प्रकार के व्यक्तित्वयुक्त विश्व जनमानस में निर्विवाद, सर्वग्राह्य, धर्म के मूर्तिमान् स्वरूप वाल्मीकि के श्रीराम हैं। मानव इतिहास में मर्यादा पुरुषोत्तम श्रीराम के द्वारा उद्भावित आदर्शों की व्यापकता की कोई सीमा नहीं है। सद्भावना, त्याग, तप, कर्तव्यनिष्ठा, धैर्य, धर्मनिष्ठा, सत्यनिष्ठा तथा मर्यादा के प्रतिमूर्ति स्वरूप राम की कीर्तिपताका भूमण्डल के दिग-दिगन्तर में फहरा रही है। श्रीराम का चरित्र आदिकवि वाल्मीकि ने लौकिक संस्कृत के आदि महाकाव्य 'रामायण' में विस्तारपूर्वक किया है। यह राम चरित्र आज के सन्दर्भ में प्रत्येक भारतीय के मानस में व्याप्त होने के कारण लोकव्यवहारमय स्वरूप वाला हो गया है। रामकथा मानवमन तथा मानवप्रज्ञा का प्रतिनिधित्व करती है, इसलिए यदि इसको जनजीवन की कथा/महाकाव्य कहा जाये तो यह अतिशयोक्ति नहीं होगी। राम चरित्र का प्रभाव भारत के जनमानस के साथ वैश्विक स्तर पर पड़ा है, अतः विदेशी भाषाओं में भी रामकथा एवं राम के स्वरूप की व्याख्या हुई है। रामायण महाकाव्य को विश्व के समग्र साहित्य में विशेष स्थान प्राप्त है और जनमानस के हृदय में राम का मर्यादा पुरुषोत्तम रूप एवं स्वरूप की अमिट छाप पड़ी है। श्रीराम विषयक लेखन करने वाले सभी रचनाकारों ने अपनी-अपनी लेखनी/शब्दों के माध्यम से विचारों/भावों की अपार आस्था को अभिव्यक्त किया है। श्रीराम को मर्यादा पुरुषोत्तम कहा जाता है क्योंकि राम ने अपने सत्यनिष्ठ तपोमय जीवन में कहीं भी मर्यादा का उल्लंघन नहीं किया। सम्पूर्ण भारतीय समाज में राम का आदर्श स्वरूप उत्तर से दक्षिण, पूर्व से पश्चिम तक के सभी भागों में स्वीकार किया गया है। श्रीराम इस समाज के इतने अपने हैं कि भारत की हर एक भाषा में अपनी रामकथाएँ हैं, साथ ही राम का प्रभाव असीमित है जिससे भारत के बाहर के

देशों जैसे–फिलीपींस, थाईलैंड, लाओस, मंगोलिया, साइबेरिया, मलेशिया, बर्मा, म्यांमार, स्याम, इंडोनेशिया, जावा, सुमात्रा, कम्बोडिया, चीन, जापान, श्रीलंका, वियतनाम आदि में भी रामकथा प्रचलित है। बौद्ध, जैन और इस्लाम में भी रामकथा प्रसिद्ध है। भारतीय विद्वानों के साथ मैक्समूलर, जोंस, कीथ, ग्रिफ़िथ जैसे अनेक विदेशी विद्वान् भी श्रीराम के त्यागमय, सत्यनिष्ठ जीवन से आकर्षित थे। श्रीराम का चरित्र इतना उदात्त है कि आज तक भारत के प्रत्येक घर में इष्टदेवता के रूप में उनका पूजन करके स्वयं को धन्य मानते हैं। श्रीराम ने अपने युग में अनेक महान् कार्य किये थे। जिनमें आर्य, निषाद, भील, वानर, राक्षस आदि विभिन्न संस्कृतियों के बीच सुमेल साधने के साथ एकत्व की स्थापना प्रमुख थी जो विश्वबन्धुत्व की सीख देता है। प्रकृत शोध-पत्र इन्हीं तथ्यों को प्रमाणित करता हुआ अपना आकार प्रदर्शित करता है।

वैश्विक परम्परा में मनुष्य को लेकर एक विशेष दृष्टि प्राप्त होती है, जिसके अनुसार मनुष्य सृष्टि का सर्वश्रेष्ठ तत्त्व है। महर्षि व्यास कहते हैं कि–'न मानुषात् श्रेष्ठतरं हि किञ्चित्' ('महाभारत', 'शान्तिपर्व', 299/20)–अर्थात् मनुष्य से बढ़कर श्रेष्ठ कुछ भी नहीं है। मनुष्य अपने कर्म से महान् बनता है, मनुष्य ईश्वर भी हो सकता है। योग-दर्शन के प्रणेता पतंजलि 'योगसूत्र' में ईश्वर तत्त्व का निरूपण करते हुए इस बात को कहते हैं कि–'क्लेशकर्मविपाकाशयैरपरामृष्टः पुरुषविशेष ईश्वरः' ('योगसूत्र' 1.24) अर्थात्–क्लेश, कर्म, विपाक, आशय (इन सम्बन्ध चतुष्ट्य) से रहित विशिष्ट पुरुष ईश्वर पद वाच्य होता है। आदिकवि वाल्मीकि ने 'रामायण' में जिस प्रकार से श्रीराम को आदर्श रूप में स्थापित किया, वह आज वैश्विक जीवन-पद्धति के रूप में स्वीकार्य है। श्रीराम का जीवन-वृत्त मर्यादाओं एवं सांस्कृतिक परम्पराओं से परिपूर्ण है। सृष्टिकर्ता ब्रह्मा के आदेशानुसार जब ब्रह्मर्षि नारद और महर्षि वाल्मीकि के संवाद में चर्चा हुई कि किस ऐसे आदर्श व्यक्तित्व के बारे में लिखा जाये, जिससे समाज लाभान्वित हो। इस प्रश्न के लिए वाल्मीकि ने जो विशेषण दिये, वह आदर्श एवं अनुकरणीय व्यक्तित्व का मूर्तिमान् स्वरूप स्थापित करते हैं। वाल्मीकि नारद से कुछ पूछते हैं कि इस संसार में गुणवान् कौन है? कौन वीर्यवान् है? कौन सत्यवादी है? कौन दृढ़व्रती है? कौन धर्मज्ञ है? कौन आत्मवान् है? सदाचार से युक्त, जीवहितसाधक, सामर्थ्यशाली, प्रियदर्शन आदि गुणों से युक्त कौन है?

कोऽ न्वस्मिन् साँप्रतं लोके गुणवान् कश्च वीर्यवान्।
धर्मज्ञश्च कृतज्ञश्च सत्यवाक्यो दृढव्रतः॥
चारित्रेण च को युक्तः सर्वभूतेषु को हितः।

विद्वान् कः कः समर्थश्च कश्चैकप्रियदर्शनः॥
आत्मवान् को जितक्रोधो द्युतिमान् कोऽनसूयकः।
कस्य बिभ्यति देवाश्च जातरोषस्य संयुगे॥
('वाल्मीकि रामायण', 'बालकाण्ड', 1.2-4)

इन प्रश्नों पर नारद वाल्मीकि को उत्तर देते हुए कहते हैं कि—आपके द्वारा कहे गये समस्त गुणों से युक्त, इक्ष्वाकु वंश में उत्पन्न श्रीराम हैं। इन विशेषणों का ध्यान से विश्लेषण करने पर ज्ञात होता है कि—ये सभी भारतीय संस्कृति के पोषक गुण समूह हैं, यदि यही गुण-तत्त्व दिनचर्या के रूप में मानवमात्र के जीवन में समाहित हो जायें तो क्या कहना!

श्रुत्वा चैतत् त्रिलोकज्ञो वाल्मीकेर्नारदो वचः।
श्रूयतामिति चामन्त्र्य प्रहृष्टो वाक्यमब्रवीत्॥
बहवो दुर्लभाश्चैव ये त्वया कीर्तिता गुणाः।
मुने वक्ष्याम्यहं बुद्ध्वा तैर्युक्तः श्रूयतां नरः॥
इक्ष्वाकुवंशप्रभवो रामो नाम जनैः श्रुतः।
नियतात्मा महावीर्यो द्युतिमान् धृतिमान् वशी॥
बुद्धिमान् नीतिमान् वाग्मी श्रीमान् शत्रुनिबर्हणः।
विपुलांसो महाबाहुः कम्बुग्रीवो महाहनुः॥
महोरस्को महेष्वासो गूढजत्रुररिंदमः।
आजानुबाहुः सुशिराः सुललाटः सुविक्रमः॥
('श्रीमद्वाल्मीकिरामायण', 1.6-10)

वाल्मीकि 'रामायण' की रचना का उद्देश्य एक ऐसे आदर्श पुरुष का चरित्र चित्रण करना था जो जनसामान्य के लिए आदर्श और प्रेरणादायक बन सके। मानव को सही अर्थों में मानव बना सके तथा समाज को उदात्त, सभ्य, सुसंस्कृत बना सके। वाल्मीकि ने ऐसे पात्र के रूप में दशरथ पुत्र श्रीराम को चुना और उनके गुणों का काव्य में वर्णन किया। श्रीराम सद्गुणों के समुद्र हैं। राम के गुणों को शारीरिक और आत्मिक दो वर्गों में विभाजित करके भी देखा जा सकता है। इस विवेचन से राम का आदर्श और मर्यादित चरित्र प्रत्यक्ष होता है जिससे वर्तमान युगीन सभ्यता भी पूर्णतया परिचित है। राम मनुष्य के धैर्य, गाम्भीर्य, शौर्य और विनय से युक्त हैं। वाल्मीकि ने राम के वनगमन के समय में जो चित्रण किया है, वह मानव इतिहास में सर्वोत्तम व्यक्तित्त्व का उदाहरण है। वाल्मीकि लिखते हैं कि—

न वनं गन्तुकामस्य त्यजतश्च वसुन्धराम्।
सर्वलोकातिगस्येव लक्ष्यते चित्तविक्रिया॥

('वाल्मीकि रामायण', 'अयोध्याकाण्ड', 19.33)

किंचित् समय पूर्व में राम का राज्याभिषेक होने वाला था, परन्तु पिता के वचन का श्रवण मात्र हो जाने पर स्वयं वनगमन के लिए आज्ञा माँग रहे हैं। इस सम्पूर्ण प्रक्रिया में राम की आभा में किंचित् भी कमी नहीं हुई।

काव्यशास्त्र में नायक के लक्षण करते समय सभी काव्यशास्त्रियों ने राम को उदात्त/मानक नायक के रूप में निरूपित किया है, साथ ही श्रीराम के चरित्र का निरूपण समय-समय पर अनेक कवियों ने किये हैं। भवभूति ने राम-चरित्र विषयक दो नाटक लिखे हैं। भवभूति ने राम को चित्रित करते हुए वाल्मीकि के भाव को 'महानाटक' में लिखा है–

आहूतस्याभिषेकाय विसृष्टस्य वनाय च।
न माया लक्षितस्तस्य स्वल्पोप्याकार विभ्रम॥

('महानाटक', 3/25)

इस पद्य में कवि ने राम के उदात्त चरित को स्पष्ट शब्दों में वर्णित करते हुए कहा है कि जहाँ मनुष्य तुच्छ वस्तु की प्राप्ति से प्रसन्न एवं उसके न मिलने पर शोकग्रस्त हो जाता है, वहीं राम अखण्ड साम्राज्य के अभिषेक के लिए बुलाये जाने पर भी अधिक हर्षित नहीं हुए और वनवास भेजे जाने पर भी राम के मुख पर राज्य-वियोग का दु:ख नहीं दिखाई दिया। इस प्रसंग में एक निहितार्थ यह भी है कि विश्व के मानव समुदाय को यह अर्थ ग्रहण करना चाहिए कि किसी वस्तु की प्राप्ति पर अधिक ख़ुश और नहीं मिलने पर दु:खी नहीं होना चाहिए। इसी प्रकार राम के जीवन के अन्य पक्षों पर दृष्टिपात करते हैं तो पाते हैं कि राम का जीवन हर पक्ष को लेकर एक आदर्श स्थापित करता है जैसे कि उनका दाम्पत्य-जीवन भूत-भविष्य-वर्तमान तीनों कालों की साक्षात् जीती जागती सच्चाई है। श्रीराम का दाम्पत्य-जीवन अखिल ब्रह्माण्ड के दम्पतियों के लिए आदर्श का कार्य करता है, वे भारत के हों अथवा विदेश के सभी श्रीराम के सर्वोत्तम दाम्पत्य-जीवन को जानकर उनके उक्त दाम्पत्य-आचरणों का अनुकरण करने की इच्छा रखते हैं। इसी आदर्श को आधार मानकर तथा लोक-शिक्षणवत् पति-पत्नी के उत्कृष्ट दम्पति भाव का निदर्शन करते हुए 'उत्तररामचरित' में भवभूति कहते हैं कि–

अद्वैतं सुखदु:खयोरनुगतं सर्वास्ववस्थासु य–
द्विश्रामो हृदयस्य यत्र जरसा यस्मिन्नहार्यो रस:।

कालेनावरणात्ययात्परिणते यत्स्नेहसारे स्थितं
भद्रं तस्य सुमानुषस्य कथमप्येकं हि तत्प्राप्यते॥
('उत्तररामचरित', 1/39)

अर्थात् जो (दाम्पत्य-प्रेम) सुख और दुःख में एक रूप है, सभी अवस्थाओं में अनुसरण करता है, जिसमें हृदय को विश्राम मिलता है, जिसमें वृद्धावस्था भी अनुराग को दूर नहीं कर सकती है, जो समय पाकर आवरण के नष्ट हो जाने के कारण अथवा विवाह से लेकर मरणपर्यन्त परिपक्व उत्कृष्ट प्रेम में अवस्थित है, उस दाम्पत्य प्रेम को किसी सौभाग्यशाली द्वारा ही किसी प्रकार (बड़े) पुण्य से प्राप्त किया जाता है।

इसी प्रकार मर्यादा पुरुषोत्तम श्रीराम ने वनवास से लौटने के बाद शासन का संचालन करते समय प्रजानुरंजन को सर्वाधिक प्राथमिकता दी थी। सम्भवतः इसी बात को देखते हुए भवभूमि ने वाल्मीकि के राम की प्रजापालन-पद्धति की पराकाष्ठा को दिखाया है। 'उत्तररामचरित' के प्रथम अंक में प्रजापालन के कठिन व्रत को बताते हुए कहते हैं कि–

स्नेहं दयां च सौख्यं च अथवा जानकीमपि।
आराधनाय लोकस्य मुञ्चतो नास्ति में व्यथा।।
(उत्तररामचरित 1/12)

अर्थात् राम लोक की आराधना के लिए जानकी के परित्याग जैसी असह्य वेदना को सहने से भी व्यथित नहीं होंगे।

लोकरक्षा के सम्बन्ध में राम को लक्ष्य करके नारद ने 'प्रजानां हिते रतः, जीवलोकस्य रक्षिता, धर्मस्य परिरक्षिता' आदि जो अनेक गुण कहे थे, वह प्रत्येक गुण अक्षरशः घटते हैं। राम में व्यक्तिगत चारित्र्य तथा सामाजिक चारित्र्य का अद्‌भुत मिलन था। राम प्रत्येक परिस्थितियों में मर्यादित दृष्टिगोचर होते हैं। राम विश्वामित्र के साथ वन-गमन के समय ऋषि आदेश से जब ताड़का के वध के समय कहते हैं, देश के हित के लिए, देश की प्राणिसम्पदाओं तथा ज्ञानस्रोतों की रक्षा के लिए मैं सदा सन्नद्ध हूँ।

गोब्राह्मण हितार्थाय देशस्य च हिताय च... वचनं कर्तुमुद्यतः।
('वाल्मीकि रामायण', 'बालकाण्ड', 26.5)

श्रीराम के इस प्रजानुरंजन गुण को आज भी शासन के किसी भी तन्त्र (राजतन्त्र, लोकतन्त्र आदि) के लिए विश्व के परिप्रेक्ष्य में सर्वोत्तम समझा जाता है। सम्भवतः अद्यतन शीर्षस्थ-शासन भी इसी सिद्धान्त का अनुगमन करता प्रतीत होता है।

मर्यादा पुरुषोत्तम श्रीराम के जीवन-दर्शन में साहित्य की भावना मूल रूप से समाहित है–'हितेन सहितं साहित्यम्' (सार्वजनीन लोक-कल्याण की भावना जो मर्यादा पुरुषोत्तम राम में निहित है।)। वस्तुत: यह स्थिति ही वर्तमान वैश्विक परिदृश्य में सर्वश्रेष्ठ समझी जाती है और राम तथा उनकी मर्यादाओं को ग्रहण किया जाता है। वैश्विक दृष्टि में मर्यादा पुरुषोत्तम श्रीराम बाल से लेकर वृद्ध तक के व्यक्तियों के लिए मर्यादा, आचार, व्यवहार के पर्यायवत् हैं। इस परिप्रेक्ष्य में सदाचारी राजा राम सत्यवादी, महाधनुर्धर, वृद्धों की सेवा, जितेन्द्रिय, हँसमुख, उदारचरित आदि गुणों से परिपूर्ण थे, यथा–

सत्यवादी महेष्वासो वृद्धसेवी जितेन्द्रिय:।
स्मितपूर्वाभिभाषी च धर्मं सर्वात्मना श्रित:॥
('वाल्मीकि रामायण', 'अयोध्याकाण्ड', 2/41)

श्रीराम की पितृ-भक्ति भी बड़ी अद्‌भुत थी। पिता का आज्ञा पालन करने के लिए श्रीराम के मन में कितना उत्साह, साहस और दृढ़निश्चय था! माता कैकेयी से बातचीत करते समय श्रीराम कहते हैं–

अहं हि वचनाद्राज्ञ: पतेयमपि पावके ॥
भक्षयेयं विषं तीक्ष्णं मज्जेयमपि चार्णवे।
नियुक्तो गुरुणा पित्रा नृपेण च हितेन च॥
('वाल्मीकि रामायण', 'अयोध्याकाण्ड', 18/28-29)

राम कहते हैं कि "मैं महाराज के कहने पर विष भक्षण, सागर तरण, आग में भी कूद सकता हूँ"। पिता की सेवा और उनकी आज्ञा का पालन करना, इससे बढ़कर संसार में दूसरा कोई धर्म नहीं है। उसके बाद माता कौसल्या से भी उन्होंने कहा है–

नास्ति शक्ति: पितृर्वाक्यं समतिक्रमितुं मम।
प्रसादये त्वां शिरसा गन्तुमिच्छाम्यहं वनम्।
('वाल्मीकि रामायण', 'अयोध्याकाण्ड', 21/29)

वे दशरथ से कहते हैं कि–"मैं चरणों में सिर रखकर आपसे क्षमा माँगता हूँ। मुझमें पिता के वचन टालने की शक्ति नहीं है"। अत: मैं वन को ही जाना चाहता हूँ। 'रामायण' में श्रीरामचन्द्र के बालचरित्र का संक्षेप में वर्णन करते हुए भी यह बात कही गयी है कि श्रीराम सदा अपने पिता की सेवा में लगे रहते थे। ऐसी पितृभक्ति का उदाहरण सम्पूर्ण विश्व साहित्य में दुर्लभ है जो भारतीय जन-जागरण के लिए

अनुसरणीय पथवत् तो है ही, साथ ही पिता-पुत्र सम्बन्ध की मधुरता का प्रकाश विश्व को भी प्रदान होता है। माता कौशल्या तथा अन्य अनुग्रह रखने वाली माताओं के साथ-साथ क्रूर व्यवहार करने वाली कैकेयी से भी उनका व्यवहार आदरपूर्ण रहा है। वनवास मिलने के उपरान्त माता कौशल्या के महल से लौटते समय कुपित हुए लक्ष्मण से श्रीराम कहते हैं–

यस्या मदभिषेकार्थे मानसं परितप्यति
माता मे सा यथा न स्यात् सविशङ्का तथा कुरू॥
तस्याश्शङ्कामयं दुःखं मुहूर्तमपि नोत्सहे॥
मनसि प्रतिसंजातं सौमित्रेऽहमुपेक्षितुम्॥
न बुद्धिपूर्वं नाबुद्धं स्मरामीह कदाचन।
मातृणां वा पितुर्वाऽहं कृतमल्पं च विप्रियम्।।

('वाल्मीकि रामायण', 'अयोध्याकाण्ड', 22/6-8)

लक्ष्मण! मेरे राज्याभिषेक के कारण जिसके चित्त में सन्ताप हो रहा है, उस माता कैकेयी को जिससे मेरे ऊपर किसी तरह का सन्देह न हो, वही काम करो। उसके मन में सन्देह के कारण उत्पन्न हुए दुःख की मैं एक मुहूर्त के लिए भी उपेक्षा नहीं कर सकता। मैंने कभी जान-बूझकर या अनजान में माताओं या पिता जी का कभी थोड़ा भी अप्रिय कार्य किया हो–ऐसा याद नहीं पड़ता। इसी प्रकार भ्रातृ-प्रेम का निदर्शन किया जा सकता है–श्रीराम अपने छोटे भाई को अपना आत्मीय बतलाते हुए लक्ष्मण से कहते हैं–

लक्ष्मणेमां मया सार्धं प्रशाधि त्वं वसुन्धराम्।
द्वितीयं मेऽन्तरात्मानं त्वामियं श्रीरूपस्थिता।
सौमित्रे भुङ्क्ष्व भोगांत्स्वमिष्टाम्राज्यफलानि च।
जीवितं च हि राज्यं च त्वदर्थमभिकामये॥

('वाल्मीकि रामायण', 'अयोध्याकाण्ड', 4.43-44)

लक्ष्मण! तुम मेरे साथ इस पृथ्वी का शासन करो। तुम मेरी दूसरी अन्तरात्मा हो। यह राज्यलक्ष्मी तुम्हें ही प्राप्त हुई है। तुम मनोवांछित भोग और राज्य-फल का उपभोग करो। मेरा जीवन और राज्य सब तुम्हारे लिए ही है। इसी प्रकार श्रीराम के पराक्रम स्वरूप, शान्त स्वभाव, सत्यवादिता आदि सार्वभौम गुणों का वर्णन किया जा सकता है। श्रीराम बड़े ही रूपवान् और पराक्रमी थे। वे किसी के दोष नहीं देखते थे। भूमण्डल में उनकी समता करने वाला कोई नहीं था। वे अपने गुणों से पिता दशरथ के समान एवं योग्य पुत्र थे।

स हि रूपोपपन्नश्च वीर्यवाननसूयकः।
भूमावनुपमः सूनुर्गुणैर्दशरथोपमः॥
('वाल्मीकि रामायण', 'अयोध्याकाण्ड', 1.9)

वे सदा शान्त चित्त रहते और सांत्वनापूर्वक मीठे वचन बोलते थे; यदि उनसे कोई कठोर बात भी कह देता तो वे उसका उत्तर नहीं देते थे। ऐसी भावना और सद्भाव यदि प्रत्येक भारतीय में प्रविष्ट कर जाये तो बन्धुता का क्या कहना, और यही सद्भावना विश्व में आ जाये तो 'वसुधैव कुटुम्बकम्' सार्थक होगा। वाल्मीकि ने राम के शान्त-स्वभाव को अभिव्यक्त किया है—

स च नित्यं प्रशान्तात्मा मृदुपूर्वं च भाषते।
उच्यमानोऽपि परुषं नोत्तरं प्रतिपद्यते॥
('वाल्मीकि रामायण', 'अयोध्याकाण्ड', 1.10)

श्रीराम संसार के सत्यवादी, सत्यपरायण और सत्पुरुष हैं। राम ने अर्थ के साथ धर्म को भी प्रतिष्ठित किया है—

रामः सत्पुरुषो लोके सत्यः सत्यपरायणः।
साक्षाद् रामाद् विनिर्वृत्तो धर्मश्चापि श्रिया सह॥
('वाल्मीकि रामायण', 'अयोध्याकाण्ड', 2.29)

श्रीराम धर्मज्ञ, सत्यप्रतिज्ञ, शीलवान, अदोषदर्शी, शान्त, दीन-दुखियों को सांत्वना प्रदान करने वाले, मृदुभाषी, कृतज्ञ, जितेन्द्रिय, कोमल स्वभाववाले, स्थिरबुद्धि, सदा कल्याणकारी, असूयारहित, समस्त प्राणियों के प्रति प्रिय वचन बोलने वाले और सत्यवादी हैं।

धर्मज्ञः सत्यसन्धश्च शीलवाननसूयकः।
क्षान्तः सान्त्वयिता श्लक्ष्णः
कृतज्ञो विजितेन्द्रियः॥
मृदुश्च स्थिरचित्तश्च सदा भव्योऽनसूयकः।
प्रियवादी च भूतानां सत्यवादी च राघवः॥
('वाल्मीकि रामायण', 'अयोध्याकाण्ड', 2.31-32)

मारीच ने राम को साक्षात् मूर्तिमान धर्म कहते हुए 'रामो विग्रहवान् धर्मः' का प्रयोग किया है।

राम का केवल मित्रों के प्रति ही नहीं, अपने शत्रुओं के प्रति भी उदार व्यवहार है। राम के आदर्श व्यक्तित्व के प्रबलतम उदाहरणों में से एक यह है कि रावणवध

के उपरान्त विभीषण से कहते हैं कि "रावण के वध के बाद मेरा प्रयोजन सिद्ध हो गया, मेरा वैर केवल उसके शरीर से था, इस शरीर के समाप्त होने के साथ ही उसके नाश की शत्रुता भी समाप्त हो गयी। जिस प्रकार से रावण आपका भाई है, ठीक उसी प्रकार से रावण मेरा भी भाई है, अतः आप अपने [illegible] के अनुसार अन्त्येष्टि कर्म करके पुण्य के भागी बने"–

मरणान्तानि वैराणि निर्वृत्तं नः प्रयोजनम्।
क्रियतामस्य संस्कारो ममाप्येष यथा तव॥

('वाल्मीकि रामायण', 'युद्धकाण्ड', 111.100)

भारतवर्ष में अनेक विभिन्नताओं में सांस्कृतिक एकता का प्रबलसूत्र रामकथा रही है। भारत की प्राचीन भाषाओं में रामकथा साहित्य अत्यन्त व्यापक है। इतना ही नहीं आधुनिक वैश्विक भाषाओं में भी रामकथा निरन्तर प्रवहमान है। भारतीय भाषाओं में, जैसे–तमिल भाषा में कम्बनकृत 'रामायण', तेलुगु भाषा में द्विपदकृत 'रामायण', मलयालम भाषा में 'रामचरित', कन्नड़ भाषा में 'तोखे रामायण', असमिया भाषा में 'माधवकंदली रामायण', बांग्ला भाषा में 'कृत्तिवास रामायण', ओड़िया भाषा में 'बलरामदास रामायण', मराठी भाषा में 'भावार्थ रामायण' एवं हिन्दी भाषा में 'रामचरितमानस' आदि प्रमुख हैं। ('रामकथा की सार्वभौमिकता', रामअवतार शर्मा, पृष्ठ 70-75)

आदर्श तन्त्र का जो स्वरूप आज लोक प्रसिद्ध है, वह युगों पूर्व श्रीराम द्वारा उत्कृष्ट राज्य व्यवस्था को मानवीय पृष्ठभूमि पर प्रतिष्ठित एवं स्थापित किया गया। आदर्श राजा अथवा आदर्श पुरुष राम ने उसे अपने चरित्र में उतारते हुए अभिव्यक्त किया, इसका सन्देश विश्व के कोने-कोने में यथा-काल पहुँचता रहा और रामराज्य की आदर्श पृष्ठभूमि पर विश्व-काव्यों का निर्माण होता रहा। संसार के अधिकतर देशों में रामकाव्य-परम्परा का विकास हुआ तथा परिस्थिति और वातावरण के अनुसार उसमें परिवर्तन भी हुआ। भारत व विश्व के अनेक देशों में समय-समय पर अनेक काव्य-ग्रन्थ लिखे गये, कुछ समय तक वे प्रचलित भी रहे लेकिन समय के प्रवाह ने उन्हें धूमिल कर दिया। मानवमात्र के बुद्धिजीवी वर्ग के अन्तस्थल में राम के स्वरूप की स्थापना 'रामायण' जैसे सुप्रतिष्ठित ग्रन्थ करते हैं, तो वहीं सामान्यजनमानस परम्परा में रामकथा का स्वरूप राम के चरित्र को प्रचारित करता है।

दक्षिण-पूर्व के देशों में भारतीय संस्कृति के स्रोत आज भी देखे जाते हैं, उनमें एक महत्त्वपूर्ण स्रोत 'रामायण' है जिसे वहाँ का जनमानस बड़े-आदर और सत्कार

से पढ़ता-लिखता हैं और इस विषय की नाट्य लीलाएँ करके आनन्द का भी अनुभव करता है। 'रामाख्यान' को हर देश ने अपनी समझ और परम्परा के अनुसार कुछ जोड़ दिया व कुछ छोड़ दिया, किसी पक्ष पर अधिक बल दिया या किसी पर कम, लेकिन सभी में सूत्र एक ही है। दक्षिण-पूर्व-एशिया के सभी देश भारतीय संस्कृति से प्रभावित रहे हैं।

इंडोनेशिया अनेक छोटे-बड़े द्वीप समूहों का देश है। इन द्वीपों की आधुनिक सभ्यता के सूत्र भारत विशेषत: गुजरात से ईसा की पहली सदी में गये यात्रियों के यहाँ बस जाने में खोजे जा सकते हैं। इंडोनेशिया के 'रामायण' में भरत, रामचन्द्र को अयोध्या लौट चलने के लिए आग्रह करते हैं–

ददि सुमहुर भूका सं राम भ्रदासि भस्वी।
मुलिह अत कितान्तनं क्कार्ययोध्या तमोल:।
यविन अलुमहँ सेवन पादुकांकवीकि रख।

('रामकथा की सार्वभौमिकता', रामअवतार शर्मा)

राम केवल भारत में ही नहीं, अपितु दक्षिण-पूर्व तथा उत्तर-पश्चिम एशियाई देशों के साथ-साथ अन्य देशों में भी एक सांस्कृतिक पुरुष के रूप में प्रतिष्ठित हो गये हैं। यह मूलत: सत्य एवं न्याय के पालन के कारण हुआ। पाश्चात्य देशों की अपेक्षा पूर्वी देशों में रामकथा की लोकप्रियता और व्यापकता का बड़ा कारण रावण का अत्याचारपूर्ण शासन था। दक्षिण भारत व लंका के निकटवर्ती देश भी रावण के अत्याचारों के साक्षी थे, अत: यहाँ के निवासी रामकथा के राम को सत्य, न्यायशीलता एवं नैतिक शक्ति के कारणों से आदर्श पुरुष मानने लगे और रावण को दुराचारी, दुर्व्यसनी और विगर्हित व्यक्ति।

मलेशिया में 'रामायण' की परम्परा के प्राय: 25 संस्करण मिलते हैं। इस्लामीकरण के बाद भी वही रामकथा विभिन्न रूपों में प्रचलित रही है। रामकथा के इन विभिन्न रूपों में इस्लामी सभ्यता और संस्कृति का प्रभाव अनिवार्य था। मूल कथा में विशेष अंग न होने पर भी मलेशिया की रामकथा के कुछ नामों और घटनाओं में भिन्नता पायी जाती है। मलेशिया समाज में लिखित व मौखिक रामायणों के रूप देखने को मिलते हैं। जो राम की प्रकृति को अपने क्षेत्रीय परिदर्शन में प्रस्तुत करते हैं।

कम्बोडिया में 'रामायण' और रामकथा की लोकप्रियता का एक और प्रधान कारण वहाँ के लोकप्रिय शासक जयवर्मन सप्तम के जीवन की घटनाओं का राम के जीवन की घटनाओं से साम्य होना है। जैसे राम ने रावण से संघर्ष करते हुए नया

प्रतिमान स्थापित किया, उसी प्रकार राजा जयवर्मन ने चाम्स के विरुद्ध संघर्ष किया। राम की रावण पर विजयकथा जयवर्मन की जयगाथा के सदृश्य प्रतीत होने के कारण राष्ट्रीय गौरव की प्रतीक बन गयी है। इसके कारण कम्बोडिया में 'रामायण' को पूर्ण रूप से स्वीकार कर लिया गया और वह 'रामकेर' के रूप में रचा गया। बौद्ध प्रभाव के कारण राम का स्वरूप बोधिसत्व के समान और उनका चरित्र जातक कथा के अनुरूप बन गया। अत: रामकथा कुछ परिवर्तित रूप में आज भी यहाँ विद्यमान है।

फिलीपींस में भी राम का स्वरूप रामकथा के माध्यम से ही प्रसृत हुआ। इस कथा का सूत्र तो 'वाल्मीकि रामायण' जैसा है लेकिन इसके पात्रों के नाम बदले हुए हैं। इस कथा में भी असत् पर सत् की जय को दिखलाया गया है। इस कथा में हनुमान को जो एक मनुष्य थे, राम का पुत्र कहा गया है।

चीन और भारत का सम्बन्ध पुराना है, साथ ही चीन और जापान का सम्बन्ध भी प्राचीन है। जापान में बौद्ध धर्म के प्रचार के माध्यम से बहुत सारा साहित्य चीन के सम्पर्क के कारण वहाँ पहुँचा। ऐसे ही राम और राम के गुणों की चर्चा भी बौद्ध जातकों के माध्यम से जापान में पहुँची। यहाँ राम के गुणों का वैशिष्ट्य पूर्ण रूप से वाल्मीकि की 'रामायण' से नहीं मिलता तो भी बहुत सारे पात्र एवं घटनाएँ एक जैसी हैं। 12वीं सदी में रचित 'हो बुत्सुशु' नामक ग्रन्थ में 'रामायण' की कथा जापानी में उपलब्ध है। इस कथा में भी 'रामायण' के समान नैतिकता व आदर्श पर बल दिया गया है।

वैदिक आर्यों की संस्कृति में वेदों, उपनिषदों, पुराणों तथा 'रामायण' का विशेष महत्त्व रहा है। 'रामायण' न केवल इतिहास एवं काव्य की दृष्टि से महत्त्वपूर्ण है, अपितु संस्कृति एवं एकता बनाये रखने के लिए भी महत्त्वपूर्ण है। जैसे हम 'रामायण' को विभिन्न भाषाओं में पाते हैं, उसी प्रकार नेपाली भाषा में 'मेरो रामा', 'आदर्शा राघवा महाकाव्या' और अनेक रचनाएँ राम से जुड़ी हुई पाते हैं। प्राचीन काल से आधुनिक काल तक 'रामायण' की परम्परा को हम नेपाल के साहित्य में देख सकते हैं। आदि 'रामायण' वाल्मीकि व आध्यात्मिक 'रामायण' का नेपाली जनमानस में और उसकी संस्कृति में विशेष महत्त्व है।

अभी तक जिन रचनाओं का उल्लेख किया गया वे सभी या तो वाल्मीकि 'रामायण' या अध्यात्म 'रामायण' पर आधारित रही हैं। लेकिन हाल ही में कुछ रामायणों के संस्करण नेपाली भाषा में अनूदित हुए हैं, जैसे–'अद्भुत रामायण', 'आनन्दरामायण', 'उत्तररामचरित', 'राधेश्यामरामायण', 'राघवविलाप', 'अग्निवेशरामायण', तुलसीदासकृत 'रामचरितमानस', 'रास्वामेघा'। इनके अतिरिक्त पूरनप्रसाद शर्मा वैज्ञानिक 'रामायण', 'रामायण कोवालम', लक्ष्मीप्रसाद

देवकोटा सीता हरण 'रामायण' नेपाली प्रथा को दर्शाते हैं। नेपाल अभी तक एक हिन्दू राज्य होने के कारण 'रामायण' की प्रथा व संस्कारों से ओत-प्रोत रहा है। राजा जनक की पुत्री सीता को नेपाल की पुत्री माना जाता है। जनकपुर को राजा जनक की राजधानी माना जाता है, हर वर्ष रामलीला का मंचन होता है। दशहरे के पर्व पर सीता की पूजा की जाती है। नेपाल 'रामायण' से बहुत अधिक प्रभावित है। आज की 'रामायण' के आदर्शों का आदर किया जाता है, हर साधारण व्यक्ति भी अपने जीवन में इन आदर्शों को अपनाने का प्रयास करता है। ('रामकथा की सार्वभौमिकता', रामअवतार शर्मा)

निष्कर्षत: राम भारतीय जीवन और भारतीय सभ्यता के मूल एवं विशाल स्तम्भ हैं। राम नाम लेते ही भारत के प्रत्येक घर से इसकी प्रतिध्वनि सुनाई पड़ने लगती है। इस नाम ने कितने युगों से और कितने रूपों में भारत को नित्य नूतन जीवन और बल दिया, इसका लेखा कर पाना कठिन है। इस दृष्टि से मर्यादा पुरुषोत्तम श्रीराम भारतीय जनमानस के साथ विश्व जनमानस के अन्तस् में विराजित शील, शक्ति एवं सौन्दर्य की प्रतिमूर्ति हैं। राम भारत ही नहीं, अपितु विश्व सभ्यता एवं संस्कृति की गौरवमयी आदर्श प्रतिमा हैं जो विश्व भर में धर्म, नैतिकता एवं मानवता के महनीय मूल्यों को अपने आदर्शों से प्रतिष्ठित करते हैं। अत: श्रीराम विश्वमानव के लिए महामानव हैं। उनके चरित का मधुर गुंजार करने वाला यह साहित्य (वाल्मीकीय रामायण) भारतीय सांस्कृतिक चेतना के साथ-साथ सामाजिक आचार-विचार, धार्मिक मान्यताओं, विश्वास, श्रद्धा, श्रम तथा नैतिक आचरण का प्रतीक है। यह हज़ारों वर्षों तक अरण्यादि में अपने को तपाये हुए भारतीय मनीषियों का तप:प्रसार है। अत: यह आवश्यक है कि इसके उन पक्षों को शोध के माध्यम से समाज के सम्मुख नवाचार के साथ प्रस्तुत किया जाये, जिनका मनुष्य सभ्यता के साथ साक्षात् सम्बन्ध हो।

वनवासी समाज और श्रीराम

सत्येन्द्र सिंह

प्रभु श्रीराम और वनवासी समाज का अटूट सम्बन्ध है क्योंकि राम के बिना वनवासियों का जीवन अधूरा है और वनवासियों के बिना भगवान श्रीराम अधूरे हैं। उठते-बैठते, सोते-जागते, चलते-फिरते 'सीताराम', 'राम-राम' बोलते हैं। अपने नाम के आगे, नाम के पीछे और उपनाम में भी 'राम' लिखते हैं। देश में कहीं उन्हें राम, कहीं रामा, कहीं रामाडु तो कहीं रघुनाथ भी कहते हैं। भारत के कण-कण में, चर-चराचर जगत् के जीवन की धमनियों में राम विराजमान हैं। सर्वधर्म समभाव का नाम है राम। प्रभु श्रीराम में सम्पूर्ण जीवन का एक सार है। पुण्य कार्यों के सृजनकर्ता हैं तो पापों के नाश के संहारक भी हैं। युद्ध का भाव है तो दूसरी तरफ़ बुद्ध का भी भाव है।

छत्तीसगढ़ के रामनामी समुदाय के लोग तो पूरे शरीर में ही राम-राम गोदवा लेते हैं। रामनामी समुदाय का जीवन तपस्वी का जीवन है। वे पूरे दिनचर्या में सात्विक आहार, विहार, व्यवहार तो करते ही हैं बल्कि किसी को भी किसी भी तरह से कोई तकलीफ़ न पहुँचे, यह भाव भी रहता है। राम नाम गोदवाकर मानो पूरे शरीर को ही मन्दिर बना लिया हो। शरीर में राम नाम देखते ही एक पवित्रता का भाव जाग्रत हो उठता है। राम नाम सर्वत्र है। सुख में राम, दु:ख में राम बसते हैं, राम सर्वत्र हैं। रामनामी समुदाय का जीवन सत्य, शाश्वत, धर्म, पुण्य, सात्विक, पवित्र भाव लिये एक विचारधारा है और यही विचारधारा सनातन संस्कृति की है। रामनामी समुदाय एक आत्मनिर्भर समुदाय है। चूँकि उनके साथ राम बसे हैं, तो सबके दाता राम ही हैं। मृत्यु के समय महात्मा गाँधी भी 'हे राम' बोले, राजा दशरथ भी 'हे राम' बोले थे, ये तो सिर्फ़ एक नमूना है, लेकिन सभी के मुख से विपत्ति के दौरान राम नाम निकलता ही है। प्रभु श्रीराम एक व्यक्ति के नहीं बल्कि सम्पूर्ण राष्ट्र के हैं। राम देश के प्राण हैं। भारतीयों के स्वाभिमान हैं। राम नाम की संकल्पना तो सनातन संस्कृति संवर्धन एवं रक्षा के एकात्मभाव का प्रतीक है।

प्राचीन भारतीय ग्रन्थों में 'रामायण' जनमानस में सबसे ज़्यादा लोकप्रिय है। 'रामायण' में वनवासी समाज की प्रतिभा का वर्णन 'बालकाण्ड' से ही शुरू हो गया है। अंग देश के राजा लोमपाद अयोध्या के राजा दशरथ के साढ़ू थे। राजा लोमपाद को कोई सन्तान नहीं थी तो राजा दशरथ माता कौशल्या से जन्म लेने वाली बेटी शान्ता को बचपन में ही अपने साढ़ू को गोद दे दिये थे। एक बार अंग देश में भयंकर अकाल पड़ा। चारों तरफ़ सूखा पड़ने से प्रजा में घोर संकट आ पड़ा और लोगों में त्राहिमाम मच गया। उस कालखण्ड में एक वनवासी ऋषि विभाण्डक हुआ करते थे, इन्हीं के पुत्र का नाम ऋषि शृंगी था। ऋषि शृंगी कृत्रिम वर्षा और पुत्रेष्टि यज्ञ के बड़े ही विशेषज्ञ थे। अंग देश में ऋषि शृंगी को आमन्त्रित किया गया। वे अंग देश आये और विधि-विधानपूर्वक वर्षा होने के लिए यज्ञ किया। यज्ञ के पश्चात् मुसलाधार वर्षा हुई। प्रजा में ख़ुशियों की लहर दौड़ पड़ी। ऋषि शृंगी से प्रसन्न होकर राजा लोमपाद सोचने लगे कि इतने बड़े विद्वान के साथ बेटी शांता का विवाह हो जाये तो मेरा जीवन धन्य हो जायेगा। बातचीत करने के बाद ऋषि शृंगी और उनके पिताश्री ऋषि विभाण्डक इसके लिए तैयार हो गये। शान्ता और ऋषि शृंगी का विवाह बड़े ही धूमधाम के साथ हो गया। राजा दशरथ की भी उस समय तीनों रानियों से कोई सन्तान नहीं हुई थी। बेटी शान्ता के विवाह में तो गये ही थे, वहीं उन्हें पता चला कि ऋषि शृंगी पुत्रेष्टि यज्ञ से गर्भधारण भी कराते हैं। राजा दशरथ मुनि वशिष्ठ से सलाह लेकर मन्त्री सुमन्त्र को ऋषि शृंगी को अयोध्या आमन्त्रित करने के लिए भेजते हैं। मन्त्री सुमन्त्र ऋषि शृंगी को लेकर अयोध्या आ जाते हैं। ऋषि शृंगी पुत्रेष्टि यज्ञ करते हैं। यज्ञ के प्रतिफल स्वरूप जो खीर तैयार की गयी थी, उसे तीनों रानियों कौशल्या, कैकेयी और सुमित्रा को खिलाया गया। समय आने पर माता कौशल्या से राम, माता कैकेयी से भरत और माता सुमित्रा की कोख से लक्ष्मण और शत्रुघ्न का जन्म हुआ। इन चारों भाइयों के जन्म में वनवासी ऋषि शृंगी का योगदान अतुलनीय है।

निषादराज गुह को जब प्रभु राम के वनवास का समाचार मिलता है तो वह अपनी ही नाव से भगवान राम सहित लक्ष्मण, माता सीता को गंगा पार कराते हैं। प्रभु श्रीराम और निषादराज गुह गुरुकुल समय के सहपाठी थे। निषादराज गुह के पास उत्कृष्ट नावें थीं। नावों और जहाज़ों के निर्माण में बड़े ही निपुण थे। इनके पास उस समय पाँच सौ नौकाओं के बेड़ा के साथ ही सैन्य शक्ति भी थी। निषादराज गुह ने प्रभु राम को कौशल राज्य की सीमाओं के बाहर सुरक्षा का भरोसा दिलाया था।

वनवास के दौरान भगवान राम को आगे बढ़ते समय वनवासी समाज के साथ-साथ अत्रि, भरद्वाज, वाल्मीकि, अगस्त्य, शरभंग, सुतीक्ष्ण, माण्डकणि, मतंग

आदि ऋषि-मुनियों से मिलने का सौभाग्य प्राप्त हुआ। प्रभु राम को वनवास के समय वन क्षेत्रों में रहने वाले इन ऋषि-मुनियों एवं वनवासियों ने ही मार्ग प्रशस्त किया। ऋषि-मुनियों के जो भी वैद्यशालाएं, वधशालाए, पाठशालाएँ, अग्निशालाएँ और आश्रम थे उन्हें उस समय वनवासी समाज ने ही राम के आने के पूर्व राक्षसों के आक्रमणों से ऋषि-मुनियों सहित संरक्षित और सुरक्षित रखा था। वनवासी समाज ऋषि-मुनियों को कभी कष्ट नहीं पहुँचाया है बल्कि भरपूर सहयोग ही किया है। वन क्षेत्रों में ऋषि-मुनि अपनी-अपनी गतिविधियाँ संचालित करते थे तो उनका संरक्षण वनवासी समाज ने ही किया था। उनके आश्रम और अस्त्र-शस्त्र निर्माण कार्य में भी मददगार रहे। ऋषि-मुनि भी राक्षसों से मुक़ाबला करने के लिए वनवासियों को एकत्रित करने में लगे हुए थे। ऋषि-मुनि भी वनवासियों को शिक्षित कर रहे थे। इन वनों में प्रभु राम और ऋषियों ने वन निवासियों के बीच रहकर सनातन संस्कृति धर्म को एक सूत्र में पिरोने और समाज कल्याण हेतु कार्य किया। रावण इन वन निवासियों को शूर्पणखा, खर और दूषण के माध्यम से अपने अनुकूल ढालने के प्रयास में लगा हुआ था। प्रभु राम के इसी वनवास के दौरान जीवन में एक ऐतिहासिक मोड़ आया। राम को जब यह पता चला कि शूर्पणखा का पुत्र शम्बूक 'सूर्यहास-खंग' नामक विध्वंसक शस्त्र का निर्माण कर रहा है तो राम बिना देर किये भाई लक्ष्मण को भेजकर शम्बूक को मरवा देते हैं। शूर्पणखा का विवाह दानव कालिका के पुत्र विद्युतजिह्व से हुआ था। जब रावण दिग्विजय के लिए निकला था तब उसने कालकेय दानवों के राजा अष्मनार पर हमला किया था। दिग्विजय के दौरान विद्युतजिव्ह कालकेय के पक्ष में रावण के विरुद्ध युद्ध किया था तब रावण ने कालकेय को तो परास्त किया ही, उन्होंने विद्युतजिव्ह का भी वध किया। इस समय शूर्पणखा गर्भवती थी तो रावण को काफ़ी पश्चात्ताप हुआ। बाद में रावण ने शूर्पणखा को दण्डकारण्य की अधिष्ठात्री बना दिया। इसीलिए पंचवटी के निर्माण से शूर्पणखा बहुत गुस्से में थी। शूर्पणखा के इसी विरोध के कारण लक्ष्मण द्वारा नाक काटी गयी। जब रावण को इसका समाचार मिलता है तो उसने छद्मवेश धारण कर सीता का हरण कर ले जाने लगता है। रास्ते में जटायु ने जब एक स्त्री को बलात् रावण द्वारा ले जाते हुए देखा तो उसने पुष्पक विमान में सवार रावण पर हमला बोल दिया। जटायु और रावण के बीच भयंकर संग्राम हुआ, अन्ततः जटायु की मृत्यु हो गयी। रावण से संघर्ष में जटायु सहित बहुत-से वनवासियों ने सीता की प्राणरक्षा करने के लिए अपने बलिदान दिये। वनवासी समाज ने जहाँ भी अधर्म, अन्याय और अत्याचार देखा, वहाँ चुप नहीं बैठा बल्कि प्राणों की बाज़ी लगाकर युद्ध किया है। यहीं से राम और वनवासियों के बीच परस्पर रक्षा में आहुति देने का

सिलसिला प्रारम्भ होता है और वनवासियों ने वनवास के दौरान हमेशा प्रभु राम का साथ दिया है।

माता शबरी के आतिथ्य-सत्कार के बाद माता शबरी की योजना के अनुसार राम को सुग्रीव के पास जाना हुआ। माता शबरी विदुषी महिला थीं। वह राम को विभीषण का एक सन्देश भी देती हैं। और इससे सीता की लंका में होने की पुष्टि भी हो जाती है। राम और सुग्रीव की जब मित्रता हो जाती है तब सुग्रीव राम के पूर्ण सहयोगी बन जाते हैं। वहीं हनुमान जी से भी मुलाक़ात हुई। सुग्रीव के भाई बाली ने जब सुग्रीव को किष्किन्धा से निष्कासित कर उनकी पत्नी रूमा को अपनी सहचारिणी बना लिया तो राम ने बाली की ताक़त से परिचित होकर उदारता दिखाते हुए पहले बाली को मारा और फिर सुग्रीव को किष्किन्धा के राज सिंहासन पर बिठाया। यहीं पर राम की जामवन्त, हनुमान, नल, नील, अंगद आदि वनवासी वीरों से मुलाक़ात हुई। हनुमान जी बुद्धिमान होने के साथ कूटनीतिज्ञ भी थे। सीता की खोज में स्वयंप्रभा नामक वनवासी तपस्विनी, सम्पाती और उसके बेटा सुपार्श्व से भी काफ़ी सहायता प्राप्त हुई।

भारत के संवैधानिक लोकतन्त्र में राम के आदर्श मूल्य और रामराज्य की परिकल्पना हमेशा मौजूद रही है। रामकथा तो वनवासियों की वीरता और पराक्रम की विजय गाथा है। राम ने सीता की खोज के दौरान वनवासियों की एक पराक्रमी सेना का गठन कर लंका पर चढ़ाई की और उन्हें विजयश्री प्राप्ति हुई। उन्होंने समुद्र के ऊपर नल-नील सहित वनवासियों की मदद से विश्व का पहला सेतु बनवाया था जो आज भी धरोहर के रूप में विराजमान है। जो वनवासी समाज के स्वाभिमान का सूचक है। लंका विजय वनवासियों की पुरुषार्थ की निशानी का गौरवपूर्ण इतिहास है।

प्रभु श्रीराम ने जैसा जीवन जिया वैसा हम जियें और भगवान श्रीकृष्ण ने जो कहा, उसे मानें। प्रभु श्रीराम ने गीता नहीं कही बल्कि उन्होंने ख़ुद के जीवन को ही गीता के उपदेशों की तरह बनाकर लोगों को दिखाया और जीवन व्यतीत किया। प्रभु श्रीराम ने सादगी-भरा तपस्वी का जीवन जिया, भूमि पर सोते, कन्दमूल खाते, ख़ुद के बनाये हुए कपड़े पहनते थे। ख़ुद से धनुष-बाण बनाते और वे वनों में राक्षसों और हिंसक पशुओं से सभी की रक्षा करते थे। भगवान राम के जीवन में सन्तों की सेवा, संस्कृति, परम्परा और समाज की रक्षा करना मुख्य कार्य रहा है। वनवासियों को बाणासुर के अत्याचार से मुक्त कराने के बाद लगातार बारह वर्षों तक वनवासियों के बीच ही रहे। वनवासी समाज को धनुष-बाण बनाने और चलाना सिखाया। कपड़े बनाना सिखाया, धर्म के मार्ग पर चलकर रीति-रिवाज़ों और परम्पराओं संग चलने

की प्रेरणा दी। प्रभु श्रीराम सम्पूर्ण भारत के वनवासी समाज के बीच लोकप्रिय देव हैं। वर्तमान में वनवासियों के बीच जो धार्मिक, सांस्कृतिक, आध्यात्मिक परम्परा, रीति-रिवाज़, संस्कार हैं, वे सभी प्रभु श्रीराम की देन हैं। भगवान श्रीराम भी वनवासी ही थे। उन्होंने वन में रहकर सम्पूर्ण वनवासी समाज को एक सूत्र में रहने और धार्मिक तरीक़े से रहकर जीवन जीने की शिक्षा दी। बदले में भगवान श्रीराम को वनवासी समाज से बहुत प्यार मिला।

प्रभु राम के जीवन में अनेक अवसरों पर धर्मसंकट एवं विकट परिस्थितियाँ आयीं लेकिन उन्होंने धैर्य नहीं खोया। जब माता कैकेयी के दो वचनों के कारण उन्हें 14 वर्ष तक के वनवास का आदेश मिला तो बिना देर किये सहजता के साथ स्वीकार कर लिये, इसमें माता-पिता दोनों के वचन का पालन हुआ। उन्होंने राजपाट छोड़कर वनवास को स्वीकार किया। यह उनके लिए बड़े धैर्य की परीक्षा थी, लेकिन सफल हुए। माता सीता का हरण प्रभु राम के लिए चुनौती थी।

प्रभु राम ने माता सीता को रावण के चंगुल से बड़े ही धैर्य से मुक्त किया। उन्होंने रावण की बुराइयों के कारण उसका वध किया लेकिन उसकी मृत्यु के पश्चात् काफ़ी दुखी हुए क्योंकि वह शिव भक्त था और एक कुशल प्रशासक भी। उन्होंने माता सीता का प्रजा के कहने के कारण जब त्याग किया तब त्याग दिल पर पत्थर रखकर किया होगा, किन्तु मर्यादा का पालन करना था, इसलिए इसमें भी धैर्य बनाये रखा। पुत्रों के साथ युद्ध की नौबत आयी तो बड़े ही धैर्य एवं संवेदनशीलतापूर्वक जीवन को मर्यादा के अनुकूल बनाये रखा। यह सम्पूर्ण जगत् के लिए प्रेरणा है। इसीलिए तो वे मर्यादा पुरुषोत्तम भगवान राम कहलाये।

वनवासियों के क़बीले नहीं, समुदाय होते हैं। इन्हीं कारणों से देश भर के वनवासी समाज के रीति-रिवाज़ों में समानता पायी जाती है। भगवान राम ने भारत की सभी जातियों और सम्प्रदायों को एक सूत्र में बाँधने का कार्य अपने चौदह वर्ष के वनवासकाल के दौरान किया। उन्होंने सभी भारतीयों के साथ मिलकर अखण्ड भारत की स्थापना की थी। अखण्ड भारत के अन्तर्गत वर्तमान भारत सहित नेपाल, लाओस, मलेशिया, कम्बोडिया, इंडोनेशिया (बाली, जावा, सुमात्रा), पाकिस्तान, बांग्लादेश, भूटान, श्रीलंका, थाईलैंड आदि देश आते थे। आज भी इन देशों की लोक-संस्कृति एवं ग्रन्थों में प्रभु राम आस्था के केन्द्र में हैं। प्रभु राम ने धार्मिक आधार पर सम्पूर्ण अखण्ड भारत को एकजुट किया है। इंडोनेशिया जैसे बड़े मुस्लिम देश में आज भी रामलीला होती है। वहाँ मुद्राओं पर देवी-देवताओं के चित्र हैं। भगवान राम के कालखण्ड में ऊँच-नीच, जाति-भेद बिल्कुल भी नहीं था। सभी में समरसता, समानता और एकात्मता का भाव था। आज भी इन सभी देशों में भगवान श्रीराम पूजनीय हैं।

तुलसी की रामकथा के नारी पात्र

संध्या गर्ग

मध्यकाल यदि भारतीय साहित्य का स्वर्णयुग है तो तुलसी उस युग के युगनायक हैं, इसमें सन्देह नहीं। राजसत्ता के संघर्ष, विदेशी जातियों के आक्रमण की प्रक्रिया में पिसती हुई जनता को तुलसी ने धर्म का जो मरहम दिया उससे इनकार नहीं किया जा सकता। महाकवि तुलसी का धर्मनेता के इस रूप के साथ जुड़ा एक अन्य रूप भी है उनके सामाजिक चिन्तक का। जॉर्ज ग्रियर्सन ने उन्हें सर्वश्रेष्ठ सुधारकों और महाकवियों में से एक कहा तो बिनोवा भावे ने उन्हें उत्तर भारत में महात्मा बुद्ध के बाद का लोकनायक कहकर सम्बोधित किया। शैव, शाक्त, वैष्णव, द्वैत, अद्वैत आदि सभी मतों में तुलसी ने समन्वय का प्रयास तो किया ही, हिन्दू समाज के विभिन्न अंगों पर भी उनकी लेखनी चली है। ऐसे में समाज के आधे भाग स्त्रीवर्ग के प्रति वे मौन रह जाते, ये सम्भव ही नहीं था। तुलसी की रामकथा के नायक भले ही राम हैं, लेकिन उनकी कथा में स्त्रियों की भूमिका कम नहीं है। राम को देवत्व प्रदान करने में सीता की भूमिका निस्सन्देह महत्त्वपूर्ण है। तुलसी की रामकथा में जिस समाज, जाति और जीवन-व्यवस्था का चित्रण हुआ है, उसके अनुरूप ही उनके नारी पात्र दिखाई देते हैं। दैवी, रावण के वंश, दशरथ के वंश, ऋषि कुल की स्त्रियाँ व राम की सहायता करने वाले वनवासी समुदायों की स्त्रियाँ आदि समाज के विभिन्न वर्गों का प्रतिनिधित्व करती हैं। सीता, कौशल्या, कैकेयी, शूर्पनखा, मन्थरा, मन्दोदरी महत्त्वपूर्ण पात्र हैं तो सुमित्रा, सुनयना, अहल्या, उर्मिला, माण्डवी, श्रुतकीर्ति, शबरी व तारा जैसे गौण पात्रों की संख्या भी कम नहीं है।

वस्तुत: साहित्यकार समाज के सन्दर्भ में आदर्श की खोज का पक्षधर होता है। इस आदर्श के लिए ही वह पात्रों की संरचना करता है। 'मानस' चूँकि साहित्यिक कृति न होकर एक समाज विशेष के लिए सार्वभौमिक मूल्यों की प्रस्तुति व धार्मिक आस्था का प्रतीक है, अत: 'मानस' रचनाकार के समक्ष पात्र-सृष्टि का प्रश्न आत्माभिव्यक्ति के साथ-साथ सामाजिक उत्थान को लेकर रहा होगा। दूसरी ओर यह भी सत्य है कि तुलसी किन्हीं नये पात्रों की सृष्टि कर रहे थे, बल्कि

एक पूरी कथा को तत्कालीन समाज-सन्दर्भों में प्रस्तुत कर रहे थे। उनके पास कथा के मूलभाव से छेड़छाड़ करने का विकल्प नहीं था। अतः पूर्वपरिचित पात्रों को ही अपने समय में जीवनादर्शों व मानव-मूल्यों की स्थापना के लिए तुलसी ने गढ़ा है।

सर्वप्रथम सीता की चर्चा करना समीचीन होगा। रामकाव्य परम्परा में तुलसी ने राम के चरित्र को जिस उत्कर्ष और सम्पूर्णता के साथ प्रस्तुत किया है, वह तो अतुलनीय है, सीता के चरित्र को भी उदात्त स्वरूप दिया है। सीता जनक-पुत्री हैं लेकिन जनक-पुत्री के रूप में वे इतनी महत नहीं हैं। राम से विवाह और वनवास प्रसंग के बाद ही सीता के चरित्र का उदात्त पक्ष दिखाई देता है। 'बरवै 'रामायण'', 'जानकीमंगल', 'कवितावली', 'गीतावली', 'विनयपत्रिका' और 'मानस' में सीता को जगत् जननी का रूप दिया गया है। वे नारी शक्ति का सजीव रूप हैं, जो सक्षम हैं, संकल्प को क्रियान्वित करने की क्षमता रखती हैं, लेकिन दूसरी ओर वे मर्यादा और सामाजिक रीति के अनुरूप नारीसुलभ लज्जा को भी नहीं छोड़ती हैं। राम के प्रथम दर्शन में 'लोचन मग रामहिं उर आनि। दीन्हें पलक कपट सयानी।।' कहकर तुलसी सीता के मन में स्त्रीसुलभ संकोच और मन में प्रेम के उद्भव का बहुत ही सुन्दर संकेत करते हैं। पूजा के समय देरी होने पर माँ के क्रोध का भय, विवाह के अवसर पर धनुर्भंग के लिए राम की सहायता हेतु गौरी शंकर से प्रार्थना करती हुई वे कोई सामान्य युवती दिखाई देती हैं, तो वहीं वन-गमन के प्रसंग में पति के साथ जाने के लिए दृढ़संकल्प, कौशल्या को दिलासा देती सीता का एक अलग ही रूप दिखाई देता है। 'पिय वियोग सम दुख जग नाहीं' कहकर वह दाम्पत्य सम्बन्धों के प्रति अपनी दृढ़ आस्था को संकेतित करती हैं। मध्ययुगीन नारी की परिवार, समाज, धर्म सम्बन्धी आस्थाओं को सीता में सजीव देखा जा सकता है। पति का साथ देने से पिता भी प्रसन्न हैं। जनक कहते हैं, 'पुत्री पवित्र किये कुल दोऊ'। रावण द्वारा हरण होने पर वे अपना 'पट' और आभूषण मार्ग में फेंकती जाती हैं ताकि राम उन्हें ढूँढ़ें तो सहायता मिल जाये। यह उनके बौद्धिक चातुर्य का ही परिचायक है। सीता स्त्री सशक्तीकरण का सबल उदाहरण दिखती हैं, जब वे रावण की अशोक वाटिका में हैं। रावण के समक्ष वे एक क्षण के लिए भी अपना तेज नहीं छोड़तीं और न ही उसके प्रलोभनों से विचलित होती हैं। हनुमान के प्रति वे पहले सशंक हैं, जो कि एक बार फिर से नारी स्वभाव की अतिरिक्त सचेतता की ओर ही संकेत करता है। रावण की मृत्यु के बाद राम से भेंट में उनमें संयत दिखाई देती हैं। अग्नि परीक्षा को वे एक चुनौती की तरह लेती हैं। वस्तुतः सीता के रूप में तुलसी एक ऐसी नारी का चित्र प्रस्तुत करते हैं, जो गरिमामयी हैं, ममता से पूर्ण हैं, आत्मसम्मान के लिए

बड़ी से बड़ी चुनौती का सामना करती हैं। विनय, तर्क और भावुकता का वे अद्भुत समन्वय हैं, और इसीलिए विश्व-वन्दनीय भी हैं।

सीता के अतिरिक्त कैकेयी व कौशल्या भी रामकथा की प्रमुख नारी पात्र हैं। कैकेयी तत्कालीन उत्तराधिकार संघर्ष को प्रस्तुत करती हैं। जब पटरानी के अतिरिक्त अन्य रानियाँ अपनी सन्तानों के लिए उत्तराधिकार हेतु षड्यन्त्र करती थीं। रामकथा के ये दोनों पात्र मातृवर्ग के हैं। मानस में वर्णित कैकेयी निंद्य हैं। पुत्रप्राप्ति के यज्ञ के समय पायस के विभाजन में भी वह चातुर्य और भेदभाव से भरी दिखाई देती हैं। आरम्भ में वह राम के प्रति स्नेहमयी और सहज है पर राम के राजतिलक को कौशल्या के महत्त्व में वृद्धि से जोड़ने पर वह ईर्ष्या और क्रोध की सजीव मूर्ति बन जाती हैं। भविष्य में अपमानित होने की सम्भावना उसे रामकथा की उस निर्णायक घटना का सूत्रधार बना देती है, जिसके कारण ही राम वनवास जाते हैं और उनका संघर्ष उन्हें महामानव से देवता की ओर ले जाता है। राम के पूछने पर वह नि:संकोच अपने वर माँगने की घटना बताते हुए यह अनुरोध करती हैं कि उन्हें पिता के सम्मान की रक्षा करनी चाहिए। कैकेयी का यह चित्र तुलसी के समय के समाज में सपत्नी के साथ रहने वाली स्त्री की मनोदशा का चित्र है। जहाँ कैकेयी के इस कृत्य के कारण गुरु वशिष्ठ उन्हें बुरा-भला कहते हैं। वहीं नगर की स्त्रियाँ भी उन्हें पति घातिनी, कुलदूषिनी आदि कहती हैं। वहीं राम उनका चित्रकूट में सम्मान करते हैं।

कैकेयी यदि उस समय की सामान्य स्त्री हैं तो कौशल्या वह स्त्री हैं जो तुलसी को काम्य है। मातृत्व का जो रूप भारतीय संस्कृति और परम्परा की देन है, वह कौशल्या में मूर्तिमान है। तुलसी 'गीतावली' में उन्हें यशोदा के समान 'पालने रघुपतिहिं झुलावैं' में मग्न दिखाते हैं, तो 'मानस' में वे राम के विष्णुत्व से परिचित हैं—'माता पुनि बोलि, सो मति डोलि, तजहु तात यह रूपा' पर फिर भी वह राम के वनगमन को सुनकर सहम जाती हैं—

सहमि सूखि सुनि सीतल बानि।
जिमि जवास जरें पावस पानि।।

यह एक माँ का हृदय है जो सन्तान के प्रति चिन्तित है। भरत के प्रति भी उनके मन में कोई रोष नहीं है। वह आदर्श पत्नी भी हैं। पति की इच्छा के अनुरूप आचरण करना ही उन्हें मान्य है। वे उदार हृदया हैं।

सुमित्रा का महत्त्व रामकथा में लक्ष्मण की माता होने के कारण है। वे आदर्श की पराकाष्ठा हैं। उनका पति की सहमति में ही प्रसन्न रहना व राम के साथ चौदह वर्षों के वनवास में पुत्र लक्ष्मण को साथ वनगमन के लिए अनुमति देना उनके आदर्श पत्नीत्व व मातृत्व के ही कारण है। वे कहती हैं—

जौं पै सीय रामु बन जाहीं। अवध तुम्हार काजु कछु नाहीं।

X X X

अस जियँ जानि संग बन जाहू। लेहु तात जग जीवन लाहू।

सुनयना जनक की पत्नी हैं। स्वयंवर प्रसंग में और चित्रकूट प्रसंग में ही उनका वर्णन है। तुलसी ने सुनयना के माध्यम से एक कन्या की माता का क्या कर्तव्य है, इस ओर संकेत किया है। वे जब चित्रकूट में सीता से मिलती हैं तो वे उन्हें पति का साथ देने के लिए प्रेरित करती हैं। उनके लिए तुलसी लिखते हैं–

जनक पाटमहिषी जग जानी। सीय मातु किमि जाइ बखानी॥
सुजसु सुकृत सुख सुन्दरताई। सब समेटि बिधि रची बनाई॥

इसी सन्दर्भ में उर्मिला, माण्डवी, और श्रुतिकीर्ति जो कि जनक की तीन पुत्रियाँ और सीता की बहनें हैं किन्तु इनका बहुत अधिक वर्णन तुलसी ने नहीं किया। केवल विवाह प्रसंग में ही इनका उल्लेख मिलता है।

मन्थरा समाज के सम्भ्रान्त वर्ग से नहीं है वह दासी है, यथार्थ की सोच और स्वामिभक्ति उसके दो प्रबल गुण हैं। अपनी स्वामिनी के हित की कामना से ही वह कैकेयी को वर में भरत का राज्याभिषेक और राम का वनवास माँगने का सुझाव देती है। वस्तुतः उसका दोष कोई नहीं, राज्यावस्था की उस परम्परा में उसे कैकेयी के साथ भेजा गया है। उसका काम ही है कि वह कैकेयी की स्थिति को सुदृढ़ करे। राम के राज्याभिषेक पर राज्य के लोगों के उत्साह का वर्णन करके वह कैकेयी को क्रोध दिलाना चाहती है। लेकिन कैकेयी उसे ही दोष देती है–

पुनि अस कबहुँ कहब घर खोरी। तब धरि जीभ कढ़ावऊँ तोरी।।

लेकिन बाद में कौशल्या का महत्त्व बढ़ने की बात कहकर वह कैकेयी को उस मन:स्थिति में ले आती है जहाँ वह सपत्नी के दाह से भर उठती है और इस बात पर तत्पर हो जाती है कि वह भरत के लिए राज्य माँग ले। दशरथ की मृत्यु का उसे शोक है, पर वह भावी नरेश भरत के आगमन को लेकर भी प्रसन्न है। उसे कुबुद्धि, कुटिल और षड्यन्त्रकारी कहा गया है। लेकिन देखा जाये तो वह सेविका का धर्म और स्वामिभक्ति ही निभा रही है।

एक अन्य पात्र है शूर्पनखा जो राक्षस जाति की है और रावण जैसे महाबली की बहन है। उसका चरित्र और उसकी नाक कटने की घटना राम के राक्षसी आतंक को समाप्त करने के मिशन का सूत्रपात करती है। तुलसी ने शूर्पनखा को ऐसी स्त्री के रूप में चित्रित किया है जो अत्यन्त महत्त्वाकांक्षी है, भोग-विलास के परे जिसकी

सोच नहीं जाती, अत्यन्त स्वतन्त्र मस्तिष्क की यह युवती अपने पूरे कुल के नाश का कारण बनती है। वस्तुत: तुलसी की मंशा फिर से स्त्री के आदर्श रूप की स्थापना ही है। शूर्पनखा के चित्रण द्वारा वो सम्भवत: यही स्थापित करना चाहते हैं कि ऐसी संस्कृति जहाँ नैतिक मूल्यों का स्थान व्यक्तिगत दम्भ व इच्छा के पश्चात् आता है वहाँ स्त्री बड़े संकट का कारण बनती है।

अरुन्धती और अनसूया ऋषि पत्नियाँ हैं। अरुन्धती वशिष्ठ की और अनसूया ऋषि अत्रि की पत्नी हैं। अरुन्धती पतिव्रता हैं और अन्याय की भर्त्सना भी करती हैं। सीता के परित्याग के समय में उनका यह रूप द्रष्टव्य है। अनसूया राम को वनगमन के समय दिखाई देती हैं, जब वे ऋषि अत्रि के आश्रम में जाते हैं। सीता को नारीधर्म के उपदेश में अनसूया पतिव्रत पर विशेष बल देती हैं जो कि समाज की व्यवस्था के लिए अनिवार्य भी है—

बृद्ध रोगबस जड़ धनहीना। अन्ध बधिर क्रोधी अति दीना॥

x x x

ऐसेहु पति कर किएँ अपमाना। नारि पाव जमपुर दुख नाना॥

अनसूया सीता को नारी धर्म के उपदेश देती हैं, जो परम्परागत भारतीय समाज का दृष्टान्त है। पति कैसा भी हो, उसकी सेवा न करने वाली स्त्री नर्क पाती है, यह धारणा मध्यकालीन स्त्री की सामाजिक स्थिति को स्पष्ट कर देती है। एक अन्य पात्र अहल्या गौतम ऋषि की पत्नी हैं। गौतम की अनुपस्थिति में इन्द्र अहल्या से छल करते हैं और गौतम ऋषि अहल्या को श्राप दे देते हैं। तुलसी ने अहल्या के उद्धार के प्रसंग में यह उल्लेख किया है कि किस प्रकार राम के चरण कमल की रज से उन्हें पुन: मानव शरीर प्राप्त होता है। राम के अलौकिक रूप से भक्तों का परिचय कराने के लिए 'अहल्या-उद्धार' प्रसंग एक माध्यम है। वे कहती हैं—

मुनि श्राप जो दीन्हा अति भल कीन्हा परम अनुग्रह मैं माना।

'कवितावली' में भी वे इस घटना का उल्लेख मात्र करते हैं।

गौतम तीय तरी, तुलसी, सो कथा सुनि भे मुनिवृन्द सुखारे।

शबरी वन्य जाति की हैं और अपनी मुक्ति के लिए राम की प्रतीक्षा कर रही हैं। उनमें और अहल्या में समानता है। मतंग ऋषि के आश्रम में रहने वाली शबरी ऋषियों की सेवा-कार्य करती हैं। वह राम की प्रतीक्षा करती हैं और राम को समक्ष पाकर दैन्य भाव से उनकी स्तुति करती है। वस्तुत: शबरी भक्ति का अनन्य उदाहरण हैं। ईश्वर केवल भाव देखते हैं। शबरी को वे भक्ति प्रदान करते हैं—

तजि जोग पावक देह परि पद लीन भइ जहँ नहिं फिरे।

वर्ण व्यवस्था के आघात सहते तत्कालीन समाज में शबरी का चरित्र प्रतीक है कि व्यक्तिगत कर्म व व्यवहार ही व्यक्ति के जीवन का वास्तविक आधार है।

मन्दोदरी रावण की पत्नी हैं और विवेकशील हैं। वह रावण को उसके कृत्यों के प्रति सचेत करती रहती हैं। वह राक्षस राज की पत्नी हैं पर वह राक्षसी प्रवृत्तियों से परिचालित नहीं होतीं। राम के शौर्य से परिचित होने पर तथा हनुमान द्वारा लंका दहन से वह भयभीत हैं। अत: रावण से वह बार-बार कहती हैं कि राम ईश्वर का स्वरूप हैं।

पति रघुपतिहि नृपति जनि मानहु। अग जग नाथ अतुलबल जानहु॥

राम की भक्ति और उनके शील, सौन्दर्य, शौर्यमय स्वरूप को मन्दोदरी के कथन और अधिक उद्घाटित करते हैं किन्तु वह पतिव्रता हैं। वह अपने पति की सुरक्षा चाहती हैं। रावण की मृत्यु पर उनका कथन है–

जगत बिदित तुम्हारि प्रभुताई। सुत परिजन बल बरनि न जाई॥
राम बिमुख अस हाल तुम्हारा। रहा न कोउ कुल रोवनिहारा॥

मेघनाद की पत्नी सुलोचना को आज भी सती सुलोचना कहकर स्मरण किया जाता है जो कि पुन: तुलसी द्वारा नारी के सतीत्व धर्म की ओर ही आग्रह का संकेत है। इनके अतिरिक्त रावण की लंका में, त्रिजटा जो कि अशोक वाटिका में सीता की सुरक्षा में नियुक्त हैं, वे भी स्वप्न में लंका दहन देखती है और सीता की सेवा के लिए अन्य दासियों को प्रेरित करती है। सीता भी उन पर विश्वास करती हैं और कहती हैं:–

मातु बिपति संगिनि तैं मोरी।

इस प्रकार त्रिजटा भी राम भक्ति का ही एक माध्यम हैं। सुरसा नागमाता हैं और हनुमान के बल पराक्रम की परीक्षा लेती हैं और अन्तत: उन्हें विश्वास हो जाता है तथा वह हनुमान को आशीष देती हैं–

राम काजु सबु करिहहु तुम्ह बल बुद्धि निधान।

लंका और सिंहिका भी लंका की रक्षिणी हैं। हनुमान के आघात से विकल होने पर वे भी निशिचर जाति के संहार का संकेत समझ जाती हैं और हनुमान को मंगल कामना सहित लंका की ओर भेजती हैं–

प्रबिसि नगर कीजे सब काजा। हृदयँ राखि कोसलपुर राजा॥

तुलसी साहित्य में स्त्रियाँ कहीं शक्तिशाली और सक्रिय दिखाई देती हैं। वस्तुतः तुलसी का उद्देश्य राम की विष्णु रूप में प्रतिष्ठा है, अतः उन्होंने स्त्री चरित्रों को बहुत अधिक महत्त्व नहीं दिया। इस सन्दर्भ में मर्यादा की बात करने वाले तुलसी भरत द्वारा मातृनिन्दा और मन्दोदरी द्वारा पतिनिन्दा को भी सही ठहरा देते हैं। रामत्व और रावणत्व यदि अच्छाई और बुराई के दो सीमान्त माने जायें तो तुलसी के नारी पात्र इन दो सीमान्तों के बीच ही उलझकर रह गये हैं। उनका परिचय किसी की पत्नी और किसी की माता होना ही है। कौशल्या और कैकेयी में सपत्नी द्वेष का ही झगड़ा है, अन्य कुछ नहीं। राम-वनवास केवल कैकेयी का दुराग्रह मात्र नहीं है बल्कि अपनी शक्ति और महत्त्व के घट जाने के भय का भी परिणाम है।

किन्तु तुलसी नारी विरोधी नहीं हैं। कुछ पात्र विशेष नारी सम्बन्धी उक्ति अवश्य कहते हैं। उसे कथा में पात्र का ही मत मानना चाहिए अथवा सामाजिक सन्दर्भों में किसी घटना-परिस्थिति विशेष की प्रतिक्रिया के रूप में ही देखना चाहिए। जैसे कैकेयी मन्थरा द्वारा समझाये जाने पर राम-वनवास की माँग के लिए कठोर हो उठती हैं, तब नगरवासी कहते हैं—

सत्य कहहिं कबि नारि सुभाऊ। सब बिधि अगहु अगाध दुराऊ। (2.47)

एक अन्य स्थल पर रावण स्त्रियों के अवगुणों की बात करते हुए कहता है—

साहस अनृत चपलता माया। भय अबिबेक असौच अदाया। (6.16)

तुलसी की उक्तियों के आधार पर उनकी स्त्री विषयक दृष्टि को नकारात्मक मान लेना संगत नहीं होगा। तुलसी के प्रमुख नारी पात्र मर्यादित हैं। वे संयम, पतिव्रत तथा त्याग की प्रतिमूर्ति हैं। तुलसी मर्यादा के कवि हैं। सीता के सौन्दर्य का वर्णन करते हुए भी वे न तो स्वयं भूलते हैं, न पाठक को यह भूलने देते हैं कि वे जगत् जननी हैं—

सोह नवल तनु सुन्दर सारी। जगत जननि अतुलित छबि भारी॥ (2.48)

यदि तुलसी नारी विरोधी होते तो वे तत्कालीन नारी समाज की स्थिति को रेखांकित करते हुए अग्रप्रस्तुत सहानुभूतिपरक पंक्तियाँ नहीं लिखते—

कत बिधि सृजी नारि जग माहीं, पराधीन सपनेहु सुख नाहीं।

वे स्त्री के स्वाभिमान और स्वतन्त्र व्यक्तित्व के समर्थक हैं किन्तु वे अमर्यादित स्त्री के लिए सद्भाव नहीं रखते। सम्भवतः यह तत्कालीन समाज का ही प्रभाव था।

वस्तुतः तुलसी साहित्य केवल साहित्य मात्र नहीं है। वह अपने समय के समाज, जाति, देश के सामाजिक व वैचारिक परिप्रेक्ष्य को समेटे हुए एक इतिहास भी है। समाज के इतिहास में नारी सर्वाधिक प्रभावित हुई। उसका अधिकार पुरुष का दान रहा है। तुलसी की रामकथा में नारी जाति के इतिहास और मध्यकाल में उसकी सामाजिक स्थिति को नारी पात्रों के माध्यम से प्रखर वाणी मिली है, इसमें सन्देह नहीं।

मलयालम कृति 'अध्यात्म रामायण' में श्रीरामचन्द्र जी की झाँकी

एन.जी. देवकी

भगवान महाविष्णु के सातवें अवतार श्रीरामचन्द्र जी का यथार्थ स्वरूप आध्यात्मिक तो है ही। अयोध्यापुरी में जन्मे सूर्यवंशी दशरथ पुत्र श्रीराम जी के आध्यात्मिक महत्त्व को पहचानना मानव के लिए अद्वैत दर्शन का साक्षात्कार है। अपने अन्दर जागरूक आध्यात्मिक चेतना के कारण ही श्रीरामचन्द्र जी विच्छिन्नाभिषेक, चौदह वर्षीय वनवास, सीताहरण, सीता-परित्याग जैसे संघर्षमय सन्दर्भों में सन्तुलित मन से उचित निर्णय लेकर जीवन में अग्रसर हो पाये। जीवात्मा और परमात्मा का अद्भुत समन्वय ही ऐसे सन्दर्भों में अभिव्यंजित हुआ है। वस्तुत: परमात्म ज्ञान प्रदान करने वाले श्रीराम जी के व्यक्तित्व को जानने का मार्ग ही 'अध्यात्म' रामायण' में प्रस्तुत किया गया है। श्रीरामचरित के द्वारा जीवात्मा और परमात्मा का सुदृढ़ सम्बन्ध स्पष्ट हो जाता है। तुञ्चेत्तु एलुत्तच्छन द्वारा मलयालम में विरचित 'अध्यात्म' रामायण'' वस्तुत: ब्रह्मज्ञान का दर्पण है; रामतीर्थ है। आदिकाव्यकार वाल्मीकि के लिए श्रीरामचन्द्र जी आदर्श पुरुष हैं तो तुलसीदास के लिए वे मर्यादा पुरुषोत्तम हैं जब कि मलयालम भाषा-पिता एलुत्तच्छन के लिए वे अवतारी पुरुष हैं। अवतारी पुरुष में मूल आध्यात्मिक स्वरूप अन्तर्भुक्त हैं। दूसरे शब्दों में मानवरूपी ईश्वर है राम।

श्रीरागचन्द्र जी जैसे अवतारी पुरुष जन्म-मृत्यु के अतीत हैं। नदियों व पर्वतों के रूप में प्रकृति का अस्तित्व जब तक है तब तक श्रीरामचन्द्र जी के व्यक्तित्व की आध्यात्मिक छवि संसार में झलकती रहेगी। रामनाम जप का अनुष्ठान कलियुग में मानव के लिए हितकर है। वस्तुत: श्रीरामचन्द्र जी मानवमन के राजा हैं। अपनी प्रवृत्तियों से ही श्रीराम ने दिव्यत्व अर्जित किया। आध्यात्मिक मूल्यों को महत्त्व देते हुए मानव जीवन बिताने का मार्ग उन्होंने प्रशस्त किया।

यह शास्त्र सम्मत है कि धर्म और कर्म के बीच की निष्ठा उत्तम मार्ग है। धर्मनिष्ठा से भी बढ़कर कर्मनिष्ठा तथा विश्वास के मार्ग ने ही राम को मानविक

शोक प्रदान किया। पिता जी को शास्त्रज्ञ मानना तथा गुरु और पिता जी की आज्ञा का पालन करना शास्त्र सम्मत है। साथ ही यह भी शास्त्र समर्थित है कि नीति का उल्लंघन करने वाली आज्ञा किसी भी [illegible] गुरु [illegible] तो उसका तिरस्कार करने में कोई ग़लती नहीं। कैकेयी की हठ से ही तो दशरथ जी ने राम को वन-गमन तथा भरत को राजाधिकार देने का निर्णय लिया। ऐसे निर्णय क़ो अस्वीकार करने की अनुमति शास्त्र तो राम को प्रदान करते हैं। लेकिन राम ने तो प्रथम मार्ग ही अपनाया। सीता-परित्याग के सन्दर्भ में भी राम ने इसी धर्मनिष्ठा को आत्मसात् किया। मध्यममार्ग का आश्रय वे ले सकते थे, लेकिन उन्होंने ऐसा करना उचित नहीं समझा। क्यों राम ने ऐसा किया, इसका समाधान 'नारायणीय' के निम्नांकित उद्धरण से स्पष्टत: विदित है।

सोऽयं मर्त्यावतार स्तव खलु नियतं
मर्त्य शिक्षार्थमेवम्...

ऐसे रामचन्द्र जी में महापुरुष के सभी लक्षण एक साथ मौजूद हैं।

चार प्रकार के पुत्र हैं–उत्तम, मध्यम, अधम और उच्चरित। पिता जी के कहे बिना उनके मन को जानकर व्यवहार करने वाला उत्तम पुत्र है। पिता जी के कहे अनुसार आचरण करनेवाला मध्यम है। मन की इच्छा के बिना अनुसरण करने वाला अधम है और पिता जी की आज्ञा का पालन न करने वाला उच्चरित है। वैसे तो पिता जी की इच्छा का अनुपालन पुत्र का उत्तरदायित्व है। श्रीरामचन्द्र जी ने अपने पिता जी की इच्छा कैकेयी माता के मुँह से जान ली और तदनुसार उसका पालन करने को तैयार हुए, इसीलिए वे उत्तम पुत्र हैं, पुरुषोत्तम हैं। यह शास्त्रसम्मत है कि न्यायसम्मत तथा कार्यकारण विचार के बिना आज्ञा चाहे गुरु ही दें तो भी उसका पालन न करने में कोई आपत्ति नहीं। यथा–

गुरोरप्यवलिप्तस्य कार्याकार्यमजानत:
उत्पथप्रतिपन्नस्य परित्यागो विधीयते।

श्रीराम जी की धर्मनिष्ठा सीमातीत-सी लगती है। अष्टांगहृदय में बतायी गयी मध्यम वृत्ति का औचित्य सराहनीय है। धर्म और काम-भावना में अतिवर्जित है, मध्यम मार्ग ही अपनाना चाहिए। लक्ष्मण की वाणी में भी यह आशय निहित है। लेकिन श्रीरामचन्द्र जी ने दूसरों का दु:ख अपनाने का मार्ग प्रशस्त किया। मनुष्य का सुख धर्मार्थकाम में निहित है। ये तीनों धर्म पर आधारित हैं। मनुष्य की प्रवृत्तियों का लक्ष्य सुख प्राप्ति है। उसका आधार धर्म है। धर्म सब कुछ प्रदान करता है।

यद्यपि अयोध्या के कुलगुरु वशिष्ठ जी थे तो भी राम को उत्तम मानव रूप में जीवनयात्रा में आगे बढ़ाने का श्रेय महर्षि विश्वामित्र को है। अपनी तप-साधना से वनयात्रा में राम को जीवनानुभव का सुपाठ प्रदान करना विश्वामित्र जी का लक्ष्य रहा होगा। ताटकावध, अहल्यामोक्ष, धनुषभंग और सीता-परित्याग जैसी महत्त्वपूर्ण घटनाएँ वनवासकाल में ही घटित हुईं। ऐसा लगता है कि कुलगुरु वशिष्ठ से भी बढ़कर श्रीराम जी के प्रति वात्सल्य-भावना विश्वामित्र जी के मन में थी। उन्होंने राम को सम्पूर्ण विश्व में समादरणीय बना दिया। सिंहासन छोड़कर तपस्या के लिए निकले हुए महाराज थे विश्वामित्र। वे राजधर्म के अच्छे जानकार थे। 'विश्वामित्र' शब्द का तात्पर्य ही संसार में सबका मित्र है–'विश्वेशां मित्रम् विश्वामित्र।'

सीता स्त्री समाज की शक्ति का प्रतीक हैं। वनगमन के वक़्त जब श्रीरामचन्द्र जी सीता को अपने साथ आने की अनुमति नहीं देते तब सीता जी सुदृढ़ मन से उसके विरुद्ध बहस करके विजयी बन जाती हैं। पति का अनुगमन करना पत्नी का कर्तव्य और अधिकार है। पतिव्रता पत्नी के लिए पिता, माता, भाई, बहन यहाँ तक कि पुत्र भी प्रधान नहीं अपितु पति ही सर्वप्रधान है। वन में जाने की आज्ञा मात्र राम के लिए है, इस तर्क के बावजूद सीता साथ चलने से इनकार नहीं करतीं। सीता तर्कयुक्त समर्थन करती हैं कि पति के साथ जाने के लिए पत्नी को आज्ञा की ज़रूरत नहीं। पति के लिए प्राप्त निर्देश पत्नी के लिए भी लागू है। केवल शरीर ही दो हैं, आत्मा एक है। सीता का युक्तिपूर्ण प्रश्न है कि एक आत्मा के लिए दो निर्देशों की क्या आवश्यकता है?

शक्ति तीन प्रकार की है–बल, ओज और सहस्। बल का तात्पर्य शारीरिक शक्ति है। ओज इन्द्रियों की शक्ति है तथा सहस् मन की शक्ति है। इनमें बल पुरुष की अपेक्षा स्त्री में कम है क्योंकि स्त्री शरीर मृदुल है जो उनके सौन्दर्य का लक्षण है और यह प्रकृति नियम भी है। मनुस्मृति का बहुचर्चित उद्धरण 'न स्त्री स्वातन्त्र्यमर्हति' का तात्पर्य यही है कि स्त्री को सुरक्षा की आवश्यकता है। यद्यपि शारीरिक शक्ति की कमी के कारण स्त्रियाँ अबला रह जाती हैं। मन:शक्ति एवं इन्द्रिय शक्ति में वे या तो पुरुष के बराबर या उनके आगे ठहरती हैं। अपने उत्तरदायित्व तथा धर्म में डटे रहना उत्तम स्त्रियों का लक्षण है। राम के साथ सीता का वनगमन इसलिए सम्भव हो पाया।

श्रीरामचन्द्र जी के लिए लक्ष्मण भाई तथा सुहृद दोनों थे। राम लक्ष्मण से कहते हैं–'प्राणप्रियन विधेयन् नी तम्पी तोषनुमाणु मे।' राम की वाणी से लक्ष्मण की कोपभावना शान्त हो जाती है। श्रीरामचन्द्र जी के पदकमलों पर नतमस्तक होने वाले लक्ष्मण भी अपने बड़े भाई रामचन्द्र जी के साथ वनगमन की आज्ञा माँगते हैं। जीवन

के व्यावहारिक सन्दर्भों से ही मानव सम्बन्धों की दृढ़ता और गहरापन व्यक्त हो जाता है। इस प्रकार का एक सन्दर्भ था 'रामायण' में राम का वनयात्रा प्रसंग। लक्ष्मण तो राम के लिए केवल भाई ही नहीं अपितु परिपक्व मित्र भी थे। सच्चा मित्र संकट के समय में साथ नहीं छोड़ेगा। सच्चा मित्र का लक्षण निम्नोद्धृत है–

पापान् न्निवारयति योजयते हिताय
गुह्यश्च गूिहति गुणान् प्रकटी करोति
आपद्‌गतं च न जहाति ददाति काले
सन्मित्रलक्षणमिदं प्रवदन्ति सन्तः।

अर्थात् ग़लत मार्ग की ओर जाने वाले मित्र को उपदेशों तथा स्नेहपूर्ण आग्रह से हितकर मार्ग की ओर प्रवृत्त करेंगे। मित्र की बुराइयों के बारे में दूसरों के सम्मुख नहीं बतायेंगे, यही नहीं मित्र के अच्छे गुणों की प्रशंसा अवश्य करेंगे। विपत्ति में हमेशा सहायक के रूप में साथ रहेंगे।

जीवन के विभिन्न अवसरों पर जिस प्रकार की प्रतिक्रिया प्रकट होती है, उससे व्यक्ति के व्यक्तित्व और स्वभावगुण स्पष्ट होते हैं। ऐसे भिन्न-भिन्न सन्दर्भों में राम एकदम उत्कृष्ट व्यक्ति के रूप में समादृत हैं। मनोविकारों का ग़ुलाम न बनकर बातों का विश्लेषण करने तथा परिपक्वता से प्रतिक्रिया व्यक्त करने की राम की क्षमता ही अयोध्यापुरी की शान्ति बनाये रखने में कामयाब हुई।

स्त्री के समान पुरुष के लिए भी चरित्र की पवित्रता अनिवार्य है। श्रीरामचन्द्र जी में सौ प्रतिशत पवित्रता है। भाई भरत को अयोध्यापुरी लौटाने के बाद श्रीरामचन्द्र जी अगस्त्य महर्षि के उपदेशानुसार पंचवटी में पर्णशाला में रहने लगे। एकपत्नीव्रत रखने वाले राम और लक्ष्मण पुरुष-चरित्र के उत्कृष्ट नमूने हैं।

'रामायण' से यह स्पष्ट हो जाता है कि कोई भी मनुष्य पूर्ण नहीं है। पूर्णता मात्र ईश्वरीय गुण है। श्रीराम भी इसका अपवाद नहीं हैं। सीताहरण के बाद राम की भावाभिव्यक्ति इसका प्रमाण है।

श्रीरामचन्द्र जी के परिपक्व विचार तथा दीर्घदर्शिता का दृष्टान्त है विभीषण की शरणागति। राम की युक्ति है कि शरणागत शत्रु हो तो भी उसका निराकरण नहीं करना चाहिए, वह नैतिकता के विरुद्ध है। नैतिकता का समर्थन करने तथा विश्वास-युक्त मार्ग में समझौता किये बिना तर्क करने या अपने वंश और परिवार को छोड़ने की दृढ़तापूर्ण मानसिकता के कारण विभीषण सात चिरंजीवियों में एक हैं।

आत्यन्तिक विजय धर्म तथा नीति का साथ देगी। यह तथ्य काल या समय द्वारा प्रमाणित है, 'रामायण' इसका उत्तम दृष्टान्त है। जनमन में राम की विजययात्रा है।

राम : मूल्यों के प्रेरणास्त्रोत

दिव्या तिवारी

श्रीअरबिन्दो (1872-1950) एक महान दार्शनिक, योगी, महर्षि एवं राष्ट्रवादी व्यक्ति थे। उन्होंने अपनी 'द लाइफ़ डिवाइन' में 'इंटेगरल योग' के नाम से एक प्रकार के योग मार्ग का आविष्कार किया जिससे आध्यात्मिक प्रगति हो सके। श्रीअरबिन्दो ने श्रीराम को एक अवतार के रूप में माना है। अवतार को अपनी दिव्य शक्ति का ज्ञान होता है, वह उसी प्रेरणा से कार्य करते हैं न केवल आन्तरिक बल्कि बाह्य जगत में भी वह अपनी शक्ति से प्रेरणा लेते हैं। अवतार के रूप में राम को जिन आदर्शों के लिए समर्पित दिखाया गया है, वह ही मानवता के लिए आवश्यक है। श्रीअरबिन्दो ने शिक्षा का ध्येय मानसिक विकास, चारित्रिक विकास एवं सांस्कृतिक विकास बताया है। उनका 'सर्वांग योग दर्शन' भौतिक, प्राणिक, मानसिक, आन्तरिक, आध्यात्मिक विकास पर केन्द्रित है। राम के जीवन से भी इन सभी स्तरों पर विकास की प्रेरणा ली जा सकती है। जैसे राम ने अवतार रूप में जीवन के मूल्यों के साथ कोई समझौता नहीं किया, कठिनाइयों का सामना सहजता से किया, समाज के लिए अपने एवं सीता जी के जीवन को भी विभिन्न परिस्थितियों में डाला, जिस संयम और विवेक का प्रदर्शन किया, उसी आदर्श को समझकर जीने की चेष्टा युग-युगान्तर तक मानवता करती रहे, ऐसा अनुभव होता रहे, इसीलिए ''रामायण'' एवं 'रामचरितमानस' जैसे दिव्य काव्य-ग्रन्थ की पुष्टि होती रही है और आगे भी होती रहेगी। इस काव्य-ग्रन्थ में राम के चरित्र में एक प्रेरणास्रोत की अनुभूति होती है।

श्रीअरबिन्दो के अनुसार शरीर दिव्य स्थिति को प्राप्त कर सकता है। आध्यात्मिक विकास सम्भव है किन्तु मानव को अपनी पशुवृत्तियों से ऊपर उठना होगा, उसके लिए चंचलता का त्याग करना पड़ता है। शरीर के द्वारा किये गये योग साधना से यह सम्भव है। जीवन को शारीरिक विकास, भौतिक विकास, मानसिक विकास के साथ-साथ आत्मिक विकास की, आन्तरिक विकास की भी आवश्यकता है। जिन नैतिक मूल्यों का विकास राम के जीवन से मिलता है, उनका अनुसरण समाज

में अत्यन्त आवश्यक है। सत्य के लिए समर्पित होना, आज्ञाकारी होना, आपसी सहयोग, सद्भावना, ऐसी व्यवस्था जिससे घर की एवं समाज की उन्नति हो, मन पर नियन्त्रण हो, स्वाभाविक समर्पण हो, श्रीराम के अनुज भरत ने इस स्वाभाविक समर्पण की अपनी अलग पहचान बनायी है। श्रीराम के चरित्र से सीख मिलना स्वाभाविक है। 'रामचरितमानस' के कितने भी पाठ किये जायें, हर बार एक और मूल्य की समझ उभर के आती है। 'अयोध्याकाण्ड' में उस समय की कल्पना कीजिए जब भरत को राजपद सँभालने के लिए गुरु वशिष्ठ, राज्य के मन्त्रीगण एवं कौशल्या माता ने भी निर्देश दिया। भरत को उस समय की सारी परिस्थितियों का भी संज्ञान हो चुका था। पिता का वचन सर्वोपरि था। भरत के सन्ताप को गुरु वशिष्ठ समझ रहे थे। इस अवसर पर जिन लोगों के प्रति 'सोच' करना चाहिए, एक प्रकार की पीड़ा का अनुभव होना चाहिए, उसकी व्याख्या गुरु वशिष्ठ द्वारा की गयी है। यह अत्यन्त महत्त्वपूर्ण है क्योंकि समाज के लोगों की यहाँ गणना है जिनसे कुछ अपेक्षा है, वही उनके कर्तव्य भी हैं–

- ब्राह्मण जो वेद का ज्ञान नहीं जानता एवं सांसारिकता में लीन रहता है तथा धर्म से अनभिज्ञ है।
- राजा जिसे राजनीति का ज्ञान नहीं है और जिसे प्रजा प्राण की भाँति प्यारी नहीं है।
- वैश्य जिसे धन होने पर भी कृपणता ने अधर्म के मार्ग पर चलने दिया है।
- शूद्र जो ज्ञान की ओर अग्रसर होने की अपेक्षा ब्राह्मण का अपमान करता है एवं घमण्ड करता है।
- स्त्री जो अपने पति के प्रति छल करती है एवं गृह क्लेश करती है।
- ब्रह्मचारी जो ब्रह्मचर्य का पालन नहीं करता और गुरु के दिखाये मार्ग पर नहीं चलता।
- गृहस्थ जिसने किसी मोह के वशीभूत होकर कर्म का पालन करना छोड़ दिया।
- संन्यासी जो संसार में लिप्त है और ज्ञान से विमुख।
- वानप्रस्थ जिसने तपस्या त्याग दी एवं भोग में आनन्द अनुभव करने लगा।
- मनुष्य जो माता–पिता, गुरु एवं मित्रों के प्रति विरोध की भावना रखे।
- मनुष्य जो दूसरों का अनिष्ट सोचे एवं अनायास ही क्रोध करे।
- मनुष्य जो केवल अपना हित देखे और क्रूर हो।
- वह जो छल त्याग करने का विचार भी नहीं करता एवं भक्ति में नहीं लगता।

इस संवाद से समाज के हर वर्ग के मनुष्य की छवि बनती है, सबका एक कर्तव्य निर्धारित होता है। प्रत्येक वाक्य में दो हिस्से हैं, हर एक वाक्य की अलग

व्याख्या की जा सकती है। जहाँ स्त्री की बात कही गयी है, वहाँ यह नहीं सोचना चाहिए कि पुरुष का कोई निर्धारित कर्तव्य नहीं है। जहाँ शूद्र एवं ब्राह्मण की चर्चा है, वहाँ निश्चित ही उनके कर्तव्य से सम्बन्धित है। ब्राह्मण वह है जिसे ब्रह्म का ज्ञान हो, जिसे आत्मज्ञान हो, शूद्र वह है जो अभी ज्ञान के मार्ग पर चलने की चेष्टा कर रहा है, अत: उसे अभिमान नहीं करना चाहिए, न ही कम समझ के कारण अधिक बोलना चाहिए, न ही अपने थोड़े ज्ञान का घमण्ड करना चाहिए। उपरोक्त वर्गों में एक सामाजिक व्यवस्था का खाँचा सामने आता है, यदि इसमें परिवर्तन की सम्भावना नहीं होती तो सत्व मानव का जीवन असम्भव होता। राम ने अवतार के रूप में जीवन को एक ऐसे स्तर पर लाने की क्षमता दिखाई है जिससे परिवर्तन निश्चित है। मानव शरीर से प्रयत्नशील होने की ऊर्जा मिलती है किन्तु इसके लिए भौतिक एवं आध्यात्मिक प्रगति को मिलाकर चलने की दृष्टि होनी चाहिए। श्रीअरबिन्दो ने भी समाज के लिए इसी मार्ग को उपयुक्त कहा है। गुरु वशिष्ठ ने जिन वर्गों की गणना ऊपर की, यदि उनमें कर्तव्यनिष्ठ चेतना जाग्रत हो जाये तो समाज का रूप ही बदल जाये। 12 तरह के वर्गों का चित्रण है जिसमें सभी सम्मिलित हैं, सभी एक-दूसरे से समाज में प्रभावित और जुड़े हैं। समाज इसीलिए बनता और बिगड़ता है। अरबिन्दो ने मानव के समर्पण एवं संयम के अनुसार परिवर्तन और लक्ष्य दोनों को साधा है।

वचन की प्रतिबद्धता रघुकुल में कौन नहीं जानता था, स्वयं राजा दशरथ ने भी अपने प्राण वचनबद्धता के कारण छोड़ दिये। भरत ने इस कठिन परिस्थिति में भी जिस त्याग का परिचय दिया, वह समझने योग्य है, किस प्रकार अपनी माता कैकेयी की करनी पर विषाद प्रकट किया, किस प्रकार अपने को ही सबसे बड़ा दोषी जाना और किस प्रकार अपने को किसी भी विचार से प्रभावित हुए बिना शीलता के साथ राम के पास जाने का प्रस्ताव रखा और गुरु वशिष्ठ से आग्रह किया कि उन्हें आज्ञा दें। भरत ने अपनी निश्छल वृत्ति का परिचय दिया, समर्पण तो गुरु के प्रति भी था, माता-पिता के प्रति भी था किन्तु उनके विचार दृढ़ थे। विचार की दृढ़ता को सदैव समर्पण के विपक्ष में रखना उचित नहीं है। इस मूल्य की विशेष पहचान है। परिस्थितियाँ इसे उभारती हैं, मानसिक प्रगति का परिचय देती हैं। भरत स्वाभाविक रूप से राम के प्रति समर्पित थे। इसी स्वाभाविक समर्पण की याचना उन्होंने प्रयाग में त्रिवेणी पर की थी जिसकी पुष्टि देव वाणी द्वारा हुई थी। राम से मिलने के लिए जब भरत निकले तो प्रयाग होते हुए गये थे। राम जैसे ज्येष्ठ भ्राता ही इतना प्रेम देते थे कि भरत की यह स्थिति थी। स्वाभाविक समर्पण प्रेम के वशीभूत ही आता है और प्रेम वही है जो निश्छल है। भरत धर्म का प्रतीक हैं और राम सत्व मानस का; यदि

धर्म का पूर्ण समर्पण नहीं होगा तो सत्व मानस के अस्तित्व में विघ्न आते रहेंगे। यह संसार गुण एवं अवगुण का मिश्रण है और भरत का ऐसा विवेक था कि वह गुण एवं अवगुण का सहज विभाजन कर सकते थे। राम का भरत के प्रति यह विश्वास इस चौपाई में निहित है, राम यहाँ लक्ष्मण से भरत के लिए कहते हैं–

सगुनु खीरु अवगुन जलु ताता। मिलई रचइ परपंचु बिधाता।।
भरतु हंस रबिबंस तड़ागा। जनमि कीन्ह गुन दोष बिभागा।।

'रामचरितमानस', टीकाकार श्री हनुमानप्रसाद पोद्दार, गीता प्रेस, गोरखपुर, पृष्ठ 290)

अर्थात् गुण के समान दूध और अवगुण समान जल को मिलाकर विधाता ने इस जगत् को बनाया है। भरत इस सूर्यवंशी तालाब में हंस के समान हैं जो गुण एवं दोष को अलग करने में सक्षम हुए। राम की इस दृष्टि को रखना अपने आप में एक आदर्श है। इस विवेक को अपने व्यक्तित्व में जाग्रत करना जीवन की दिव्यता के लिए आवश्यक है। अरबिन्दो ने मानव जीवन को किसी ऐसे अध्यात्म की ओर नहीं ले जाना चाहा जहाँ वह ब्रह्म में विलीन हो जाये बल्कि मानवता को अन्धकार, अज्ञान और मृत्यु से प्रकाश, ज्ञान एवं अमरत्व की ओर बढ़ने की शिक्षा दी। इस व्यवस्था के लिए मानव को अनेक स्तर पर विकास की चेष्टा करनी होगी, यही आदर्श राम का भी है। वह एक सात्विक मानव का आदर्श स्थापित करना चाहते थे। अभिमान कभी सन्तोष प्राप्त नहीं कर सकता, यही जड़ है बुराइयों का, अनैतिक जीवन का, दूसरे शब्दों में यही रावण है जिसकी सम्प्रभुता को मिटाना है, जो राम का ध्येय है। अरबिन्दो की शिक्षा में इस दर्शन की उपलब्धि ही उनका लक्ष्य है। नैतिक जीवन की प्राथमिकता अरबिन्दो के दर्शन में भी है और राम के जीवन में भी। राम को अपने ऐसे सेवक अत्यन्त प्रिय थे जो उनके लिए स्वाभाविक समर्पण रखते थे। भरत का प्रसंग इसीलिए इतना मुग्ध करने वाला है क्योंकि उनके समर्पण में उनका शील, प्रेम, सेवाभाव एवं विवेक निहित है और बढ़ता ही जाता है। जीवन अपने आप में एक प्रक्रिया है। इस बात को राम ने अवतार रूप में समझने के लिए प्रेरित किया। इधर श्रीअरबिन्दो ने भी इस प्रक्रिया के लिए 'समग्र जीवन दृष्टि' की राह दिखाई। मानव का लक्ष्य उदात्त सत्य का ज्ञान है। मानव अपने शरीर से योग की साधना एवं प्राणायाम जैसी क्रिया न करे तो भी इस स्थिति तक निष्काम भाव से ईश्वर के प्रति पूर्ण समर्पण करके पहुँच सकता है। दैवी शक्ति का विकास मानव शरीर में सम्भव है जिससे हमारे भीतर 'स्व' को समझने की दृष्टि आती है और हमारा मस्तिष्क परिवर्तित हो जाता है। बिना अनुशासन के समर्पण भी सम्भव नहीं है, इसीलिए

राम ने अपने जीवन में अनुशासन को विशेष स्थान दिया है—शब्दों में, विचारों में, व्यवहार में, जीवनशैली में सभी जगह राम ने अनुशासन का पालन किया। वर्तमान पीढ़ी को शिक्षा में मानसिक अनुशासन की प्रगति के लिए श्रीअरबिन्दो द्वारा बताये मार्ग से प्रेरित होना चाहिए।

'अयोध्याकाण्ड' में गुरु वशिष्ठ ने भरत से कहा कि किसी पर दोष डालना और क्रोध करना निरर्थक है क्योंकि—

सुनहु भरत भावी प्रबल बिलखि कहेउ मुनिनाथ।
हानि लाभु जीवनु मरनु जसु अपजसु बिधि हाथ।।

(दोहा 171, 'रामचरितमानस', टीकाकार श्री हनुमानप्रसाद पोद्दार, गीता प्रेस, गोरखपुर.)

अर्थात् होनी अति बलवान है इसीलिए हानि, लाभ, जीवन, मरण, यश एवं अपयश विधि के हाथ है। यहाँ विधि के अधीन होने की बात महत्त्वपूर्ण है, यह कर्म के अधीन किन्तु फल पर नियन्त्रण न होने की सीख है। फिर भी अपने विचार और विवेक के अनुसार कर्म करते रहने की स्वतन्त्रता है जिसका उदाहरण भरत ने दिया।

भरत अयोध्या के सम्मानित लोगों के साथ जिसमें उनकी तीनों माता, गुरु वशिष्ठ, उनकी पत्नी अरुन्धती, मन्त्रीगण एवं बड़ी मात्रा में अयोध्या के नर-नारी, साथ ही सेना और सैनिक, हाथी, घोड़े सभी को साथ लेकर राम को मनाने चले कि राजकाज तो राम ही सँभालें और वचन पालन का कोई और मार्ग निकाला जाये, किन्तु राम ने प्रेमपूर्वक भरत को समझा लिया और अयोध्या लौटने की आज्ञा दी, यहाँ राम ने राजधर्म का भी ज्ञान बड़े सरल शब्दों में समझाया है—

मुखिआ मुखु सो चाहिए खान पान कहुँ एक।
पालई पोषइ सकल अंग तुलसी सहित बिबेक।।

(दोहा 315, 'रामचरितमानस', टीकाकार श्री हनुमानप्रसाद पोद्दार, गीता प्रेस, गोरखपुर.)

अर्थात् मुखिया ऐसा होना चाहिए जैसे मुख, जो है तो एक किन्तु अपने विवेक से सभी अंगों का पालन पोषण करता है। मुखिया पर यह दायित्व सर्वदा रहता है।

प्रेम और शील के रहने पर राम अपने भक्त की रक्षा करते हैं, दोनों ही ऐसे गुण हैं जो जीवन में बिना निश्छल प्रवृत्ति के नहीं आते। जहाँ उक्त गुण हैं, वहाँ लालच का तो प्रश्न ही नहीं उठता। भरत के चरित्र से कितने गुण सामने आये, उन्होंने जिस नियम में रहकर राज्य को सँभाला कोई मुनि या तपस्वी ही कर सकता है। निरन्तर

राम के प्रेम में डूबे भरत ने जो भी निर्णय लिये वही धर्म बन गये–ऐसा गुरु वशिष्ठ का आशीर्वाद भी था–

आयसु होई त रहउँ सनेमा। बोले मुनि तन पुलकि सप्रेमा।।
समुझब कहब करब तुम्ह जोई। धरम सार जग होइहि सोई।।

('रामचरितमानस', टीकाकार श्री हनुमानप्रसाद पोद्दार, गीता प्रेस, गोरखपुर, पृष्ठ 462.)

अर्थात् जब भरत ने अयोध्या लौटकर अपनी निगरानी में सबके कार्य निश्चित कर दिये और गुरु वशिष्ठ से आज्ञा लेने गये कि उन्हें नियम में रहने की अनुमति मिले, तब गुरु के शब्द थे कि हे भरत! तुम जो कुछ समझोगे, कहोगे और करोगे, वही जगत् में धर्म का सार होगा। भरत को अयोध्या का कार्यभार सँभालना तो था किन्तु सिंहासन पर राम की चरण पादुकाएँ थीं, उन्हें नित्य नमन कर भरत अपने धर्म का निर्वाह करते थे। राज्य का कार्यभार सँभालने में इस प्रकार निष्काम होने की आवश्यकता है। समझ, कहना और करना तीनों में धर्म की गति होनी चाहिए। ऐसे आदर्श को युगों-युगों तक अनुसरणीय कहा जाता है। किसी भी युग में यदि इस आदर्श को और इस राजधर्म को आचरण में उतारा जाये तो मानवता को रामराज्य का ही आनन्द मिलेगा। धर्म वह है जो धारण किये हुए हैं। हम सबको प्राण ने धारण किया है। प्राण सब में एक है। उसी प्रकार राज्य धर्म वही है जिसे भरत ने जीवन में मूल्यों के माध्यम से हमारे समक्ष रखा। स्वाभाविक समर्पण चाहे राज्य के प्रति हो या राम के प्रति निर्मल एवं निश्छल मन से किये गये कार्य से ही सम्पन्न होता है। भरत ने दोषों को, सन्ताप को, दरिद्रता को हर लिया–यह सबसे अधिक महत्त्वपूर्ण है। वैराग्य, समर्पण और प्रेम के आदर्श की पहचान भरत में परिलक्षित हुई। अरबिन्दो के अनुसार मस्तिष्क के चार स्तर हैं–चित्त, मनस, बुद्धि एवं अन्तर्ज्ञान। मस्तिष्क का विकास होता है, फिर वो 'अतिमानस' बन जाता है, यहाँ उसे अन्तर्ज्ञान की अनुभूति होती है और उसमें दैविक शक्ति का विकास होता है। राम के चरित्र में या भरत के चरित्र से हम सभी को उनके जैसा बनने की प्रक्रिया का मार्ग श्रीअरबिन्दो की शिक्षा में मिलता है। कुछ दशक पहले हमको किसी दार्शनिक ने राम के चरित्र का अनुसरण करने योग्य एक मार्ग बताया, परिवर्तन निश्चित होगा ऐसा विश्वास अपने जीवन से दर्शाया, ऐसे महान दार्शनिक श्रीअरबिन्दो ने 'रामायण' एवं 'रामचरितमानस' को एक दिव्य एवं जीवित ग्रन्थ का रूप दिया, राम को एक ऊर्जा का स्रोत बना दिया और हम सबमें एक ऐसी चिनगारी के अस्तित्व की पहचान दी जिससे हम भी दैविक हो जायें और उसके भी आगे राम जैसे या भरत जैसे हो

जायें। मानव के लिए सात्विक मानवता का लक्ष्य रखा और उसे सम्भावित करने का मार्ग भी दिखाया। भरत से हमने सीखा कि सन्तोष सेवा एवं समर्पण से ही आता है और चरित्र की दृढ़ता से मानसिक शक्ति का भी विकास होता है। राम ने धर्म की परिभाषा को जिस प्रकार अलग-अलग परिस्थितियों में दर्शाया, वही उनके अवतार होने की पहचान है किन्तु इससे मानव को परिवर्तन में अटूट विश्वास हो गया। धर्म को विभिन्न परिस्थितियों में समझने के लिए विवेक की आवश्यकता है और उसके लिए मस्तिष्क का विकास अनिवार्य है। अतिमानस की स्थिति हमारे प्रयत्न एवं समर्पण पर निर्भर करती है। सक्रिय रहना हमारा कर्तव्य है। सक्रिय रहते हुए हमें आध्यात्मिकता, सृजनात्मकता तथा बुद्धिमत्ता की ओर बढ़ना चाहिए। श्रीअरबिन्दो का कहना था कि सूचनात्मक ज्ञान कुशाग्र बुद्धि का आधार कदापि नहीं हो सकता। उनके अनुसार इसका कारण अधूरी आध्यात्मिकता है। वह मानव को एक नयी दिशा की ओर प्रेरित कर के उसके चरित्र में और मानसिक स्तर में परिवर्तन लाना चाहते थे। उन्हें 'रामचरितमानस' हो या 'रामायण', 'राम' हों या 'भरत' उनमें आदर्शों को प्राप्त करने की सम्भावना दिखती थी। जीवन एक लय में चलता है, हर क्षण इसमें आदर्शों का समागम हमारी उन्नति पर निर्भर करता है। सम्पूर्ण जगत् हमारे आन्तरिक विकास के अनुसार ही हम सभी को समझ आयेगा। इस प्रक्रिया का हम तब तक एक हिस्सा हैं जब तक हमारे शरीर में प्राण हैं। यही कारण है कि हम चाहे जो भी हों, महत्त्वपूर्ण हैं—अपने विकास के लिए, अपने उत्थान के लिए, अपने उच्च आदर्शों तक पहुँचने के लिए।

हिन्दी सिनेमा, टीवी और ओटीटी में श्रीराम

पुनीत बिसारिया

भारतीय सांस्कृतिक मूल्यों, परम्पराओं और संस्कारों में बल्कि हम भारतीयों के हृदयस्थल और रोम-रोम में श्रीराम विराजते हैं, फिर भी आमजन प्राय: यह मानता है कि सिनेमा जैसा अपेक्षाकृत आधुनिक माध्यम पूर्णत: पाश्चात्य रंग में रँगा हुआ है और भारतीय संस्कृति में बसने वाले श्रीराम की कथा मन्दाकिनी का चित्रण प्राय: इसमें कम हुआ है और यदि हुआ भी है, तो ऐसी फ़िल्मों को सीमित अथवा अत्यल्प मात्रा में ही सफलता मिल पायी है, लेकिन यदि हम विगत 110 वर्षों के भारतीय सिनेमाई इतिहास, विशेषकर हिन्दी सिनेमा की ओर देखें तो सच्चाई इसके ठीक विपरीत दिखाई पड़ती है। आइए, इसका विहंगावलोकन करते हैं।

भारतीय सिनेमा के प्रारम्भ से पूर्व हिन्दी नाटक मंचित हुआ करते थे, जिनमें आग़ा हश्र कश्मीरी (1879-1935) और नारायण प्रसाद 'बेताब' (1872-1945) के पारसी नाटकों के अनुकरण पर लिखे गये भारतीय कथाओं पर आधारित नाटक प्रमुख हुआ करते थे। आग़ा हश्र कश्मीरी ने 'सीता वनवास', 'भगीरथ गंगा', 'लव कुश' और 'श्रवण कुमार' तथा नारायण प्रसाद 'बेताब' ने ''रामायण'' नाटक लिखे थे, जो रामकथा से किसी न किसी स्तर पर सम्बद्ध थे और ये सभी अत्यन्त सफल हुए थे।

जहाँ तक सिनेमा का प्रश्न है तो भारतीय सिने जगत् की पहली फ़िल्म 'राजा हरिश्चन्द्र' थी, जिसके नायक महाराजा हरिश्चन्द्र भगवान राम के पूर्वज थे और कहने की आवश्यकता नहीं कि इस फ़िल्म ने अभूतपूर्व सफलता प्राप्त कर सिनेमा को मनोरंजन का सशक्त माध्यम बनाने की दिशा में अहम भूमिका निभायी थी। इस अवाक् फ़िल्म की सफलता का अन्दाज़ इस बात से लगाया जा सकता है कि उस समय के मशहूर वार्नर ब्रदर्स ने सम्पूर्ण विश्व में रिलीज़ करने के लिए राजा हरिश्चन्द्र फ़िल्म के दो सौ प्रिंट दादा साहब फाल्के से ख़रीदने का प्रस्ताव दिया था, जिसे उन्होंने स्वीकार भी कर लिया था, किन्तु यह प्रस्ताव दुर्भाग्यवश कार्यरूप

में परिणत न हो सका। इससे भी दुखद बात यह हुई कि राजा हरिश्चन्द्र फ़िल्म के प्रिंट नष्ट हो गये। इसके बाद दादा साहब फाल्के ने इसी फ़िल्म को सन् 1917 में 'सत्यवादी राजा हरिश्चन्द्र' के नाम से पुन: परदे पर प्रस्तुत किया और यह फ़िल्म भी सफल रही। इसके बाद दादा साहब फाल्के इसी वर्ष 'लंका दहन' फ़िल्म लेकर आये, जिसे भारतीय सिनेमा की पहली रामकथा पर आधारित फ़िल्म माना जाना चाहिए। इस फ़िल्म की सफलता की कहानी इस बात से समझनी चाहिए कि चूँकि पहली बार भारत की धर्मप्राण जनता ने अपने आराध्य प्रभु राम, उनकी भार्या सीता और अनुज लक्ष्मण तथा सेवक हनुमान को फ़िल्मी परदे पर चलते-फिरते देखा था, इसलिए जनता इस फ़िल्म को देखने के लिए बेचैन थी और प्राय: सभी सिनेमा हॉल हाउसफ़ुल हो गये थे। इस फ़िल्म के टिकट हासिल करने के लिए कई स्थानों पर दर्शकों में परस्पर लड़ाई हो गयी थी और मुम्बई के मैजेस्टिक सिनेमा घर में कई बार टॉस से इस बात का फ़ैसला होता था कि इस फ़िल्म का टिकट किस दर्शक को मिलेगा। इसकी भारी-भरकम कमाई का अन्दाज़ इस बात से लगाया जा सकता है कि पहली बार किसी फ़िल्म की कमाई को ढोने के लिए बैलगाड़ी का प्रयोग करना पड़ा था और हमें यह भी नहीं भूलना चाहिए कि सन् 1931 से पहले अवाक् या मूक फ़िल्में बन रही थीं, जिन्हें मराठी या उर्दू अथवा हिन्दुस्तानी के कलाकारों द्वारा सिनेमा हॉल में जाकर संगीत और संवाद से सजाया जाता था।

इसके तीन वर्ष पश्चात् दादा साहब फाल्के 1920 में 'सीता स्वयंवर' फ़िल्म लेकर आते हैं और सन् 1921 में जी.वी. साने की रामकथा पर आधारित तीन फ़िल्में 'राम जन्म', 'सती सुलोचना' और 'वाल्मीकि' प्रदर्शित होती हैं और तीनों ही सफलता का स्वाद चखती हैं। सन् 1923 में दादा साहब फाल्के द्वारा निर्देशित फ़िल्म 'राम मारुति युद्ध' प्रदर्शित होती है। अगले वर्ष 1924 में वे 'सीता शुद्धि' और सन् 1926 में एक साथ तीन रामकथा आधारित फ़िल्मों 'रामराज्य विजय', 'धनुर्भंग' और 'जानकी स्वयंवर' एवं सन् 1927 में 'हनुमान जन्म' और सन् 1928 में 'परशुराम' फ़िल्म का निर्माण करते हैं और ये सभी पुन: सफल होती हैं।

सन् 1930 में बाबूराव पेंटर द्वारा निर्देशित फ़िल्म 'लंका' प्रदर्शित होती है। अगले वर्ष 1931 से सवाक् फ़िल्मों का दौर शुरू हो जाता है। इस वर्ष कांजीभाई राठौर निर्देशित फ़िल्म 'हरिश्चन्द्र' और जे.जे. मदान की 'सत्यवादी राजा हरिश्चन्द्र' प्रदर्शित होती हैं और दर्शकों को लुभाने में सफल होती हैं। इसके बाद अगले वर्ष सन् 1932 में एक फ़िल्म आती है, जिसे हिन्दी में 'अयोध्या का राजा' और मराठी में 'अयोध्येचा राजा' नाम से प्रदर्शित किया जाता है। अपने समय की सुविख्यात

प्रभात फ़िल्म्स कम्पनी की यह पहली फ़िल्म थी। यह भारत की पहली ऐसी फ़िल्म थी, जिसे दो भाषाओं में एक साथ प्रदर्शित किया गया था। मशहूर फ़िल्म निर्देशक वी. शान्ताराम की भी यह पहली निर्देशित फ़िल्म थी। इस फ़िल्म ने हिन्दी और मराठी फ़िल्मों के दर्शकों के दिलों पर बरसों तक राज किया। देवकी बोस द्वारा सन् 1933 में निर्देशित फ़िल्म ''रामायण'' और उनके द्वारा निर्देशित अगले वर्ष 1934 में प्रदर्शित 'सीता' में पृथ्वीराज कपूर ने राम की भूमिका निभायी थी। सीता भारत की पहली ऐसी फ़िल्म थी, जिसे द्वितीय वेनिस फ़िल्म समारोह' में प्रदर्शित करने के लिए चयनित किया गया था और इस फ़िल्म के राम अर्थात् पृथ्वीराज कपूर तथा सीता अर्थात् दुर्गा खोटे के अभिनय की विश्व भर में भूरि-भूरि सराहना हुई थी और निर्देशक देवकी बोस को इस फ़िल्म के लिए वेनिस फ़िल्म समारोह की 'जूरी द्वारा ऑनरेरी डिप्लोमा' से पुरस्कृत किया गया था। सन् 1936 में अहमद ईसा द्वारा निर्देशित फ़िल्म 'सीता हरण' में महजबीं ने सीता की भूमिका निभायी थी, जिसे दर्शकों ने मिश्रित प्रतिक्रिया दी थी।

रामकथा आधारित फ़िल्मों की यात्रा में एक नया और महत्त्वपूर्ण मोड़ तब आता है, जब सन् 1942 में फ़िल्म निर्देशक विजयभट्ट 'भरत मिलाप' फ़िल्म लेकर आते हैं और इस फ़िल्म से हिन्दी सिनेमा को चित्रपट के पहले राम के रूप में प्रेम अदीब तथा सीता के रूप में शोभना समर्थ मिलते हैं। विजय भट्ट अगले वर्ष 1943 में इसी जोड़ी के साथ 'रामराज्य' एवं 1948 में 'रामबाण' फ़िल्म लेकर आते हैं। इन तीनों फ़िल्मों ने हिन्दी चित्रपट के इतिहास में नयी कड़ी जोड़ने का काम किया। उस समय शोभना समर्थ और प्रेम अदीब के सीता राम स्वरूप के कैलेंडर घर-घर दिखाई देते थे, बाद में यही कारनामा सन् 1987 में आये रामानन्द सागर के टीवी धारावाहिक ''रामायण'' के माध्यम से दीपिका चिखलिया और अरुण गोविल ने भी दोहराया। विजय भट्ट की यह विशेषता थी कि उन्होंने अपनी फ़िल्मों में वाल्मीकि विरचित 'रामायण' से प्रसंग लेकर उन्हें अत्यन्त प्रभावशाली ढंग से परदे पर उतारने का काम किया और यही कारण है कि उनके द्वारा बनायी गयी सभी रामकथा आधारित फ़िल्में अत्यधिक सफल रहीं। सन् 1943 में आयी फ़िल्म 'रामराज्य' उस वर्ष की तीसरी सबसे अधिक कमाई करने वाली फ़िल्म थी। इस फ़िल्म के लिए दर्शकों की दीवानगी का यह आलम था कि बैलगाड़ियों में भर-भरकर दर्शक इस फ़िल्म को देखने जाते थे, परदे पर फूल-मालाएँ और दक्षिणा चढ़ाते थे तथा भावुक एवं मार्मिक प्रसंग आने पर आँसू बहाते थे। उस दौर में इस फ़िल्म ने साठ लाख का कारोबार किया था, जो बहुत बड़ी रकम हुआ करती थी। स्वतन्त्रता पूर्व युग में दादा साहब फाल्के, बाबू भाई मिस्त्री और विजय भट्ट रामकथा के सिने प्रस्तोता कहे जा सकते हैं।

सन् 1946 में 'सती सीता' और 'श्रवण कुमार' तथा सन् 1947 में पृथ्वीराज कपूर अभिनीत 'परशुराम' फ़िल्में प्रदर्शित होती हैं, किन्तु इन्हें अपेक्षित सफलता प्राप्त नहीं होती। सन् 1948 में होमी वाडिया 'रामभक्त हनुमान' फ़िल्म निर्देशित करते हैं, जिसमें एस.एन. त्रिपाठी ने हनुमान की भूमिका निभायी थी और इस फ़िल्म का संगीत भी दिया था, इस फ़िल्म से एस.एन. त्रिपाठी के रूप में हिन्दी फ़िल्म जगत् को रामकथा का नया प्रस्तोता मिलने वाला था। इस फ़िल्म के सभी गीत अत्यधिक लोकप्रिय हुए थे, जिनमें कुछ को लोग आज भी गुनगुनाते हैं, जैसे–'आयी बसन्त ऋतु आयी', 'बीत चली बरखा ऋतु सीते'। इसके पश्चात् सन् 1954 में विजय भट्ट अपनी महत्त्वाकांक्षी फ़िल्म ''रामायण'' लेकर आते हैं, जिसमें वे प्रेम अदीब और शोभना समर्थ की जोड़ी को पुनः राम-सीता के रूप में परदे पर पेश करते हैं किन्तु फ़िल्म को सीमित सफलता मिलती है। सन् 1956 में प्रदर्शित 'अयोध्यापति' फ़िल्म आती है। इसी वर्ष विजय भट्ट बच्चों के लिए 'बाल 'रामायण'' प्रस्तुत करते हैं, जो बच्चों के लिए बनी पहली रामकथा आधारित फ़िल्म थी, तत्पश्चात् 1967 में वे एक बार पुनः 'रामराज्य' फ़िल्म बनाकर बीना राय और कुमार सेन की जोड़ी को प्रस्तुत करते हैं, किन्तु इसके सफल न होने के बाद वे आगे अन्य विषयों को प्रस्तुत करने लगते हैं।

अगले वर्ष सन् 1957 में हनुमान पर आधारित दो फ़िल्में बाबू भाई मिस्त्री की 'पवनपुत्र हनुमान' और एस.एन. त्रिपाठी की 'राम हनुमान युद्ध' तथा पौराणिक फ़िल्मों के लिए विख्यात हिन्दी-मराठी अभिनेता शाहू मोदक अभिनीत 'राम लक्ष्मण' प्रदर्शित होती हैं। 'राम हनुमान युद्ध' अपनी नवीन कथाशैली के कारण ध्यान आकृष्ट करने में सफल होती है।

रामकथा की दृष्टि से 'सम्पूर्ण 'रामायण'' फ़िल्म को मील का महत्त्वपूर्ण पत्थर माना जाना चाहिए, जो सन् 1961 में प्रदर्शित हुई थी। बाबूभाई मिस्त्री निर्देशित इस फ़िल्म में अनिता गुहा और महिपाल ने क्रमशः सीता और राम की भूमिका निभायी थी तथा सुलोचना ने कैकेयी, ललिता पवार ने मन्थरा और हेलन ने शूर्पणखा का अभिनय किया था। इस फ़िल्म में बाबू मिस्त्री ने स्पेशल इफ़ेक्ट के बेहतरीन प्रयोग से रामकथा को अत्यन्त प्रभावमय बना दिया था। 'सम्पूर्ण रामायण' के कुछ सेमी क्लासिकल गीत आज भी लोकप्रिय हैं, जैसे–'सन सनन सनन', 'जा रे ओ पवन' और 'बादलों बरसो नैनों की कोर से'। बाद में सन् 1981 में गिरीश मनुकान्त ने इसका पुनर्निर्माण किया। सन् 1965 में मणिभाई व्यास, पृथ्वीराज कपूर, वनमाला, राजकुमार और निरूपा रॉय को साथ लेकर 'श्रीराम भरत मिलाप' फ़िल्म निर्देशित करते हैं, किन्तु इतने सितारों से सजी होने के बावजूद यह फ़िल्म कमाल नहीं दिखा

पाती क्योंकि इस फ़िल्म का प्रस्तुतीकरण रामकथा की भव्यता के अनुरूप नहीं थी। सन् 1974 में एक बार फिर बाबूभाई मिस्त्री 'हनुमान विजय' नामक फ़िल्म लेकर आते हैं, जिसमें बंगाली अभिनेता आशीष कुमार राम, मशहूर पहलवान हरक्यूलिस हनुमान और अभिनेता राजकुमार लक्ष्मण की भूमिका निभाते हैं, किन्तु असंगत पात्र चयन के कारण इसे सफलता नहीं मिलती। सन् 1976 में निर्देशक चन्द्रकान्त द्वारा निर्देशित फ़िल्म 'बजरंगबली' परदे पर आती है, जिसमें विश्वजीत राम, मौसमी चटर्जी सीता की भूमिका में तथा पहली बार दारा सिंह हनुमान की भूमिका में नज़र आते हैं। अगले वर्ष सन् 1977 में 'सीताराम वनवास' फ़िल्म में जयाप्रदा सीता माँ के रूप में दिखती हैं, किन्तु तेलुगु से डब होने के कारण यह फ़िल्म हिन्दी दर्शकों को प्रभावित नहीं करती। सन् 1979 में बंगाली अभिनेता आशीष कुमार निर्देशित तथा आशीष कुमार और ललित पवार अभिनीत 'राजा हरिश्चन्द्र' फ़िल्म आती है, किन्तु इसे भी अपेक्षित सफलता नहीं मिलती। सन् 1981 में प्रखर हनुमान भक्त बाबूभाई मिस्त्री निर्देशित फ़िल्म 'महाबली हनुमान' आती है, जिसे अपेक्षित सफलता नहीं मिल पाती क्योंकि तब तक शायद अमिताभ बच्चन का एंग्री यंग मैन स्वरूप लोगों के सिर चढ़कर बोलने लगा था।

सन् 1984 में एक रोचक फ़िल्म आयी थी, जिसका नाम 'रावण' था, इसमें स्मिता पाटिल ने एक ऐसी ग्रामीण महिला की भूमिका निभायी थी, जो रावण की भाँति खल और क्रूर व्यक्ति को राम में परिवर्तित कर देती है। सन् 1987 में बाबूभाई मिस्त्री निर्देशित, अभिनेता-निर्देशक मनोज कुमार की फ़िल्म 'कलयुग और 'रामायण'' प्रदर्शित होती है, जिसका पहले नाम 'कलयुग की 'रामायण'' रखा गया था, किन्तु विवाद होने पर इसका नाम बदलकर 'कलयुग और रामायण' किया गया और अनेक दृश्यों को काटकर यह फ़िल्म प्रदर्शित की गयी। दावा किया गया था कि यह फ़िल्म वाल्मीकि कृत ''रामायण'' का आधुनिक रूपान्तरण है, किन्तु फ़िल्म में आधुनिक हनुमान बने मनोज कुमार कहीं से भी वाल्मीकि 'रामायण' की कथा का प्रतिनिधित्व नहीं करते।

इसी वर्ष 25 जनवरी 1987 से दूरदर्शन पर रामानन्द सागर का धारावाहिक 'रामायण' प्रसारित होना प्रारम्भ होता है, जिसे बनाने की प्रेरणा रामानन्द सागर को लगभग 12 वर्ष पहले अमेरिका में पहली बार टीवी देखकर मिली थी। यह धारावाहिक लोकप्रियता के शिखर को स्पर्श करने में सफल रहता है और इसकी लोकप्रियता का अनुमान इस तथ्य से लगाया जा सकता है कि विदेशों में भी इसके प्रसारित होने के समय लोग टीवी से चिपककर बैठ जाया करते थे। 'वाल्मीकि रामायण' तथा विश्व की सभी प्रमुख रामकथाओं का आधार लेकर अत्यन्त परिश्रम

से निर्मित छोटे परदे की इस राम कहानी के अत्यधिक प्रभावशाली होने का अनुमान आप इस बात से लगा सकते हैं कि इसके विषय में प्रतिदिन रामानन्द सागर के पास लाखों पत्र देश-विदेश से आया करते थे और उन्हें प्रत्येक एपिसोड के अन्त में स्वयं टीवी पर आकर कुछ प्रश्नों के उत्तर देने पड़ते थे। यह कहना भी अनुचित न होगा कि टीवी के दर्शकों में अभूतपूर्व वृद्धि का श्रेय 'रामायण' धारावाहिक को दिया जाना चाहिए। 'रामायण' के सीता, राम, हनुमान, रावण क्रमश: दीपिका चिखलिया, अरुण गोविल, दारा सिंह और अरविन्द त्रिवेदी एवं अन्य सभी पात्रों ने सफलता का जो स्वाद चखा, उसका जादू आज भी बरकरार है। इस धारावाहिक की असीम लोकप्रियता और दर्शकों की माँग के आगे झुकते हुए रामानन्द सागर ने 'उत्तर 'रामायण'' का भी निर्माण किया और इस धारावाहिक को भी अपार लोकप्रियता और दर्शकों का असीम प्यार मिला।

सन् 1992 में जापानी फ़िल्म निर्माता युगो साको ने 'रामायण' के दस भिन्न-भिन्न संस्करणों का आधार लेकर ''रामायण' : द लेजेंड ऑफ़ प्रिंस राम' का एनिमेशन स्वरूप में फ़िल्मांकन किया, जिसके अन्तर्राष्ट्रीय वॉयस ओवर में राम को ब्रायन कैंसटन/निखिल कपूर और हिन्दी संस्करण में अरुण गोविल ने आवाज़ दी। इस फ़िल्म के लिए युगो साको ने कहा था कि वह भगवान राम की पावन गाथा को धरती के समस्त लोगों को दिखाने के लिए ही इस फ़िल्म को बना रहे हैं। कोइची ससाकी और राम मोहन के निर्देशन में नब्बे करोड़ येन में दस साल में बनकर तैयार होने वाली इस फ़िल्म को सीमित सफलता मिलने के बावजूद आज यह फ़िल्म विश्व सिनेमा में क्लासिक फ़िल्म का दर्जा रखती है।

सन् 1997 में उत्तर 'रामायण' का आधार लेकर वी. मधुसूदन राव के निर्देशन में 'लव-कुश' फ़िल्म प्रदर्शित होती है, जिसमें जितेन्द्र राम, अरुण गोविल लक्ष्मण, जयाप्रदा सीता, दारा सिंह हनुमान और प्राण वाल्मीकि की भूमिका में थे। इस फ़िल्म की दिक़्क़त यह थी कि दर्शक जंपिंग जैक और खिलन्दड़ छवि के अभिनेता जितेन्द्र को ढलती उम्र में राम के धीर-गम्भीर एवं चिरयुवा रूप से नहीं जोड़ पा रहे थे और जिन दर्शकों ने दस वर्ष पहले अरुण गोविल को राम के रूप में सर-आँखों पर बैठाया था, वे उन्हें लक्ष्मण के रूप में भला कैसे स्वीकार करते? अत: असफल होना इसकी स्वाभाविक नियति थी।

इस सन्दर्भ में सन् 2004 में आयी मणि शंकर की फ़िल्म 'रुद्राक्ष' की चर्चा किया जाना अनावश्यक न होगा, जिसमें राम भक्त हनुमान के बल तथा राक्षसराज रावण की असीमित शक्तियों की कथा को आधुनिक सन्दर्भों से जोड़ने का प्रयास किया गया था, किन्तु हनुमान भक्त के रूप में संजय दत्त तथा रावण के प्रतीक के

रूप में सुनील शेट्टी को दर्शकों द्वारा स्वीकार न किये जाने के कारण एक अच्छी कहानी पर निर्मित यह फ़िल्म सफल न हो सकी।

अगले वर्ष अर्थात् सन् 2005 में परसेप्ट पिक्चर कम्पनी के बैनर तले वी.जी. सावन्त के निर्देशन में 'हनुमान' नामक एनिमेशन फ़िल्म प्रदर्शित हुई, जिसे हिन्दी और तेलुगु भाषाओं में एक साथ प्रदर्शित किया गया। इस फ़िल्म के हिन्दी संस्करण में मुकेश खन्ना और तेलुगु संस्करण में चिरंजीवी ने हनुमान के पात्र को आवाज़ दी थी। इस फ़िल्म की बच्चों के मध्य अपार लोकप्रियता को देखते हुए सन् 2007 में 'हनुमान रिटर्न्स' नाम से इसका दूसरा भाग प्रदर्शित किया गया और यह प्रयोग भी सफल रहा। रामकथा एवं अन्य पौराणिक पात्रों पर आधारित एनिमेटेड फ़िल्मों की सफलता को देखते हुए सन् 2010 को दशहरे के अवसर पर चेतन देसाई ''रामायण' : द एपिक' नाम से एनिमेशन फ़िल्म लेकर आते हैं और यह फ़िल्म भी दर्शकों को पसन्द आती है। इस फ़िल्म में मनोज बाजपेयी ने राम, जूही चावला ने सीता और आशुतोष राणा ने रावण की आवाज़ दी थी।

वर्ष 2012 में एक अन्य एनिमेशन आधारित थ्री डी फ़िल्म 'संस ऑफ़ रामा' के नाम से प्रदर्शित हुई थी, जिसे टोरंटो एनिमेशन आर्ट्स फ़ेस्टिवल में प्रदर्शित किया गया था। अमर चित्र कथा कॉमिक्स के लेखकों अनन्त पै और राम वईरकर द्वारा लिखित एवं कुशल रुइया द्वारा निर्देशित इस फ़िल्म में सीता को गायिका सुनिधि चौहान आवाज़ देती हैं। यह फ़िल्म बच्चों में सीमित प्रभाव छोड़ने में सफल रहती है। सन् 2017 में एनिमेशन फ़िल्मों की श्रृंखला में रुचि नारायण द्वारा निर्देशित 'हनुमान : द दमदार' फ़िल्म प्रदर्शित होती है, जिसमें सलमान ख़ान हनुमान, रवीना टंडन माता अंजनी और जावेद अख़्तर महर्षि वाल्मीकि को आवाज़ देते हैं, किन्तु यह फ़िल्म अधिक सफल नहीं हो पाती।

वर्ष 2019 में फ़िल्म निर्देशक सनोज मिश्रा की फ़िल्म 'राम की जन्मभूमि' प्रदर्शित होती है, जिसके निर्माता जितेन्द्र नारायण सिंह त्यागी उर्फ़ वसीम रिजवी थे। यह फ़िल्म राम जन्मभूमि आन्दोलन की पृष्ठभूमि में आगे बढ़ती है। इस फ़िल्म पर काफ़ी विवाद पैदा किया गया था और कुछ लोग इसकी रिलीज़ रुकवाने के लिए उच्चतम न्यायालय तक गये थे, किन्तु उच्चतम न्यायालय के हस्तक्षेप के बाद यह फ़िल्म प्रदर्शित हो सकी थी। वर्ष 2022 में फ़िल्म निर्देशक अभिषेक शर्मा 'रामसेतु' फ़िल्म लेकर आते हैं, जिसमें अक्षय कुमार और जैक़लीन फ़र्नांडीज़ प्रमुख भूमिका में होते हैं। यह फ़िल्म रामसेतु की पुरातनता और प्रामाणिकता को जनता के सामने रखती है। यह फ़िल्म इस वर्ष की दस सर्वाधिक कमाई करने वाली फ़िल्मों में शामिल थी और व्यावसायिक रूप से अत्यन्त सफल फ़िल्म थी।

वर्ष 2023 में प्रभास, सैफ़ अली ख़ान तथा कृति सैनन की बहु प्रतीक्षित

रामकथा आधारित फ़िल्म 'आदिपुरुष' प्रदर्शित हुई। इसे हिन्दी और तेलुगु में प्रदर्शित किया गया, किन्तु इस फ़िल्म के ट्रीटमेंट और हिन्दी के संवादों द्वारा रामकथा की पावनता को धूमिल करने के आरोप लगे और फ़िल्म के पात्रों की वेश-भूषा पर भी सवाल खड़े किये गये, इस कारण यह फ़िल्म रिलीज़ होते ही चमक खो बैठी, किन्तु फिर भी यह फ़िल्म अब तक वर्ष 2023 की सातवीं सबसे अधिक कमाई करने वाली फ़िल्म बनी हुई है।

टीवी चैनलों में दूरदर्शन पर ''रामायण'' और 'उत्तर 'रामायण'' के अतिरिक्त दूरदर्शन पर संजय ख़ान का टीवी धारावाहिक 'जय हनुमान' सन् 1997 से सन् 2000 तक प्रसारित हुआ और यह अत्यन्त लोकप्रिय हुआ। वर्ष 2006 में ज़ी-टीवी पर 'रावण' धारावाहिक आया, जो एक हज़ार से अधिक एपिसोड तक निर्बाध रूप से सफलतापूर्वक दिखाया गया। वर्ष 2011 में सहारा वन पर 'जय जय बजरंगबली' धारावाहिक आया, जो आंशिक रूप से सफल रहा। लाइफ़ ओके टीवी चैनल पर अजय देवगन वर्ष 2012 में 'रामलीला' धारावाहिक लेकर आये, किन्तु यह धारावाहिक अनेक सितारों की आवाज़ से सज्जित होने के बावजूद सफल नहीं हो सका। वर्ष 2012 में दूरदर्शन पर 'संकटमोचन जय हनुमान' और वर्ष 2019 में कलर्स टीवी चैनल पर 'राम सिया के लव-कुश' टीवी धारावाहिक प्रसारित हुए, ये दोनों धारावाहिक कमोबेश सफल सिद्ध हुए। इसके अतिरिक्त सोनी टीवी पर 'संकटमोचन जय हनुमान' वर्ष 2015 से 2017 तक प्रसारित हुआ, वर्ष 2015-16 में 'सिया के राम' टीवी धारावाहिक स्टार प्लस पर प्रसारित किया गया। ये दोनों धारावाहिक भी आंशिक रूप से सफल सिद्ध हुए। उपरिवर्णित फ़िल्में और धारावाहिक वीडियो कैसेट के रूप में, विभिन्न टीवी चैनलों पर, यूट्यूब पर तथा अनेक ओटीटी एवं सोशल मीडिया प्लेटफ़ॉर्मों पर आज उपलब्ध हैं। कोरोना के दौर में दूरदर्शन ने 'रामायण' धारावाहिक का लगभग 33 वर्ष बाद पुनः प्रसारण किया था और देशव्यापी लॉक डाउन के दौरान भारत की धर्मप्रेमी जनता ने इसे पलकों पर बैठाकर देखा था। अभी हाल ही में डिज़्नी प्लस हॉट स्टार पर 'हनुमान' की दो श्रृंखलाओं के सफल प्रसारण के बाद तीसरा सीज़न आ रहा है और 'हनुमान' फ़िल्म का टीज़र जारी हुआ है, जो 12 जनवरी, 2024 को सिनेमा घरों में प्रदर्शित होगी।

उपर्युक्त विवेचना से स्वतः सुस्पष्ट है कि हिन्दी मनोरंजन जगत् में रामकथा का महत्त्व कभी भी कम नहीं हुआ है, अपितु समय बढ़ने के साथ इसमें अभिवृद्धि हो रही है। राम की कथा ऐसी ही है, जो समय बीतने के साथ नये स्वरूप में हमारे सामने आती है और हम दर्शक श्रद्धापूर्वक इस पुनीत कथा का श्रवण-दर्शन कर धन्य होते हैं।

जय सियाराम!

श्रीराम का व्यक्तित्व : समरसता का सेतु

मनोज कैन

भारतीय संस्कृति को अपने जीवन से समृद्ध करने वाले प्रभु श्रीराम के जीवन की सर्वाधिक महत्त्वपूर्ण देन है, उनकी लोकमंगलकारी तथा लोककल्याणकारी चिन्तन-दृष्टि। जिसके कारण यह कहा जा सकता है कि प्रभु श्रीराम का पूरा जीवन समरसता का सेतु बन पड़ा है।

उनके जीवन द्वारा समरसता, सामंजस्य और मर्यादित जीवन की जो सरिता नि:सृत हुई, उसने पूरे मानवीय उद्यान को सींचा, पल्लवित तथा पुष्पित करने का महत्त्वपूर्ण कार्य किया। मर्यादित जीवन-दृष्टि से ओत-प्रोत प्रभु श्रीराम के जीवन पर यदि चिंतन किया जाये तो हम स्पष्ट रूप से देख सकते हैं कि श्रीराम का पूरा जीवन पारिवारिक एवं सामाजिक समरसता का अनुपम उदाहरण है। सूक्ष्मता से ध्यान दें तो प्रभु श्रीराम के जीवन में एक आश्चर्यजनक तथ्य दिखाई देता है कि प्रभु श्रीराम ने राजधर्म का निर्वहन करते हुए भी अपने जीवन में जिस अनुशासन, त्याग, विनम्रता और लोकमंगलकारी भावना का आदर्श स्थापित किया है, वह पूरे मानव इतिहास में अन्यत्र दुर्लभ है।

हम इसी अनुशासन, त्याग और विनम्रता के आदर्श को भारतीय संस्कृति का मेरुदण्ड कह सकते हैं। जिसका जीवन्त उदाहरण आज भी हम वर्तमान सन्दर्भों में अनुभव करते हैं। भारत-भूमि ने भगवान श्रीराम के मर्यादित तथा सर्वमंगलकारी जीवन-दृष्टि को आत्मसात् किया है। इसी जीवन-दृष्टि का परिणाम है कि भारतीय चिन्तन परम्परा ने समरसता, लोकमंगल, विश्व बन्धुत्व आदि तत्त्वों को अपने चिन्तन में आत्मसात् किया। जिसका प्रभाव 'भारतीय कूटनीति' में देखा जा सकता है, कि किस प्रकार प्रभु श्रीराम के समरसता तथा समन्वय के सिद्धान्तों को आधार बनाकर विश्व बन्धुत्व की ओर निरन्तर सकारात्मक क्रियाकलापों को सुनिश्चित किया जाता है। जिससे विश्व बन्धुत्व तथा सर्वमंगल की धारणा और दृष्टि का निरन्तर विकास हो सके। भारतीय चिन्तन परम्परा के प्रमुख तत्त्वों जैसे वसुधैव

कुटुम्बकम्, मानव कल्याण, सद्भाव, अहिंसा, दया-करुणा का प्रसार, शान्ति का सन्देश इत्यादि सिद्धान्तों पर स्पष्टता से प्रभु श्रीराम की चिन्तन दृष्टि का ही प्रभाव मालूम पड़ता है।

दूसरी ओर दूसरे देश अपनी विनाशकारी महत्त्वाकांक्षाओं की पूर्ति हेतु विश्व को युद्ध की ओर धकेल रहे हैं; वहीं भारत, प्रभु राम के जीवन से प्रेरणा लेकर अपने समन्वयवादी तथा बन्धुत्व के चिन्तन से विश्व को निरन्तर समरसता तथा शान्ति का सन्देश दे रहा है। समरसता का अर्थ ही होता है–ऐसी जीवन-दृष्टि का विकास जिससे यह समझ विकसित हो सके कि सभी समान हैं। सभी उस परम तत्त्व के ही अंश हैं। मनुष्यता ही सर्वोपरि है। मानवता ही सबसे बड़ा धर्म है। समाज के सभी प्राणियों को साथ लेकर चलना समाज के हर घटक का कर्तव्य है। यह सभी सिद्धान्त श्रीराम के चिन्तन और व्यवहार में स्पष्ट दृष्टव्य हैं।

प्रभु श्रीराम के सम्पूर्ण जीवन को उद्घाटित करने का कार्य गोस्वामी तुलसीदास ने 'रामचरितमानस' में बहुत ही सुन्दर रूप में किया है। विशेष रूप से समस्त जगत् को मुक्त हृदय से स्वीकार करने की जो क्षमता प्रभु श्रीराम के व्यक्तित्व में दिखाई देती है, वह अतुलनीय है। इसीलिए श्रीराम के वन-गमन का चित्र तुलसीदास इस तरह प्रस्तुत करते हैं–

राम वियोग विकल सब ठाढ़े। जहँ तहँ मनहुँ चित्र लिखि काढ़े।।
नगरु सफल बनु गहबर भारी। खग मृग बिपुल सकल नर नारी।।
('रामचरितमानस', 'अयोध्याकाण्ड', गोस्वामी तुलसीदास, पृ.स. 339.)

प्रजा के साथ-साथ पशु-पक्षियों ने भी आहार त्याग दिया। सभी व्याकुल हो उठे हैं और प्रभु श्रीराम का भी उनके प्रति उतना ही प्रेम है। वह आगे कहते हैं–

अगम पंथ बनभूमि पहारा। करि केहरि सर सरिता अपारा।।
कोल किरात कुरंग बिहंगा। मोहि सब सुखद प्राणपति संगा।।
('रामचरितमानस', 'गोस्वामी तुलसीदास')

इन पंक्तियों में सभी के प्रति प्रेम और लगाव का वास्तविक सन्देश प्रभु श्रीराम के लोकमंगलकारी चरित्र के माध्यम से प्रस्तुत करते हैं।

लोकमंगल और विश्वकल्याण पर चर्चा तो सभी कालों और सभी नेतृत्वकर्ताओं का प्रिय विषय रहा है। समय-समय पर इन विषयों पर सभी शासकों ने अपने दरबारियों के साथ गहन चर्चाएँ भी की हैं, किन्तु लोक-कल्याण हेतु इन मूल्यों को वास्तविकता के धरातल पर उतारने तथा फलीभूत करने जैसा जो आदर्श भगवान

श्रीराम ने स्थापित किया है, वह अन्यत्र दुर्लभ है। श्रीराम के व्यक्तित्व में जो तपस्या, त्याग, धैर्य, अनुशासन तथा निरहंकारिता दिखती है, वह अनुपम है।

इसीलिए आप सहजता से देख पायेंगे कि भगवान राम एक आदर्श भाई हैं। जब उन्हें सूचित किया गया कि उनके छोटे भाई के लिए अयोध्या का राजपाट तथा उनके लिए चौदह वर्षों के वनवास की योजना बनायी जा रही है, उनके मन में अपनों के प्रति रत्ती भर नकारात्मक विचार उत्पन्न नहीं हुए बल्कि इस सूचना से वह हर्षित हुए और उन्होंने सहर्ष वन-गमन स्वीकार कर लिया। इतिहास में इस प्रकार की करुणा, धैर्य और प्रोत्साहित करने की क्षमता और कहीं देखने को नहीं मिलती। एक ओर जहाँ पूरा मानव इतिहास-सत्ता, शक्ति तथा यश प्राप्ति हेतु सभी मर्यादाओं को तार-तार करता रहा है, वहीं प्रभु श्रीराम उस समय आदर्श पुत्र होने का कर्तव्य निर्वाहित करते हैं, जब उनके लिए वनवास तथा छोटे भाई को राज-पाट का आदेश दिया जाता है। उनकी सहज स्वीकार्यता पारिवारिक सामंजस्य को स्थापित करने का एक सशक्त उदाहरण है।

इसके साथ ही प्रभु श्रीराम एक आदर्श योद्धा तथा एक आदर्श राजा भी हैं। अगर इस बात का अन्वेषण किया जाये कि क्यों प्रभु श्रीराम को एक आदर्श योद्धा कहा गया है तो इसको हम वर्तमान तथा प्राचीन दोनों प्रसंगों में समझ सकते हैं। पूरे मानव इतिहास में यह प्रवृत्ति साधारणतया देखी जाती रही है कि जिसके पास भी शक्ति तथा नेतृत्व रहा है, वह निरन्तर अधिक से अधिक आत्मकेन्द्रित होने की चेष्टा करता रहा है। यह बात अलग है कि वह आत्मकेन्द्रित हुआ या नहीं। लेकिन भगवान राम ही हैं जिन्होंने शक्ति नेतृत्व के बावजूद भी एक अद्वितीय धैर्य और लोक हितकारी दृष्टि का आदर्श स्थापित किया। उन्होंने शान्ति, धर्म, सदाचार और व्यवस्था की स्थापना के लिए और मनुष्य के कल्याण के लिए शस्त्र उठाये और युद्ध किया अर्थात् वह जो परहित, मानव कल्याण तथा अधर्म के विनाश के लिए युद्ध करे, वही आदर्श योद्धा होता है, ये गुण श्रीराम के चरित्र से परिलक्षित होते हैं। राम का रावण के साथ युद्ध अधर्म के ख़िलाफ़ धर्म की स्थापना हेतु लड़ी गयी लड़ाई है। जिसका मुख्य ध्येय जीवन-मूल्यों की स्थापना तथा लोक-कल्याण है। इसी बात का प्रमाण है कि रावण रूपी अधर्मी के विनाश के पश्चात् उसका सारा राजपाट प्रभु श्रीराम ने उसी के छोटे भाई विभीषण को सौंप दिया। यह युद्ध वर्तमान समय में चल रहे महत्त्वाकांक्षाओं से प्रेरित युद्ध जैसा नहीं था जहाँ एक देश का राजा दूसरे देश और उसके राजा को निगल जाना चाहता है। यह युद्ध मानव-कल्याण, शान्ति, बन्धुत्व आदि मानव-मूल्यों की स्थापना हेतु लड़ा गया युद्ध था जिसमें असत्य और अधर्म को पराजित करके सत्य प्रतिष्ठित हुआ। प्रभु श्रीराम के व्यक्तित्व

की ये विशेषताएँ ही उन्हें आदर्श की प्रतिमूर्ति बनाती हैं, जिसमें समरसता तथा विश्व बन्धुत्व का पुष्प, पुष्पित और पल्लवित होकर सम्पूर्ण मानव जाति को सुगन्धित करता है। भगवान श्रीराम की सर्व के प्रति सम की दृष्टि सामाजिक सशक्तिकरण का प्रतीक रही है। शायद इसीलिए जब भी बेहतर तथा पारदर्शी शासन की बात उठती है, सभी को सहसा रामराज ही याद आता है।

तुलसी दास जी ने भी लिखा है–

नहिं दरिद्र कोउ दुखी न दीना। नहिं कोउ अबुध न लच्छन हीना।।
दैहिक दैविक भौतिक तापा। राम राज नहिं काहुहि ब्यापा।।
सब नर करहिं परस्पर प्रीती। चलहिं स्वधर्म निरत श्रुति नीती।।

('रामचरितमानस', गोस्वामी तुलसीदास.)

अर्थात् जहाँ मनुष्यता परम है, मनुष्य एक दूसरे से प्रेम करते हैं, दुःख और दीनता जहाँ समाप्त है, कोई भी दैहिक, दैविक भौतिक दुखों से ग्रसित नहीं है, जहाँ सभी लोग एक-दूसरे से प्यार करते हुए एक साथ रहते हैं और धर्म और नीति का पालन करते हैं, वही रामराज्य है।

इसी रामराज्य की विशेषताओं को आगे बताते हुए तुलसीदास कहते हैं–

अल्पमृत्यु नहिं कवनिउ पीरा। सब सुन्दर सब बिरुज सरीरा।।
नहिं दरिद्र कोउ दुखी न दीना। नहिं कोउ अबुध न लच्छन हीना।।

('रामचरितमानस', 'अयोध्याकाण्ड', पृ.स. 349.)

अर्थात् रामराज्य में असमय में किसी की मृत्यु नहीं होती, सभी निरोगी तथा दरिद्रता और दीनता से रहित जीवन जीते हैं। सभी मन से शुभ और सकारात्मक लक्षणयुक्त हैं। रामराज्य की सभी विशेषताएँ इस बात का सबूत हैं कि रामराज्य कितने पारदर्शी तथा व्यवस्थित रूप से संचालित था। इसका मुख्य कारण प्रभु श्रीराम का सभी के प्रति प्रेम तथा सभी की भागीदारी और योगदान के प्रति सम्मान था; और इस सम्मान से रामराज्य में बेहतर शासन व्यवस्था के संचालन के साथ-साथ मनुष्यता के कल्याण का भी आदर्श स्थापित हुआ है।

'रामचरितमानस' को सात काण्ड (अध्याय) में विभाजित किया गया है जिसमें 'अयोध्याकाण्ड' का विशेष महत्त्व है। विशेष अर्थों में यह ऐसा काण्ड है जहाँ युद्ध नहीं हुआ, जब कि यहाँ सबसे दारुण विषय जिसमें सिंहासन तथा राजपाट के वितरण और प्रभु श्रीराम के वन-गमन के समय का चित्रण है।

'अयोध्याकाण्ड' के प्रसंग में, श्रीराम के व्यक्तित्व से पारिवारिक समरसता

का एक अद्वितीय आदर्श यहां स्थापित होता है। इस हृदय विदारक समय में प्रभु श्रीराम के मुख से निकले वचन, जिसमें वे कहते हैं–

सुनू जननी सोई सुतु बड़भागी। जो पितु मातु बचन अनुरागी।।
तनय मातु पितु तोषनिहारा। दुर्लभ जननि सकल संसारा।।

('रामचरितमानस', 'अयोध्याकाण्ड')

(हे माँ! पुत्र वही बड़भागी है जो माता-पिता के वचनों का पालन करने वाला हो, माता-पिता को सन्तुष्ट करने वाला हो। हे माँ! संसार में वही पुत्र दुर्लभ है।)

प्रभु श्रीराम के वचन उनके व्यक्तित्व, जीवन के आदर्शों की व्याख्या करते हैं, 'अयोध्याकाण्ड' की ही एक घटना जब कैकेई द्वारा भरत को अयोध्या का राज्य और राम के लिए चौदह वर्ष का वनवास मांगा गया तब प्रभु श्रीराम द्वारा उसे सहर्ष स्वीकार कर लेना जनमन में उनके प्रति विशेष सम्मान और लगाव स्थापित करता है। 'आनन्द रामायण' में कहा गया है, जो 'अयोध्याकाण्ड' का पाठ करते हैं, वह घर में कलह-क्लेश से मुक्त हो जाते हैं। प्रभु श्रीराम के व्यक्तित्व द्वारा स्थापित पारिवारिक समरसता का आदर्श रूप आज भी लोगों के जीवन को दिशा देता है।

सामाजिक समरसता के सन्दर्भ में अगर हम प्रभु श्रीराम के जीवन और व्यक्तित्व का अवलोकन करें तो यह स्पष्ट हो जाता है कि वे मनुष्यमात्र के एक होने का सन्देश समाज के समक्ष स्थापित करते हैं। प्रभु श्रीराम ने अपने वन-गमन से सन्देश दिया है कि व्यक्तित्व और रहन-सहन के आधार पर मनुष्य जिस भी कर्म का निर्वहन कर रहा हो, वह सम्माननीय है, उसका सम्मान किया जाना चाहिए। उसके अन्दर भी उसी परमात्मा की आत्मा है जो सभी के अन्दर विद्यमान है यानी सभी एक हैं। इसकी पुष्टि 'रामचरितमानस' के कई अन्य प्रसंगों में भी सुनिश्चित होती है। वन में भगवान श्रीराम ने समाज के प्रत्येक वर्ग को साथ लेकर उसकी गरिमामयी उपस्थिति को सुशोभित किया, इसका एक महत्त्वपूर्ण और जीवन्त उदाहरण 'केवट प्रसंग' में देखा जा सकता है। इसमें केवट को गले लगाते हुए सहर्ष उसकी सभी मनोकामना को पूर्ण करते हैं।

केवट निशिचर बिहँग मृग किये साधु सनमानि।
तुलसी रघुबर की कृपा, सगुन सुमंगल खानि।।

('रामचरितमानस', 'अयोध्याकाण्ड')

तुलसीदास जी उपर्युक्त दोहे के माध्यम से श्रीराम के व्यक्तित्व को प्रकाशित करते हैं कि किस प्रकार समन्वय और सामंजस्य युक्त प्रभु श्रीराम का हृदय सभी मनुष्यों के लिए एक समान धड़कता है।

अतः वन-गमन के समय उन्होंने केवट को तो गले लगाया ही, पशु, पक्षी, साधु इत्यादि सभी को साथ लेकर चलने की उनकी जो प्रवृत्ति रही है, उससे समरसता का सन्देश निरन्तर प्रसारित होता है। एक अन्य उदाहरण जिसमें भरत को पता चलता है कि निषादराज भगवान के मित्र हैं, वे निषादराज को गले से लगाते हैं। यह मित्रता समरसतावाद का सशक्त उदाहरण है जो भारतीय समाज को ख़ूबसूरती और मज़बूती प्रदान करती है।

सब भाँति अधम निशाद सो हरि भरत ज्यों उर लाइयो
मतिमंद तुलसीदास सो प्रभु मोह बस बिसराइयों।।

'रामचरितमानस' का एक और प्रसंग जिसमें भगवान श्रीराम शबरी के जूठे बेर खाकर सामाजिक सामंजस्य तथा समरसता का जो आदर्श स्थापित करते हैं, वह भारतीय संस्कृति को तो मज़बूती प्रदान करता ही है, साथ ही भारतीय संस्कृति की सुन्दरता को भी दिखाता है।

तुलसीदास एक दोहे में कहते हैं–

कंद मूल फल सुरस अति, दिये राम कहँ आनि।
प्रेम सहित प्रभु खाये, बारंबार बखानि।।

('रामचरितमानस', 'अयोध्याकाण्ड')

यह दोहा भी प्रभु श्रीराम के समन्वय तथा समरसतावादी व्यक्तित्व का एक सशक्त उदाहरण है जिसमें वे शबरी के जूठे बेर बड़ी प्रसन्नता के साथ ग्रहण करते हैं।

इसके साथ ही पशु-पक्षियों तथा प्रकृति के प्रति उनका मानवीय भाव व आदर उनके व्यक्तित्व के उदार और संवेदनशील पक्ष को उद्घाटित करता है, जैसे रावण द्वारा सीता-हरण के समय श्रीराम पशु-पक्षियों से पूछते हैं कि हे पशु-पक्षियो! तुमने कहीं मेरी सीता को देखा है। खंजन, तोता, कबूतर इत्यादि सभी से सीता जी के विषय में पूछते हुए प्रभु श्रीराम घायल जटायु के समीप पहुँच जाते हैं और इस प्रकार सहायक के रूप में जटायु उन्हें बताते हैं–

तब कह गीध बचन धरि धीरा। सुनहु राम भंजन भव भीरा।
नाथदसाननयहगतिकीन्ही।तेहिंखलजनकसुताहरिलीन्ही।।

(रामचरितमानस)

इस प्रकार जटायु से सीता-हरण की सूचना भगवान श्रीराम प्राप्त करते हैं। भगवान श्रीराम का लोक-नायक वाला रूप वनवास में और अधिक प्रगाढ़ होकर आता है और उनके इसी व्यवहार के कारण समस्त लोक उनके साथ इस अन्याय

और अधर्म की लड़ाई में शामिल है। भगवान श्रीराम ने सबको मुक्त हृदय से स्वीकार किया। जटायु निम्न आचरण का प्रतीक है, वह समाज में आदर की दृष्टि से नहीं देखा जाता। परन्तु जब जटायु रावण के इस अधर्म को रोकते हुए अपने प्राणों की बाजी लगा देता है और मृत्यु को प्राप्त हो जाता है, उस समय भगवान श्रीराम उसके योगदान पर विलाप करते हुए उसका अंतिम संस्कार अपने हाथों से करते हैं जो उनके समस्त के प्रति प्रेम तथा आदर की दृष्टि को दिखाता है। प्रभु श्रीराम वनवास के समय जब ऋषियों की दारुण स्थिति देखते हैं, कि किस प्रकार उनके धार्मिक क्रियाकलापों को राक्षसों द्वारा नष्ट किया जाता है, वह उसके प्रति भी आवाज उठाते हैं तथा राक्षसों का वध कर विश्व शान्ति और लोककल्याण का मार्ग प्रशस्त करते हैं। इसके साथ ही वनवास के समय एक आदर्श नेतृत्व का प्रतिमान भी स्थापित करते हैं, जबवे विभिन्न पृष्ठभूमि तथा जाति के लोगों को मुक्त हृदय से स्वीकार करते हैं, इसी का परिणाम है कि हनुमान, सुग्रीव और विभीषण जिनका कोई व्यक्तिगत हित नहीं है, वह भी विश्व बन्धुत्व तथा लोककल्याण की इस लड़ाई में अधर्म के ख़िलाफ़ खड़े होते हैं। अतः यह स्पष्ट है कि धर्म, शान्ति एवं सुव्यवस्था की स्थापना हेतु सभी के योगदान को स्वीकार करना श्रीराम के समरसतावादी दृष्टिकोण को दर्शाता है। इसलिए वाल्मीकि 'रामायण' में यह उल्लेखित है–

रक्षता तु मया वृत्तमपवाद, च सर्वतः।
प्रख्यातस्यात्मवंशस्य न्याङ्गम च परिमार्जता। (अरण्यकाण्ड)

वनवास के समय विभिन्न प्रसंगों जैसे कि खर दूषण का संहार, शबरी का सम्मान, राक्षसों द्वारा उत्पन्न उत्पातों के प्रति सख़्त रुख़ स्पष्ट करता है, मानो भगवान श्रीराम अधर्मी तथा अत्याचारी व्यवस्था को नष्ट करने की शपथ ले चुके हैं। वर्तमान समय में हम जो नारा सुनते हैं–'जियो और जीने दो' उसकी नींव भगवान श्रीराम ने अपने वनवास के समय ही रख दी थी। इसलिए हमें सभी के कल्याण और शान्ति को स्थापित करने के लिए प्रभु श्रीराम के जीवन और आदर्शों का पालन करना आवश्यक है। साथ ही यह भी ध्यान देने योग्य बात है अगर कहीं पर धर्म और सत्य की हानि हो रही हो तो हमें सत्य के समर्थन में खड़े होने की आवश्यकता है। राक्षस और राक्षस प्रवृत्ति से मुक्ति हेतु हम सभी को मिलकर विद्रोह करना चाहिए। जैसा कि श्रीराम के साथ सभी लोगों ने मिलकर रावण के ख़िलाफ़ युद्ध किया। श्रीराम एक अच्छे समाज की स्थापना करना चाहते थे ; जिसके लिए वह सदैव संघर्षरत और प्रयत्नशील दिखलायी पड़ते हैं। वह सभी को सम्मानपूर्वक अधिकार

दिलाने के लिए प्रतिबद्ध थे। प्रभु श्रीराम स्वयं बहुत गुणी थे। इसलिए उन्होंने गुणी व्यक्तियों को महत्त्व दिया।

तुलसीदास कहते हैं कि राम सभी गुणों के योग हैं, तथा समाज को स्वीकार्य हैं–

भनिति मोरि सब गुन रहित बिस्व बिदित गुन एक।
सो बिचारि सुनिहहिं सुमति जिन्ह के बिमल बिबेक।।

(रामचरितमानस)

राम के करुणामयी स्वरूप के सन्दर्भ में तुलसी कहते हैं।

अस कपि एक न सेना माहीं। राम कुशल जेहि पूछी नाहीं।।

(रामचरितमानस)

(सेना में जो भी वानर हैं, जो भी सेना के अंग हैं, सभी का हाल पूछना तथा उसके प्रति प्रेमभाव प्रकट करना। भगवान श्रीराम का उनके प्रति प्रेम सफल नेतृत्व को दिखाता है।)

इससे स्पष्ट होता है कि एक नेतृत्व सफल और लोकमंगलकारी तभी हो सकता है जब उसमें अपनी कुलीनता तथा अपनी विशिष्टता का अहंकार ना हो, अन्यथा वह समस्त को लेकर चल नहीं पायेगा। रावण की दशा तथा पराजय इस बात का स्पष्ट उदाहरण है कि एक सफल नेतृत्व में शक्ति प्राथमिक नहीं है बल्कि समस्त को साथ लेकर चल पाने की क्षमता सर्वाधिक महत्त्वपूर्ण है। सर्वशक्तिमान होने के बाद भी रावण अपने अहंकार की प्रवृत्ति के कारण अपने ही भाई विभीषण तक को अपने साथ मिला नहीं पाया और वहीं दूसरी ओर श्रीराम अपने प्रेम तथा सद्चिन्तन से वन के सभी अपरिचित लोगों को अपना बना लेते हैं। यह उनके व्यक्तित्व का महत्त्वपूर्ण पक्ष है जो समरसता का सन्देश देता है और लोक-कल्याण हेतु आदर्श स्थापित करता है। भगवान श्रीराम के व्यक्तित्व की यह विशेषता है कि वह शीलवान तथा अत्यन्त विनम्र हैं। गुरुजनों के प्रति सम्मान तथा छोटों के प्रति स्नेह तथा न्याय के प्रति सद्भाव धारण करते हैं।

सुनु कपि तोहि समान उपकारी। नहि कोउ सुर मुनिरो तानुधारी।।
प्रति उपकार करो का तोरा। सन्मुख होइ न सकत मन मोरा।।

(रामचरितमानस)

उनके व्यक्तित्व को सुशोभित करती एक विशेषता यह है कि उनको वनवास देने वाली माता कैकेयी के प्रति भी वे प्रगाढ़ आदर और प्रेम का भाव रखते हैं। माता कैकेयी के प्रति उनके हृदय में थोड़ी भी नकारात्मक भावना या रोष नहीं है। सदैव माता के प्रति विनम्र रहे हैं।

समस्त के महत्त्व को स्वीकार करना, समान दृष्टि से देखना हमारी संस्कृति तथा चिन्तन परम्परा की विशेषता रही है। इसलिए 'रामचरितमानस' में तुलसीदास सामाजिक समानता के महत्त्वपूर्ण प्रसंगों को बहुत ही प्रेरणापरक रूप से प्रस्तुत करते हुए भविष्य के लिए मार्ग प्रशस्त करते हैं। अहिल्या उद्धार, केवट प्रसंग, शबरी प्रसंग, जटायु प्रसंग, राम-सुग्रीव मित्रता, विभीषण मित्रता इत्यादि ऐसे ही उदाहरण हैं। राम विषमता को नष्ट कर समानता को प्रतिष्ठित करने का आदर्श स्थापित करते हैं।

रामहिं केवल प्रेम पिआरा। जानि लेउ जो जाननिहारा।।

(रामचरितमानस)

फलस्वरूप रामराज्य में विषमता का कोई स्थान नहीं है। मनुष्यता और प्रेम परम तत्व हैं। मनुष्य आपस में प्रेमभाव से रहते हैं। प्रभु श्रीराम का पूरा जीवन मानव कल्याण के लिए समर्पित है। उन्होंने अपनी जीवनशैली द्वारा मनुष्य को मनुष्य होना सिखाया है। समरसता, समानता और एकता का पाठ उनके जीवन द्वारा स्थापित मूल्यों के अलंकार हैं।

अत: यह दर्शनीय है कि भगवान श्रीराम सम्पूर्णता के साथ मनुष्य तथा प्रकृति को आत्मसात् करते हुए उन्हें सहर्ष स्वीकार करते हैं, जो उनके समरसतावादी और सामंजस्यवादी व्यक्तित्व को आलोकित करता है। प्रभु श्रीराम की एक अन्य विशेषता यह भी है कि उन्होंने समन्वय केवल बाहरी जगत में ही स्थापित नहीं किया, अपितु भाव जगत् यानी कि दारुण परिस्थितियों में जब साधारण मनुष्य दुखी, हताश और निराश हो जाता है वे अपने कर्तव्यों तथा दायित्वों के प्रति सचेत रहते हैं। मूल रूप से यही कारण हैं जिससे कि प्रभु श्रीराम को मर्यादा पुरुषोत्तम के रूप में याद किया जाता है।

राम: धर्मो रक्षति रक्षित

ऋतु वार्ष्णेय गुप्ता

धर्म भारतीय संस्कृति का प्रमुख अवयव है। धर्म के तीन रूप हैं–सामान्य, साम्प्रदायिक एवं लोक, जिसमें सामान्य धर्म के अन्तर्गत व्यक्ति का सम्बन्ध परिवार, समाज एवं राष्ट्र से जुड़ा होता है। सत्य, अहिंसा, करुणा, दया सामान्य धर्म के अन्तर्गत आते हैं। मानवता के इन्हीं गुणों को आत्मसात् करना सामान्य धर्म है। प्रवर्तक द्वारा चलाये गये नियमों का पालन व्यक्ति धर्मग्रन्थों के अनुसार करे। लोक धर्म में भारतीय रीति-रिवाज़, वस्त्र, भवन से सम्बन्धित धारणाओं को ग्रहण किया जाता है। धर्म के यही तीनों रूप भारतीय संस्कृति को उभारते हैं।

अध्यात्म के अभाव में संस्कृति मृतवत् हो जाती है। आध्यात्मिक ज्ञान से मनुष्य को शाश्वत और निरपेक्ष आनन्द की प्राप्ति होती है। साहित्य और कला के द्वारा ही संस्कृति की पहचान होती है। संगीत, कला, चित्र, मूर्तिकला आदि। अतिथि सेवा, वयोवृद्धों का सम्मान, गुरुजनों, पितरों आदि के प्रति विनम्रता, परोपकार, दीन-दुखियों की सहायता, सामूहिक कार्यों में सहयोग, क्षमाशील, ईमानदार, आचरण में पवित्रता आदि हमारी भारतीय संस्कृति की पहचान हैं।

'मनुस्मृति' में धर्म के दस लक्षण बताए गये हैं–धृति, क्षमा, दम, अस्तेय, शौच, संयम, धी, विद्या, सत्य और अक्रोध। इन्हीं गुणों से युक्त व्यक्ति आदर्श व्यक्ति होता है। धर्म अत्यन्त व्यापक शब्द है जो किसी सम्प्रदाय, पथ, दर्शन-प्रणाली तक सीमित है। यह मानव-जाति की सीमा को पार कर समस्त जीवों तक व्याप्त है तथा जीने की कला है– स्वयं सुख से जीने तथा औरों को सुख से जीने देने की।

धम्मो मंगल मुक्किट्ठं अहिंसा संजमो तवो।
देवा वि तं नमंसंति, जस्म धम्मे सया मणो।।

(दशवैकालिक)

प्रभु श्रीराम साक्षात् धर्म की प्रतिमूर्ति हैं। आदिकवि वाल्मीकि ने 'रामायण' में इस बात को उल्लेखित करते हुए कहा है कि 'रामो विग्रहवान् धर्मः' अर्थात् राम ही धर्म के विग्रह हैं। धर्म के सभी दस लक्षणों में प्रभु श्रीराम के चरित्र का सम्यक्

निर्वाह मिलता है। श्रीराम आराध्य देव ही नहीं हमारी सभ्यता, संस्कृति और संस्कार के द्योतक हैं। उनका आचरण जनमानस के मोक्ष का द्वार है। पितृ-भक्ति, गुरु-भक्ति, भातृ-प्रेम, प्रजा-स्नेह, एक पत्नीव्रत को मनुष्य अपने जीवन में आत्मसात् कर ले तो भ्रष्टाचार, अराजकता, दुश्चरित्रता का नाश हो जायेगा।

प्रभु राम के स्वरूप निर्धारण में तुलसीदास निगम, आगम, पुराण, सन्त स्मृति, लोक प्रचलन इत्यादि को एक सूत्र में बाँधने का सफल प्रयास करते हैं। शाश्वत धर्म जिसकी हार से समाज अव्यवस्थित हो जाता है, सन्त और भक्त त्राहिमाम कर बैठते हैं। 'रामचरितमानस' में मनुष्य को 84 लाख योनियों में सर्वोत्तम योनि के रूप में स्वीकार किया गया है और सृष्टि की व्यवस्था में इसके प्राकृतिक स्वभाव को प्रधानता दी गयी है। प्रभु राम की भक्ति परोपकार, सत्य, अहिंसा, दान, त्याग, सन्तों की सेवा है। जिनके प्रचलन और प्रयोग से ऐसे समाज की अवधारणा तैयार होती है जहाँ लौकिक सुख को भोगते हुए पारलौकिक मोक्ष की प्राप्ति कर सकते हैं। लेकिन जब मनुष्य निकृष्ट स्वार्थ के कारण अहंकार ग्रसित हो जाता है तो मानव-मूल्य समाप्त होने लगते हैं, समाज में दानवी प्रवृत्ति जड़ पकड़ने लगती है और मनुष्य लोभ, मोह, काम, अहंकार के अन्धकार से ग्रसित हो जाता है, इस संसार में उसे शान्ति नहीं मिलती और आवागमन से मुक्ति भी नहीं। ऐसे समय तुलसीदास धर्म के पालन का उपाय बताते हैं। उनके अनुसार धर्म वही है जिसमें लौकिक और पारलौकिक शान्ति मिले। ऐसे समय धर्म की साधना आवश्यक है। तप, त्याग, सत्य, अहिंसा, अपरिग्रह आदि के द्वारा ही मनुष्य का अन्तःकरण शुद्ध होता है। इस सम्बन्ध में यह बोधकथा सार्थक है–एक आदमी के अन्दर ईश्वर के दर्शन करने की इच्छा पैदा होती है। वह साधुओं के पास जाता है और उनसे इच्छापूर्ति का अनुरोध करता है, परन्तु इसके लिए कोई साधु तैयार नहीं होता। अन्त में उसे एक साधु मिलता है, वह कहता है कि सवेरे तुम मेरे आश्रम में आ जाना, हम लोग सामने के पहाड़ की चोटी पर चलेंगे। तुम्हारी इच्छा पूरी हो जायेगी। अगले दिन वह आदमी वहाँ पहुँच जाता है। साधु एक गठरी के साथ तैयार बैठे थे। उन्होंने उस आदमी से कहा चलें। यह गठरी उठाकर सिर पर रख लो। आदमी ने गठरी उठाकर सिर पर रख ली। दोनों चल दिये। पहाड़ की चढ़ाई थोड़ी देर चढ़ने पर आदमी ने साधु से कहा, "स्वामी जी मैं तो थक गया।" साधु ने कहा, "कोई बात नहीं है। इस गठरी में पाँच पत्थर हैं। एक फेंक दो।" आदमी ने वही किया। कुछ दूर चलने पर वह फिर थक गया तो साधु ने दूसरा पत्थर फिंकवा दिया। थकने पर फिर तीसरा, चौथा और पाँचवाँ, इस तरह पाँचों पत्थर फेंककर आदमी पहाड़ की चोटी पर पहुँच गया। बोला, "महाराज, हम लोग यहाँ आ गये। अब अपना वादा पूरा कीजिए।" साधु ने कहा, "अरे अज्ञानी, तू पाँच पत्थर से भी भारी काम, क्रोध,

लोभ, मोह आदि की चट्टानें अपने हृदय पर रख ईश्वर के दर्शन करना चाहता है।" इसलिए धर्म की रक्षा, तब हो सकती है जब हमारे नैतिक मूल्य सुरक्षित हों, इसीलिए कहा गया है–

हे जाग्रत साधक, हे मानव!
रोज साँझ को, रोज सवेरे,
सम्यक् आत्म-निरीक्षण कर।
क्या-क्या काम किये तूने,
क्या नहीं किये हैं,
कितने नहीं किये हैं?
कितने करने और शेष हैं पुण्य कर्म,
जो अब तक तू कर नहीं सका है?
इन सबका लेखा जोखा ले,
निज का आत्म-परीक्षण कर।
रोज साँझ को, रोज सवेरे,
सम्यक़ आत्म-निरीक्षण कर।

(दसवें-चूर्णि)

वर्तमान युग में धर्म का वास्तविक अर्थ कर्मकाण्ड, बाह्याचार आदि समझ लिया गया है, परन्तु धर्म का वास्तविक अर्थ है–आन्तरिक स्वभाव। तुलसीदास धर्म के पालन का उपाय बताते हैं–उनके अनुसार धर्म वही है जिसमें लौकिक एवं पारलौकिक शान्ति मिले। धर्म के दो रूप हैं–सामान्य या सनातन धर्म और दूसरा विशेष धर्म। सामान्य धर्म के अन्तर्गत मानस में वर्णित भक्ति, परहित, सत्यव्रत, दानशीलता और अहिंसा, त्याग आदि की चर्चा की गयी है। विशेष धर्म में वर्ण आश्रम धर्म आता है। 'रामचरितमानस' में विप्र धर्म, क्षत्रिय धर्म, स्वामी सेवक धर्म, नारी धर्म इत्यादि धर्म की चर्चा की गयी है। प्रभु राम के स्वरूप का चित्रण करते हुए तुलसी यह स्वीकार करते हैं कि जिस साधन से मोक्ष की प्राप्ति हो, वही सच्चा धर्म है। इस प्रसंग में ज्ञान, योग, मोक्ष की चर्चा करते हुए ऐसा मानते हैं कि भक्ति एक ऐसा मार्ग है जिसका पालन सभी कर सकते हैं, जिसके साथ मोक्ष के साधन स्वत: आ जाते हैं।

जहँ लगि साधन बेद बखानी। सब कर फल हरि भगति भवानी।।
सो रघुनाथ भगति श्रुति गाई। राम कृपा काहूं एक पाई।।

(उत्तरकाण्ड)

संतों की संगति के अभाव में भक्ति की प्राप्ति नहीं हो सकती। संत कवियों ने अपनी शीतल वाणी से मनुष्य को सान्त्वना भी दी और जाति भेद को दूर कर एकता

लाने का प्रयास किया तथा भारतीय संस्कृति की रक्षा की। संत शब्द का अर्थ ही है– पवित्रचारी, पवित्रात्मा, सहिष्णु, विनम्र, परोपकारी एवं करुणाशील। विशिष्ट अर्थ में सन्त शब्द का व्यवहार उन आदर्श महापुरुषों के लिये किया जाता है जो पूर्णत: आत्मनिष्ठ होने के साथ समाज में रहते हुए भी नि:स्वार्थ भाव से विश्व-कल्याण में प्रवृत्त रहते हैं। तुलसीदास कहते हैं–

संत सरल चित्त जगत हित, जानि सुभाउ सनेहु।
बाल बिनय सुनि करि कृपा, राम चरनरति देहु।।

सन्तों ने धर्म की सरल और व्यावहारिक बातों को जनता के सामने रखा है। तुलसीदास स्वीकार करते हैं कि सन्तों की संगति के अभाव में भक्ति की प्राप्ति नहीं हो सकती, हमारे धर्मशास्त्रों में धर्म के अनेक रूप बताये गये हैं, उनका फल, यही है कि सच्चे सन्त की प्राप्ति हो–

भक्ति सुतंत्र सकल गुन खानी, बिनु सत्संग न पावहि प्रानी।
पुण्य पुंज बिनु मिलहिं न सन्ता, सतसंगति संसृति कर अंता।।

सत्संग, सन्तों की सेवा ही मानव का सच्चा धर्म है। धर्म वह है जिससे उत्कर्ष और परम कल्याण की सिद्धि होती है। वैशेषिक सूत्र के अनुसार–

यतोऽभ्युदनि: श्रेयससिद्धि: स धर्म:

गीता को जिस प्रकार 'सर्वशास्त्र' कहा गया है, उसी प्रकार 'रामचरितमानस' भी समस्त वेदांगों से परिपूर्ण है। 'बालकाण्ड' में तुलसीदास जी लिखते हैं–

नानापुराणनिगमागमसम्म तं
यद् रामायणे निगदितं क्वचिद्न्यतोऽपि
स्वान्त: सुखाय तुलसी रघुनाथगाथा
भाषानिबन्धमतिमंजुलमा तनोति।।

अनेक पुराण, वेद और शास्त्र से सम्मत तथा जो 'रामायण' में वर्णित प्रसंग हैं, इसके साथ अन्यत्र से भी उपलब्ध प्रसंगों को, श्रीरघुनाथ जी की कथा को तुलसीदास अपने अन्त:करण के सुख के लिए अत्यन्त मनोहर भाषा (अवधी) में लिपिबद्ध करते हैं। प्रभु राम का नाम लेने से यदि उनका उद्धार हो सकता है तो तुलसी चाहते हैं कि पूरे समाज का उद्धार हो। इसे समावेशित करने की शक्ति हमें 'रामचरितमानस' में देखने को मिलती है। लोककल्याण की भावना से प्रभु के स्वरूप को (जो जन-जन के हैं) लोकभाषा अवधी में रचकर तुलसीदास जी ने मनुष्यों के अन्तर्मन तक पहुँचाया।

जीवन-मूल्यों के लिए धर्म-साधना की जाती है, मानव जीवन की नींव धर्म है, प्रभु राम धर्म का आलोक हैं, राम कथा का अभीष्ट है नर में नारायण, जीव में ब्रह्मा, राम की भक्ति में विश्वास कर मनुष्य रामत्व की प्राप्ति कर सकता है। मानव जीवन में संशय या मनोविकार ही उसके बन्धन का मुख्य कारण है, इसी बन्धन से मुक्ति का मार्ग प्रशस्त करता है प्रभु राम का नाम और मनुष्य अपने जिस लक्ष्य को प्राप्त करता है, वही मानस दर्शन है। स्वयं शिव जी ने राम नाम की महिमा पार्वती को सुनायी है–

रचि महेस निज मानस राखा। पाइ सुसमउ सिवा सन भाषा।।
तातें रामचरितमानस बर। धरेउ नाम हियँ हेरि हरषि हर।।

(बालकाण्ड)

यह हमारी संस्कृति है जहाँ दधीचि ने देवताओं के हित के लिए अपनी हड्डियाँ तक दान कर दी थीं और राजा उशीनर ने एक कबूतर की रक्षा के लिए अपने शरीर का मांस दिया था। हमारे लिए सत्य का आचरण ही ईमानदारी है।

सत्य, सेवा, दया, प्रेम आदि मानव-धर्म के मूल तत्त्व माने गये हैं। इसीलिए भारतीय संस्कृति उस देव नदी के समान होती है जो अविराम गति से स्वच्छन्दता के साथ प्रवाहित होती रहती है। भारतीय संस्कृति की यही पहचान है कि–

सर्वे भवन्तु सुखिनः सर्वे सन्तु निरामयाः
सर्वे भद्राणि पश्यन्तु मा कश्चिद् दुःखभाग्भवेत्।

आज जब भारत में सांस्कृतिक पुनर्जागरण हो रहा है, पूरी दुनिया भारत देश की ओर आशा-भरी निगाहों से देख रही है। हमें ख़ासकर अपने युवाओं को राम को आत्मसात् करके आगे बढ़ने की आवश्यकता है। धर्म और संस्कृति के जिस स्वरूप की चर्चा अभी तक की गयी है, वह न केवल अतीत में बल्कि वर्तमान में भी समान रूप से प्रासंगिक है और भविष्य में भी उनका महत्त्व समान रूप से बना रहेगा। आज दुनिया भौतिकता और उपभोक्तावाद की सारहीनता को समझ रही है। विश्व के बड़े उपभोक्तावादी देश धीरे-धीरे आध्यात्मिकता की ओर आगे बढ़ रहे हैं। विश्व शान्ति के लिए धर्म, संस्कृति और अध्यात्म की चर्चा दुनिया भर में हो रही है। पर्यावरण संकट से त्रस्त मानव अपने प्राचीन ग्रन्थों में इसका हल खोज रहा है। ऐसे में राम इन समस्याओं के समाधान के रूप में विविध गुणों के समुच्चय के रूप में हमारे सम्मुख उपस्थित होते हैं। राम के आदर्श को अपने भीतर धारण कर हम न केवल व्यक्तिगत बल्कि सामाजिक, राष्ट्रीय, वैश्विक शान्ति और समृद्धि में अपना योगदान दे सकते हैं।

वर्तमान भू-राजनीतिक परिदृश्य और राम

ध्रुव कुमार

राम भारतीय संस्कृति के प्रतिनिधि पुरुष हैं। भारत ने उन्हें ऐतिहासिक से शाश्वतिक और नर से नारायण बनते हुए देखा है। भगवान राम के ऊपर लिखना किसी भी राम भक्त के लिए सौभाग्य का विषय होता है। अपने उस आराध्य का शब्द-चित्रण करना, जिसका बचपन से अनुसरण करते आये हैं, यह भला कौन न चाहता होगा। भगवान राम के ऊपर जो कुछ भी लिखा गया है, यदि उन सबका संकलन कर लिया जाये तो वह सम्भवतः समस्त पृथ्वी का विशालतम साहित्य होगा। राम पर कभी सायास नहीं लिखा जा सकता है। राम पर लेखन सहज और स्वतः ही सम्भव है। जैसा कि प्रसिद्ध कवि मैथिलीशरण गुप्त जी ने अपने साकेत के प्रारम्भ में लिखा है–

राम तुम्हारा चरित्र स्वयं ही काव्य है।
कोई कवि बन जाये सहज सम्भाव्य है।।

भगवान राम का चरित्र ही ऐसा है कि उन पर लिखकर कोई भी व्यक्ति लेखक अथवा कवि बन सकता है। कविवर मैथिलीशरण गुप्त की इन पंक्तियों ने मुझे सम्बल प्रदान किया। इसलिए अपनी लघुता का भान होते हुए भी मैं स्वतः भगवान राम के ऊपर कुछ लिखने को उद्यत हो रहा हूँ।

आनन्द सिन्धु भगवान राम की जन्मभूमि अयोध्या में चिरप्रतीक्षित नवनिर्मित भव्य मन्दिर में उनके विग्रह की प्राण-प्रतिष्ठा को लेकर न केवल भारत बल्कि पूरी दुनिया में राम भक्त उत्साहित हैं। यह उत्साह कई शताब्दियों की तपस्या का समुच्चय है। भगवान राम का अयोध्या में भव्य मन्दिर में प्रवेश करना कोई साधारण घटना नहीं है। यदि भूगोल और काल के परिप्रेक्ष्य में देखें तो इसे दुनिया का सबसे बड़ा ग्रैंड नैरेटिव कहा जा सकता है। भौगोलिक परिप्रेक्ष्य से यदि आप देखें, तो राम सिर्फ़ भारत के नहीं हैं, बल्कि वह भारत से बाहर भी कई देशों के हैं। दक्षिण-पूर्व एशिया के कई देशों में तो अभी भी रामलीला का मंचन किया जाता है। ध्यातव्य है कि सांस्कृतिक रूप से वे सारे ही देश हिन्दू बहुल राष्ट्र नहीं हैं। भूगोल की दृष्टि से

राम भारत से बाहर भी फैले हुए हैं। वहीं जब हम काल की दृष्टि से देखते हैं तो हम पाते हैं कि राम मन्दिर के निर्माण का यह संघर्ष लगभग 500 वर्षों की परिधि को घेरे हुए है। बीते पाँच सौ वर्षों में न जाने कितनी पीढ़ियों ने यह स्वप्न देखा कि अयोध्या में राम फिर से लौटकर आयेंगे और इसी स्वप्न के साथ वह परलोकवासी हो गये। भूगोल और काल दोनों के परिप्रेक्ष्य में यदि आप देखें, तो दुनिया में इससे बड़ा नैरेटिव और इससे बड़ा आन्दोलन कहीं नहीं दिखेगा। यही कारण है कि मैं राम मन्दिर के निर्माण को कोई साधारण नहीं बल्कि अभूतपूर्व घटना मानता हूँ। ऐसा सहस्राब्दियों में एक बार होता है और हम सब बेहद सौभाग्यशाली हैं कि हम अपनी आँखों से यह सब होता हुआ देख रहे हैं।

जब इतनी चीज़ें हमारे आसपास हो रही हैं, जब समूचे विश्व के राम भक्त उत्सव में सराबोर हैं तो ऐसे में हमें यह भी सोचने की आवश्यकता है कि क्या भगवान सिर्फ़ मूर्ति के रूप में ही आयेंगे या फिर उनके साथ उनकी मर्यादा भी आयेगी। वर्तमान समय में क्या भगवान राम उतने ही प्रासंगिक हैं, जितने वह त्रेता युग में हुआ करते थे? क्या भगवान राम ने मर्यादाओं में लिपटी हुई जिस संस्कृति का निर्माण किया, वह संस्कृति आज भी दुनिया के लिए उतनी ही प्रेरक हो सकती है? क्या भगवान राम के आदर्श आज भी अनुसरणीय हैं? एक राम भक्त होने के नाते जिस प्रकार से मेरे मन में ये प्रश्न आये, सम्भवतः आप सभी के मन में भी कभी न कभी आये होंगे।

हम सब जानते हैं कि मर्यादा के साक्षात् अवतार भगवान राम सिर्फ़ किसी एक देश या युग से जड़ित नहीं रह गये हैं, वह घट-घट में रमे हुए मर्यादा पुरुषोत्तम के प्रतीक हो गये हैं। हर युग को यह अनुमति है कि वह अपनी आकांक्षाओं और अभिलाषाओं के अनुरूप भगवान राम का चित्रण करे और यह देखे कि उसके युग में राम कितने प्रासंगिक हैं। सामाजिक, आर्थिक, राजनीतिक व अनेक सन्दर्भों में राम की प्रासंगिकता पर बहुत विचार हुआ है। इसी क्रम में वर्तमान समय की भू-राजनीति में भगवान राम की प्रासंगिकता पर विचार अभीष्ट है।

भू-राजनीति में पहला ही शब्द 'भू' है, जो भूमि का प्रतिनिधित्व करता है। जब से मानवीय सभ्यता के केन्द्र में अर्थव्यवस्था का आगमन हुआ तब से भूमि शक्ति का मापक बन गयी है। जिसके पास जितनी भूमि, वह उतना ही ज़्यादा शक्तिशाली माना जाने लगा। जिस राजा के राज्य का क्षेत्रफल जितना अधिक होता, उस राजा को उतना ही चक्रवर्ती समझा जाता। वर्तमान समय में भी यदि आप देखें तो अन्तर्राष्ट्रीय स्तर पर अधिकांश युद्ध, भूमि पर कब्ज़े के लिए ही किये जाते हैं।

बहुत पीछे न जाते हुए हम हालिया दो युद्धों का सन्दर्भ देखेंगे। बीते लगभग दो वर्षों से रूस और युक्रेन में युद्ध अनवरत जारी है। रूस इससे पहले भी यूक्रेन का हिस्सा रह चुके क्रीमिया का अधिग्रहण कर चुका है। वर्तमान समय में भी यूक्रेन की भौगोलिक सीमाओं में रूस के कारण लगातार बदलाव देखने को मिल रहे हैं। दूसरा संघर्ष हमें इजराइल और गाजा पट्टी के रूप में देखने को मिलता है। वहाँ तो इजराइल और गाजा दोनों ही अपने-अपने अस्तित्व की लड़ाई लड़ रहे हैं। असल में वह अस्तित्व की लड़ाई कम और भूमि की लड़ाई ज़्यादा है क्योंकि दोनों ही अपने-अपने लिए ज़्यादा भूमि चाहते हैं।

किसी दूसरे की भूमि पर अधिकार करने की वृत्ति में कुछ नवीन नहीं है। यह कार्य तो तब से किया जा रहा है जब से मनुष्य ने भूमि पर अपने स्वामित्व के दावे करने शुरू किये हैं। किन्तु जब हम राम के जीवन में झाँकते हैं, तो हमें भू-राजनीति के एक बेहद ही महत्त्वपूर्ण पहलू का ज़िक्र मिलता है। भगवान राम को जब वनवास दिया गया, तो वह उस समय उस अयोध्या के उत्तराधिकारी थे, जो सप्त सिन्धु का सबसे वैभवशाली साम्राज्य माना जाता था। राम सूर्य के वंशज हैं। स्वाभाविक सी बात है कि कोई इतने बड़े साम्राज्य का प्रतिनिधि हो तो उसकी कुछ न कुछ महत्त्वाकांक्षा ज़रूर होगी। पर राम की आकांक्षा इसके विपरीत थी।

अमेरिका के चौथे राष्ट्रपति James Madison ने एक बार कहा था, “The essence of government is power, and power, lodged as it must be in human hands, will ever be liable to abuse.” यह बात रावण के साथ तो लागू होती है किन्तु राम के साथ नहीं। राम के साथ तो यही विशेषता जुड़ी है कि वह आम मानव के लिए स्वाभाविक बातों के विपरीत जाकर मर्यादा का पालन करते दिखते हैं। जब माता सीता का हरण हुआ तो उस समय दण्डकाराण्य में भगवान राम ने सुग्रीव के साथ मित्रता की और न सिर्फ़ मित्रता की बल्कि बाली के चंगुल से उनकी पत्नी व उनका राज्य भी छुड़वाया। किष्किन्धा राज्य उस समय वानरों के लिए शक्ति का केन्द्र माना जाता था। राम यदि चाहते तो बाली-वध के पश्चात् सुग्रीव के स्थान पर किष्किन्धा के सम्राट या तो वह ख़ुद बन जाते या फिर लक्ष्मण को बनाते। राम में यदि महत्त्वाकांक्षा होती तो वह भू-राजनीतिक दृष्टिकोण से किष्किन्धा का अयोध्या में विलय कर सकते थे। लेकिन राम ने वहाँ मित्रता का मर्यादित आचरण किया। राम ने वानरों के राजा के रूप में एक वानर सुग्रीव को प्रतिस्थापित कर यह सन्देश दिया कि आर्थिक व राजनीतिक दृष्टिकोण से किसी अन्य की भूमि पर क़ब्ज़ा कर उस पर शासन करना किसी भी दृष्टि से राजधर्म नहीं है।

ठीक यही अनूठी मिसाल हमें तब भी देखने को मिलती है जब रावण-वध के पश्चात् भगवान राम समृद्ध लंका का राज विभीषण को देते हैं। राम चाहते तो वैभवशाली लंका पर राज कर सकते थे या फिर उसे अयोध्या का उपनिवेश बना सकते थे। लेकिन राम ने लंका का राज भी एक लंकावासी विभीषण को लौटा दिया। तुलसीदास तो इस स्थान पर यह लिखते हैं कि–

जो सम्पति सिव रावनहि, दीन्हि दिएँ दस माथ।
सोइ सम्पदा बिभीषनहि, सकुचि दीन्हि रघुनाथ॥

अर्थात् जो सम्पत्ति भगवान शिव ने रावण को दस सिर अर्पित करने के बाद दी थी, वह सम्पत्ति राम जब विभीषण को लौटा रहे हैं तो बेहद सकुचाते हुए लौटा रहे हैं, कि मैं कितनी तुच्छ वस्तु विभीषण को दे रहा हूँ।

आज के वैश्विक सन्दर्भ में जब दुनिया के लगभग सभी देश एक-दूसरे की भूमि पर क़ब्ज़े के लिए उतावले हो चले हैं, ऐसे समय में यदि भगवान राम की भू-राजनीति की अवधारणा से प्रेरणा ली जाये तो शायद दुनिया में शान्ति की स्थापना हो।

भू-राजनीतिक घटनाओं की जब बात आती है तो युद्ध और उसके परिणामों का ज़िक्र अवश्य आता है। युद्ध तो भयावह होते ही हैं लेकिन उसके परिणाम उससे कहीं ज़्यादा भयावह होते हैं। युद्ध की मार कई बार सैनिकों के अलावा नागरिकों तक भी पहुँचती है और जब इसके परिणाम नागरिकों तक पहुँचते हैं तो युद्ध हमें कहीं ज़्यादा वीभत्स दिखाई देता है। नागरिकों के साथ, विशेषकर महिलाओं के साथ जिस प्रकार की प्रताड़ना की जाती है, उससे दुनिया भर के इतिहास भरे पड़े हैं। नारी को सम्मान का प्रतीक बनाकर दुश्मन के द्वारा उसका मर्दन स्वयं की श्रेष्ठता को दर्शाने के उद्देश्य से किया जाता है।

युद्ध तो राम ने भी लड़े। न सिर्फ़ लड़े बल्कि जीते भी। लेकिन युद्ध जीतने के पश्चात् भी राम ने शत्रु पक्ष की महिलाओं को उचित आदर दिया, नागरिकों को कोई हानि नहीं पहुँचायी। आज तो जेनेवा समझौता जैसे अधिनियमों की उपस्थिति के बावजूद युद्धबन्दियों और नागरिकों विशेषकर महिलाओं का उत्पीड़न हो रहा है, लेकिन राम ने तो यह मर्यादा तब दिखाई थी जब वैश्विक स्तर पर ऐसे किसी भी नियम का अभाव था।

भू-राजनीतिक दृष्टिकोण में भगवान राम से जो तीसरी सीख ली जा सकती है, वह है गठबन्धन बनाना। वनवासी राम के पास रावण से लड़ने के लिए न तो सेना थी और न ही संसाधन। लेकिन उसके बावजूद वह रावण से लड़ पाये, क्योंकि

उनके अन्दर कूटनीतिक समझ थी। वह मित्र बनाना जानते थे। राम जानते थे कि जब आप एक बहुत बड़ी दु:शक्ति के साथ लड़ाई लड़ने जा रहे हैं तो आपको उस दु:शक्ति द्वारा प्रताड़ित हर व्यक्ति व संस्था को साथ लेकर चलना होता है। रावण ने अतीत में जिस-जिस का भी दमन किया था, राम के साथ वह सभी शामिल हुए और उन्होंने रावण का पराभव सुनिश्चित किया।

आधुनिक समय में आतंकवाद के सन्दर्भ में भी हमें यही देखने को मिल रहा है। भारत इस समय वैश्विक स्तर पर ज़ोर-ज़ोर से आतंकवाद के ख़िलाफ़ मोर्चा खोलकर खड़ा है। भारत उन सभी देशों को साथ लाने का प्रयास कर रहा है, जो आतंकवाद से पीड़ित हैं। इसके सुफल हमें सामने दिख भी रहे हैं। आज वैश्विक मंचों पर आतंकवाद के विरुद्ध एक सुर में आवाज़ उठायी जा रही है।

इसके अतिरिक्त राम की मित्रता की अवधारणा में एक और बात हमें दिखती है कि राम कभी भी शक्ति के आधार पर अपना मित्र नहीं बनाते। राम यदि शक्ति को अपना मित्र चुनते हैं तो वह सुग्रीव के स्थान पर बाली का चयन करते क्योंकि बाली तो अतीत में रावण को हरा भी चुका था। लेकिन राम क्षेत्रफल, जनसंख्या व शक्ति इन सबसे परे उन वंचितों को, उन पीड़ितों को चुनते हैं, जिन्हें मुख्यधारा में लाने की आवश्यकता है। राम उन सबको साथ लेकर चलते हैं और जीतते भी हैं। राम वर्तमान समय के विकसित देशों को अपने इस आचरण से यह सन्देश देते हैं कि जो अल्पविकसित व विकासशील राष्ट्र हैं, उनको साथ लेकर चलने से ही पृथ्वी का कल्याण सुनिश्चित किया जा सकता है। भारत समेत दुनिया के सभी देशों को इस चीज़ से सीखने की आवश्यकता है कि वह उन छोटे देशों को, उन अल्प विकसित देशों को अपने साथ लेकर आगे बढ़े जो अभी मुख्यधारा में आगे नहीं आये हैं।

कुल मिलाकर कहें तो राम की जो पूरी जीवन-यात्रा है, वह हमें सामाजिक, आर्थिक, राजनीतिक और आध्यात्मिक सन्देश तो देती ही है लेकिन साथ ही साथ वह अन्तर्राष्ट्रीय सम्बन्धों के दृष्टिकोण से भी हमारी दिशा निर्धारित कर सकती है। महात्मा गाँधी जिस रामराज्य की बात करते हैं, वह रामराज्य यदि आया तो वास्तव में वैश्विक शान्ति के लिए प्रकाश-स्तम्भ के रूप में कार्य कर सकता है।

यहाँ यह सोचने का विषय है कि जब श्रीराम के दर्शन में इतनी शक्ति है, जब उनके आदर्शों पर चलकर हम इस धरा को शान्तिपूर्ण बना सकते हैं तो आख़िर हम इतने विभिन्न तापों से ग्रस्त क्यों हो जाते हैं? दरअसल, हमने श्रीराम के 'चरण' तो पकड़े पर उनके 'आचरण' को धारण करने में चूक हो गयी। हमें भगवान राम के चरण पकड़ने के साथ-साथ उनके आचरण को भी पकड़ना होगा तभी उनकी प्रासंगिकता सही अर्थों में हमारे काम आ सकेगी।

न जाने कितनी शताब्दियाँ बीत गयीं लेकिन राजा रामचन्द्र जी आज भी उतने ही प्रासंगिक हैं जितने वह त्रेता-युग में थे। वैश्विक परिप्रेक्ष्य में जितनी भी चुनौतियाँ आज मनुष्य के सामने मुँह खोले खड़ी हैं, उन समस्त चुनौतियों का मुँह बन्द करने के लिए राम के जीवन से निकला हुआ एक बाण ही काफ़ी है। राम के जीवन में भू-राजनीति से सम्बन्धित उन सभी प्रश्नों के उत्तर मिलेंगे जिनसे आज सामान्य मानवी दो-चार हो रहा है। बस आवश्यकता है तो राम को समझने की सद्इच्छा की और भगवान का अयोध्या में पुनरागमन से बेहतर अवसर हम सबके लिए भला और क्या हो सकता है।

स्वतन्त्रता आन्दोलन, हिन्दी कविता और राम

दीपक जायसवाल

भारतवर्ष का स्वर्णिम इतिहास रहा है। दुनिया की प्राचीनतम सभ्यता यहाँ जन्मी, विकसित हुई और उसका नैरन्तर्य आज भी है। आचार्य हजारीप्रसाद द्विवेदी इस राष्ट्र को 'महामानव समुद्र' की संज्ञा देते हैं, जहाँ तमाम बाहरी देशों से लोग आये जिन्होंने यहाँ की संस्कृति को अपनाया और उसको समृद्ध किया। यदि भारतीय संस्कृति के किसी सबसे बड़े सांस्कृतिक प्रतीक को चुनना हो तो वह मर्यादा पुरुषोत्तम राम और उनकी कथा ही होगी जो भारतीय जनमानस के मन में, हृदय में, संस्कार में, रची बसी है। भारतीय संस्कार, भाव, आदर्श और मूल्यों को रामकथा पूरे वैविध्य व समग्रता के साथ धारण करती है। रामकथा व स्वयं राम भारतवर्ष के अनन्त काल के इतिहास के साथ यात्रा कर रहे हैं। कोई भी राष्ट्र अपने पूर्वजों, अपनी जड़ों, अपनी संस्कृति से कटकर उन्नति नहीं कर सकता, न ही उस राष्ट्र की एकता, अखण्डता अथवा आत्मा सुरक्षित रह सकती है। इसीलिए जब कोई आक्रान्ता किसी देश पर आक्रमण करता है तो उसकी स्मृतियों को मिटाता है, उसके नायकों की छवि धूमिल करता है, स्मारकों को तोड़ता है, और कहानियों को सन्देह से दूषित कर देता है। उनके स्वाभिमान को, उनके पौरुष को, उनके देवताओं को, उनसे छीन लेता है–"मैं उन समाजों के बारे में बात कर रहा हूँ जिनका सार चूस लिया गया, जिनकी संस्कृतियाँ रौंदी गयीं, संस्थाएँ नष्ट की गयीं, ज़मीनों पर क़ब्ज़ा किया गया, धर्मों को नष्ट किया गया, बेहतरीन कलाकृतियों का विनाश किया गया, उनकी विलक्षण सम्भावनाओं को समाप्त कर दिया गया। वे मेरी खोपड़ी पर तथ्यों की बौछार करते हैं–आँकड़े, रेलवे लाइनों, नहरों और सड़कों की लम्बाइयाँ गिनाते हैं...मैं उन लाखों लाख मनुष्यों की बात कर रहा हूँ जिन्हें अपने देवताओं, अपनी धरती, अपनी ज़िन्दगी, अपनी मृत्यु और अपनी मनीषा से काटकर अलग कर दिया गया।"(Aime Cesaire, 'Discourse on Colonialism', Pg.21-22i (trans.) John Pinkham)

सन् 1600 ईस्वी में ईस्ट इंडिया कम्पनी जो सौदागर बनकर आयी, धीरे-धीरे पूरे देश को अपनी धूर्तता, चालबाज़ियों व तलवार के बल से ग़ुलाम बना ले गयी। "ब्रिटिश शासकों द्वारा भारत को अपने अधीन करना एक व्यापारिक कम्पनी (ब्रिटिश ईस्ट इंडिया कम्पनी), जिसमें न कोई संकोच और नैतिकता थी और न शासन का सलीका ही था, द्वारा एक महान सभ्यता पर आक्रमण एवं उसका विनाश करना था।" (V.Y. Mudimbe. 'The Intervention of Africa : Genesis, Philosophy and the order of Knowledge', Pg. 2)

लेकिन किसी भी देश को केवल तलवार के बल पर उपनिवेश नहीं बनाया जा सकता बल्कि यह–"भौतिक स्थानों पर क़ब्ज़ा, देशी जनता के मन-मस्तिष्क की पुनर्रचना तथा स्थानीय आर्थिक इतिहासों को पश्चिमी परिप्रेक्ष्य में संग्रन्थित करके स्थापित और मज़बूत होता है। इन बातों से ही वह औपनिवेशिक ढाँचा खड़ा होता है जो कि औपनिवेशिक अनुभव के भौतिक, मानवीय और आध्यात्मिक पहलुओं को समेटे रहता है। देशी संस्कृतियों का अवमूल्यन और देशी अभिव्यक्तियों को ख़ामोश करके ही उपनिवेशवाद अपनी विचारधारात्मक वैधता को स्थापित करता है।" (बिल दुरान्त, 'द केस फॉर इंडिया', पृष्ठ 7)

सल्तनतकालीन और मुग़लकालीन दौर में सहिष्णु भारत की सभ्यता को तलवार के बल पर कुछ शासकों द्वारा धार्मिक कट्टरता से चोट पहुँचाने की कोशिश की गयी थी–मन्दिर तोड़े गये, मूर्तियाँ खण्डित की गयीं, ज्ञान के प्राचीन भण्डार, यथा–नालन्दा पुस्तकालय, जला दिये गये। लेकिन भारतीय शासकों को हरा भले ही दिया गया हो, भले ही स्मृतियों को नष्ट करने की कोशिश की गयी, लेकिन भारतीय संस्कृति की सन्त-परम्परा और आम जनता अपनी श्रुतियों, ग्रन्थों, स्मृतियों को न केवल बचाने में सफल रही बल्कि लोकजागरण, भक्ति आन्दोलन के द्वारा पौरुष से हताश जनता के स्वाभिमान की रक्षा की और आत्मबल भी प्रदान किया। 'रामचरितमानस' की रचना जब गोस्वामी तुलसीदास कर रहे थे, तब सत्ता के लिए भाई भाई की हत्या कर रहा था, पिता की हत्या पुत्र कर रहा था, हरम में स्त्रियों की संख्या सेना में हाथी-घोड़ों की संख्या की तरह सामर्थ्य व शक्ति का पैमाना बनी हुई थी। ऐसे विशृंखलित और अनैतिक समाज के सामने मर्यादा पुरुषोत्तम राम के चरित्र द्वारा आदर्श स्थापित किया गया; जहाँ पिता वचन की रक्षा के लिए प्राण से भी प्रिय पुत्र को वनवास दे देता है और दूसरी तरफ़ पुत्र-स्नेह की रक्षा प्राण त्याग करके करता है। पुत्र के लिए पिता का आदेश शिरोधार्य है, एक भाई जो भाई के साथ राजसी सुख त्यागकर वनगमन करता है, एक दूसरा भाई है जिसके लिए सत्ता भाई के स्नेह के आगे चरण-धूल है और वह बड़े भाई की चरण-पादुका को शिरोधार्य

कर प्रजा की सेवा करता है, पतिव्रता सीता राजसुख के बजाय पति के साथ वन के कष्टों में स्वर्ग का सुख महसूस करती हैं। राम के चरित्र व कथा को लेकर सैकड़ों ग्रन्थ लिखे गये। गोस्वामी तुलसीदास ने आदर्श राज्य के रूप में समकालीन राजाओं के समक्ष 'रामराज्य' का प्रतिमान रखा–

अल्पमृत्य नहिं कवनिउ पीरा। सब सुन्दर सब बिरुज सरीरा।।
नहिं दरिद्र कोउ दुखी न दीना। नहिं कोउ अबुध न लच्छन हीना।

और जो राजा प्रजा के दु:खों से सरोकार नहीं रखता, वह नरक का अधिकारी है।

सल्तनतकालीन शासकों व मुग़लों के द्वारा जो कार्य भौतिक व स्थूल रूप में किया गया, उसे अंग्रेज़ों द्वारा बड़ी सूक्ष्मता से भाषा व संस्कृति के क़िले में घुसपैठ करके अंजाम देने की कोशिश की गयी। भारतीयों को असभ्य करार दिया गया, उन्हें पिछड़ा बताया गया, भारत को सपेरों का देश कहा गया और बड़ी चालाकी से साम्राज्यवाद को नैतिक जामा पहनाने की कोशिश की गयी–"साम्राज्यवादियों का दावा था कि उनके साम्राज्य महज़ शोषण के विराट उद्यम नहीं हैं बल्कि ग़ैर-यूरोपीय प्रजातियों की ख़ातिर संचालित की गयी परोपकारी परियोजनाएँ हैं–रुडयार्ड किपलिंग के शब्दों में 'द वाइट मैन्स बर्डन'–

टेक अप द वाइट मैन्स बर्डन–
सेंड फॉर्थ द बेस्ट यी ब्रीड–
गो बाइंड योर सन्स टू एग्जाइल
टू सर्व योर कैप्टिव नीड;
टू वेट इन हैवी हार्नेस,
ऑन फ्लटर्ड फोक एंड वाइल्ड–
योर न्यू-कॉट, सलन पीपल्स
हाफ़ डेविल एंड हाफ़ चाइल्ड।

...जीव विज्ञानियों, मानवशास्त्रियों और भाषा वैज्ञानिकों तक ने इस बात के वैज्ञानिक सबूत उपलब्ध कराये कि यूरोपीय लोग तमाम दूसरी नस्लों से श्रेष्ठ हैं; और इसलिए इन दूसरी नस्लों पर हुकूमत करना (अगर कर्तव्य नहीं तो) उनका हक़ है। ('सेपियंस', युवाल नोआ हरारी, पृष्ठ 326-327)

जब कि इसका यथार्थ 'द ब्राउन मैन्स बर्डन' था, जिसे लिबरल सांसद हेनरी लेबूशेरी द्वारा लिखा गया।

सन् 1928 में ब्रिटेन के गृहमन्त्री ने स्पष्ट शब्दों में कहा था–"स्टेनली बाल्डविन, मैं जानता हूँ कि मिशनरी सभाओं में यह कहा जाता है कि हमने भारतीयों के स्तर को ऊँचा उठाने के लिए भारत को विजित किया। यह पाखण्ड है, हमने ब्रिटेन की वस्तुओं के बाज़ार के रूप में भारत को जीता। हमने तलवार से भारत पर जीत हासिल की और तलवार से ही हम इस पर शासन करेंगे। मैं इतना ढोंगी नहीं हूँ कि कहूँ कि हम भारतीयों के लिए भारत पर शासन कर रहे हैं। हम एक हाथ में डण्डा और दूसरे हाथ में तलवार लेकर गये और तलवार से हम उन्हें असहाय बनाये हुए हैं और डण्डा हम उनके गले में भोंकते हैं।" (शशि थरूर, 'अन्धकार काल : भारत में ब्रिटिश साम्राज्य', पृष्ठ 249.)

जनरल डायर के कृत्य और उसकी की गयी ब्रिटिश समाज द्वारा प्रशंसा इस नीयत के प्रमाण हैं। रवीन्द्रनाथ ठाकुर ने अपनी 'नाइट' की उपाधि इस घटना की प्रतिक्रिया में लौटा दी थी। भारतीय साहित्यकार स्वतन्त्रता आन्दोलन से तटस्थ नहीं थे बल्कि इसके हिस्सेदार व प्रेरक की भूमिका में थे। रवीन्द्र, प्रेमचन्द, निराला, मैथिलीशरण गुप्त, प्रसाद, तिलक आदि ब्रिटिश सरकार की कारस्तानियों से वाक़िफ़ थे और जनता के साथ खड़े थे। उन्होंने राष्ट्रीय जागरण, एकता व स्वाभिमान के लिए हमारे नायकों, इतिहास और अतीत गौरव को अपने उपन्यासों, कहानियों, कविताओं के माध्यम से आम जनता के समक्ष रखकर उन्हें जाग्रत करने का प्रयास किया।

'भारत दुर्दशा', 'अन्धेर नगरी', 'चन्द्रगुप्त', 'ध्रुवस्वामिनी', 'भारत-भारती', 'साकेत', 'अयोध्या का उद्धार', 'राम की शक्तिपूजा', 'रंगभूमि', 'गोदान', 'गोरा' आदि रचनाओं ने आम जनता में स्वाभिमान, स्वतन्त्रता, बन्धुता व राष्ट्रप्रेम का भाव जाग्रत किया। ग़ुलामी, मैकाले की शिक्षा-प्रणाली, नस्लवादी शासकों-चिन्तकों से मुक्ति भारतीय जनता में स्वाभिमान व स्वातन्त्र्य-भाव को जाग्रत किये बिना सम्भव नहीं थी–"प्राचीन महाकाव्यों, 'महाभारत' एवं 'रामायण' में व्यक्त भारत की धारणा के समान यह इच्छा एवं प्रेरणा भारतीयों की उनके अपने राष्ट्र की कल्पना में भी व्यक्त होती है जिसे बीसवीं सदी के राष्ट्रवादियों ने पहचान लिया। इन महाकाव्यों ने भारतीय संस्कृति के मज़बूत परन्तु परिष्कृत सूत्रों की भूमिका निभायी है जिन्होंने उपमहाद्वीप की जनजातियों, भाषाओं को परस्पर बाँधा है और महान नायक व नायिकाओं–जिनकी कथाएँ एक समान भावना एवं अर्थ के साथ दर्जनों अनुवादों और रूपों में सुनाई जाती थीं–कि महिमामण्डन ने उन्हें एक सूत्र में पिरोया है।" (शशि थरूर, 'अन्धकार काल : भारत में ब्रिटिश साम्राज्य', पृष्ठ 249)

इन महान नायकों की कथाओं में सबसे बड़े नायक 'मर्यादा पुरुषोत्तम राम' हैं। उनसे खरा है कौन? प्रतीकात्मक रूप में ब्रिटिश सरकार के लिए रावण व भारतीय स्वतन्त्रता आन्दोलन के नायकों के लिए राम के 'रामत्व' को पुनर्सृजित किया गया। तत्कालीन समाज में देश के लिए ग़ुलामी की जंज़ीर तोड़ने से ज़रूरी कोई दूसरा लक्ष्य नहीं था। 'साकेत' के द्वादश सर्ग में सीता भारतीय स्वाधीनता की प्रतीक हैं और निरीह पड़ी हैं। स्वतन्त्रता सेनानियों-नायकों के आत्मोत्सर्ग की राह देख रही है–

हाय! मरण से नहीं किन्तु जीवन से भीता
राक्षसियों से घिरी हमारी देवी सीता।
बन्दीगृह में बाट जोहती खड़ी हुई हैं
व्याध जाल में राजहंसिनी पड़ी हुई हैं।

(मैथिलीशरण गुप्त, 'साकेत', पृष्ठ 47.)

अयोध्या के उद्धार में जयशंकर प्रसाद राष्ट्र के अतीत-गौरव की याद दिलाते हुए देश की वर्तमान दुर्गति की तरफ़ संकेत करते हैं–

इक्ष्वाकु आदि की विमल–
कीरति दिगंत प्रकासिता
सो भई नगरी नाग-कुल–
आधीन और विलासिता॥

राम के जाने के बाद से अयोध्या परतन्त्र हो गयी है। जनता दु:ख में है–'पराधीन सपनेहुँ सुख नाहीं'। जहाँ रामराज्य था, वहाँ अब–

बिगत राम जनहीन दीन है
निज अधीन करि ताहि लीन है।

लेकिन जयशंकर प्रसाद भारतमाता, अयोध्या के अपने उद्धारकों का आह्वान करते हैं। वह पुरुषार्थ जो राम में था, वह उनके वंशजों में भी है। अत: अब भी चेत जाने की ज़रूरत है, हताशा और सोने का समय नहीं रहा–

जेहि रामराज्य को सदा
रहि है या जग माहि नाम है।
तेहि के तुमहूँ सपूत है
चित चेतो बिगरथो न काम है।

तिलक, गोखले, लाला लाजपत राय आदि के नेतृत्व में स्वातन्त्र्य-चेतना आन्दोलन का रूप धारण कर चुकी है। रूसो ने फ्रांस की क्रान्ति के समय जो कहा था, वही तिलक भारतवर्ष के सन्दर्भ में माँग रहे हैं–'स्वतन्त्रता हमारा जन्मसिद्ध अधिकार है।' इसके लिए भारत के प्रत्येक नागरिक को जागना होगा। किसी भी जाति के अन्दर यदि स्वातन्त्र्य-चेतना जाग्रत हो जाती है तो उसे ज़्यादा देर तक ग़ुलाम बनाये रखना मुश्किल हो जाता है। इसलिए प्रसाद मानसिक रूप से तैयार होने के लिए जनता का आह्वान करते हैं–

तुम छायी रहे कुशवती
अरु सोये रघुवंश की ध्वजा।
उठि जागहु सुप्रभात है
जेहि जागे सुख सोवती प्रजा।

देवताओं की प्रार्थना से अधिक इस स्वतन्त्रता आन्दोलन में भारतवासियों को जिजीविषा, अदम्य साहस, संघर्ष करने की क्षमता का परिचय देना होगा और रामत्व को भावना में, आचार में और पौरुष में धारण करना होगा। भक्ति आन्दोलन से स्वतन्त्रता आन्दोलन के कवियों में युगीन आवश्यकता के रूप में एक बड़ा बदलाव जो आया, वहाँ ईश्वर की स्तुति व अलौकिक जगत् पर ध्यान केन्द्रित है जब कि स्वतन्त्रता आन्दोलन में राम न केवल मनुष्य रूप में हैं बल्कि कवि की इच्छा मोक्ष की नहीं, 'जननी जन्मभूमिश्च स्वर्गादपि गरीयसी' की है–

सन्देश यहाँ मैं नहीं स्वर्ग का लाया
इस भूतल को ही स्वर्ग बनाने आया।

(मैथिलीशरण गुप्त, 'साकेत', पृष्ठ 235)

गाँधी जी के नेतृत्व में भारतीय जन-मन राष्ट्रीय स्वतन्त्रता आन्दोलन के लिए अपनी पूरी क्षमता, साहस, धैर्य के साथ जुटा हुआ था। चम्पारण सत्याग्रह, असहयोग आन्दोलन, सविनय अवज्ञा आन्दोलन से ऐसा लग रहा था कि स्वतन्त्रता निकट है–

असुर-शासन शिशिर मय हेमन्त है,
पर निकट ही रामराज्य वसन्त है।
पापियों का जान लो अब अन्त है,
भूमि पर प्रकटा अनादि-अनन्त है।"

(मैथिलीशरण गुप्त, 'साकेत', पृष्ठ 05)

राम ने जैसे रावण का वध करके सत्य और न्याय से युक्त रामराज्य की स्थापना की, गाँधी भी अंग्रेज़ों के अन्यायपूर्ण और असत्य पर टिकी अनैतिक एवं अमानवीय सरकार के साम्राज्यवादी शासन का अन्त कर रामराज्य की स्थापना करना चाहते थे। 1930 तक आते-आते भारतीय राष्ट्रीय कांग्रेस ने, 26 जनवरी 1930 को, 'पूर्ण स्वराज' की माँग की, न डोमिनियन स्टेट और न ही किसी प्रकार की आधी-अधूरी स्वतन्त्रता।

"भारत में ब्रिटिश सरकार ने भारत के लोगों को न केवल अपने अधिकारों से वंचित किया है, अपितु जनसाधारण के शोषण को अपना आधार बना लिया है और इसने भारत को आर्थिक, राजनीतिक, सांस्कृतिक एवं आध्यात्मिक दृष्टि से नष्ट कर दिया है...भारत को बरतानवियों के साथ सम्पर्क तोड़ देना चाहिए और 'पूर्ण स्वराज्य' अथवा 'सम्पूर्ण स्वतन्त्रता' प्राप्त करनी चाहिए।"

लेकिन यह तब तक सम्भव नहीं था जब तक हम एकजुट नहीं होते, हमारे उद्देश्य एक नहीं होते और हमारा राष्ट्र को लेकर समर्पण पूरा नहीं होता–

एक राज्य न हो, बहुत से हो जहाँ
राष्ट्र का बल बिखर जाता है वहाँ।

(मैथिलीशरण गुप्त, 'साकेत', प्रथम सर्ग, पृष्ठ 05.)

राम की तरह ही अंग्रेज़ संसाधन-सम्पन्न थे। रथ, घोड़े, हाथी, सिद्ध, योद्धा, प्रशिक्षित सैनिक—सब कुछ था। राम विरथी थे। उनके पास संसाधन नहीं थे। भारतीय नेतृत्व के पास एकमात्र बल नैतिकता का था। राम और रावण की लड़ाई सत्य-असत्य, न्याय-अन्याय, उजाले-अँधेरे के मध्य लड़ाई थी, जो शाश्वत चलती आयी है। गाँधी तमाम प्रयासों के बाद भी सफल नहीं हो रहे थे। राम रावण को युद्ध में विजित नहीं कर पा रहे थे। वैदेही रावण की क़ैद में थीं, मन अन्धकारमय था।

है अमानिशा, उगलता गगन घन अन्धकार
खो रहा दिशा का ज्ञान स्तब्ध है पवन-चार।

('राग-विराग', सं. : रामविलास शर्मा, पृष्ठ 93.)

स्वतन्त्रता सेनानियों के मन हतोत्साहित थे। राम या गाँधी या स्वतन्त्रता सेनानी नैतिक होते हुए भी साधनविहीन हैं, रावण और अंग्रेज़ शक्ति-सम्पन्न। गाँधी निराश हैं, राम निराश हैं–

स्थिर राघवेंद्र को हिला रहा फिर-फिर संशय।

(वही, पृष्ठ 94.)

गाँधी मन से हारे नहीं हैं लेकिन अंग्रेज़ तो इतने शक्ति-सम्पन्न हैं कि उनके साम्राज्य का सूरज कभी नहीं डूबता, उन्होंने कर्म से शक्ति को साध रखा है। माँ शक्ति रावण को गोद में लेकर बैठी हैं। राम के सारे अस्त्र-शस्त्र उसके समक्ष निरर्थक हैं।

बोले रघुमणि–मित्रवर, विजय होगी न समर;
यह नहीं रहा नर-वानर का राक्षस से रण,
उतरीं पा महाशक्ति रावण से आमन्त्रण;
अन्याय जिधर, हैं उधर शक्ति! कहते छल-छल
हो गये नयन, कुछ बूँद पुनः ढलके दृगजल।

जामवन्त अपने अनुभव से, धैर्य से, राम के विचलन को सँभालते हैं। उन्हें आश्वस्त करते हैं –

बोले विश्वस्त कण्ठ से जाम्बवान–रघुवर,
विचलित होने का नहीं देखता मैं कारण,
हे पुरुष-सिंह, तुम भी यह शक्ति करो धारण,
आराधन का दृढ़ आराधन से दो उत्तर,
तुम वरो विजय संयत प्राणों से प्राणों पर;
रावण अशुद्ध होकर भी यदि कर सका त्रस्त
तो निश्चय तुम हो सिद्ध करोगे उसे ध्वस्त,
शक्ति की करो मौलिक कल्पना, करो पूजन!

गाँधी अपनी पूरी ताक़त समेटकर जनता का आह्वान करते हैं। सिर्फ़ नैतिकता ही नहीं, आत्मोत्सर्ग, पूर्ण समर्पण, तन-मन-धन अर्पित करने की घोषणा करते हैं–

"Here is mantra, a short one, that I give you. You may imprint it on your hearts and let every breath of yours give expression to it. The mantra is 'Do or Die.' "

(Bipin Chandra, 'India's Struggle for Independence', Pg. 459)

गाँधी को और स्वतन्त्रता आन्दोलन के सभी बड़े नेताओं को कारावास में डाल दिया जाता है। साम्राज्यवादी-उपनिवेशवादी शक्तियाँ अधर्मरत, अनैतिक होते हुए भी अपराजेय बनी हुई हैं। रावण अपराजेय बना हुआ है–

रावण, अधर्मरत भी, अपना, मैं हुआ अपर
यह रहा शक्ति का खेल समर, शंकर, शंकर!

('राग-विराग', पृष्ठ 99)

लेकिन

जिस क्षण बँध गया बेधने को दृग दृढ़ निश्चय,
काँपा ब्रह्माण्ड, हुआ देवी का त्वरित उदय।

('राग-विराग', पृष्ठ 104)

ध्यातव्य है कि 'राम की शक्ति पूजा' की रचना निराला 1936 में करते हैं। इसके 8 वर्ष बाद गाँधी सब कुछ देश पर न्योछावर करने के लिए राष्ट्र को 'करो या मरो' का उद्बोधन देते हैं और यह बाह्य सिद्धिमात्र नहीं रह जाती–

होगी जय, होगी जय, हे पुरुषोत्तम नवीन!
कह महाशक्ति राम के वदन में हुई लीन।

('राग विराग', पृष्ठ 104)

यह आन्तरिक सिद्धि थी और केवल राम ने नहीं पायी थी बल्कि सारी सेना राममय हो गयी। पूरे स्वतन्त्रता आन्दोलन ने रामत्व धारण कर लिया था। स्वातन्त्र्य-चेतना से वशीभूत आत्मोत्सर्ग के लिए प्रत्येक व्यक्ति ब्रिटिश साम्राज्य के सामने अगली क़तार में खड़ा था। शक्ति साधना के वशीभूत है लेकिन नैतिकता से असम्बद्ध नहीं है। राम जयी हुए। रावण पर उन्होंने विजय प्राप्त की। माँ सीता के साथ वह अयोध्या वापस लौटे। भारत के असंख्य स्वतन्त्रता सेनानियों की प्राणाहुति निष्फल नहीं हुई। भारत स्वतन्त्र हुआ; राम को रावण पर, न्याय को अन्याय पर, सत्य को असत्य पर, उजाले को अँधेरे पर, भारतीय स्वतन्त्रता सेनानियों को साम्राज्यवादी-उपनिवेशवादी शक्तियों पर, विजय मिली। राम स्वतन्त्रता आन्दोलन में स्वतन्त्रता सेनानियों के लिए सत्य, न्याय, प्रकाश की विजय के प्रतीक हैं और उनका 'रामराज्य' वह स्वप्न है जिसे असंख्य स्वतन्त्रता-संग्राम-सेनानियों ने भारतवर्ष पर प्राण न्योछावर करते समय देखा था। ऐसा राज्य, जहाँ 'राम प्रताप विषमता खोई', जहाँ स्वतन्त्रता, समानता, बन्धुत्व होगा। गाँधी का भी सपना स्वतन्त्र भारत के लिए 'रामराज्य' था। भारतीय चेतना ने अपने लम्बे इतिहास में प्रत्येक संघर्षशील समय में राम को अपनी आस्था का केन्द्र बनाया, शक्ति अर्जित की और इसकी अभिव्यक्ति के माध्यम से जनमानस को जोड़ा। राम भारतीय संस्कृति के प्रतीक पुरुष हैं। राम की लड़ाई रावणत्व से है, हर युग में है और हर युग में राम जयी होंगे–जैसे सूरज की किरणें होती हैं अँधेरे पर।

रामकथा : पूर्वोत्तर भारत का सेतु

गोविन्द यादव

रामलला का स्मरण (लोक-संस्कृति में एक गीत)

राम के माथे चननवा बहुत निक लागे हो।
राम-नयन रतनारे कजर भल सोहे।
दीन्हों रचि-रचि फुआ सुभद्रा त पतरी अँगुरियन।
राम के मथवा लुटूरिया बहुत निक लागे हो।
जैसे फूलन बिच कलियाँ बहुत निक लागे हो।
राम के गोड़वाँ घुँघरुवा बहुत निक लागे हो।
नान्हें गोड़वन चलत बकैया देखत राजा दसरथ।

किसी भी राष्ट्र की एकता, अखण्डता और उसके सार्वभौमिक विकास के लिए भाषा, संस्कृति और उस राष्ट्र के पारम्परिक ज्ञान-परम्परा का जीवित होना पहली शर्त है। यही समाज में समता, सद्भाव, विकास व नैतिकता का निर्माण करती है। भारतवर्ष के पास यह सभी हज़ारों वर्षों से लिखित और मौखिक दोनों रूपों में उपलब्ध हैं। सांस्कृतिक और पारम्परिक ज्ञान सिर्फ़ रीति-रिवाज़, वेशभूषा आदि तक सीमित नहीं हैं उनको समग्रता में समझना होगा। इसलिए सांस्कृतिक दृष्टिकोण से भारतीय गौरवान्वित इतिहास को देखें तो रामकथा और रामकथा में समाहित शाश्वत जीवन-मूल्य भारत को सही रूप से एकता के सूत्र में बाँधकर रखे हुए हैं, जो भारतीय समाज की सांस्कृतिक एकता, राष्ट्रीय चेतना की भावना और आदर्श लोकतन्त्र का बोध करते हैं। भारत के सभी राज्यों, भाषा और बोलियों, समुदायों, आदि में रामकथा के विविध स्वरूप मिलते हैं। रामकथा सत्य के लिए संघर्ष करने वाले एक परम पराक्रमी योद्धा की कहानी मात्र नहीं है बल्कि यह मनुष्यता के लिए आदर्शों की व्यापक कथा है। आदर्श भाई कैसा हो? आदर्श पत्नी कैसी हो? आदर्श पुत्र कैसा हो? आदर्श राज्य और राजनीति कैसी हो? समाज में मर्यादा और नैतिकता का निर्माण कैसे हो?

भारतीय लोक-समाज में रामकथा हज़ारों वर्षों से व्याप्त है। रामकथा को

गाने, समझने वाले भारतीय समाज अलग-अलग हैं। उसकी अभिव्यक्तिक भाषा अलग है। रामकथा और 'रामायण' भारतीय उपमहाद्वीप का एक महत्त्वपूर्ण आख्यान हैं। जो सम्पूर्ण भारतीय समाज की भावनात्मक तथा सांस्कृतिक एकता का वह आधारभूत सूत्र है, जिसने भारतीय लोकमानस को सबसे अधिक प्रभावित और उद्वेलित किया है। संयुक्त राष्ट्र संघ की शैक्षणिक एवं सांस्कृतिक परिषद् द्वारा वर्ष 2001 में रामकथा को विश्व मानव समुदाय का अमूर्त बोधगम्य सम्पदा घोषित किया गया है। रामकथा का विस्तार भारत ही नहीं, बल्कि दक्षिण-पूर्व एशिया और पूर्व एशियाई देशों में हुआ है। हिन्दी भाषी समाज के अतिरिक्त पूर्वोत्तर भारत के कला-रूपों व मौखिक परम्परा में कार्बी, खामति, मिजो आदि जनजातियों और माधव कन्दली, श्रीमन्त शंकरदेव, श्रीमन्त माधव देव आदि सन्तों के काव्य-रूपों में रामकथा प्रचलित है। इस प्रकार रामकथा अर्थात् 'हरि अनन्त हरि कथा अनन्ता' भारतीय संस्कृति, चिन्तन, आत्मगौरव और राष्ट्रीय एकता एवं अखण्डता को मज़बूत आधार प्रदान करती है। पूर्वोत्तर भारत में प्रचलित रामकथा पूर्वोत्तर की राजनीति, आर्थिक रूप में कृषि, हस्तकलाओं एवं वाद्ययन्त्रों, भौगोलिक एकीकरण, शेष भारत की संस्कृति और पारम्परिक ज्ञान से सीधे जुड़ी हुई है।

भारत सबसे युवा जनसंख्या वाला देश है। तब वैश्विक मंच पर भारत का दायित्व अधिक बढ़ जाता है जब वह आने वाले वर्षों में एक बार फिर विश्व का प्रतिनिधित्व करे, जिससे भारतीय समाज और विश्व समुदाय का मार्ग प्रशस्त हो सके। इसलिए भारत को अपनी प्राचीन शिक्षा प्रणाली, संस्कृति को नवीन सन्दर्भों में मूल्यांकन करना होगा। भारतीय संस्कृति मूलत: धार्मिक व आध्यात्मिक संस्कृति रही है। भारतीय संस्कृति ने वर्षों से अनेक बाधाओं और संकटों के दौर से गुज़री हुई अपनी अस्मिता को बचाये रखा है। यह बचाव राष्ट्रीय एकता का प्रतीक है। भारतीय संस्कृति ने विश्व संस्कृति का मार्गदर्शन किया है। भारतीय संस्कृति को साहित्य, गाँवों तथा ललित कलाओं में देखा जा सकता है। समाज की सबसे बड़ी शक्ति सामूहिक एकता है। किसी भी समाज के सर्वांगीण विकास के लिए उस समाज के सभी वर्गों के साथ सामूहिक एकता बनाये रखनी चाहिए। एकता के अभाव में समाज के अस्तित्व की कल्पना भी नहीं की जा सकती है। रामकथा पूर्वोत्तर भारत को ही नहीं सम्पूर्ण भारत को एकता के सूत्र में बाँधती है। रामकथा की सबसे बड़ी विशेषता है कि यह लोक और शास्त्र, राजा तथा प्रजा सभी जगहों में मान्य तथा व्याप्त रही है। प्रदर्शनकारी कला के सन्दर्भ में और भी अद्भुत तथ्य है कि रामकथा केवल लोकपरम्पराओं यथा–गीत, गाथा, लीला, नाट्य आदि माध्यमों में ही व्याप्त नहीं है,

अपितु यह भारतीय शास्त्रीय गायन तथा नृत्य-रूपों को नियमित सृजनात्मक ऊर्जा प्रदान करती रही है। इसका सबसे बड़ा प्रत्यक्ष कारण है, रामकथा का मानवीय होना। रामकथा की प्रस्तुति अलौकिक से ज़्यादा लौकिक है। रामकथा मानवीय मूल्य, आदर्श, नैतिकता, भावनात्मक सम्बन्ध, पारिवारिक जीवन, राजा के कर्तव्य आदि मानवीय पहलुओं का चित्रण करने वाली अमर गाथा है।

पूर्वोत्तर भारत असम, अरुणाचल, नागालैंड, त्रिपुरा, मणिपुर, मिजोरम तथा सिक्किम राज्यों का एक सांस्कृतिक समूह है, जहाँ आदिवासी तथा आर्यवंशी आदि समूह के लोग एक साथ निवास करते हैं। इन सामाजिक समूह ने अपनी सांस्कृतिक विविधता को सहेजते हुए एक अलग सामूहिक सांस्कृतिक समूह का निर्माण किया। जिसमें राम और कृष्ण के जीवन से सम्बन्धित कथाओं का योगदान रहा है। असम में रामकथा का प्रभाव यहाँ की लोकसंस्कृति में, काव्य में, लोकनाट्य, चित्रकला में यानी लगभग हर जगह मौजूद है। असम के सांस्कृतिक जीवन में श्रीराम का आदर्श भौतिकवादी युग में तनाव से मुक्त होने का माध्यम है। राज्य भर में आपको श्रीराम से सम्बन्धित अनेक मन्दिर और तीर्थ सहज रूप में मिल जायेंगे। पूर्वोत्तर भारत के असम में वैष्णव नाट्य-परम्परा के प्रवर्तक श्रीमन्त शंकरदेव के शिष्य माधवदेव द्वारा राम-जात्रा कराने का विवरण मिलता है। स्वयं शंकरदेव ने अंकिया नाट्यशैली में 'रामविजय' नाटक की रचना और प्रस्तुति की। कालान्तर में असम में रामकथा पर आधारित कई नाटक लिखे गये, जिसमें श्रीचन्द भारती–'महिरावण वध' (18वीं सदी), गंगाराम दास का 'सीता बनवास' (18वीं सदी का अन्तिम), धनंजय– 'गणक चरित्र' (18वीं सदी), कन्दलि का 'शक्तिसेल' (18वीं सदी), भवदेव का 'नागाक्षयुद्ध' (18वीं सदी), अद्भुत आचार्य का 'महिरावण वध' (17-18वीं सदी) — शतस्कंध रावणवध' (उपरिवत्), गंगादास का 'लव-कुश युद्ध' (18वीं सदी), भवानीदास का 'रामाश्वमेध' (18वीं सदी), भोलानाथ दास का 'सीताहरण' (1888 तीर्थनाथ गोस्वामी का 'राम बनवास', 'सीता-हरण', 'बालीवध', 'लव-कुश युद्ध' तथा 'लवण दैत्यवध' महत्त्वपूर्ण रचनाएँ हैं।

पूर्वोत्तर भारत में रामकथा की परम्परा के मुख्य पक्ष निम्न रहे हैं–

(क) मौखिक परम्परा–गाथा और गीत।

(ख) काव्य-परम्परा–रामकथा पर आधारित महत्त्वपूर्ण काव्य-रचना।

(ग) प्रदर्शनकारी परम्परा–नृत्य, नाटक।

पूर्वोत्तर भारत के लोकजीवन विशेषकर सिक्किम और असम में शादी-ब्याह तथा अन्य आनुष्ठानिक त्योहारों के अवसर पर रामकथा से जुड़े गीत गाये जाते हैं। असम के कार्बी तथा खामति जनजाति के बीच वर्षों से रामकथा की मौखिक परम्परा है।

मिज़ो लोगों के बीच लोककथा के रूप में रामकथा प्रचलित है। वारीलिवा मणिपुर के कथा-कथन की विशिष्ट लोकप्रिय शैली है। वारीलिवा, खोंजोम पर्व तथा लाइटिक थीवा आदि कलात्मक माध्यमों में वर्षों से रामकथा प्रचलित है। पूर्वोत्तर भारत की मौखिक परम्परा में रामकथा के निम्न प्रकार महत्त्वपूर्ण हैं–

मिजो रामकथा–खेना लेह राम ते उन्नाऊ

कार्बी रामकथा–साबी आलुन

खामति रामकथा–रामामाँग

मणिपुरी रामकथा–वारीलिवा।

मिज़ो जनजातियों में रामकथा का अपना महत्त्व है। यहाँ पर 'रामायण' लिखित रूप में उपलब्ध नहीं रहा है, बल्कि लोकगीतों एवं लोककथाओं में 'रामायण' कथाएँ कही जाती रही हैं। मिज़ो जनजाति के बीच प्रचलित रामकथा का पहला संकलन मेजर शेक्सपियर ने 1899 ई. में 'लेह वाइक थोन थू' विषयक नाम से किया था, जिसमें जनजातीय रामकथा के विभिन्न हिस्से समाहित हैं। इस प्रकाशन में 10 लोककथा समाहित हैं, जिसमें 'खेना एंड रामा ते उनाऊ' के नाम से रामकथा संकलित है। यह रामकथा स्थानीय संस्कृति को समाहित किये हुए है, इसके कारण इसमें मुख्य रामकथा से व्यतिरेक भी है। मुख्य कथा खेना और राम–ते उनाऊ (लक्ष्मण और राम की कहानी), यहाँ राम एवं खेना (लक्ष्मण) को देवता के रूप में मानते हैं। विभिन्न पारिवारिक एवं सामाजिक अवसरों में खेना और राम देवताओं का आह्वान किया जाता है। मिज़ो समाज में माना जाता है कि खेना और राम ने चावल का निर्माण किया, इसीलिए स्थानीय पुजारी द्वारा धान की फ़सल लगाने से पहले खेना और रामा का आह्वान किया जाता है। पुजारी स्वच्छ चावल के दाने लेकर मन्त्र बोलता है–

आप धान के माता-पिता हो
आपकी जड़ें विस्तृत भूमि में फैली हैं
जब केंचुए ने पृथ्वी को
संसार के निर्माण हेतु लिया
जब प्रकृति माता ने दुनिया तैयार की
तुम खेना और रामा द्वारा बनाये गये
सत्य के बारे में बताने के लिए
सत्य का गान करने के लिए।

'मिज़ो रामायण' बहुत छोटा है, जो मुख्य 'रामायण' का सारांश सा है परन्तु इस कथा के अपने अलग तत्त्व हैं। कहानी के मिजो संस्करण में लुशारिहा (रावण) को दस के बजाय सात सिरों वाला बताया गया है। यहाँ, राम और खेना (लक्ष्मण) जुड़वाँ भाई हैं, जो मिज़ो देवताओं में शामिल हैं, जिन्हें चावल के पौधे का निर्माता माना जाता है। प्रत्येक वृक्षारोपण और कृषि से पहले प्रार्थनाओं में याद किया जाता है। पूर्वोत्तर भारत का जीवनयापन कृषि पर आधारित रहा है। रामकथा का यह प्रसंग पूर्वोत्तर की कृषि परम्परा से जुड़ता है। जो आर्थिक उपार्जन का मुख्य स्रोत रहा है। मिजोरम कथा में अन्य पात्र 'रामायण' जैसे ही हैं। कुछ पात्रों के नाम किसी और प्रकार से परिवर्तित हैं, जैसे–राम–रामही, लक्ष्मण–खेना, सीता–सीता, हनुमान–हवलमान, जामवन्त–बबनूमान, अहिरावण–लुकोरावण, रावण–लुसारिहा आदि। मिज़ो रामकथा के राम जननायक अथवा लोकनायक के बाद लोकदेवता के रूप में प्रतिष्ठित हो जाते हैं।

कार्बी रामकथा 'साबी आलुन' के रचनाकार 'रामायण' की मूलकथा से अवगत थे। फिर भी उन लोगों ने कथा का सृजन कार्बी जनजाति की सामाजिक मान्यताओं, विश्वासों तथा संस्कृति के अनुरूप किया। 'साबी आलुन' के जनक झूम कृषक हैं। सीता एक कार्बी आदिवासी लड़की है, जो जंगल से लकड़ी चुनती है। कपड़े बुनने में निपुण है। घर में आये मेहमान के लिए चावल का पारम्परिक पेय परोसती है। 'साबी आलुन' में जनक एक किसान की भूमिका में हैं जो अपने खेतों की निगरानी के लिए एक पेड़ के ऊपर एक अस्थायी झोंपड़ी में रहते हैं। किंवदन्ती के अनुसार, राम जनक के घर पर रहते हैं और झूम खेती में उनकी मदद करते हैं, जो पूर्वोत्तर जनजातियों की पारम्परिक कृषि पद्धति है। कार्बी जनजाति समुदाय का मानना है कि राम-रावण युद्ध में इनके पूर्वज बाण-तीर लेकर सेना के साथ चलते थे। कार्बी का मानना है कि वे 'किष्किन्धा' के राजा सुग्रीव के वंशज हैं, जिन्होंने सीता को खोजने और 'वानर' की सेना के साथ श्रीलंका के राजा रावण को ख़त्म करने में राम की मदद की थी। कार्बी रामकथा में कार्बी समुदाय राम और सीता को ईश्वरीय अवतार में न मानकर उनका मानवीयकरण करता है और अपने दैनिक क्रियाकलापों से रामकथा को जोड़ता हैं।

असम में तिवा समुदाय भी मौखिक परम्परा में रामकथा का गायन करता है और रामकथा को ''रामायण' खारंग' के रूप में संरक्षित करता है। राभा लोगों का एक लोकगीत है, जिसमें कहा गया है, "आओ चलें और श्रीराम के घोड़े को देखें।" अरुणाचल प्रदेश के लोहित ज़िले के खामटिस के पास रहने वाला समूह भी 'रामायण' का अपना संस्करण प्रस्तुत करता है, जिस पर जातक कथाओं और

बौद्ध दर्शन का प्रभाव दिखता है। खाम्ती भी बौद्ध हैं। उनकी रामकथा को 'लिक चॉ लमाँग' के नाम से जाना जाता है। लोहित ज़िले की एक अन्य जनजाति मिसमिस में भी एक लोककथा है जो रामकथा के अनेक प्रसंगों को जोड़ती है। अरुणाचल के कामेंग ज़िले के अका लोग भी अपने को राम की सेना में सम्मिलित जाम्बवन्त से जोड़ते हैं। ईसाई बहुल राज्य मेघालय में भी राम की कथा उतनी ही लोकप्रिय है। अनेक पर्व और नृत्य गीतों में रामकथा के प्रसंग व्याप्त हैं। इस प्रकार पूर्वोत्तर में रामकथा सर्वत्र समुदायों में प्रसारित है। इसका कारण सिर्फ़ धार्मिकता नहीं अपितु यह पूर्वोत्तर भारत के विभिन्न समुदायों के विचारों, भावनाओं, आस्था, आधार, विधान और चेतना से जुड़ी हुई है। इसलिए पूर्वोत्तर के लोग अपने को शेष भारत से अलग मानते ही नहीं हैं। रामकथा का यही प्रभाव भारत को राष्ट्रीय एकता के सूत्र में पिरोये हुए है।

पूर्वोत्तर भारत में रामकथा का अन्य रूप लिखित में मिलता है, जिसमें काव्य परम्परा में रामकथा पर आधारित महत्त्वपूर्ण काव्य-रचना और प्रदर्शनकारी परम्परा में नृत्य एवं नाटक के रूप प्रचलित हैं। इसमें अनेक सन्तों द्वारा नवीन प्रयोग भी देखने को मिलते हैं। श्रीमन्त शंकर देव की रचना और उनका अंकिया नाटशैली प्रमुख हैं। श्रीमन्त शंकर देव का जन्म असम में होता है। 12 वर्ष की अवस्था में श्रीमन्त शंकर देव महेन्द्र कन्दली की पाठशाला में शिक्षण के लिए जाते हैं। शिक्षा ग्रहण करने के पश्चात् गृह-त्याग कर वह तीर्थ भ्रमण पर निकल जाते हैं। 12 वर्षों तक लगातार भ्रमण करने के बाद श्रीमन्त शंकर देव 'उत्तराखण्ड रामायण' की रचना करते हैं। श्रीमन्त शंकर देव का रामकथा पर आधारित प्रसिद्ध अंकिया नाट 'रामविजय' है। श्रीमन्त शंकर देव ने अनेक बरगीतों की भी रचना की। बरगीत—बर यानी श्रेष्ठ, असमिया भाषा में बरगीत का शाब्दिक अर्थ है श्रेष्ठगीत। असमिया वैष्णव भक्ति परम्परा में श्रीमन्त शंकरदेव और माधव देव द्वारा विरचित भक्तिपरक गीतों को बरगीत कहा जाता है। श्रीमन्त शंकरदेव और माधव देव ने राग-रागिनीबद्ध बरगीतों की रचना की। बरगीत का मुख्य उद्देश्य मानव के हृदय में भक्ति-भाव का स्फुरण और संचरण तथा दिव्य आध्यात्मिक भाव का उद्बोधन है। पहला बरगीत 'मन मेरि राम चरणेहि लागु' की रचना बद्रिका आश्रम में की। यह बरगीत राम को समर्पित है, जिसमें श्रीमन्त शंकरदेव ने राम के शरण में ही मोक्ष की परिकल्पना की है—

मन मेरि राम चरणेहि लागु। तइ देख ना अन्तक आगु।।
मन! आयु क्षणे क्षणे टूटे। देखो प्राण कोन दिन छूटे।।

मन! काल अजगरे गिले। जान तिलेके मरण मिले।।
मन! निश्चय पतन काया। तजि राम भज तेजी माया।।
रे मन! इ सब बिसय धांधा। केने देखि नेदेखस आंधा।।
मन! सुखे पार कैछे निंद। तइ चेतिया चिन्त गोबिंद।।
मन! जानिया शंकरे कहे। देखो राम बिने गति नहे।।

'रामविजय' नाटक में भी अनेक बरगीत श्रीमन्त शंकरदेव द्वारा रचित हैं। जब 'रामविजय' नाटक को अंकिया शैली में प्रस्तुत किया जाता है तो भक्त और दर्शक भावविभोर हो जाते हैं।

सुन सुन रे, सुर-बैरि-प्रमाना, निसाचर नास निदाना।
राम नाम यम समरक सजिये, समदले कयलि पयाना।
ठाट प्रकट पटु कोटि कोटि कपि गिरि गड़ गड़ पद घावे।
बारिधि तरि तरि, करे गुरुतर गिरि, धारि धारि समरक धावे॥
हाट घाट, बहु बाट बियापि, चौगड़ बेढ़लि लंका।
गुरु घन घन घोष घरिषण गर्जन, श्रवने जनमय संका।।
धीर बीर सुर सेखर राघव, रावन, तुवा परि झाँपे।
सुरनर किन्नर फनघर थर थर, महिधर तरसि प्रकाँपे।

कुसान गान असम के धुबरी, कोकराझार तथा ग्वालपारा आदि ज़िले के राजवंशी समुदाय के बीच प्रचलित लोकनाट्य रूप है। कुसान गान का प्रचलन कब हुआ, इसका कोई लिखित साक्ष्य नहीं मिलता है। लोकस्मृति के अनुसार कुसान गान का प्रचलन 'रामायण' काल से ही है। कहा जाता है कि लव ने ताल, कुश ने बेना तथा अयोध्यावासी ने सुमधुर स्वरों में पहली बार पिता-पुत्र का परिचय गान के माध्यम से प्रस्तुत कर राम को मुग्ध कर दिया, इसके बाद से ही कुसान गान की परम्परा चल पड़ी।

रामकथा में जितने भी तत्त्व एवं प्रसंग हैं। वह हमें समाज को संगठित करते हुए दिखते हैं। सम्पूर्ण रामकथा में देखें, राम यहाँ राजा रामचन्द्र नहीं हैं, वह अपने दैनिक जीवन की मूलभूत आवश्यकताओं को स्वयं कार्य करके अर्जित करते हैं। उन्होंने वन में रहने वाले पशु, पक्षी व अन्य समुदाय, सभी को संगठित किया और विजय प्राप्त कर समाज में मानवता एवं नैतिक मूल्यों को स्थापित किया। पूर्वोत्तर भारत में राम की कथा में आये अनेक प्रसंगों को जनजाति समाज अपने सांस्कृतिक मूल्यों और प्रकृति से जोड़ते हैं। इन प्रसंगों का अनुपालन भी यथावत् करते हैं। पूर्वोत्तर भारत राम की कथा को अपनी संस्कृति का अभिन्न अंग ही नहीं मानता,

अपितु उसके जीवन-मूल्यों, लोकतन्त्र, उसकी कला, क्रीड़ा, साहित्य और कृषि में हज़ारों वर्षों से व्याप्त है। पूर्वोत्तर भारत सदियों से भारतवर्ष का ही अभिन्न अंग है। इस क्षेत्र के साथ भारतीय संस्कृति के सूत्र हज़ारों वर्षों से गुँथे हैं। पूर्वोत्तर का क्षेत्र भारत की भौगोलिक तथा सांस्कृतिक विविधता में एकत्व का एक अनुपम उदाहरण है। यह विविधता यहाँ के प्राकृतिक सौन्दर्य एवं जनजीवन में सहज रूप से दृष्टिगोचर होती है।

पूर्वोत्तर भारत का सांस्कृतिक, पौराणिक, राजनीतिक एवं आध्यात्मिक दृष्टि से शेष भारत से गहरा सम्बन्ध है। परन्तु अधिकतर भारतवासी का पूर्वोत्तर से कम सम्पर्क होने के कारण इस क्षेत्र की विशिष्टताओं से अनभिज्ञ हैं और अनेक भ्रान्त धारणाओं से ग्रस्त हैं। प्रारम्भ में अंग्रेज़ों की औपनिवेशिक, विभाजनकारी तथा जनजातीय नीतियों और ईसाई शिक्षा ने पूर्वोत्तर क्षेत्र में अलगाववाद और उग्रता का बीजारोपण किया। जिससे अनेक समुदायों में धर्म परिवर्तन देखने को मिला। स्वतन्त्रता प्राप्ति के उपरान्त भी पूर्वोत्तर को निरन्तर उपेक्षित किया गया। आज भी अंग्रेज़ों की 'फूट डालो और राज करो नीति' को मज़बूत करने वाली मैकाले की शिक्षा पद्धति में अलगाववादी शिक्षा दी जाती है कि इस क्षेत्र की जनजातियाँ क्रूर, जंगली तथा हिंसक हैं। अंग्रेज़ों के प्रभाव में पूर्वोत्तर में चर्च की गतिविधियाँ काफ़ी बढ़ी थीं। लेकिन धर्म बद्लने के बाद भी संस्कृति पर जो गहरी छाप है, उसे बदल पाना सम्भव नहीं हुआ है। जनजातियों में आज भी राम और कृष्ण गहरे तक विराजमान हैं। भाषा अलग हो सकती है, त्योहार और परम्पराएँ अलग हो सकते हैं लेकिन उनके मूल में राम और कृष्ण हैं। लोकभाषा, लोकसंस्कृति और लोककलाओं में इसे आप देख सकते हैं। उनमें प्रचलित अनेक रीतियाँ, लोकमान्यताएँ, जीवन-मूल्य तथा परम्पराएँ शेष भारत की परम्पराओं से तनिक भी अलग नहीं हैं।

पूर्वोत्तर भारत के अनेक क्षेत्रों पर समीपवर्ती देशों द्वारा भौगोलिक, भाषा, धर्म व अन्य कारणों से अपना अधिकार जमाने की नाकाम कोशिश निरन्तर होती रहती है। पूर्वोत्तर के समुदायों को आर्थिक लालच देकर एवं सांस्कृतिक कारणों का हवाला देकर गुमराह किया जाता रहा है। परन्तु रामकथा की पूर्वोत्तर भारत के सांस्कृतिक, धार्मिक एवं दैनिक जीवन में जड़ें इतनी गहरी व्याप्त हैं कि शेष भारत और पूर्वोत्तर भारत के सेतु के रूप में रामकथा दिखाई देती है। अनेक समुदाय ईसाई धर्म में परिवर्तित अवश्य हुए हैं, परन्तु उनके रीति-रिवाज़, परम्पराएँ आज भी राम के जीवन-मूल्यों से संचालित होती हैं। पूर्वोत्तर में रामकथा का परिणाम है कि अपनी मूल भाषा के अतिरिक्त हिन्दी भाषा को लोगों ने सीखा भी और प्रयोग में भी लेकर आये। रामकथा का लोकनाट्य के रूप में मंचन और उनमें प्रयोग की जाने वाली

सामग्री अनेक वर्ग के आर्थिक उपार्जन का मुख्य स्रोत है। हज़ारों वर्षों से पीढ़ी-दर पीढ़ी मुखौटों और वाद्ययन्त्रों को बनाना इन लोगों का पारम्परिक पेशा बना हुआ है। ये सभी पूर्वोत्तर भारत को भावनात्मक और सांस्कृतिक रूप से जोड़े हुए हैं।

भारतीय साहित्य ने, संस्कृति ने सदा समष्टि-हित का पक्ष लिया है। उसने अपने भगवान का नाम जनता-जनार्दन भी रखा है, यह उसकी लोकप्रियता का दिग्दर्शक है। 22 जनवरी, 2024 भारत की सांस्कृतिक स्वतन्त्रता का दिन है। वस्तुतः यह तारीख़ एक नये कालचक्र का उद्गम है। इस दिन सम्पूर्ण विश्व अयोध्या के भव्य और दिव्य मन्दिर में बालस्वरूप श्रीराम के मनोहारी विग्रह की प्राण-प्रतिष्ठा का साक्षी बना। श्रीराम के विग्रह की प्राण-प्रतिष्ठा भारत के सांस्कृतिक पुनर्जागरण का वह बिन्दु है, जहाँ से भारत को विश्व में एक नये आयाम पर लेकर जायेगा, जहाँ से भारत लोकतन्त्र के रूप में विश्व का मार्गदर्शन कर रहा होगा एवं सम्पूर्ण विश्व को बन्धुत्व, सद्भाव, समता, समानता का सन्देश दे रहा होगा।

राम : मानवता के अप्रतिम प्रतिमान

अमन सिंह

राम की महानता का कोई किनारा नहीं है। आमजन आज भी उनसे प्रेरणा लेकर अपने जीवन को सफल बनाने के लिए प्रयासरत हैं, क्योंकि उनका जो चरित्र था उस चरित्र को पूरे विश्व में आज तक कोई भी नहीं पा सका है और न ही कोई प्राप्त कर सकेगा।

कुछ विद्वान् राम शब्द का शाब्दिक अर्थ बताते हैं जो 'कण-कण में रमा हुआ हो'। इतिहास का कोई भी पृष्ठ उनको स्मरण किये बिना आगे नहीं बढ़ पाया। अर्थात् प्रत्येक युग में उनके नाम को स्मरण ही नहीं बल्कि आत्मसात् भी किया जाता है। भारत की इस महान् भूमि पर जब से राम का जन्म हुआ है, उसके बाद से उनके जैसा चरित्र, मान-मर्यादा कोई भी नहीं प्राप्त कर सका है। न भूतो न भविष्यति। ऐसी कोई घटना हुई है जिसे पूरा समाज याद करता है। भारतीय जनमानस में राम की छवि स्पष्ट रूप से देखी जा सकती है। उनके अपने धाम जाने के बाद भी आज भी लोग उस रामराज्य की कल्पना करते हैं, जिस राज्य में राम ने शासन किया था और जहाँ पर जनता बिना किसी कष्ट के आराम से अपना जीवन व्यतीत करती थी। उनकी महानता की कोई थाह नहीं है। उन्होंने अपने पराक्रम से ही खर दूषण को पराजित किया। रावण जैसे अहंकारी को मारकर इस पृथ्वी को भयमुक्त किया तथा ऋषि-मुनियों की रक्षा के लिए राक्षसों का वध किया। शिव धनुष उठाने की क्षमता रखते हुए भी सभा में शान्त चित्त-से बैठे रहे। गुरु की आज्ञा के बिना धनुष उठाने के लिए बीच में तत्पर नहीं हुए। जब गुरु ने आज्ञा दी तभी जाकर शिव धनुष को उठाया तथा उस पर प्रत्यंचा चढ़ायी। यह कार्य करते हुए जब धनुष टूट गया तो परशुराम को अपने दिव्य दर्शन कराकर उनके क्रोध को शान्त किया। पिता के वचन का पालन करते हुए बिना लोभ के, ख़ुद को कष्टों में रखकर वचन का आदर किया। "रघुकुल रीति सदा चलि आई। प्राण जाये पर वचन न जाई।।" अपने पूर्वजों के इस आदर्श का सम्मान किया न कि अपनी ताक़त का इस्तेमाल सत्ता पाने के लिए किया।

राम ने पूरे जीवन में प्राणियों की सेवा तथा मानव सेवा को सर्वोपरि रखा। अत्याचारों से दब रही इस वसुन्धरा को राक्षसों के भार से मुक्त किया। अपने अनुज से प्रेम किया तो ऐसा किया कि आज भी उनके प्रेम का उदाहरण प्रस्तुत किया जाता है। समाज उनके इस आदर्श को अपने अनुज तथा अग्रजों के साथ आगे बढ़ाने की कोशिश में लगा है। शबरी को स्वयं नवधा भक्ति का उपदेश देकर सामाजिक सौहार्द के प्रतीक बने। सुग्रीव की कठिन समय में सहायता कर सच्चे मित्र होने का अर्थ समझाया।

अनुज बधू भगिनी सुत नारी। सुनु सठ कन्या सम ए चारी॥
इन्हहि कुदृष्टि बिलोकइ जोई। ताहि बधें कछु पाप न होई॥

राम को अपने मित्रों के सामर्थ्य पर पूर्ण विश्वास था। यह विश्वास उनके द्वारा बार-बार प्रकट भी किया गया था। हनुमान को अपनी मुद्रिका देकर लंका भेजा गया। उन्हें पूरा विश्वास था कि हनुमान इस विशाल समुद्र को पार करके उस पार जाकर सीता का समाचार ला सकते हैं। उन्होंने अपनी उदारता का परिचय इस तरह दिया कि रावण के भाई विभीषण जब उनकी शरण में आये तो उन्होंने उन्हें शरणार्थी समझकर अपने साथ शामिल कर लिया। बिना उन पर सन्देह किये।

विश्व के इतिहास में यदि हमें समरसता प्रस्तुत करने वाले उदाहरण देखने हों तो श्रीराम का नाम सर्वोपरि है। यह कहा जाता है कि जीवन हो तो राम जैसा। भगवान श्रीराम के जीवन पर यदि हम एक दृष्टि डालें तो उनका जीवन प्रत्येक व्यक्ति के लिए एक नया रास्ता प्रस्तुत करता है। वह रास्ता भी ऐसा है जिसमें समरसता प्रत्येक पद पर है। एक राजा के रूप में, एक पुत्र के रूप में, एक पिता के रूप में तथा मानव जीवन के प्रत्येक रिश्ते के पहलू के रूप में उन्होंने जो आदर्श प्रस्तुत किया है वह सबके सामने दृष्टान्त बनकर उभरा है। समाज के प्रत्येक जन को उन्होंने गले लगाया और उन्हें अपने हृदय में स्थान दिया। वन-गमन से पहले एक सामान्यजन के रूप में अपने पिता का वचन पूरा करने के लिए 14 वर्षों के लिए वनवास को स्वीकार किया। उन्होंने ऐसे समय में समरसता और सामंजस्य का जो उदाहरण सबके सामने प्रस्तुत किया, वह अनुकरणीय है। तात्कालिक समय में तथाकथित निम्न जाति माने जाने वाले केवट को उन्होंने वह आदर और सम्मान दिया, जो आज भी भारतीय समाज में बहुत कम देखने को मिलता है। समरसता का जो उदाहरण उन्होंने उस समय प्रस्तुत किया, वह पूरे समाज को एक सामंजस्य में बाँधता है। केवट को मित्र बनाकर जो मित्रता का सन्देश राम ने दिया है, वह अद्भुत है।

निषादराज को गले लगाकर राम ने सबके सामने इस बात को सिद्ध कर दिया है कि सामाजिक समरसता से बड़ा इस जगत् में कुछ भी नहीं है। आज जो समाज में वर्ण भेद तथा जाति को लेकर विभाजन हो रहे हैं, इस विभाजन को पाटने के लिए हमें राम को एक बार पुनः आह्वान करने की ज़रूरत है। क्योंकि इस समस्या का समाधान आज से कई हज़ार वर्षों पहले भगवान श्रीराम ने जो प्रस्तुत किया था, उसको आज भी उनके वंशज और उनके लोग समझने में चूक कर रहे हैं। आज स्पष्ट तौर पर देख सकते हैं कि हमारे चारों ओर विभिन्न रूपों में, विभिन्न शत्रु विभिन्न परिधानों में हैं। जो हमारे देश और राष्ट्र की एकता और अखण्डता तथा सम्प्रभुता को मिटाने में एड़ी से चोटी का ज़ोर लगा रहे हैं। वे भारत की विविधता को अपने लक्ष्य के जरिये साधने में तुले हुए हैं। जो विविधता के साथ एकता हमारे देश की सबसे बड़ी पहचान रही है, उस पहचान पर बाहरी शक्तियाँ प्रहार कर रही हैं। ऐसी परिस्थितियों में श्रीराम का निर्माणाधीन मन्दिर सबके सामने समरसता का उदाहरण पेश कर रहा है। यह बुरे तत्त्वों को साफ़ सन्देश दे रहा है कि भारत को तोड़ने वाले बुरे तत्त्व अब देख सकते हैं कि भारत का यह मन्दिर बिना किसी भेदभाव के सभी समुदायों के साथ एक-सा व्यवहार करता है। और साथ ही इस बात का प्रमाण भी देता है कि हम सब एक हैं और हमारे बीच में कोई भेद नहीं है।

यह बात सर्वविदित है कि राम का अधिकांश जीवन तथाकथित माने जाने वाले निम्न तथा हाशिये पर रहे समुदायों के साथ व्यतीत हुआ है। उनके जीवन को यदि आप देखेंगे तो चाहे वह केवट के साथ हो या आदिवासी समुदायों के साथ, उन्होंने उन्हें अपना अंग माना है। राम के जीवन को देखने पर हमें इस बात का पता चलता है कि भारतीय समाज कभी भी जाति तथा रंग के आधार पर बँटा हुआ नहीं था। अगर इनके आधार पर भेद हुआ होता तो हमें यह देखने को नहीं मिलता कि राम की सेना में सुग्रीव, अंगद, नल-नील, जामवन्त सरीखे वनवायर। शबरी के जूठे बेर का राम के द्वारा खाया जाना राम की अभेद दृष्टि और समरसता का सबसे अद्भुत और श्रेष्ठ उदाहरण है। अपने वनवास-काल के दौरान उन्होंने समाज के सभी लोगों को एक सूत्र में पिरोया। ऐसा चित्रण विश्व के इतिहास में कहीं भी अभी तक देखने को नहीं मिला है।

राम युद्ध को अन्तिम हथियार के रूप में प्रयोग में लाये। इस बात का पता हम इससे लगा सकते हैं कि उन्होंने अंगद को शान्तिदूत बनाकर रावण के पास भेजा था। अपना वनवास पूरा करके वापस राजा बनने के बाद सर्वश्रेष्ठ शासन स्थापित किया, जो आज भी सबके सामने सर्वोच्च शासन की उपाधि धारण किये हुए खड़ा है और उदाहरण पेश कर रहा है।

दैहिक दैविक भौतिक तापा। राम राज नहिं काहुहि ब्यापा॥
सब नर करहिं परस्पर प्रीती। चलहिं स्वधर्म निरत श्रुति नीती॥

रामराज्य की कल्पना आज भी की जाती है। महात्मा गाँधी भी रामराज्य को स्थापित करना चाहते थे। आप लोग भी राम की तरह होना चाहते हैं। भारतीय जनमानस में उनकी प्रासंगिकता बदलते समय के साथ और भी गहरी होती जा रही है। इस गहराई का मापन नहीं किया जा सकता है, क्योंकि जितना इस गहराई में जाना चाहते हैं, उतना ही यह गहराई और अधिक गहरी होती जाती है।

गोस्वामी तुलसीदास जी ने लिखा है–

जब जब होइ धरम कै हानी, बाढ़हि असुर सन्त अभिमानी।
तब तब प्रभु धरि बिबिध सरीरा, हरहिं कृपानिधि सज्जन पीरा।

हिन्दू शास्त्रों के अनुसार राम ने रावण का वध करके इस सम्पूर्ण भूमि को राक्षसों तथा अत्याचारों से मुक्त किया और एक सुशासन की स्थापना की। लोकनायक वही होता है जो समन्वय की भावना स्थापित करता है और इस मापदण्ड में राम सर्वोपरि हैं। भारत के इतिहास में राम जैसे महापुरुषों के कारण ही आज भारत विभिन्न शक्तियों के बीच में अपना लोहा मनवा रहा है। चाहे रूस-यूक्रेन युद्ध हो या इसराइल फ़िलिस्तीनी संघर्ष, भारत इनके मध्य शान्ति स्थापित करने की भूमिका निभा रहा है। और तटस्थ रहकर यह दुनिया के सामने सन्देश प्रस्तुत कर रहा है कि अन्य देशों को भी इन संघर्षों के मध्य मानवता की आहुति ना देकर इनके बीच में शान्ति स्थापित करनी चाहिए। केवल शक्ति पा लेना ही श्रेष्ठ कार्य नहीं है बल्कि उस शक्ति का उचित उपयोग ज़रूरी है। इस कारक में आप राम को देख सकते हैं जिनके पास अपार शक्ति थी। लेकिन पहले उन्होंने समुद्र से तीन दिन तक विनती की कि रास्ता प्रदान करें। उसके बाद उन्होंने अपनी शक्ति का प्रयोग किया।

बिनय न मानत जलधि जड़ गए तीनि दिन बीति।
बोले राम सकोप तब भय बिनु होइ न प्रीति॥

राम ने समरस समाज की स्थापना की। राम की यह नीति और आदर्श पूरे विश्व से भेदभाव की खाइयों को मिटाने में और दुनिया को एक धागे में पिरोने में अवश्य ही सहायक सिद्ध होंगे।

भारत की विदेश नीति और राम

सत्यालोक कौशिक

हमारी भारतीय संस्कृति तथा हमारा स्वर्णिम इतिहास विश्व के समक्ष विभिन्न सभ्यताओं, आदर्शों तथा शान्ति के अनगिनत प्रयासों का एक सुस्पष्ट कैनवास प्रस्तुत करता है। दुनिया की सबसे पुरानी संस्कृति हमारी भारतीय संस्कृति आज भी सम्पूर्ण विश्व का पथप्रदर्शक बनी हुई है जब कि मिस्र, ग्रीस, रोम तथा अन्य संस्कृतियों के भग्नावशेष भी देखने को नहीं मिलते। इसका सबसे बड़ा कारण है हमारे भारतीय संस्कृति का केन्द्रीय तत्त्व मानव कल्याण तथा विश्व शान्ति। हमारी पहचान 'वसुधैव कुटुम्बकम्' है तथा हमारा लक्ष्य 'सर्वे भवन्तु सुखिन: सर्वे सन्तु निरामया:, सर्वे भद्राणि पश्यन्तु मा कश्चिद् दु:खभाग्भवेत' है।

भारत की समृद्ध संस्कृति हमेशा से दुनिया के सभी देशों तथा सभी चिन्तकों को अपनी ओर आकर्षित करती रही है। इस संस्कृति की एक लम्बी वैदिक परम्परा ने सदैव मानवता के मार्ग को निर्देशित तथा आलोकित किया है। हमारे प्रमुख विचारक स्वामी विवेकानन्द ने भी विश्व धर्म संसद में बताया था कि 'Spritualism is the contribution of the east to the world'. हमारी सांस्कृतिक विरासत इतनी समृद्ध है, जो आदिकाल से ही विश्व को आदर्श, त्याग, विश्व बन्धुत्व, विश्व शान्ति तथा नैतिक मानवीय मूल्यों की प्रेरणा देती रही है। यदि हम इस संस्कृति के सभी तत्त्वों को एक मानवीय रूप में समायोजित करें तो वह मानवीय छवि सिर्फ़ 'श्रीराम' की ही हो सकती है। एक आदर्श पुत्र, एक आदर्श पति, एक आदर्श मित्र, एक आदर्श योद्धा, एक कुशल कूटनीतिज्ञ एवं राजनीतिज्ञ तथा एक आदर्श राजा राम ही हैं।

राम कुशल कूटनीतिज्ञ तथा राजीतिज्ञ हैं। जिनकी राजनीतिक सीखों की बदौलत आज हमारा देश आत्मसुरक्षा के साथ-साथ विश्व शान्ति, मानव कल्याण तथा विश्व बन्धुत्व के नये प्रतिमानों की स्थापना कर रहा है। आज 2024 का भारत विश्व बन्धुत्व की मौलिकता की पहचान करते हुए विश्व के सबसे बड़े सम्मेलन जी-20 के ध्येय वाक्य 'वन अर्थ वन फ़ैमिली वन फ़्यूचर' के तहत इसकी स्थापना भी

करता है। किसी भी देश का सर्वांगीण विकास वहाँ की विदेश नीति तय करती है। इसलिए आज के नये भारत की विदेश नीति को जनमानस से जोड़ने तथा इसके प्रति लोगों को जागरूक करने की आवश्यकता है, क्योंकि विदेश नीतियाँ प्रत्यक्ष या परोक्ष रूप से देश के सभी नागरिकों को प्रभावित करती हैं। इसी केन्द्रीय चिन्तन के साथ वर्तमान विदेश मन्त्री डॉ. एस. जयशंकर ने अपनी पुस्तक 'Why India Matters' में राम को जनसामान्य का प्रणेता बताते हुए जनसामान्य में विदेश नीति की समझ विकसित करने तथा विदेश नीति को जनसामान्य से जोड़ने के लिए राम तथा 'रामायण' के उदाहरण का प्रयोग करते हैं। ए.एन.आई. के एक इंटरव्यू में डॉक्टर जयशंकर बताते हैं कि 'रामायण' का उदाहरण सामान्य नागरिकों के जीवन से काफ़ी सम्बन्धित होता है तथा इसके उदाहरणों का प्रयोग हम अपने जीवन में सर्वाधिक करते हैं। साथ ही राम के आदर्श तथा नैतिक मूल्यों का ज़िक्र करते हुए यह बताते हैं कि विदेश नीति के निर्माण में नैतिकता काफ़ी बहुमूल्य होती है। नीति निर्माण करने वालों की सोच राष्ट्रीय हित को केन्द्रीयता देते हुए उच्च आदर्शों की ओर होनी चाहिए, जिसकी प्रेरणा हमें 'रामायण' से मिलती है क्योंकि 'रामायण' एक आदर्श राज्य तथा एक आदर्श विश्व की बात करती है।

'रामायण' के सभी पात्रों तथा राम के जीवन में हम अन्तर्राष्ट्रीय राजनीति के सार तत्त्वों को कुछ इस प्रकार देख सकते हैं। दशरथ तथा अयोध्या के समक्ष सबसे बड़ी समस्या तब उत्पन्न हुई जब कैकेयी द्वारा भरत के लिए राज्य तथा राम के लिए 14 वर्ष का वनवास माँगा गया। राम के वनगमन के पश्चात् राम ने अपनी समस्त शिक्षा तथा कुशल नेतृत्व का प्रयोग करते हुए अपने कई ऐसे मित्र बनाये जिन्होंने समय पर राम की सहायता तथा राम के लक्ष्य की प्राप्ति के मार्गों को सुगम बनाने का कार्य किया। राम की इस मित्रता से हम आज के वैश्विक राजनीति के मूल तत्त्वों में से एक कॉलिजन बिल्डिंग की प्रेरणा ग्रहण करते हैं। राम वनवास के दौरान अन्य सभी राज्यों के राजनेताओं जैसे निषादराज, ऋषि-मुनि, रिछपति, जामवन्त, वानरराज सुग्रीव, वानरराज के कुशल कूटनीतिज्ञ सर्वज्ञानी हनुमान आदि से बराबर मिलते हुए, व्यावहारिक आवागमन के तहत आपसी समझ को विकसित करते हैं तथा सभी को साथ लेके चलने की प्रेरणा देते हैं, जो एक शान्तिपूर्ण कोलिशन बिल्डिंग का एक अद्वितीय प्रस्तुतीकरण है। यह एक कुशल कूटनीतिज्ञ का नैसर्गिक गुण होना चाहिए। राम की इन्हीं प्रेरणाओं से सीख ग्रहण कर हमारे देश के यशस्वी प्रधान सेवक श्री नरेन्द्र मोदी जी लगातार अपने विदेश दौरे से पारदेशीय सम्बन्ध को मज़बूत कर रहे हैं, जिसका परिणाम यह है कि आज भारत की प्राथमिकता और प्रभाव वैश्विक स्तर पर देखा जा सकता है। आज विश्व के कई देश और उसके राष्ट्राध्यक्ष यह बताते

हुए गर्व की अनुभूति करते हैं कि भारत उनका मित्र देश है। अन्तर्राष्ट्रीय सम्बन्ध जिस धुरी पर टिका होता है, वह धुरी स्वराष्ट्र हित के रूप में व्याख्यायित की जाती है। इसके पश्चात् किसी विशेष राष्ट्र के विलक्षण राष्ट्राध्यक्ष का प्रभाव आंशिक रूप से किसी दूसरे राष्ट्र की विदेश नीति को प्रभावित अवश्य करता है जैसा कि राम के प्रभावशाली व्यक्तित्व तथा कल्याणकारी विचार के कारण उनके सभी सम्बन्धों के रूप में देखा जा सकता है।

कोलिशन बिल्डिंग हमेशा दोनों पक्षों के लक्षणों पर केन्द्रित होता है। कभी-कभी जब शान्तिपूर्ण तरीक़े से कोलिशन बिल्डिंग सम्भव नहीं हो पाता तब शक्ति का भय दिखाकर सामने वाले पक्ष को प्रभावित कर कोलिशन बिल्डिंग को अंजाम दिया जाता है। इसका चित्रण हम अपने इतिहास के पन्नों में देख सकते हैं, जब समुद्र के समक्ष बैठकर तीन दिनों तक अनुनय-विनय करते हुए राम आग्रह की दृष्टि से मदद की माँग करते हैं। इसी प्रकरण को हमारे राष्ट्रकवि दिनकर लिखते हैं—

तीन दिवस तक पन्थ माँगते रघुपति सिन्धु किनारे
बैठे पढ़ते रहे छन्द अनुनय के प्यारे-प्यारे।
उत्तर में जब एक नाद भी उठा नहीं सागर से,
उठी अधीर धधक पौरुष की आग राम के शर से।

यहाँ राम के शक्ति-प्रदर्शन के पश्चात् हुए शान्तिपूर्ण कोलिशन बिल्डिंग को देखा जा सकता है।

मित्र के गुण तथा मित्रता को परिभाषित करते हुए गोस्वामी जी कहते हैं कि—

जे न मित्र दुख होहिं दुखारी। तिन्हहि बिलोकत पातक भारी।।

राम के 14 वर्ष के वनवास के दौरान राम की मित्रता तथा अपने मित्रों के लिए राम का किया गया त्याग अद्वितीय है। राम के इस त्याग को बालीवध के प्रकरण के रूप में देखा जा सकता है। अपने निष्कासित मित्र सुग्रीव के राज्य के लिए राम ने महाबली बाली की हत्या कर मित्रता की अद्वितीय मिसाल क़ायम की। राम की इन्हीं शिक्षाओं पर चलते हुए हमारे देश के प्रधानमन्त्री श्री नरेन्द्र मोदी ने भी मित्रता का अद्वितीय उदाहरण पेश करते हुए ब्राज़ील, अफ़ग़ानिस्तान, श्रीलंका, नेपाल तथा अफ़्रीकी मूल के कई देशों को आर्थिक मदद तथा उन्हें मुख्यधारा से जोड़ते हुए उनके जियो पोलिटिकल हितों को बढ़ावा देने का कार्य किया है। जिसका प्रत्यक्ष उदाहरण 2023 के जी-20 शिखर सम्मेलन में अफ़्रीकन यूनियन की स्थायी सदस्यता है। 2019 के कोरोना काल में जब पूरा विश्व बड़ी-बड़ी शक्तियों की

तरफ़ एकटक मदद की आस लिये वैक्सीन के इन्तज़ार में देख रहा था। उस समय भारत इकलौता ऐसा देश था जो 96 देशों को लगभग 16.29 करोड़ वैक्सीन की खुराकें पहुँचाकर वैक्सीन मैत्री की आदर्श कहानी लिख रहा था। वैक्सीन मैत्री के तहत भारत ने अपने ध्येय 'वसुधैव कुटुम्बकम्' को वैश्विक पटल पर स्थापित किया तथा मानव कल्याण के क्षेत्र में नयी इबारत लिखी। हाल में ही प्राकृतिक आपदा (भूकम्प) के कारण तुर्की में आपातकालीन स्थिति उत्पन्न हुई, भारत ऐसी स्थिति में अपने ऑपरेशन दोस्त के तहत सबसे आगे बढ़कर मदद का हाथ बढ़ाया जो राम के जीवन से मिली प्रेरणा का ही प्रतिफल था।

अन्तर्राष्ट्रीय राजनीति में जब बात किसी भी देश की विदेश नीति की होती है तो सदैव उसे विदेश नीति का निर्माण राष्ट्रवादी उपागम के तहत राष्ट्रीय हित को केन्द्रीयता प्रदान कर किया जाता है। राष्ट्रवाद की यह प्रेरणा भी हमें राम के चरित्र तथा 'रामायण' (वाल्मीकि 'रामायण') से ही प्राप्त होती है जहाँ राम लक्ष्मण से कहते हैं—

अपि स्वर्णमयी लंका न मे लक्ष्मण रोचते।
जननी जन्मभूमिश्च स्वर्गादपि गरीयसी॥

हमारे देश के विदेश मन्त्री तथा कुशल कूटनीतिज्ञ डॉक्टर जयशंकर ने भारत की विदेश नीति में राम के प्रभाव का तथा 'रामायण' की शिक्षा का ज़िक्र करते हुए बताया है कि 'नैतिकता और मूल्य हमारे सामूहिक व्यक्तित्व के मूल में हैं। 'रामायण' हमें शासन कूटनीति तथा राज कौशल की शिक्षा देती है।' रूल बेस्ड ऑर्डर (नियम आधारित प्रणाली) को समझने तथा क्राफ़्ट करने के लिए 'रामायण' से प्रेरणा ग्रहण की जा सकती है, जो तत्कालीन वैश्विक राजनीति के उच्च मूल्यों को सम्बोधित तथा सम्पोषित करेगी। राम के व्यक्तित्व तथा शासन कौशल से प्रेरणा ग्रहण कर एक आदर्श शासन प्रणाली तथा राजनीतिक मूल्यों का पाठ हम सीख सकते हैं, जो पुनः रामराज्य की स्थापना के लिए सर्वाधिक आवश्यक है। रामराज्य आज वैश्विक राजनीति में मानवीय मूल्यों तथा वैश्विक मानव कल्याण के समुचित संकल्पना की प्रेरणा देता है। आज आधुनिक समय में अन्तर्राष्ट्रीय सम्बन्ध के कई ऐसे महत्त्वपूर्ण कारक हैं, जिनके समायोजन की शिक्षा राम के चरित्र से तथा 'रामायण' के पात्रों के माध्यम से प्राप्त की जा सकती है। राजनीतिक शालीनता विदेश नीति की एक महत्त्वपूर्ण संकल्पना है, जो हम राम के द्वारा अलग-अलग समुदायों की मदद से सेना निर्माण तथा युद्ध के दौरान विपरीत परिस्थिति में अन्य समुदायों की मदद से युद्ध जनित समस्याओं के निवारण के रूप में सीख सकते हैं।

राम-रावण युद्ध में हुए नागपाश के प्रयोग के पश्चात् सर्पबन्धन में बँधी सेना की मुक्ति के लिए राम द्वारा किये गये गरुड़ के आह्वान को हम आधुनिक वैश्विक राजनीति में थर्ड पार्टी हस्तक्षेप के रूप में देख सकते हैं।

आधुनिक वैश्विक राजनीति की एक अन्य महत्त्वपूर्ण कारक इंफ़ॉर्मेशन वॉर फ़ेयर (सूचना संग्राम) की शिक्षा भी हमें राम की रणनीति कौशल से प्राप्त होती है। विरोधी पर स्पर्धात्मक लाभ प्राप्ति हेतु सूचना का उपयुक्त प्रबन्धन तथा उसके आधार पर आगामी युद्ध नीति का निर्माण कर युद्ध में विजय प्राप्त करना, आधुनिक युद्ध-कला की महत्त्वपूर्ण प्रकृति है, जिसे हम 'रामायण' तथा राम के युद्ध कौशल में एक प्रथम आविष्कार के रूप में देख सकते हैं। राम-रावण युद्ध में विभीषण की भूमिका तथा विभीषण द्वारा दी गयी सूचनाओं को हम इनफ़ॉर्मेशन वॉर फ़ेयर के रूप में देख सकते हैं।

आज अन्तर्राष्ट्रीय राजनीति में किसी भी देश की कूटनीति की महत्ता काफ़ी बड़ी हो गयी है। एक कुशल कूटनीतिज्ञ का प्रमुख गुण है आलोचनात्मक बुद्धिमत्ता (क्रिटिकल इंटेलिजेंस)। यह एक ऐसा गुण है जिसमें अपनी बुद्धिमत्ता का प्रयोग कर विपक्षी शासन तथा उसकी शासन व्यवस्था की कमियों तथा ख़ूबियों की पड़ताल की जाती है। जो उसके राजा या शासक को यह समझने में मदद करती है कि विपक्षी शासन का रवैया तथा उसकी आगामी रणनीति कैसी होगी? यह एक आधुनिक कूटनीतिज्ञ की सर्वाधिक महत्त्वपूर्ण विशेषताएँ होती हैं। 'रामायण' में वर्णित हनुमान तथा लंका दहन के प्रसंग में हनुमान के कुशल कूटनीतिज्ञ होने की प्रामाणिकता यह है कि हनुमान ने रावण की शक्ति, रावण की प्रकृति, रावण की सेना तथा रावण के राज्य में विभीषण की उपस्थिति का आकलन अपनी आलोचनात्मक बुद्धिमत्ता का परिचय देते हुए ही किया था, जिसके परिणामस्वरूप राम अपनी युद्ध की रणनीति बनाने तथा युद्ध में रावण को परास्त करने में सफलता प्राप्त कर सके। इसी कड़ी में राम की सेना में एक और कुशल कूटनीतिज्ञ उपस्थित था जिसे राम ने अपने शान्ति समझौते के प्रस्ताव के साथ लंका भेजा था। जिसने लंका के दरबार में अपने पाँव जमाकर उसे हिलाने की चुनौती प्रस्तुत की और सभासदों द्वारा किये गये असफल प्रयासों पर उन्हें मानसिक रूप से हीन तथा शारीरिक रूप से दुर्बल बताते हुए अपनी तथा अपने राजा की असीम शक्ति का प्रस्तुतीकरण किया था। इस प्रकरण के माध्यम से रावण तथा उसके सभासदों की मानसिकता पर प्रहार करते हुए अंगद उन्हें हीनता का बोध कराते हैं जो तत्कालीन समय में उनकी राजनीतिक जीत को दर्शाता है। इस प्रकार अपनी आलोचनात्मक बुद्धिमत्ता का प्रयोग कर हनुमान और अंगद ने एक कुशल कूटनीतिज्ञ होने की शिक्षा तथा कुशल कूटनीतिज्ञ के प्रमुख

गुणों की व्याख्या की है। अंगद द्वारा बार-बार रावण के दरबार में सीता को आदर सहित वापस कर देने तथा राम से माफ़ी माँग लेने की अपील आज की अन्तर्राष्ट्रीय राजनीति में पीस कीपिंग फ़ोर्स की महत्ता तथा चिर शान्ति के प्रयासों की व्याख्या करती है।

डॉ. एस. जयशंकर अपनी पुस्तक में क्वॉड ग्रुप में चार सदस्यों भारत, जापान, अमेरिका और ऑस्ट्रेलिया का ज़िक्र करते हुए इनकी तुलना दशरथ के चारों पुत्रों से करते हैं। जहाँ चारों के चिन्तन की शैली अलग-अलग है किन्तु चारों का सामूहिक लक्ष्य एक ही है। इसी प्रकार क्वॉड के सभी देशों की चिन्तन प्रकृति तथा उनका अपना-अपना राष्ट्रीय हित अलग-अलग है, लेकिन इस संगठन का एकमात्र लक्ष्य है इंडो पेसिफ़िक सुरक्षा। जहाँ विश्व का रावण रूपी देश निरन्तर उस पर दबाव बनाने की कोशिश कर रहा है। यदि हम क्वॉड के चारों सदस्यों के अपने-अपने हितों की बात करें तो जापान का Kuril आईलैंड (सेनकाकू आईलैंड, Diaoyu आईलैंड), भारत का स्टेट ऑफ़ मलक्का, ऑस्ट्रेलिया के आसपास के कई छोटे आईलैंड एवं अमेरिका की आर्थिक प्रतिस्पर्धा के विरुद्ध रावण रूपी चीन बार-बार असुरक्षा उत्पन्न करने तथा अपने आर्थिक दबाव बनाने की रणनीति तैयार कर इन देशों को परेशान करने की कोशिश करता रहता है। जिससे निजात पाकर एक आदर्श राजनीतिक स्थिति की स्थापना की जा सकती है।

अपनी बौद्धिक तथा सांस्कृतिक शक्ति का प्रयोग कर एक शान्तिपूर्ण तरीक़े से अपने हितों को बढ़ावा देना तथा इसके अन्तर्राष्ट्रीय प्रसार के लिए उपयुक्त कारकों का प्रयोग सॉफ़्ट पावर के रूप में व्याख्यायित किया जाता है। भारत की आध्यात्मिकता, भारत का योग दर्शन, भारत का केन्द्रीय चिन्तन अहिंसा, भारतीय साहित्य, भारतीय संगीत, भारतीय नृत्य तथा चित्रकला इत्यादि को भारत के सॉफ़्ट पावर के रूप में चिह्नित किया जा सकता है। भारत के सॉफ़्ट पावर को वैश्विक स्तर पर कुछ इस प्रकार देख सकते हैं : जब चीन के साथ मुठभेड़ के दौरान गलवान घाटी में भारतीय सेना के मुँहतोड़ जवाब देने के बाद ताइवानी मीडिया ने एक छायाचित्र प्रस्तुत किया, जिसमें 'श्रीराम' ड्रैगन रूपी राक्षस का वध करते नज़र आते हैं। इस छायाचित्र में भारत का प्रस्तुतीकरण भगवान श्रीराम के रूप में किया गया। कोरोना काल में भारत द्वारा वैक्सीन मैत्री के तहत भेजे गये वैक्सीन रूपी सहायता को प्राप्त करने के पश्चात् ब्राजील के राष्ट्रीय अध्यक्ष ने अपने ट्विटर (वर्तमान X) के माध्यम से हनुमान द्वारा संजीवनी लाते हुए छायाचित्र को प्रेषित करते हुए भारत को धन्यवाद ज्ञापित किया। इस छायाचित्र में भारत का प्रस्तुतीकरण हनुमान के रूप में किया गया। हाल ही में वायरल हुई एक वीडियो में ओबामा

द्वारा यह बताया गया कि उन्होंने अपने प्रेरणा-स्त्रोत के रूप में भारत के मंकी गॉड (भगवान हनुमान) की तस्वीर हमेशा अपने पास रखते हैं। नेपाल का राष्ट्रीय ध्येय वाक्य 'जननी जन्मभूमिश्च स्वर्गादपि गरीयसी' है, जिसका स्त्रोत हमारा आदि ग्रन्थ 'वाल्मीकि रामायण' है।

इंडिया का विकास तभी सम्भव है जब हम पूर्णतः भारत हो जायें। भारत, जो अपने पारम्परिक मूल्य, प्राचीन संस्कृति, वैभवशाली इतिहास तथा गौरवशाली विरासत से शिक्षा ग्रहण कर अपनी नीति का निर्माण तथा अपने मूल्यों का संवर्धन करे। राम के जीवन में आने वाली कठिनाइयों, आने वाले उतार-चढ़ावों, आने वाली विपरीत परिस्थितियों तथा इससे निजात पाने की कुशल क्षमता को हासिल कर सके, जिनके परिणामस्वरूप राम के अनुकरणीय एवं आदर्श व्यक्तित्व का निर्माण हुआ। इस प्रक्रिया को भारत के साथ जोड़ते हुए देख सकते हैं कि भारत को पुनः विश्वगुरु बनने के लिए कई प्रकार की बधाओं, प्रत्यक्ष या परोक्ष संकटों, विपरीत परिस्थितियों का सामना करते हुए उन पर विजय प्राप्त करनी होगी। इसके पश्चात् ही भारत राम की भाँति एक आदर्श प्रस्तुत कर सकेगा तथा पुनः विश्वगुरु बन सकेगा। हमारे यशस्वी प्रधानमन्त्री श्री नरेन्द्र मोदी ने भी अपने कई भाषणों में जनता से अपील करते हुए कहा है कि अब हम औपनिवेशिक मानसिकता को ठुकराकर और भारतीय मानसिकता को अपनाकर एवं भारत के सॉफ़्ट पावर के महत्त्व को समझते हुए राजनीतिशास्त्र, अन्तर्राष्ट्रीय सम्बन्ध तथा देश की वैदेशिक नीति में यूरो सेंट्रिक उपागमों और मान्यताओं का परित्याग करें तथा अपने पारम्परिक आदर्शों से शिक्षा ग्रहण कर इंडो सेंट्रिक उपागमों का विकास करें एवं भारतीय उदाहरणों का प्रयोग करें।

❑❑❑